律令制から立憲制へ

島　善高著
SHIMA Yoshitaka

成文堂

目次

序章……1
第一章　幕末に甦る律令―枝吉神陽伝―……21
一　はじめに……21
二　神陽の家庭環境……25
三　昌平坂学問所時代前期……31
四　昌平坂学問所時代後期……46
五　神陽の学問……51
六　弘道館史学派……68
七　義祭同盟……73
八　おわりに―神陽の学統……93
第二章　副島種臣と明治初期法制……111
一　はじめに……111
二　政体書及び職員令の起草……113

三　藩制大意及び建国策……131
四　副島種臣と新律綱領……141
五　副島種臣と江藤新平……153
第三章　江藤新平の国法論……163
一　はじめに―江藤と律令……163
二　江藤の五権論……167
三　江藤の国法観……177
四　江藤の根本律法観……187
五　その後の国法論議……192
六　おわりに―宮島誠一郎の立国憲義……202
第四章　井上毅のシラス論註解―帝国憲法第一条成立の沿革―……217
一　はじめに―小中村義象の回顧……217
二　「シラス」と「ウシハク」……221
三　シラスと皇位継承……232
四　シラスと皇室経費……241
五　シラスと王土思想……252
六　おわりに―その後のシラス論……262

第五章　天佑とGottesgnadentum …… 275
一　はじめに …… 275
二　外交文書の表現 …… 277
三　井上毅の考え …… 289
四　日露戦争の影響 …… 292
五　おわりに …… 297
第六章　「万世一系の天皇」について …… 301
一　はじめに …… 301
二　万世一姓 …… 302
三　万世一系の由来 …… 307
四　「一系」の意味 …… 312
五　ペルゾンとイデー …… 316
第七章　天皇号と皇帝号 …… 319
一　はじめに …… 319
二　諸外国との間の尊号問題 …… 326
三　日清修好条規と尊号問題 …… 336
四　憲法・皇室典範制定と尊号問題 …… 342

五　国体明徴運動と尊号問題……351
六　おわりに……367
あとがき……371

序章

一

近代日本国家は、明治二十二年二月十一日、皇室典範の制定、大日本帝国憲法の発布、議院法、貴族院令、衆議院議員選挙法、会計法の公布によって、立憲制国家として出発した。この近代日本国家は、法的に見れば、皇室典範を頂点とする宮務法体系と、大日本帝国憲法を頂点とする国務法体系とからなる国法二元体系の国家であった。そして宮務法体系と国務法体系とは相互に干渉できないものとされ、両者に跨って関与できるのは、皇室の家長であり且つ国権の総攬者である天皇ただ一人であった(1)。

しかるに昭和二十二年五月三日、現行の皇室典範と憲法が施行されるや、皇室典範はその法的性格を一変して憲法の下位法となり、現代日本は憲法を最高法規とする国法一元体系の国家となった。ここで漸く日本国家は名実ともに立憲制国家となったと言うことができよう。しかし現代立憲制は、近代立憲制と全く断絶したわけではない。

たとえば、立法の中心地である国会議事堂は、大正九年から十七年の歳月をかけて建築され、昭和十一年の第七十回帝国議会から使用され続けている建物である。議事堂の正面玄関を入って直ぐの中央広間には、左手に板垣退助、正面階段左下に大隈重信、階段右下には伊藤博文の威風堂々たる銅像が建っている。ここに佇むと、明治時代に立憲制確立のため身命を賭して奔走した彼らに、弥が上にも思いを致さざるを得ない。そして議事堂正面階段を上りきると、天皇の御休所がある。ここは開会式に際して、衆参両議院議長・副議長が天皇に謁見する場所であり、その左側は皇族の控室である。両室とも、一般人が立ち入らないよう入り口に木柵があるが、その木柵には今なお「貴族院」の焼印が押されている。

否、国会議事堂だけではない。皇室経済法第七条には「皇位とともに伝わるべき由緒ある物は、皇位とともに、皇嗣が、これを受ける」とあるけれども、ここに言う「由緒ある物」とは何を指すのか、これを真に知ろうとすれば、明治の皇室典範や皇室令は言うまでもなく、奈良平安時代の律令、果ては『古事記』『日本書紀』にまで遡らなければならない。

ここでいう「由緒ある物」とは、明治皇室典範第十条に「天皇崩スルトキハ皇嗣即チ践祚シ祖宗ノ神器ヲ承ク」とあった「神器」を主たる内容とし、その「神器」とは、義解に「神祖以来鏡、剣、璽三種ノ神器ヲ以テ皇位ノ御守ト為シタマヒ、歴代即位ノ時ハ必神器ヲ承クルヲ以テ例トセラレタリ」と説明されているように、太古以来の「三種の神器」をさす。現行皇室典範を制定するに当たっては、「神器」の文言が当時出されていた所謂「神道指令」に抵触する虞があるので、これを「由緒ある物」と改め、新たに制定した皇室経済法の中に規定したのである。(2)

現行皇室典範の制定に伴って、明治皇室典範、皇室令及び附属法令は確かに廃止された。しかし当時は、倉皇として新しい規定を作るゆとりがなかったから、昭和二十二年五月二日、「従前の規定が廃止となり、新しい規定ができないものは、従前の例に準じて事務を処理すること」との依命通牒を出し、(3)暫く従前の規定によることにした。その後、現在に至るまで新しい規定は殆ど制定されていないために、現在もなお、旧皇室令の大多数が準用されているのである。(4)

このように、現代立憲制は近代立憲制の土台の上に造り上げられたものであって、現代立憲制を十全に理解するためには、近代立憲制についても応分の知見を有さなければならない。

ところで、現代立憲制の土台となった近代立憲制については、それが一体どのような経緯で形成されたのか、そしてどのような特徴を持っていたのかについて、稲田正次『明治憲法成立史』上下二巻（有斐閣、昭和三十五年）を筆頭として、枚挙に遑がないほどの研究文献がある。筆者も『近代皇室制度の形成―明治皇室典範のできるまで―』（成文堂、平成六年）、『明治皇室典範』上下二巻（共編、日本立法資料全集16、17、信山社、平成八、九年）、『元老院国憲按編纂史料』（国書刊行会、平成十一年）などを出版し、先行研究の間隙を縫って、立憲制確立過程の一端を追及したことがある。

本書もまた、従来と同様の関心の下で書き進めて来たものを勒成したものであるけれども、その際、絶えず念頭にあったのは、奈良時代以来、明治初年まで続いてきた律令制が、具体的にどのような経緯で近代立憲制へと変貌を遂げたのか、また律令制と立憲制との関係はどのようなものであったのかということであった。

二

周知のように、律令制では王土王民を大前提としていた。『藤氏家伝』上、摂政七年秋九月（天智天皇即位元年）条に

普天之下、莫非王土、率土之賓、莫非王臣。先此、帝令大臣撰述礼儀。刊定律令。

とある。そして、天皇の下に、神祇官と太政官の二官、太政官下に八省一台五衛府があって、その職務内容は令に事細かに規定されていた。この令は、天皇が天下を統治するための手段であって、官僚以下が遵守すべきものであ

り、また国民を教化するためのものでもあった。他方、律にはさまざまな犯罪と刑罰が規定してあり、死刑を執行するに際しては、必ず天皇に覆奏する仕組みになっていた。

天皇と律令との関係を示すものとして、名例律除名条に「非常之断、人主専之」という有名な一句がある。(5) この条文は、除名以下の官職剝奪処分を受けた官吏が恩赦に会った場合、恩赦の種類に応じてどの程度、官職を復することが出来るかについて規定した条文であって、その中に「如得奉鴻恩、惣蒙原放、非常之断、人主専之、官位勲位合如初」（もし鴻恩を奉じ、すべて原放を蒙れば、非常の断、人主これを専らにす、官位・勲位、初めの如くすべし）とある。つまり、天皇は律令の規定如何に関わらず、律令の規定に拘束されずに、全く元のままの官位・勲位に復することが出来た。(6)

このような律令制は、中世以降、武家法が登場しても、なお細々ながらも生き続けていた。中世社会において律令がなお有効に機能していたことは、早川庄八『中世に生きる律令―言葉と事件をめぐって』（平凡社、昭和六十一年十一月）で明らかにされているし、江戸時代においても、「禁中並公家諸法度」において、朝廷では伝統的な官位を使用することを認め、さらに「罪之軽重、可被相守名例律事」ともあって、刑罰は名例律によって行なうと規定していた。(7)

橘嘉樹の『慶長公家諸法度注釈』には

律令共ニ亡テ今所存令義解十巻ト残缺ノ律、名例、衛禁、職制、賊盗ノ四律ナリ、於此大判事坂上明兼崇徳院ノ御宇ノ頃ノ人、ナリ撰スル所ノ法曹至要抄三巻アリ、是、律令格式ヲ切約シテ、刑法ノ為ニ其至要ヲ撮テ集釈セシモノナリ、故ニ今法家ノ学廃棄シテ半絶タルカ如シト云ヘトモ、幸ニ名例律世ニ遺レルヲ以テ、法律ノ物ヲ主トスルノ名義、凡ソ統ルノ事明カナリ、依テ罪ノ軽重ハ名例律ヲ以テ失錯ナキヤウニ法家ノ議ヲ守ラルヘキトノ事ナリ

（中略）罪ノ軽重ハ名例律ヲ守ルベシトハ、凡名例律云々五罪、八虐、六議、減贖、官当、除名、免官、免所居官等ヲ名義ノ例ニ因テ弁別スベシト云事ナリ（下略）

と注釈を加えている。(8)

こうした刑罰規定と同時に、朝廷では奈良平安時代以来の伝統に従って度々大赦を行なった。次に掲げるのは、元禄十七（一七〇四）年三月十三日、年号が宝永と改まった際の詔である。(9)

詔、天地者以順四時不惑、聖人布徳万邦自治矣、朕以庸昧之躬、恭居大宝位、常羨唐虞美化焉、今有東国坤儀之動揺、而為君臣之慎、更下恩恵之、宜進新除、故抜凶施祥、与物更始之義也、其改元禄十七年為宝永元年、大赦、今日昧爽以前大辟以下、罪無軽重、已発覚、未発覚、已結正、未結正、咸皆赦除、但犯八虐、故殺、謀殺、私鋳銭、強窃二盗、常赦所不免者、不在此限、又復天下今年半徭、老人及僧尼、歳百歳以上給穀四斛、九十以上三斛、八十以上二斛、七十以上一斛、庶上下属泰平之風、夏夷歌至治之楽、普告遐邇、俾知朕意、主者施行

この詔で赦免の対象から除外されている「犯八虐、故殺、謀殺、私鋳銭、強窃二盗、常赦所不免者」という犯罪は、いずれも律に規定されている犯罪であって、律が有効であることを前提としている。詔の書き方も、『続日本紀』延暦元（七八二）年七月丙午条の

詔曰、朕以不徳、臨馭寰品、憂万姓之未康、憫一物之失所、況復去歳無稔、懸磬之室稍多、今年有疫、夭殍之

徒不少、朕為民父母、撫育乖術、静言于此、還慙於懐、又顧彼有罪、責深在予、若非滌蕩、何令自新、宜可大赦天下、自天応二年七月二十五日昧爽已前、大辟已下、罪無軽重、已発覚、未発覚、已結正、未結正、繋囚見徒、悉皆赦除、但犯八虐、及故殺人、私鋳銭、強竊二盗、常赦所不免者、不在赦限、若入死罪者、並減一等、鰥寡惸獨、貧窮老疾、不能自存者、量加賑恤

という詔と比べてみると明らかなように、伝統に従ったものである。

幕末の例を一つ挙げれば、嘉永七（一八五四）年十一月二十七日、安政と改元した際に、次の詔が出された[10]。

蓋聞、皇猷得宜、而寰宇乂安、則天地表祥瑞之応、庶政不明、而民人疾苦、則陰陽示災眚之変、嗚呼可不慎哉、朕叨以眇々之躬、恭託々之上、自纉鴻業、八閲寒暑、夙夜祗畏、匪遑底寧、然誠不感物、化不覃遠、元気欝塞、祝融為祟、宮闕蕩然、殃逮閭閻、洋夷出没、腥羶薫騰、辺海不靖、勤労士夫、加之、六月以来、坤徳逆常、近畿地震、余動及京、于今未息、詳念、咎徴在予一人、思俾導大和、式弭消衆変、宜易冠元之名、普施宥過之沢、其改嘉永七年、為安政元年、大赦天下、今日昧爽以前、大辟以下、罪無軽重、已発覚、未発覚、已結正、未結正、咸皆赦除、但犯八虐、故殺、謀殺、私鋳銭、強窃二盗、常赦所不原者、不在此限、又復天下今年半徭、老人及僧尼、年百歳以上、給穀四斛、九十以上三斛、八十以上二斛、七十以上一斛、庶幾自今与万物一新、上答天譴、下協人望、六府維修、万邦無虞、普告天下、令知朕意、主者施行

このように、朝廷では近世においても猶、律令の伝統が続いていたが、しかし、朝廷以外では、幕府は基本的に幕府法を、各藩では各藩の法を使用し、律令が直ちに適用されることはなかった。律令が全く忘れ去られてしまっ

たわけではないが、たとえば、浜松藩で文政十三（一八三〇）年九月、従来の追放刑を徒罪に変更する際に

是迄　公儀御定ニ準、追放も申付候得共、狭少之領分ニ而ハ、自然人別も減候訳ニ付、古代律令之趣ニよつて、以後追放之分ハ徒罪可申付と存候

と稟告して、[11]改革の有力な論拠として「古代律令」を引き合いに出すという程度であった。

また天保八（一八三七）年二月、大坂の元町奉行所与力大塩平八郎が、天保の飢饉に際して有効な措置を取らなかった幕府や豪商に反発して蜂起、市中の五分の一を焼き、大塩と養子格之助は自刃するという事件があった。この時、大塩の次男弓太郎も縁座によって本来死罪に処されるべきであったが、当時僅か三歳の幼年であったので、その処罰をめぐって、幕府は林大学頭、林左近将監に諮問した。何となれば、幕府法には幼年者の場合の規定がなかったからである。そこで林大学頭、林左近将監は同年七月、「九十以上、七歳以下、雖有死罪、不加刑」という律令の規定を引用して

弓太郎儀、助命ニ而遠島被　仰付候ハヽ、文武帝之律義を以て当時御定書之不足を御補ひ被為在、万世之御法則と被成置可然奉存候

と答申した。これも、「助命」という結論を導き出す際の有力な論拠の一つとして律を引用したものである。結局、評定所では同年八月、

年古キ書籍ニ基候は、迂遠已而《ママ》ならす、御政道ニおゐて相当とは難申

と述べ、林大学頭らの諮問を却下、律令の規定には依拠せず、弓太郎を永牢舎とした(12)。評定所の役人にとっては、律令は「年古キ書籍」であった。

三

こうした状況の中、幕末の佐賀藩に於いて、単に学問的関心からではなく、政治改革のため、幕藩体制を改革するために律令制が研究され始めた。その推進者が藩校弘道館国学教諭の枝吉神陽であって、神陽の周りには、副島種臣、島義勇、大木喬任、江藤新平、大隈重信を始めとして、佐賀藩の少壮有為の人物が多数、集まった。本書第一章「幕末に甦る律令―枝吉神陽伝―」（原載、小林宏編『律令論纂』汲古書院、平成十五年二月）は、枝吉神陽が律令を研究した意図およびその影響について究明したものである。神陽にとっては、本来の国家体制は、天皇を頂点とする律令制であって、幕府による統治体制、藩主による地方支配は異常な体制であった。

枝吉神陽は長州藩の吉田松陰とも相識の間柄で、また各方面からも討幕運動の有力者として注目されていたが、不幸コレラに罹り、文久二（一八六二）年八月、四十一歳の若さで没した。神陽没後、神陽の遺志を受け継いで明治新政府の法制改革に従事したのが、実弟の副島種臣である。第二章「副島種臣と明治初期法制」（原載、深谷克己編『東アジアの政治文化と近代』有志舎、平成二十一年三月）は、副島が政体書、職員令、新律綱領などの制定に深く関わり、明治初年の律令制復活に携わったことを実証したものである。

副島は、神陽の薫陶を受けて律令の研究をしていたため、新政府きっての法制通として知られていた。その故もあって副島は、明治初年、新政府の各種の立法作業に参画、律令の知識を存分に活用し、さらに当時の懸案事項で

あった条約改正問題のため、新政府に一大法典を作り上げようと意気込んでいた。副島は、古代律令のみならず、米欧の法律にも目を配り、アメリカ憲法に倣って三権分立制を導入しようとしたり、フランス刑法を模して裁判官に裁量の幅を持たせる刑法を作ろうとしたりしていた。ところが、明治四年五月、ロシアとの間に国境画定問題が生じ、副島はその問題を担当、多忙となったため、法典編纂の仕事は佐賀藩以来の後輩である江藤新平に委ねた。

江藤もまた、副島とともに神陽の教えを受けた人物である。第三章「江藤新平の国法論」（原載、『法史学研究会会報』第十三号、平成二十一年三月）では、江藤が維新当初から制度改革に意欲を燃やしていた様子を概観するとともに、国法体系をどのように捉えていたのかを追求した。江藤は、不平等条約を改正するために、西欧の法制に倣って、明治六年春までに三権分立制を確立し、国法・民法を制定しようとしていた。そのために江藤は、民法会議や国法会議などを開き、司法卿にもなって、律令に取って代わる新たな法典を作り上げようとした。しかし、司法制度の確立にはある程度の道筋をつけることができたものの、国法、民法の制定までには至らなかった。当時はまだ国法上、天皇をどう位置づけるかの合意が形成されてはいなかったからである。

江藤が明治六年の政変で下野した後、司法卿となったのは、同じ佐賀藩出身の大木喬任である。大木もまた建国法制定に関心を抱いていた。明治三年十月に「朝廷之体裁確定之事」云々を大久保利通に提出し[13]、明治六年十月頃には「着手急ヲ要ス」として「建国法ヲ定ムル事」を書き[14]、明治十四年五月にも「乞定国体之疏」を起草した[15]。この間、大木は刑法典や民法典の編纂に尽力したり、明治十三年十二月には、元老院議長として元老院国憲按を奏上したりした[16]。

大木は、当時議論されていた君主独裁、共和政治、君民同治の三者は、いずれも西欧の建国の体であって、日本の国体とは相容れないと考えており、「帝憲」と「政体」とを定めるべきであると主張していた。すなわち、明治十四年五月の「乞定国体之疏」には、「帝憲」には「皇邦国礎の在る所、及び天皇民を安ずる所以の源、其他帝室の憲章に関する所を明らかにすべし」、「政体」には「三権の分別、及び設官の要旨、その他議会の綱領を明らかにすべし」と書いていた。

四

これより先の明治五年、江藤司法卿の命によって、司法省の官吏七名が司法制度調査のためフランスに派遣された。その一員であった井上毅は、渡欧以前から西欧の立憲政体に倣って国体を建立し、三権分立制を導入すべきであると考えており、帰国後の明治七年十二月九日、大木喬任司法卿に「建国法制定意見」を提出して、憲法制定に至るまでの具体的かつ詳細なプランを提示した(17)。その中で井上は「建国法ハ君民の誓にして成国の根本」、「建国法あらずして独り五法を論す、是無根之枝、無源之水、用ふる所なきなり」と述べ、また当時、左院で行なわれていた国憲編纂事業に対しては、「夫レ國憲豈ニ編纂スべきものならんや、豈ニ一二議士の手に出つべきものならんや」と批判し、建国法制定は「是レ第一等政官の自ラ担スべき事業なり」と主張した。井上は、「第一等政官」の下で、自らが実質的な起草者となることを期していた。

しかし、明治六年六月二十四日以降、国憲編纂と法案起草は左院の掌るところとなっており、司法省にはその権限がなかったから、大木としても井上の上書の扱いに戸惑ったのかもしれない。或いは井上の「建国法ハ君民の誓」という主張に、大木は違和感を覚えたのかもしれない。いずれにせよ、大木は、井上の意見に対して然るべき反応を示さなかった。

井上は、このような大木司法卿に対して、「長官タルモノ、前途ノ目的ヲ講セズ、目前ノ務メヲ優游シ、事アレバ徒ニ姑息方便ヲ行ヒ、以テ一日ノ責ヲ塞キ、(中略)上書スル者アレバ、取テ之ヲ革袋ニ充ツルノミ」と憤り、参議大久保利通に接近して「司法省改革意見」を提出した。これを契機として井上は、政体取調局書記官を兼補することになり、明治八年四月十四日の「立憲政体樹立の詔」の起草にも関与することになった[18]。

その後、明治九年九月七日、元老院に対して国憲起草の勅語が下され、ただちに国憲起草が開始されると、井上は右大臣岩倉具視に対して意見書[19]を提出して、これから起草しようとしている憲法というのはヨーロッパの「コンスチチュシオン」のことであって、君権制限の政治であること、人君即位の初めにはその憲法を守る旨の宣誓をすること、その憲法を遵守するためには必ず立法・行政・司法の三権を分立し、立法官をして憲法の監守たらしめる必要があること、かつてわが国に存在した十七条憲法・律令格式・御成敗式目などとは、その性質が全く異なることを指摘した。

これ以降、岩倉は井上を頼みの綱とし、井上もたびたび岩倉に対して憲法意見書を提出した。そして、明治十四年政変以降は、伊藤博文の下で、御雇い外国人ロエスレルの手を借りながら憲法制定に向けて精力的に調査研究を行なった。その過程で、井上は、民間から提起されていた各種の憲法構想との論戦、たとえば主権を巡る論争[20]を行ない、他方、大木司法卿のように政府内部にいた人物から出されていた国体論や、副島種臣侍講から出されていた王土論にも対応せざるを得なかった。

副島の王土論とは、伊藤博文が憲法調査のためにドイツに出かけた後、明治十五年四月二十一日に天皇に提出した建言書[21]、同年七月頃に岩倉具視へ建議した「地券改正ノ議[22]」などに展開されているものである。後者には

我国土ハ海外各国ノ互ニ交替変革シテ、君ヲ易エ主ヲ移スノ土地ト天壌其体ヲ異ニシ、天祖以来一姓君臨所有ノ王土タルハ、歴史上確然タル儀ニテ、維新ノ始、列藩版籍奉還モ即天朝ニ返上奉リタルニテ、決シテ民有ニ付与シタルニテ之ナク、然ルニ地券授与ノ制規ヲ定メラレ、是失錯ノ大ナル者ニシテ、天子ハ尺土モ所有スルコト無ク、遂ニ皇有地ヲ別途ニ設ケ置クノ説有ルニ至レリ、然ルニ其実ハ日本全国孰レカ天皇ノ有ニ非サラン

ヤ、地券授与ノ文字ヲ改正セサレハ、終ニ其実ヲ復スル能ハス、故ニ今地券授与ヲ改メテ地券借与トナシ、其地ノ産物、建築ノ不動産ハ人民ノ所有タリト明示アル時ハ、名義燦然、皇室ノ富永遠ニ保チ、自由民権ノ説モ自ラ其勢ヲ失ヒ、宸衷ヲ安シ玉フ可シ

とあって、地券授与は全国王土の建前と抵触するから、地券付与に改正すべしと主張している。

副島のこのような考えは、明治十五年四月の建言以前から井上毅の耳に入っていたらしい。井上が同年四月十二日に岩倉に宛てた書翰に「国憲論第三号出来仕候、此巻ハ別而精神之在ル所ニ候ヘハ、副島侍講へ御回示被遊度奉懇祈候」(23)とあり、副島にシュルチェの『国権論』第三号を見せてくれるよう依頼している。この『国権論』第三号(24)には

君主ノ権ハ国権ヲ私有スル者ト做ス可ラス、是レ私法上ノ権利ト固ヨリ其構成ヲ殊ニシ、全ク邦国ニ発源シ、而シテ邦国ト共ニ立ツ所ノ公権ナリ

云々とある如く、国法を公法と私法に大別し、君主権は私法上の権利ではなく、公法上の権利であると記している。井上も王土論を公法の観点から捉えており、王土論を地券と同様、私法的観点から捉えている副島に一考を促そうとしたのであろう。

しかし副島は主張を変えず、元田永孚や岩倉なども副島に同調し始めた。しかも副島は、王土論のみならず、「租税軽減」「普通選挙」「一院制」等々も主張し、それが「副島種臣君意見」と題して『鹿児島新聞』や『日本立憲政党新聞』に掲載せられた(25)。井上は、五月二十日、滞欧中の伊藤博文に「副島は近日上書有之、一院論又一般選

挙論等に而、上天子を尊ひ、下民庶ヲ恵シ、中等人種ヲ抑フルとの趣意に相見へ候」[26]云々と報告するとともに、副島説を挫こうと種々画策をしたが、結局、伊藤の帰国を待って決着をつけることにした[27]。

そして明治十六年八月四日に伊藤が帰国すると、十月二十七日、副島が吉井友実の仲介で伊藤を訪ねた。その時の様子を吉井から聞いた宮島誠一郎は

吉井ニ偶然相会す、今朝副島を伴ひ伊藤の高輪を訪ふ、然ルニ伊藤之説、誠ニ国体上より発し、帝室等之事ハ大ニ副島も同論ニ而、惣テ無異存よし、副島も角ヲ折りたるよし、吉井も此両人之交際仕舞、大ニ安心セリト云フ

と日記に書き留めている[28]。この日記のみでは会談の詳細は不明であるが、北畠治房の大隈重信宛書翰[29]に、「一貴紳」の話として、

曾テ副島元田両人カ地券没収論ノ建議セシカ伊藤帰朝前内閣ニ行ハレ、頗ル勢力ヲ得タルモノ、如キ有様ニ而、井上毅之ヲ防カントセシモ力及ハザルヨリ応援ヲ依頼セシ事アリシ由ナルカ、伊藤帰朝迄不決之策ヲ大臣邸ニ遊説シヲキタリシヲ、昨日伊藤ニ論シタルニ、同人も応同シ、排斥スベシト請負タリト、但シ其論中、彼日本紀雄略ノ巻ニ私田ヲ以テ罪ヲ贖ヒシ事見ヘタレハ、大古も私田アリシ事明白ナリ云々ト説タル由、素人ニハヨキ見付モノト存候

と伝えられているのを加味すれば、大略、以下のような様子であったのであろう。すなわち、副島の王土論（地券

没収論）が頗る勢いを得、井上もこれを防ぐことが出来ずに困っていることを知った伊藤は、副島の論を「排斥スベシト請負」い、その有力な論拠として、日本書紀雄略天皇の巻の私田の記事を持ち出し、副島の「天祖以来一姓君臨所有ノ王土」という主張と、私田の存在とは明らかに矛盾するではないかと反論した。副島も、自分の意見書の中で「古ハ公田ト私田トノケチメアリ」云々と書いている手前[30]、王土論との整合的な説明がつかなくなり、地券没収論を撤回せざるを得なくなった、と。

伊藤は、ヨーロッパでモッセやシュタインから近代国法学の講義を聞いているので[31]、国法学の素養を駆使すれば、副島の論を「排斥」することは容易であったろうし、同時に、単に副島説を批判するだけでなく、積極的にこれを取り込んだのであろう。何となれば、伊藤は、九月十七日、天皇に「我が国に於ては、古来万世一系の天皇万機を総攬し給ふ。是れ万邦無比の国体なり。この国体を基礎として経国の大綱を挙げ、君臣の分義を明かにする方針を以て、大典の立案に尽瘁し、不日草案成るに至らば、更に聖裁を仰がんとす」と上奏しているように、国体に基づいて憲法を起草する方針を述べているから[32]、それを聞いて副島としても「角ヲ折」らざるをえなかったものと思われる。

本書第四章「井上毅のシラス論註解―帝国憲法第一条成立の沿革―」（原載、梧陰文庫研究会編『明治国家形成と井上毅』木鐸社、一九九二年七月）は、明治十九年、伊藤から憲法起草を命じられた井上が、伝統的な国体論を加味しつつ、帝国憲法第一条を「大日本帝国ハ万世一系ノ天皇之ヲ統治ス」と纏め上げるまでの経緯を究明したものである。井上が伝統法と西欧法とを融合させるにあたって、大木や副島の考えをどの程度まで考慮したのかは別途、考察しなければならないけれども、稲田氏が大木の国体論について「明治二十二年（一八八一）の憲法典範制定の御告文、憲法発布勅語及び憲法上諭の詔旨も略々これに近いものがある」と指摘されているように[33]、何がしかの影響を及ぼしていたことは疑いない。

明治二十一年五月二十五日、皇室典範第一条「大日本国皇位ハ祖宗ノ皇統ニシテ男系ノ男子之ヲ継承ス」が審議された時も、大木は枢密顧問官として列席し、

本条ノ説明ヲ熟読スルニ、日本ノ国体ハ天壌ト窮ナシト云ヒ、和気清麿ノ奏文ヲ引証シテ、我国体ノ最モ重ンスヘキコトヲ祖述シ、殆ト間然スル所ナシ、然レトモ退テ正条ノ立言ヲ顧レハ、文意簡短ニシテ本義ノ在ル所ヲ尽サス、夫ノ屢々天命ヲ革ヘ、暦朝興廃アル支那ノ帝室ニ就テ之ヲ言フモ、猶此ノ如キニ過キサルヘシ、之ヲ以テ綿々一系ノ我皇室ニ比スル、豈啻ニ天壌ノ差ノミナランヤ、本官素ヨリ文字上ノ事ニ付、屑々スルヲ好マサレトモ、正条中ニ我国体ノ重ンスヘキ所以ヲ表彰センコトヲ切望シテ止マサルナリ

と発言して、自らの国体論を披瀝している。

五

近代日本は、日清戦争、日露戦争、第一次世界大戦、日米戦争を経験したが、その際の宣戦詔書は、いずれも「天佑ヲ保有シ万世一系ノ皇祚ヲ践メル大日本（帝）国皇帝（もしくは天皇）」というフレーズで始まっていた。国立公文書館所蔵の御署名原本によれば、次の通りである。

対清国宣戦詔書「天佑ヲ保全シ万世一系ノ皇祚ヲ践メル大日本帝国皇帝ハ忠実勇武ナル汝有衆ニ示ス」
対露宣戦詔書「天佑ヲ保有シ万世一系ノ皇祚ヲ践メル大日本国皇帝ハ忠実勇武ナル汝有衆ニ示ス」
対独宣戦詔書「天佑ヲ保有シ万世一系ノ皇祚ヲ践メル大日本国皇帝ハ忠実勇武ナル汝有衆ニ示ス」

対米英宣戦詔書「天佑ヲ保有シ万世一系ノ皇祚ヲ践メル大日本帝国天皇ハ昭ニ忠誠勇武ナル汝有衆ニ示ス」

このような表現は、前近代には絶えてなく、現代立憲制下でも公的に使用されることは皆無であって、近代立憲制国家独特のフレーズであった。各章を一読すれば明らかなように、これは、近代日本が西洋諸国と対等な外交を行なうために、文書様式も西洋と類似の様式を用いようとしたところから案出されたフレーズであった。

まず本書第五章「天佑とGottesgnadentum」（原載、『早稲田人文自然科学研究』第四十五号、平成六年三月）では、西洋の君主国が、神授王権説に基づいて、君主の名称に「神の恩寵により」（by the grace of God, by de gratie Gods, von Gottes Gnaden, par la grâce Dieu）という修飾語を加えていたため、それに倣って「天佑ヲ保有シ」という修飾語が使われるようになったことを論証した。本文中、夏目漱石が『我輩は猫である』で「天祐」の語を多用し、それが消え失せる様子を描いていることを指摘して、「天佑」多用の風潮を批判したものではないかと推測したが、はたしてそう見ていいものかどうか、是非、漱石研究者のご意見を頂戴したい。

次に第六章「『万世一系の天皇』について」（原載、『明治聖徳記念学会紀要』復刊第六号、平成四年五月）では、「万世一系」という古くからありそうな表現が、実はこれまた近代になってからの産物であることを述べたものである。短編ではあるけれども、この語の由来及び意味を穿鑿した研究が稀であるせいか、時折、研究論文に引用されているのを見受けるので(34)、手を加えることは殆んどせず、そのまま本書に収録することとした。

そして第七章「天皇号と皇帝号」（原載、『早稲田人文自然科学研究』第四十一号、平成四年三月）では、明治以降、昭和初年に至るまで、天皇号を使用するか、それとも皇帝号を使用するか、さまざまな議論があり、西洋諸国や清国の主張に基づいて外交文書で皇帝号を使用するようになったことを明らかにした。議論の際、折に触れて律令の規定が引き合いに出されていることは、立法関係者たちの間で律令が如何に大きな存在として意識せられていたかを示すものである。本文中でも、喜び勇んで「これ明治の為政者にとって律令が今なお生きており、律令が補充法の役割を果たしている明証であるからである。明治史を研究する上にも律令の研究が必要な所以である」と書いたが、この考えは今なお変わっていない。

なお、「天佑」「万世一系」「天皇」「皇帝」の各用語が定着していく過程で、そのいずれにも井上毅が深く関与していたことが明らかになった。このことは、井上が近代立憲制の確立に如何に重要な役割を果たしていたかを示していよう。

以上、本書各章の執筆意図を概観した。各章の執筆時期が異なるため、文体や用語法など必ずしも統一がとれていず、また引用書籍の刊行年は奥附の記載を尊重したため、和暦と西暦とが混在する結果となったが、御寛恕を請うことにしたい。

(1) 酒巻芳男『皇室制度講話』(岩波書店、昭和九年一月)第二講「国務法と宮務法」参照。また小島和司『明治典憲体制の成立』(木鐸社、一九八八年九月)参照。
(2) 芦部信喜・高見勝利『皇室経済法』(信山社、日本立法資料全集7、平成四年六月)二七三頁。
(3) 芦部信喜・高見勝利『皇室典範』(信山社、日本立法資料全集1、平成二年九月)五三〇頁。
(4) 旧皇室令については、酒巻芳男著『皇室制度講話』(岩波書店、昭和九年刊)が最も適当な参考書である。
(5) 新訂増補国史大系『律』(吉川弘文館、昭和四十八年)一三頁。
(6) 島善高「律令時代の恩赦―その種類と効力―」(『法制史研究』第三十四号、昭和六十年三月)。
(7) 『徳川禁令考』前集第一(創文社、昭和三十四年一月)一頁以下。
(8) 早稲田大学図書館所蔵写本による。平井誠二「江戸時代の公家の流罪について」『大倉山論集』第二十九輯(平成三年三月)参照。
(9) 宮内庁書陵部所蔵『片玉集』(458―1、藍川貝正恭輯)。
(10) 宮内庁書陵部所蔵『寤寝漫筆』「改元安政詔」および『維新史料綱要』。

(11) 神埼直美「浜松藩の徒罪―水野忠邦による藩政の一斑―」(『法史学研究会会報』第六号、二〇〇一年八月)
(12) 国立史料館叢書9『大塩平八郎一件書類』(東京大学出版会、一九八七年三月)三六三頁以下。
(13) 国立国会図書館憲政資料室大木喬任文書、書類の部五五―一。
(14) 国立国会図書館憲政資料室憲政史編纂会収集文書、四七八。
(15) 『岩倉公実記』下巻六八九頁以下、国立国会図書館憲政資料室大木喬任文書書類の部五三八。
(16) 元老院の国憲按については、島善高『元老院国憲編纂史料』参照。
(17) 星原大輔「明治初年における井上毅の憲法制定構想―明治七年十二月の憲法制定意見書を手がかりとして」『社学研論集』十二号、平成二十年九月。
(18) 星原大輔「明治初年における井上毅の憲法制定構想―明治七年十二月の憲法制定意見書を手がかりとして」。木野主計『井上毅研究』(平成七年三月、続群書類従完成会)。
(19) 梧陰文庫研究会編『梧陰文庫影印　明治皇室典範制定前史』(大成出版、昭和五十七年刊、四九頁以下)。
(20) 稲田正次『明治憲法成立史』上巻、第十四章、第十五章参照。
(21) 国立国会図書館憲政資料室所蔵「元田永孚関係文書」「副島種臣意見書」、宮内庁書陵部所蔵「副島種臣建言」。齋藤洋子『副島種臣と明治国家』(二〇〇八年十二月、学位論文)。
(22) 国立国会図書館憲政資料室所蔵「元田永孚関係文書」「皇有地ヲ定メ諸功臣ヲ調和スルノ議見聞ノ次第言上案」。齋藤洋子『副島種臣と明治国家』(二〇〇八年十二月、学位論文)。
(23) 『井上毅伝史料編』第四、三四八頁。
(24) 木下周一訳、明治十五年四月、独逸学協会出版。
(25) 『日本立憲政党新聞』第一〇八号、第一三〇号、第一三三号、第一三五号(明治十五年八月十五日～同年八月二十三日)。なお、『鹿児島新聞』の該当号は、所在不明。
(26) 『井上毅伝史料編』第四、六四頁。
(27) 早稲田大学図書館所蔵宮島誠一郎「明治第十六年日記」。
(28) 早稲田大学図書館所蔵宮島誠一郎「明治第十六年日記」。
(29) 明治十六年八月二十一日付(早稲田大学図書館所蔵『大隈文書』B一九七)
(30) 「副島種臣意見書」、齋藤洋子『副島種臣と明治国家』に全文翻刻あり。

(31) モッセの講義は『莫設氏講義筆記』、シュタインの講義は『大博士斯丁氏講義筆記』と題して、いずれも清水伸『明治憲法制定史』上巻（原書房、昭和四十九年）に翻刻されている。
(32) 『伊藤博文伝』中（春畝公追頌会、昭和十五年十月）、三六四頁以下。坂本一登『伊藤博文と明治国家』（吉川弘文館、平成三年十二月）一〇六頁以下。
(33) 稲田正次『明治憲法成立史』上巻、四五一頁。
(34) たとえば奥平康弘『「萬世一系」の研究』（岩波書店、二〇〇五年三月）三〇六頁、百地章「『皇位の世襲』の意味と『女系天皇』への疑問」（『阿部照也先生喜寿記念論文集』成文堂、二〇〇七年五月）六一五頁以下など。

第一章　幕末に甦る律令―枝吉神陽伝―

一　はじめに

慶応四年閏四月七日、佐賀藩の軍艦奉行島義勇は、所用で江戸から京都に出掛ける途中、横浜裁判所に於いて藩主鍋島直大及び横浜裁判所総督東久世通禧に面会した。島は当日の様子を次のように書き記している。[1]

> 早朝に御本陣に罷上り愚存御側目付張玄一及御小姓頭山口一郎へ相話候処、忽ち御前出被　仰付申上候処、至極御思召に叶と之御沙汰なり、昼頃旅宿三浦屋江急に御使来り裁判所江罷出候様、則参上候得者、殿様と東久世殿と御同席にて本島藤太夫推参、江戸並愚存等緩々ト御聞被遊候、難有次第に付　殿様江令義解二部献上、時勢柄的用之上御取調子尚又被成度奉存候也

鍋島直大は当時、横浜裁判所の副総督で、東久世とともに江戸開市のことを兼ねることになっていたから、[2] 江戸市中の状況などを島に尋ねたのである。

ところで、この日記で注目すべきは「殿様江令義解二部献上、時勢柄的用之上御取調子尚又被成度奉存候也」な

る一文であって、島が鍋島直大に「令義解」を二部献上し、今後は「令義解」の知識が必要になることを知らせている点である。王政復古時代のこととて、島は古代律令制が制度改革の指針となることを見越していたのであろう。

周知のように、新政府は慶応三年十二月九日、王政復古の大号令を発し、慶応四年正月十七日に総裁・議定・参与の三職を置いていたが、四月になると政治体制を一変すべく協議が煮詰まっていた。そして閏四月二十一日に政体書が発布されるのであるが、その政体書の起草には島の従弟である副島二郎種臣が深く関わっていた(3)。

この後、明治二年七月八日にも官制改革が行なわれ、律令に倣って神祇、太政の二官及び民部、大蔵、兵部、刑部、宮内、外務の六省を置くこととなった。これにも副島が深く関与した(4)。

他方、明治政府は明治三年十月に全国一律の刑法典である新律綱領を制定したが、これは日本古代の律や明清の律などを参考にして作成されたもので、これにもまた副島が関与していた(5)。

全体、副島に限らず、島義勇、江藤新平、大木喬任、大隈重信らの佐賀藩出身者は、幕末維新期に廟堂で活躍できたのは、佐賀在藩時代に副島の兄である枝吉神陽から法制面での薫陶を受けたからであった。青年時代に神陽の門を潜った大隈が

南北騒動で我輩が弘道館を退学させられた時に、枝吉神陽の処へ往つた。令や書紀や、古事記を学んだ。其頃に本居宣長の古事記伝などをも一通り眼を通したんである。また蘭学には精通しなかつたから、十分に西洋理屈を説くに至らず、そこで漢学に対抗する必要上国学を学ぶ志を起したのである。すると神陽先生大きに喜んで親切に教へて呉れた。御蔭で我輩は古典の知識を振舞はして、大に儒教を排斥し、「漢学は孔子の垂れ糞だ。其様なものを読んで如何するか」といつてやつたんだ。

とか、(6)

神陽先生は啻に当時佐賀藩に於ける第一の学者たりしのみならず、其の名は遠く江戸及び列藩にも聞えて神陽先生の名一時に喧伝せり。神陽先生は漢学者なりしも普通一般の漢学者が訓詁の末に拘々たりしが如き弊竇に陥らず、主として歴史を講じ、兼て国学を修め、殊に本邦法制の如きその最も力を注ぎし所なり。されば一般の儒者には喜ばれざりしも、斯の如く歴史を究め国学を講ぜしが故に、彼の世間普通の漢学者等が支那の古聖賢あるを知つてまたその他を知らざりしが如き偏狭の見なく、其の勤王の精神を発揮せしも、また此の史学の研鑽に淵源せるものといふべき也。

とか証言している通りであって、神陽は「本邦法制の如きその最も力を注ぎし所」であった。その結果、佐賀出身で後に東京控訴院検事長を勤めた高木秀臣が(7)

司法省ハ丸デ佐賀デ受持ツテ居タノダ、最初江藤新平ガ遣ツテ其カラ大木ト云フノデ、頭ガ佐賀ダカラナ、自然ニ其ノ下流ニモ佐賀ガ多クアツタ、江藤ハ明治五年頃辞職ヲ致シテ其代ハリニ大木サンガ来タノダガ、江藤ハ基礎ヲ拵ヘタ位ノ処デ、其カラ段々大キク拡張シタノハ皆ナ大木ノ力デアル

と語っているように、(8)佐賀出身者が司法省で活躍をすることになったのである。今、参考のために明治七年の時点で左院及び司法省に在職した佐賀出身官吏の姓名を掲げておこう。

左院
二等議官西岡逾明、四等議官牟田口通照、五等議官長森敬斐、同原忠順、八等出仕小代永重、九等出仕下村忠清、三等書記生光増重健、十等出仕新井常保、四等書記生野田稔、十五等出仕片山保良
司法省
卿大木喬任、九等出仕岡本豊章、十二等出仕蒲原忠蔵、同中嶋方弼、少判事石井忠恭、少判事池田彌一、権少判事園田弘、七等出仕原田種成、八等出仕中嶋清武、権大解部家永恭種、中解部深江種虎、同藤崎成言、同古賀明詮、同橋本源之助、同倉町良重、権中解部成富義光、同並木昌伯、十二等出仕波多野敬直、十三等出仕福岡雄三郎、同中嶋信一、同大坪真種、十四等出仕原口與平、十五等出仕田部正盛、大属野田頌客
権大検事杉本芳熙、少検事花嶋包秩、権少検事野副勤有
明法寮頭楠田英世、助鶴田皓、権大属於保貞夫、中属松岡守信、中法官荒木博臣、少法官大園孝賛

従って、佐賀藩士に甚大な影響を及ぼした枝吉神陽が一体どのような人物であったのか、彼の法律学は一体どの程度のものであったのかは、是非とも究明しておかなければならないテーマである。しかるに従来、神陽を研究した文献は皆無に近く、比較的纏まったものは平田俊春氏の「枝吉神陽」が唯一と言っても過言ではない状況であった。(9) そこで筆者は求めに応じて先に「枝吉神陽の学問について」なる一文を草したけれども、(10) なお史料収集が中途半端、考察もまた未熟であったので、本稿で改めて神陽の事績を追跡することにした。これ副題に「枝吉神陽伝」と付した所以である。

因みに、枝吉神陽には幾つかの著作があった。しかし神陽の門弟がこれを出版すべく、枝吉家が辞するのも聴かず無理に借り出して京都に持って行き、町家の下宿に置いていたところ、禁門の変の兵火で焼失してしまったと

いう[11]。その後、後人が新たに詩文を採輯し、明治三十三年九月、平戸藩儒楠本碩水[12]の序を付して『神陽先生遺稿』（上、下）が作られた。この遺稿原本は恐らく副島家に所蔵されていると思われるが、本稿では、昭和十八年十二月十五日に大木俊九郎がこれを筆写し、現在佐賀県立図書館郷土資料室に架蔵されているものを使用することとした。（龍造寺八幡宮・楠神社編『枝吉神陽先生遺稿』平成十八年五月、出門堂刊に影印及び翻刻があり、本稿でもその翻刻番号を附した）。

二　神陽の家庭環境

神陽は文政五（一八二二）年五月二十四日、父種彬（始め種舜。忠左衛門、栄、小字駒一郎、忠七郎。号は南濠）と母喜勢の長男として佐賀城南堀端で生まれた。名は経種（始め種彬。木工助、平左衛門、小字駒一郎）、神陽と号し、字を世徳、室号を焦冥巣と称した。神陽には姉が一人、弟三人、妹一人がいたが、姉は既に文政四年八月に亡くなっており、弟の種厚も早く歿したので、種臣（文政十一年九月生）、利種（天保三年十一月生）、万寿（天保八年三月生）の弟妹らと育った[13]。

また「木原家系図略[14]」によると、神陽の母喜勢は木原満雅（宜審）の娘であるが、兄弟姉妹として、兄の英興（その子には義隆・隆忠・しづ・隆武）、田中半蔵好古に嫁した姉、中島和兵衛定良に嫁した姉（その子には中島彦太郎・福地常章・中島彦助）、島市郎右衛門有師に嫁した妹「つね」（その子には島義勇・重松基吉・副島義高）、そして福地寿兵衛常紀の養子となった弟常宜がいた。神陽兄弟はこれら伯叔父母、従兄弟姉妹たちとも親しく交わり、英興の娘しづが後に神陽の妻となった。

神陽の「先考南濠先生行述[15]」によれば、枝吉家の先祖は履仲天皇朝に日本にやってきた漢の孝霊皇帝曾孫阿智王に由来し、朝廷三蔵の一つである大蔵を管理する職についたので大蔵を姓として賜ったという。そして阿智王から十三世の大宰少弐春実が藤原純友討伐に功績があたため筑紫に遷り住むようになり、その流れが佐嘉郡枝吉に住み着いて枝吉を号するようになったという。

そして枝吉家は先祖代々槍術師範を業として鍋島藩に仕え、足軽組頭に任じられていた(16)。神陽の父南濠も文化九年二月、宝蔵院流槍術の目録を拝領したが(17)、「吉村先生及小柳先生と云ふ朋友等が父に忠告して、貴様は文字を知らぬでは不可じゃと云ふた、そこで、父は自ら後悔して十九歳から始めて学問をして、殊とに励精して(18)」、文政八年二月には藩校弘道館の教諭になった(19)。

神陽の語るところによれば、南濠は謹慎寡黙、言は訥々としていたが、その行動は明決で、造次顚沛の時といえども惰容を見せることはなく、平生から槍法で気を養い、「今也、洋夷猖獗、東吏拱手無策、是丈夫可致命之秋也、若是則武芸安廃」と言っていた。しかも家庭では常に楠、名和、児島、菊池、新田等の忠孝節義を話し、慷慨色に現れたという(20)。

佐賀には由来勤王思想の系譜があった。寛文三（一六六三）年、二代藩主鍋島光茂の時、深江信渓が桜井駅での楠父子訣別の甲冑像を彫刻し、これを藩主の賛同の下、佐嘉郡北原村の永明寺に安置したことがあり(21)、明和・安永の頃には服部南郭に学んだ長尾矢治馬元弼（遁翁）が大弘公（七代藩主重茂）の侍講となって活躍し、また安永・天明の頃には山県大弐の明和事件に関与した横尾紫洋がいた(22)。『鍋島直正公伝(23)』には長尾遁翁について

其主義は唐宋の学に渉りてこれを折衷せるものにあり。彼嘗て徂徠文集に国家に対する称謂の失体多きを見て、詩を賦して曰く、日下平安周鎬京、是昔大盗借神兵、先生休説東西帝、魯仲連存踏海情と。乃ち幕府の起りを大盗借神兵と痛斥し、魯仲連を引いて自信の高義を声明し、以て勤王論の唱始をなし、以て枝吉氏の君臣

論を喚起せり。元弼後に遁翁と号し、泰国公に逮事し、安永三年六十一歳にて終る。其子元幹は東郭と号し、博覧多識にして経世の才あり、泰国公に任用せられたり。

と記している。「徂徠文集に国家に対する称謂の失体多き」というのは、徂徠が「自らは日本人なるを東夷と称し、江戸の将軍を東帝と称して幕府に媚びた」[24]こと、また『徂徠集』の中で京都を西都（西京）、江戸を東都と書いている箇所が畳見するのを指しているのであろう。[25]

司馬遷の『史記』巻四十四魏世家、昭王八（前二八八）年の条に

秦昭王為西帝、斉湣王為東帝、月余皆復称王、帰帝。

とあって、[26]周の皇帝を差し置いて一時期、秦と斉がそれぞれ東西の皇帝を僭称していた。月余にして再び王と称するようになったが、斉の力が弱まると、秦の昭王が再度、皇帝となるべく画策し始めた。『史記』巻八十三魯仲連鄒陽列伝によれば、その時、斉の魯仲連は

彼の秦は、礼義を棄てて首功を上ぶの国なり。其の士を権使し、其の民を虜使す。彼即し肆然として帝と為り、過りて政を天に為さば、則ち連は東海を踏みて死する有らんのみ。吾、之が民と為るに忍びざるなり。

と言って、秦が帝と称することに反対したという。[27]長尾元弼にすれば、日本の都は平安すなわち京都一つであり、江戸を東都と称するのは以ての外であって、大泥棒の所業に他ならない。もし徳川幕府が天皇に代わって皇帝と称

することがあれば、魯仲連と同様、東海を踏んで死ぬほうがましだというのである。勤王家遁翁の面目躍如たるところである。

『鍋島直正公伝』は、この遁翁の思想が神陽の父南濠に連なっているというのである。同書では別の箇所にも

枝吉種彰は南濠と号し、吉村（瑛）と同年なりき。初め牟田口（通清）の勧誘にて弘道館に入学したりしが、非常の勉強家にして精力強かりしかば、業成りて指南役となり、更に高楊（浦里）の死後数年にして教諭となる。経学の外に五言詩を能くせり。其持説としては一家の卓見を有し、日本には天子の外に君無し、君臣とは唯天子と国民との関係をいふべきのみ、然るを其他の主従関係にも猶君と称へ臣と呼ぶは、大義を誤る甚だしきものなりとて、之を弾斥すること最も烈し。是れ、長尾東郭が徂徠の東西帝説を論責したるを、一層推拡したるものにして、此論旨を貫徹すれば、幕府が諸藩に君臣の礼を執らしむる非を破毀するに止まらず、諸藩士が藩主を君と唱へ、自らを臣と称することをも、否認すべき結論を生ずるなり。枝吉氏は斯かる主張を以て、一箇の学風を開きたりき。

と記述しており、(28)南濠は遁翁・東郭の影響を受けて、「日本には天子の外に君無し、君臣とは唯天子と国民との関係をいふべきのみ、然るを其他の主従関係にも猶君と称へ臣と呼ぶは、大義を誤る甚だしきものなり」との日本一君論を展開していた。

他方、母喜勢もまた賢婦人であったらしく、神陽は「先妣藤原氏行述」の中で

子孫を酷愛すと雖も之を導くに必ず義方を以てし、苟くも過失あれば督責少なからず、（中略）口に未だ曾つ

て利を曰はざるなり、常に曰く、利を求むるは小人の事なり、義を求むるは士大夫の事なり、吾、婦人と雖も大体を存せざるべからざるなり、（中略）先妣と二姉一妹は、侃々乎として烈丈夫の風あり、人以て家風と為す（原漢文）

と描いている。(29)

神陽はこのような両親のもとで育った。副島種臣が

夫れ幕府の強に当るや、天下皆其の威を畏る。而るに先生は常に之を蕩覆せんことを思ひ、以らく天下は皆神武の天下、而して　瓊皇の緒業せる所、故に臣として主を強逼するは、宜しく征伐の典に在るべしとす。夫れ幕府は豈に一征夷大将軍の任に在らざるか。一征夷大将軍にして以て天下を有つと為し、其れ海外万国に臨むや、則ち常に自から大君と称す。其の僭、悪むべし。且つ此の時孰れか僭せざるや。将軍の僕隷にして藩侯と称するなり。其の輿台にして士大夫と称す。名を乱すこと殊に甚し。夫れ名正しからざれば則ち言順はず。言順はざれば則ち事成らず。天下の事を成す要は、其れ名を正すに在るかと。此れ神陽先生の悲憤慷慨する所以なり。（原漢文）

と記しているように、(30)神陽は父の影響で徹底した日本一君主義者として成長した。

神陽の幼年時代及び弘道館時代については史料が乏しく詳らかではないが、副島は

神陽先生は容貌魁梧、方面大口、音は洪鐘の如く出で、屏障之が為に振はんと欲す。眼は偉にして長く烱光人

を射、隆準・長耳・脚健、日に行くこと二十里。曾つて高履を納《は》き、富士山を登降して疲れず。（中略）先生、生れて端凝、幼にして能く言ひ、七歳にして書を学ぶ。性強記、成人に至る比、既に宏辞と称せらる。二十一二にして儼然たる夫子なり。（原漢文）

と記し、また

枝吉平左衛門が十八九の頃であつたか、学校で一番俊秀であつたと云ふもので、今の佐野伯即ち佐野栄寿左衛門と並び称せられた人である。之れと同年なりし乎、若しくは一つ違ひかである。両人共に佐賀第一の俊秀と云はれたるもので、選ばれて蘭学を命ぜられたことがある。然るに其時に佐野伯は欣然として請けられたけれども、私の兄即枝吉平左衛門は此命を辞せられた。

とも語っており[31]、神陽の俊秀であったことが知られる。右の蘭学云々については『鍋島直正公伝』にも記事があって、藩主が神陽の宏才達識にして非常の器なるを洞察し、蘭学を兼修させようと人をして勧誘せしめたところ、神陽は「拙者は夷狄の書は読まず」と言ってこれを拒否したという[32]。藩主の命すらも拒否したというのであるから、神陽の一徹ぶりが察せられる。

神陽は弘道館時代、田中虎六郎康道、加々良源吾重好、中牟田倉之助定武、島団右衛門忠武を友人としていた[33]。田中は紫洋（もしくは紫坡）と号し、豪宕不羈、縄墨に拘わらず、西洋の理化学に意を用い[34]、加々良は『資治通鑑』研究で有名であった伊勢藤堂藩に遊学し[35]、中牟田もまた藤堂藩の斎藤拙堂の門に入って通鑑を学んだが、後に蘭学を学んで海軍に力を致した[36]。島は冒頭に触れた神陽の従弟島義勇である。

以上のほか、弘道館時代の神陽を窺う史料として、『神陽先生遺稿』に数編の詩文が残されているけれども、ここには天保十二（一八四二）年正月、神陽二十一歳の時の「新釐迎春」（翻刻番号四二）を掲げておこう。

鬱々松林南、堂宇奐且輪、観古図書府、講礼杏花壇、美哉泱々乎、国風日維新、
維時歳辛丑、星暦報献春、詰旦整衣帯、危坐臨闌干、天地融雲物、陽精輝令辰、
春風自東至、靄然入中園、皎々半窓梅、猗々一砌筠、嚶々鳴鳥庚、潑々躍金鱗、
盛哉陽和徳、布物一何均、私欣文運昌、正同陽和申

藩校弘道館は前年の天保十一年六月に新築されていた(37)。

三　昌平坂学問所時代前期

神陽は天保十五年四月十一日、三箇年の江戸遊学を命じられ、五月八日に木原氏に納幣をした上で、五月二十七日江戸に向かった。江戸藩邸に到着したのは七月一日で、九月十日に各藩の俊秀が寄宿する昌平坂学問所書生寮に入寮した(38)。

昌平坂学問所には、幕臣で寄宿しながら勉強する者、寄宿せずに通いながら勉強する者、そして非幕臣で書生寮に寄宿して勉強する者の三種類の学習者がいた。その内の書生寮（定員四十四名）の書生たちは、特定の儒者を選び、その許可を得て入寮することになっており、神陽は古賀侗庵についた。書生は、儒者の役宅で開催される毎月の講会に出席する外、詩文会や出役の講会それに各種の勉強会に出席したが、基本的には書生同士で切磋琢磨する

ことになっていた。在寮年限は一年で、延長は可能であった。「書生寮学規」には、外出日数や門限、在寮中の禁酒禁煙などが細かに定められており、学術人物共に秀でた者から選ばれる舎長が書生の行動を取り締まることになっていた[39]。

神陽入寮当時、書生寮にどのような人物がいたのか正確にはわからないけれども、弘化三（一八四六）年当時の在寮者とそれ以降の入退寮者の領主名・紹介儒者・入退寮年・名前・入寮時年齢を記録した『書生寮姓名簿[40]』が残されているから、取り敢えず弘化三年当時在籍していた書生の名前を入寮順に列挙しておこう。但し領主名は判る範囲で藩名に改め、年齢は省略した。

文政十三年入寮………日野良之助（西条藩、古賀門、弘化四年退）
天保五年五月入寮……奥村善蔵（高松藩、古賀門、弘化四年四月退）
天保六年入寮…………片山直造（高松藩、古賀門、嘉永四年退）
天保八年入寮…………一柳健之助（小松藩、古賀門、嘉永五年退）
天保九年五月入寮……大原晋之助（松山藩、古賀門、弘化五年正月退）
天保十一年入寮………吉本栄八（高松藩、古賀門、弘化四年退）、菅野狷介（姫路藩、古賀門、嘉永四年退）
天保十四年入寮………東八之進（西条藩、佐藤門、嘉永三年退）、栗本貞助（西条藩、佐藤門、嘉永五年退）、野田重次郎（井上英之助、佐藤門、嘉永四年退）
天保十五年入寮………永橋金之助（桑名藩、古賀門、弘化四年退）、広田徳蔵（小島藩、佐藤門、弘化四年退）、安藤勝太郎（宇和島藩、古賀門、弘化四年退）、高橋庄五郎（仙台、林門、弘化四年退）、小西順二（松江藩、佐藤門、嘉永二年退）

弘化二年入寮……和田省吾（弘前藩、佐藤門、嘉永二年退）、東沢肇（松山藩、佐藤門、弘化四年退）、菊地章之進（高松藩、弘化五年退）、赤井二郎（高松藩、古賀門、弘化四年退）、長坂常次郎（会津藩、古賀門、嘉永六年退）、鷲津郁太郎（尾州浪人、古賀門、嘉永元年退）、佐藤元助（桑名藩、古賀門、弘化四年退）、小早川一平（大野藩、古賀門、嘉永二年退）、久家令助（高松藩、古賀門、嘉永四年退）

弘化三年入寮……長谷丹右衛門（松山藩、古賀門、弘化四年退）、宮内類之丞（松山藩、古賀門、弘化五年退）、秋月悌次郎（会津藩、古賀門、安政（ママ）退）、笠原篤輔（一関藩、古賀門、弘化四年退）、折田与右衛門（薩摩藩、古賀門、嘉永元年退）

神陽の入寮当初の行動は必ずしも明らかではなく、弘化元年の重陽に古賀侗庵、牟田口藤衛門（天錫）に付き添って桜田藩邸に行ったこと、弘化二年の重陽には昌平寮の友人たちと飛鳥山に会したことが判明しているくらいである。(41)

ところで弘化三年正月十五日、江戸の大火によって書生寮が類焼したため、神陽は江戸藩邸内の明善堂に寓することとなったが、その後、同僚と共に三月九日から六月十五日まで鎌倉、房総、水戸、仙台、越後、奥羽などへ旅行を試みた。(42)次の「発江戸」(43)の詩は出発に際しての作である。

関西有男児、堂々八尺軀、自言漢高後、英気頗凛乎、講武無所就、学文亦徒如、仗剣干豪傑、落魄三歳余、豈
無雄飛想、会不與時須、長風吹衣袂、忽顧東北隅、乃與二三子、翩々出郊郛、郊郛何闊達、四術挟雲衢、維時
春三月、煙華燦宏敷、美哉彼妹子、嬌矣遊冶徒、連袂而摩轂、繁華耀大都、誰知耿介士、懐瑾酬懸弧

旅行に先立って神陽は、奥州に行った経験のある「幹斎瑛」（佐賀藩儒の吉村祐平）を官舎に訪ね、安達原の鬼塚・多賀城碑・塩釜・松島・金華山等々の話を聞いた。[44]

幸い、この旅行を記した安藤勝太郎（号、伯恕、伊予宇和島、天保十五年入寮、弘化四年退寮）の詳細な記録『東遊記』が残されており、神陽一行が何時どのような経路を辿ったのかが詳しくわかる。[45]これによれば、書生寮にいた十文字子訓（名は龍介、陸前国遠田郡涌谷）が父母を見舞うために帰郷することになり、夙に東遊の志を持っていた安藤勝太郎と神陽が同行、序でに菅野惟一（加賀）、西田子玄（大坂）も参加することになった。十文字も菅野も書生寮に在籍していたから、西田も書生寮にいたのであろう。[46]先に掲げた書生寮名簿に、十文字、菅野、西田の名が見えない理由は定かではない。

さて神陽一行は、三月九日、品川駅に会し、その日は程谷（保土ヶ谷）に泊まった。以下、日付順に訪れた場所を簡単に列挙しておこう。

三月十日、黎明、雨を冒して金沢に行き、烟霧の中、金沢八景を楽しみ、午後に鎌倉に達した。そして翌十二日にかけて鎌倉の名所旧跡を観光、神陽も、源右大将墓、大江広元墓、静女舞樹、親王鋪、扇谷、高時自尽処、管領屋敷などを題材にした詩を残し、[47]七里ガ浜では源氏の奮闘を偲んで七言の古詩を詠み、[48]江ノ島、金沢、浦賀へと行った。[49]

三月十三日、浦賀で舟を雇い、鋸山を眺めながら房総半島へ渡って、日本寺に登った。翌日も日本寺に留まって詩を賦したり揮毫をしたりして過ごした。

三月十五日、菅野惟一とはこの日で別れ、他の一行は那湖駅（那古）を経て、谷向村（南房総市谷向）の鈴木子玉を訪れ、そこに宿泊した。そして翌十六日には石堂寺村に立ち寄り、途中、道に迷いながら海保津宿（市原市海保）に至った。十七日、風雨猛り狂う中、海岸を歩いて、源義経の愛馬「太夫黒」の産地という大夫崎（鴨川市江見）を通り、波太村（鴨川市）の島田玄助（江戸人、私塾経営）を訪ね、その日は台宿村（勝浦市）に泊まった。

三月十八日は山道を歩いて尾瀧駅に宿し、十九日の午後、本納駅（茂原市）に至り、遠山雲如（江戸人、私塾経営）を訪ね、夜は詩を応酬して歓を尽くした。(50) 二十日も遠山雲如を訪ね、二十一日、粟生野原を経て四天木村（山武郡大網白里町）に至り、斎藤拳石（画家）とともに酒間詩を賦し揮毫をした。二十二日も斎藤拳石宅に在り、二十三日に屋形村（山武郡横芝町）の画人南岳翁を訪ねたが不在であったので、太田村に泊まった。

三月二十四日、雨を衝いて泥路を歩き、午後銚子港に到着、船を雇って利根川に沿って霞浦まで溯ろうとしたが、風波のため果たさず、小舟木村に泊まった。翌日、雨勢がやや衰えたので船を買い、利根川を溯り、午後、浮洲に至り、浮洲明神で休憩した。

三月二十六日、巳の刻、鹿島神宮に着く。その宏壮さ、市肆の賑わいに驚いた。二十七日、早朝、高洲崎に至って船を買い、霞関を渉って多布施に達し、そこから六七里歩いて土浦に至り、城外に泊まった。夜、五十嵐士魯、岡君優が訪ねてきて、酒を飲んだ。神陽が、「霞浦」(51)を詠んだのは、この日であろう。

そして三月二十八日、土浦藩の藩校郁文館を訪れ、(52)藩士二十人ばかりと詩文の応酬をし、夜は藩校教授藤森弘庵の招きで宴会が行なわれた。(53)翌日、今も冤魂が散らないという平国香墓(54)を見、禅応寺に登って霞浦の佳景を眺望した。夜、五十嵐士魯ら十人ばかりが来て酒を飲んだ。三十日にも五十嵐士魯らがやってきて、終日、揮毫をして過ごし、夜は藤森仲連も来て酒を飲んだ。

四月一日、藤森弘庵以下、土浦藩士たちと別れ、(55)城外の藤沢村（新治郡新治村）を過ぎると、肥前人で昌平黌の旧友である吉岡廉夫、中山永年と邂逅した。二人はこれから筑波山に登るところだというので、一緒に行くことにした。神宮寺を過ぎり中納言藤房（後醍醐天皇の側近）の書を見、その日は筑波山麓の宿に泊まった。筑波山に登ったのは翌日で、途中、陽成天皇が「つくばねの峰よりおつるみなの河、恋ぞつもりて淵となりける」と詠んだ泉で喉の渇きを癒し、陽峰も陰峰も登った。ここで、肥前人の吉岡、中山そして西田子玄とも別れた。神陽が新田と足利の順逆を思って「筑波山歌」(56)を残したのは、この日であろう。

四月三日、泉田古庵を訪ねて酒を飲み且つ揮毫をし、晩は笠間に達した。明けて四日、官儒の森田桜園に面会して藩校時習館に行き、藩士十数人と詩文の応酬をした。

四月五日、早朝に出発して午後、水戸に行き、青山亮太郎（弘道館教授の青山延光カ）に会った。茶を供しただけで他に何の設けもなかったことを、安藤は「朴素之風可喜」と書いている。神陽は水戸で建武の中興を偲び、七言絶句「水戸」を詠んだ(57)。

四月六日、水戸を発して川尻駅（結城郡八千代町）に行き、七日、雨を衝いて太平洋岸を北上、勿来関を通って(58)、晩は植田駅（いわき市）に泊まり、晩酌に桜花を浮かべて詩を賦した。桜を浮かべて酒を飲んだのは、安藤の日記に「昔八幡公有咏歌」と記しているので、源義家の「みちのくにへ、くだりまゐりけるに、なこそのせきにてよめる」と題する「ふく風をなこその関とおもへども、みちもせにちる山ざくらかな」を思い出したからである。

四月八日、午後二時頃に磐城に達し、穂積尼橋（篆刻家）を訪ね、翌九日もまた穂積の家に至ると、穂積曰く、この地には珍しいものは他にはないが、毎晩、神火が海に出、川を溯って、閼伽井嶽（いわき市赤井村）に登り、土地の人はこれを龍燈と言っていると。これを聞いて十文字、安藤、神陽の三人は奇とし、一瓢を携えて頂上の如来堂に宿を乞うた。寺僧曰く、月明即ち神火で、真夜中に見ることが出来ると。この日、神陽が詠んだのが「赤井山途上」の詩である(59)。

四月十日、鶏鳴に起きて酒を温め、衾を抱えながら、暗闇の中、瑪瑙の光が耿々と生じ、出ては消え出ては消えて次第に近づき、円光煜々たるを観た。神陽が「上水精山観龍燈」と題する五言律詩「空虚何有物、妖火透荒庭、遥上山川見、忽消天地冥、動揺懸佐燐、重畳遂非星、知是真人降、群龍燭大溟」を詠んだのは、この時であろう(60)。

神陽が言っている「水精山」とは、閼伽井嶽常福寺の山号「水晶山」のことに相違ない。その後、寺に戻って仮眠し、巳の刻、穂積尾橋の家に出かけて銅印を恵まれ、午後、海岸を歩いて扶桑浜の宿で一泊した。

四月十一日、雨で泥濘の中、富岡駅を通って新山駅に至り、十二日には幾世橋村（現福島県浪江町）の馬場拙斎宅に立ち寄って、夜、尾高駅に宿した。十三日、原町を過ぎて遠藤周右衛門を訪ね、午後、相馬に達した。神陽は相馬で「野馬行」の詩を詠んでいる[61]。

四月十四日、新地駅の酒肆に立ち寄ると、一昨日会った馬場に遭遇し、共に羽山に行き、夜は亘理駅に一泊した。翌日十五日、阿武隈川、名取川、広瀬川を渡り、昼時に仙台に到着、国分町に宿泊した。馬場とはここで別れた。

四月十六日、仙台藩士で、「蝦夷海陸路程全図」を作った小野寺鳳谷（名は謙）が訪れ、一緒に官医の松井千年を訪ねた。そして両人と共に養賢堂に大槻格次を訪ね、石沢俊平の招きで酒を飲み、夜は松井千年の家に泊まった。別れに際して小野寺は、「送神陽何遠二君」の詩を贈った[62]。「何遠」とは、安藤勝太郎伯恕の別号である。

四月十七日、安藤と同郷の中野信治が来、午後には樋口源吾が訪ねて来たので、真夜中まで酒を飲み、十八日、安藤と神陽らは十文字子訓とは別行動を取り、先に松島、金華山に遊ぶこととし、夜は竹谷（松島町）の小野寺鳳谷宅に投宿した。

四月十九日、竹谷を発して、十文字の郷里である涌谷に達し、十文字の自宅で旅装を解いて、暫くここに滞在することにした。二十日、長谷玉渓、首藤良治が訪ねて来、二十二日には昌平黌の旧友である斎藤子徳（馨、竹堂）と二年ぶりに再会し、酒を酌み交わした。神陽は「仙台訪斎藤子徳[63]」の詩を残している。二十三日には首藤の招きで酒を飲んだ。

四月二十四日、長谷、安藤、神陽の三人は、涌谷を発して、里沢村を過ぎり、小野寺の寓居に立ち寄り、共に湖崎村の遠藤子潜を訪ねて、一緒に渡波村（石巻）に出かけて一泊した。そして翌日の二十五日、舟に乗って金華山に行き、大金寺に宿泊した。二十六日早朝、寺僧の案内で金華山に登り、下山して桃浦に泊まった。神陽は広大な石巻港を見て驚き、また「游金華山寄人」(64)の詩を詠んだ。(65)

四月二十七日、宿を発して湊港に至り、多福院に立ち寄って、後醍醐天皇の碑を見、苔を落として拓本を取った。この日は、石巻に宿泊した。神陽は後年、「薦吉野先帝辞」を草し、その辞に「弘化三歳次丙午夏四月、大蔵経種東游陸奥」(66)と書き記している。

四月二十八日、仁徳天皇の時代に蝦夷征伐を行なって戦死した上毛野田道将軍の墓を訪ね、午後に湖崎村の遠藤子潜の家に宿泊し、小野寺も来て、酒間各々詩を詠み、神陽も「田道将軍墓」(67)を残した。二十九日は雨であったので、終日遠藤の家で談論して過ごした。

五月一日、午後遠藤と別れ、夕方再び涌谷の十文字の家に戻った。夜に斎藤と首藤が来て一緒に酒を飲んだ。二日には阪本道一が来て酒を飲み、四日には阪本道一の招きで、斎藤、首藤も加わり宴会を開いた。首藤が「臨別呈枝吉安藤二君」(68)の詩を作ったのはこの頃であろう。五日、江戸と違って寒く、皆、綿衣を着て過ごした。桜もまだ咲いていた。

五月六日、涌谷を出て午後に沼辺村（柴田郡村田町）に至り、その日と翌七日は斎藤の家に泊まり、八日は斎藤の案内で金成駅（栗原郡金成町）に宿泊した。

五月九日、一関に行き、儒官の菊池文六郎を訪れ、藩士七、八人も加わって、酒を飲み且つ詩文を応酬、夜は山目村に至り大槻太兵衛の家に泊まった。翌十日、笠蓑を着て西行三里ばかり、五串の瀧（一関市厳美町）に着いた。また藤原平衡が源義経を匿ったという所に祠があり、義経の肖像が安置されていた。下山後、大槻太兵衛の家に泊まった。十一日、詩を賦して昨日遊んだ所を回想、神陽は「五串瀑」(69)、「源廷尉祠廟」を詠んでいる。(70)その後、蘭梅山に登り、金成駅に宿泊した。

五月十二日、沼辺村の斎藤の家に行くと、小野寺、遠藤も来ており、互いに喜んで詩酒歓暢、深夜に及んだ。

五月十三日、斎藤の宅を辞するに際して、斎藤は「奉送枝吉君」[71]の詩を贈った。一行は、先ず中曽根村の鈴木平甫を訪ね、次いで晩は松山に至って安藤の昌平黌における同僚、高橋千之を訪ねて、銜杯交酬、二鼓に至って就寝した。神陽が「鈴木平甫席上次桂山公子韻、公子通称伊達安芸、乃平甫所仕」[72]と題する詩を詠んだのもこの日であろう。

翌十四日も昼過ぎまで高橋宅で酒を飲み、松島行を約して別れて、涌谷に帰った。十五日夜、高橋が来訪、翌十六日、一緒に松島に向かって出かけようとしたが、雨のため果たさず。坂本《ママ》道一も来て、一緒に酒を飲んだ。十七日、快晴であったので、安藤、神陽、高橋は、中曽根村から長谷の家に行き、皆と別れて、松島に向かった。行くこと四、五里にして富山があり、そこに登ると八百八島の勝景があった。遠くは相馬、金華の諸山、近くは唐那磯崎の浜まで一望できた。下山して高城駅を通り、初めて松島駅に至った。浴後、月光を愛でながら山水の間を遊んだというから、神陽が「松島観月」[73]を詠んだのは、この時である。

五月十八日、船に乗って天下の絶景を楽しんだ後、高橋と別れ、塩釜、多賀城に行き、夜は松井の家に泊まると、中野信次が来て酒を飲んだ。神陽は「過多賀城」[74]、「塩釜」[75]を詠んだ。

五月十九日、午後に大槻格次を訪ねて酒を共にし、羽州人で書画撃剣を好くする大沢仙弥と会った。夜松井宅に帰ると、年四十余の医者がいて、神陽に歌曲を迫った。神陽が嫉視して大いに怒ると、その医者は扇子を取り出して踊り、巧みに歌った。

五月二十日、大槻を訪ねて、遂に養賢堂に上がり、夜、油井飛卿の招きで酒を飲んだ。この日、十文字が涌谷からやってきた。翌二十一日、安藤、神陽、十文字の三人は、瑞鳳寺、大年寺に登って貞山公伊達正宗の廟を見学した。夜、中野も来た。二十二日、無数の揮毫をし、二十四日、安藤、神陽、十文字の三人は大槻の家で食事をし、城外一里にある南山閣に登った。

五月二十五日、小野寺匡卿に招かれ酒を飲んだが、その席には古賀穀堂の詩「各歩基礎」が掲げてあった。二十六日、市街で印材を購入し、二十七日、いよいよ十文字家の人と別れの宴を開いた。神陽は、仙台にいる間に、「東平王墓」(76)や「王昭君墓」(77)の詩も残した。

一行は、五月二十八日に出立の予定であったが、雨のため、二十九日に出発、鍵取駅（南相馬市鹿島区御山）で十文字と別れた。神陽は「逢隈川別十文字子訓」(78)を詠み、夜は奥羽の堺である笹谷駅（福島市笹谷）に宿泊した。

五月三十日、早朝より山道を歩いて、有耶無耶の関（山形市関根村）に着いた。神陽はここで「有耶無耶関」(79)を詠み、さらに雪風肌を裂く寒さの中、休み休みしながら山形まで進んだ。神陽も「羽州曲」(80)と題して、「五月雪峰寒厭地」と言っている。山形で昼食を摂って、上山《かみのやま》へ行った。上山では金子謙を訪い、遍歴してきた所を語り合った(81)。金子は与三郎と称し、嘗て神陽らと一緒に昌平黌に学んでいたが、弘化三年に帰国して藩校明新館の助講師をしていた(82)。

閏五月一日、安藤は寒疾を得たので、暫く金子の家に滞在、六日になって漸く癒えたので、金子を別れて、晩方、米沢に着いた。米沢には十二日まで宿泊、その間、九日に坂千松、曽根元端（鳳）、十日に藩校興譲館を訪れて浅間金太郎、片山長左衛門らの儒官に会い、夜は坂千松の招待で、十数人が集まって且つ飲み且つ経義を論じ、十一日も坂千松の家で酒を飲んだり、揮毫をしたりした。彼らのうち、浅間金太郎（彰、有常）は昌平黌で古賀門に六年在籍し、帰藩後興譲館に勤めていた人物(83)で、安藤と神陽のために「丙午後五月松涛斎遇枝吉安藤二君」(84)を、坂は「呈枝吉安藤二君」(85)を、曽根は「松涛席上送神陽何遠二君」(86)を作って寄こした。神陽は「米沢坂千松宅集」(87)を詠んだ。

閏五月十二日、安藤と神陽は米沢を辞し、そこから二十余里の越後に向かった。途中茶店もなく、その晩は市野村（山形市小国町市野々）に宿泊、翌日も山間をひたすら歩いて、荒川を渡り、高田村（新潟県岩船郡関川村）の須貝五右衛門宅に泊まった。神陽の「奥入越道中」(88)はこの頃のものであろう。

閏五月十四日、中条駅に河崎君平を、晩には中村の佐藤三郎左衛門を訪ねたが、両人とも会えなかった。翌十五日、新潟に至り、高城丹治を訪い、共に大倉勝庵宅に行き、そこに宿泊した。

閏五月十六日、日中に僧智閑を訪ね、晩は大倉勝庵宅に十数人の墨客が集まった。十七日、安藤と神陽は市街を散策し、柳樹が多く植えてあるのを愛で、妓楼の絃歌湧くが如きを聞き、一昨日会った高城丹治を訪い、さらに昨日会った僧智閑に招かれた。夜は大倉宅に戻った。

閏五月十八日、赤塚駅（新潟市西区）の医者、中原之譲を訪ねた。そこで中山永年と遭遇した。中山は四月初めに常陸の藤沢村で別れた肥前人で、別れた後、新潟に来て生徒を集めて教授していた。吉岡廉夫もここから四里ばかりの走土村で教授していると聞き、奇遇に驚き、深夜まで詩酒歓娯して、旅情を慰めた。

閏五月十九日、中原、中山と別れ、午後、走土村の吉岡廉夫を訪ね、夜は酒間拈詩した。二十日、吉岡が伊弥彦駅まで送ってくれ、麦を刈る風景を見ながら地蔵堂駅（燕市）に行き、僧返澄を訪ねた。夜は逆旅に泊まった。二十一日、再び僧返澄を訪ね、そこで詩人の秋水と会った。

閏五月二十二日、片貝駅（小千谷市）の太刀川茂三郎を訪ね、宿とすることにした。そこで江戸人で棋を好くする遠藤久三郎に会った。翌日二十三日には佐藤佐平次を訪ねると、酒と魚を贈られたので、深夜まで酒を飲んだ。

閏五月二十四日、太刀川茂三郎宅を辞し、一目村から一里隔てたところに地獄谷があると聞いて出かけた。昼間暫く楼閣で仮眠し、夜、小千谷駅に行って佐藤半左衛門を訪ねた。翌日、医者の花村立養を訪ね、夜は佐藤半左衛門が旅寓に訪ねてきた。

閏五月二十七日、安藤は、郷里の両親と十余年会っていず、心配なので急遽、帰郷すると言い出し、神陽もまた、奥羽や会津に行きたいと言ったので、ここで別れることにした。別れに際して神陽は「小千谷別安藤伯恕」(89)を詠んだ。

安藤は単身、三国峠を通り、六日町で一泊、二十八日は終日山間を歩いて永井駅に泊まり、二十九日は渋川駅で一泊、六月一日の午後に高崎に出、深谷駅で一泊した。六月二日、鴻巣駅に達すると、馬車徒行者織るが如くであったので尋ねると、イギリスが浦賀に来寇し、幕府から忍藩主に禦ぐようにとの命があったからだという。その日は大宮で一泊した。そして六月三日黎明、板橋駅で食事をして、久敬舎に帰り着いた。

これに対して神陽がどのような経路を辿ったのか詳細は不明であるが、上杉・武田の戦いを想起した「北越行」(90)、越後三条の芸妓に見とれた「三條越後」(91)、そして「宿関屋」(92)等々の詩があるので、安藤勝太郎と別れた後、神陽は再び新潟へ北上し、そこから庄内の鶴岡(93)へ向かい、会津へ行った。「会津客舎郷友堤平十郎、安満伝太郎来見時、偶聞浦賀警」(94)の詩を残している。「浦賀の警」とは弘化三（一八四六）年閏五月二十七日、アメリカの東インド艦隊司令官ビッドルが浦賀に来航して通商を求めたことを指すのであろう。

その後、神陽は中尊寺に行き、康平の古戦（前九年の役）を想起して「衣川」(95)を詠み、「那須野」(96)を通り、表妙義の金洞山に遊んで(97)、六月十五日、江戸に戻った。

以上、三箇月余の長旅であったが、遺された神陽の詩文の大半は国史に関するもの、それも戦史に関するものが多く、単なる物見遊山ではなかった。神陽の関心が那辺にあったかを窺うことができよう。

旅行から戻った神陽は、小川町にあった古賀侗庵の久敬舎に同僚たちと寓し、共に詩文に励んだ。そのことは会津の長坂勝敏の文に「今春鬱攸之災、黌亦為烏有、世徳書剣飄然而東経歴関八州、自奥入羽、転而越登名山、渉大川而帰、又同寓久敬舎」(98)とあることによって知られるが、神陽も「久敬舎発題」によって六月二十五日に「秋至」(99)、

「霖雨」(100)、七月七日に「洪水歎」(101)を詠んでいる。

神陽は弘化三年九月八日、遊学期間を終えて陸路、佐賀へ向かった。その二日前の九月六日に芸藩の金済民（安芸の藩儒、金子霜山、徳之助）が送った送別詩に「枝吉詞兄将帰西肥来告別云資性苦船取路山陽、故小占及之」(102)とあるから、神陽は船が苦手で山陽道を利用したらしい。ただし佐賀に到着したのは十月二十九日であるから(103)、その間、各地を巡り見聞を広めながら帰ったのであろう。「将帰遅吉岡廉夫中山義年不到着」と題する詩に(104)「聞説越中多楽事、大姫勧酒少姫絃、自非仙客流連去、秋半何由未開旋」とあるから、秋半ばには友人たちと越中にいたらしく、「越中旅懐」(105)や「舟橋（富山）」(106)の作も残している。そして倶利伽羅峠を越えるに際しては源平の合戦を偲び(107)、丹波に歩を進めて「天橋」(108)、「大枝山」(109)、「由良戸」(110)などを詠んだ。その後、平家滅亡の悲哀を詠った「小枝篷引」に「歳之十月余過須磨之梵宮観」とあるので、十月過ぎには須磨寺に立ち寄ったことが分かる。

さて佐賀に戻った神陽は十一月十一日、先に納幣を済ませていた木原しづとの婚儀を行ない、十五日朝には父の南濠が請われて「婚媾を拝」(111)した。普通、婚礼の三日目に露見（ところあらわし）と言って婚礼の披露をするが(112)、この記事はそれとは違って、実際に朝方、新婚夫婦の蒲団を剝いで交合の事実を確かめたのではあるまいか。何となれば、父南濠は江戸藩邸勤務を命ぜられ、この翌日の十一月十六日に佐賀を出発することになっており、無事子孫が宿ることを願っていたであろうからである。

南濠は十二月十一日に江戸藩邸に到着し、藩邸内の明善堂で講義をすることになったけれども、十二月二十一日、神陽が再び江戸遊学を命じられたとの知らせを受けた(113)。帰郷して一ヶ月余、しかも結婚したばかりの神陽に、再び江戸遊学の命が下されるとは、一寸酷な気もするが、何か特別の理由でもあったのだろうか。

ただし神陽が実際に佐賀を発ったのは翌弘化四（一八四七）年三月二十六日であって(114)、その時の旅出切手の申請書類及び旅出切手が残されている(115)。それによれば江戸詰の枝吉忠左衛門に代わり、叔父の福地寿兵衛（母喜勢の実

弟）が

覚

私忰平左衛門儀主従三人、当未歳より向酉迄三年限、旅出御切手壱紙相渡候様御点合可被差出候、但遊学被仰付江戸被指越候ニ付申乞儀御坐候、尤於向々無作法之儀不仕、江戸参着仕候半は御留主居方釣合、罷帰候節は付状を取、御年限中罷帰、御切手同様年行司方自身持出相納可申候、自然疎之儀御座候半は御法之通可被仰付候、以上

未　三月

江戸詰ニ付
枝吉忠左衛門
代判
福地寿兵衛㊞

岡部杢之助殿

という願書を書き、それに次の文書が貼り継がれている。

右私組枝吉忠左衛門忰平左衛門主従三人、当未年より向酉年迄三ヶ年限之旅出御切手壱紙被任乞筈可被指出候、断本文御座候、以上

岡部杢之助

出崎中ニ付代判
角十郎右衛門㊞

鍋島播磨殿

そして上書きに

弘化四年未三月晦日
枝吉忠左衛門悴平左衛門主従三人
為遊学江戸行往来三年限
「未三月廿五日御頭人播磨殿御□（判読不能）□」

と認められている。

佐賀藩では番方組織を着到と称し、家臣を御側四組、先手二組、警固六組、留守居三組の全十五組にわけ、各組の責任者として大組頭を置いていた。枝吉家は警固組中の岡部杢之助組に属していた。佐賀藩では領内の者の旅出を掌るのは年行司の仕事であり、(116)家老の鍋島播磨は年行司の最高責任者たる御頭人であった。神陽の旅立ちに先立って、吉岡惟清、草場韡、草場龔、木原幹、波多弘業らが詩を贈った。(117)

因みに副島種臣は、「(神陽が)天保・弘化の際」に「藩主に建言をして和学寮を皇学寮と改められ、而かも其規模・組織を革新して盛に之を興し始めた、而かも此皇学寮の振興せる結果は後年佐賀人士の精神に向て強大なる潜勢力を与へた」と回顧しているが、(118)この皇学寮改称が江戸遊学より前であったのか、それとも後であったのか、残念ながら定かではない。

四　昌平坂学問所時代後期

神陽は弘化四（一八四七）年三月二十六日に佐賀を発ち、五月五日には江戸に到着、十三日に再建なった昌平坂学問所書生寮に戻ったが、[119] 既に正月二十九日、師事していた古賀侗庵は死去し、[120] 御役宅儒者は子の茶渓（謹一郎）に代わっていた。[121] 神陽は嘉永二（一八四九）年三月に退寮するまでの間、故旧のみならず数多くの新しい書生たちと交わった。「書生寮姓名簿」によって弘化四年から嘉永二年までに入寮した者を拾ってみると次の如くである。

弘化四年入寮……玉尾祐作（讃州浪人、佐藤門、同年退）、矢野茂太郎（大洲藩、古賀門、同年退）、鶴見小十郎（加賀藩、古賀門、嘉永二年退）、矢野安太郎（西条藩、佐藤門、同年退）、金子家一郎（尾州浪人、古賀門、弘化五年退）、葛西処一（弘前藩、佐藤門、安政四年退）、安部井中八（会津藩、古賀門、嘉永三年退）、南摩三郎（会津藩、古賀門、嘉永四年退）、中沢文司（唐津藩、古賀門、弘化五年退）、武井源三郎（会津藩、古賀門、安政三年退）、田中専次（加賀藩本多播磨守家来、弘化五年退）、牧野保太郎（高松藩、佐藤門、弘化五年退）、駒野寅五郎（弘前藩、古賀門、同年退）、針生大八郎（仙台藩石母田勘解由家来、佐藤門、弘化五年退）、師田三生（加賀藩長大隅守家来、古賀門、嘉永元年退）、岡村敬哲（芸州浪人、佐藤門、嘉永元年退）、楠豹蔵（佐伯藩、佐藤門、嘉永三年退）、牛窪年二郎（丹後田辺藩、古賀門、同年退）、稲田大之助（大村藩、佐藤門、嘉永二年退）、永嶋章助（弘前藩、古賀門、嘉永三年退）、氏家晋（仙台藩、佐藤門、嘉永三年退）、若井昌一郎（備中松山、佐藤門、嘉永二年退）、高橋荘一郎（仙台藩、佐藤門、嘉永元年退）、葛城文平（加州浪人、佐藤門、同年退）、玉井正作（田原本藩、林門、嘉永元年退）、後藤環（駿河小島藩、林門、嘉永　退）、小沢友之助（加賀藩、杉原門、安政五年退）

弘化五年入寮……福田逸蔵（大村藩、佐藤門、嘉永三年退）、波多杢之進（大村藩、佐藤門、嘉永四年退）、奥住得三（讃州処士、佐藤門、同年退）、宗里新太郎（勢州松坂処士、古賀門、同年退）

嘉永元年入寮……渡辺亮太郎（丹波篠山藩、佐藤門、嘉永二年退）、村山脩輔（高松藩、古賀門、嘉永四年退）、青木兵太郎（大洲藩、古賀門、嘉永二年退）、佐々木欽十郎（佐賀藩、佐藤門、嘉永二年退）、迎文橘（佐賀藩、古賀門、嘉永三年退）、藤野立馬（高松藩、古賀門・安積門、安政六年退）、村松定蔵（田中藩、古賀門、嘉永三年退）、広瀬時次郎（久留米藩有馬播磨守家来、古賀門、嘉永三年退）、根本哲治（仙台藩石川駿河家来、林門、嘉永二年退）、重野厚之丞（薩摩藩、古賀門、嘉永七年退）、瀧沢省吾（上田藩、古賀門、嘉永三年退）、芳川恭助（忍藩、佐藤門、嘉永三年退）、男沢直五郎（仙台藩、古賀門）、糸井強二（福山藩、古賀門、嘉永二年退）、吉本弥助（高松藩、古賀門、安政二年退）、伊勢謙吉（加州処士、佐藤門、嘉永七年退）、清藤寛蔵（弘前藩、佐藤門、嘉永二年退）、児島七五郎（吉田藩、古賀門、嘉永六年退）、加藤錬之助（小諸藩、古賀門）、田村鉞三郎（小松藩、佐藤門、嘉永二年退）

嘉永二年入寮……草場大次郎（佐賀藩、古賀門、嘉永四年退）、川崎定三郎（佐賀藩久保田、古賀門、同年退）、頼又次郎（京師処士、古賀門、同年退）、押本慎蔵（武州府中処士、佐藤門）、蛯江六介（桑名藩、古賀門、嘉永三年退）、中山儀八郎（熊本藩有吉頼母家来、古賀門、嘉永四年退）、近藤常助（加州処士、佐藤門、嘉永四年退）、野口源蔵（佐竹二郎家来、佐藤門）、風間頼三郎（福山藩、古賀門）、森文之助（一関藩、古賀門、嘉永五年退）、村瀬文輔（唐津藩、佐藤門、嘉永四年退）、加藤小一郎（大村藩、嘉永五年退）、小橋多助（讃州処士、古賀門、嘉永四年退）、湯原彦二郎（上山藩、林門、嘉永五年退）、荒野武之助（佐倉藩、古賀門、嘉永四年退）、高橋誠三郎（会津藩、安積門、安政五年退）、高橋鉄之允（郡山藩、佐藤門、嘉永七年退）、三浦敬之助（西条藩、林門、嘉永六年退）、松本謙三郎（刈谷藩、安積門）

副島種臣によれば、神陽は国学研究の方面では矢野茂太郎（弘化四年入寮、号は玄道）と一番懇意にしていたというが、(122)『神陽先生遺稿』には他の書生たちと贈答した詩文も多数収録されており、更には備前藩の赤石正経(123)の如く昌平黌ではなく古賀侗庵の塾で親しくなった人物もいるから、神陽の交際の幅が相当に広かったことが知られる。

ところで神陽は、再入寮した年の十一月四日、一旦佐賀に帰った。妻のしづが常《トキ》という名の女児を出産したからである。(124)これより先の七月七日、母喜勢は神陽に宛てて

かへす〲御父様江猶きを御つけ被成へく候、めて度、かしく
一筆申入参らせ候、いまた暑サ強おハしまし候へとも、弥々御機嫌よく御詰被成候由、何より何より御めて度、御嬉敷そんしまいらせ候、此方も皆々無事ニ暮し参らせ候まゝ、御心易思召被下へく候、台風後、大雨ニて七月三日までふりつゝき、誠ニこまり入まいらせ候、お志つ事、ちやくたい祝、廿九日ニ尽尾斗り致しまいらせ候、何角物入ニてこまり入り候、とふそ〲、くたさり物せん一ニ御用心被成へく候、夫已〲そんしま

いらせ候、御父様御事、御機嫌克御勤被遊候よし、何より〳〵悦上まいらせ候、何事も庭そふぢニ助之進参り置申、七月四日ニかせい被致候、左様思召被下へく候、いそ（き脱か）のうへニ今日ハ猶悪筆ニて御よめ申し候や、御すいもじ被下へく候、めて度、かしく

七月七日

との手紙を出し[125]、「お志つ」の「ちゃくたい祝」を連絡していた。弘化三年十二月改正の「書生寮学規[126]」には

郷里へ帰省致し候儀、留学三年に及候はゞ可指許候、但帰郷到着在留三十日を限り可申、右日限過ぎ候はゞ一旦退寮可申越候事

とあって、帰省の期間は三十日と限られ、この日限を過ぎれば一旦、退寮をしなければならない定めであり、同年十二月十三日に、詩経会の会主となっていた神陽が門限に遅れて謹慎を命じられた記録が残っているから、神陽は十二月初旬には江戸に戻って来たようである[127]。

翌弘化五年（嘉永元年）正月二十七日、神陽は書生寮の舎長を命じられた[128]。「書生寮学規」には「舎長は年数のみを以て申付候儀に無之、新入寮の者にても学術人物を以申付候」とあるから[129]、神陽の学問及び人となりが衆群を抜いていた証左である。書生寮は南北二寮があり、八畳間には三人、六畳間には二人が入ることになっていたが、舎長には北寮第一室の六畳間が与えられ、しかも五人扶持が支給され、舎長を補助する舎長助（助勤）も二人いた[130]。恐らくこの頃のものであろう、母喜勢が南濠・神陽父子に宛てた手紙が残っており、そこには

御まえ様御帰えりは、いまだ相知れ申さず候やと存しまいらせ候、（中略）平左衛門殿御側の渡り金四両、寿兵衛心配にて受取申候、その御方にて御受け取りなされ候由申し候えば、しち受けなと致し候様申され候に付き、三両ばかりかと受け申し候。残り壱両は小遣いに致しまいらせ候、左様おぼしめし下さるべく候、御手つかえと存じ候えども、から暮しは出来申さず候故、左様おぼしめし下さるべく候、さいながら五人御扶持御いたゞきなされ候よし、それにて御くり合せ下さるべく候

とある。[131]神陽の経済状況を窺うことが出来る興味深い史料であるが、文中の「五人御扶持」というのが舎長手当を指していることは言うまでもあるまい。

この後、二月十三日、神陽は井内左馬允と共に佐賀藩邸内の明善堂文武事を仮に管せしめられているが、これは三月二十一日に任を終えて佐賀に帰る南濠の代役として命じられたものと思われる。神陽は品川駅まで父南濠を見送った。[132]

さて神陽は嘉永元年七月、知人二人を携えて富士山に登り、霊石を持ち帰った。同僚の重野安繹（成斎）の「富山石歌送枝吉世徳」[133]、吉川堅の「芙蓉石歌為枝吉正徳」[134]、赤石正経の「送枝吉正徳登嶽賦」[135]、藤野海南の「富山石記」[136]は、その壮挙を讃えたものである。特に藤野の「富山石記」には「富山之険、人皆匍匐而上、乃若正徳、帯大刀履木屐、凌五千仭之上、而若歩丘陵」と書いており、神陽の豪傑ぶりを伝えている。副島種臣が「神陽先生神道碑銘」で「曾納高履、登富士山不疲」と書いたのは、この一文に拠ったものであろう。

神陽は嘉永二年三月十一日、書生寮舎長を永橋章助（桑名藩、天保十五年入寮）と交替して佐賀に帰ることとなった。[137]帰郷に際しては頼復、玉置元、金済民、赤石正経、筒井徴、長実言、楠鉉、長坂勝敏、野矢遜、安藤知忠、藤野海南、宮内克崇、赤井敬、菅野潔、槐庵逸、素坂谷、広瀬光、高橋功、児島義和、駿陽処士允文、安俊子徳、安

藤知忠、東升、片山達等々の友人たちが別れを惜しんで詩文を贈った。(138)

神陽が佐賀に着いたのは七月十八日であるから、(139)その間、四ヶ月前後は例によって旅行に当てたものと推測されるけれども、京都の医者で南禅寺境内に順正書院を開いていた新宮涼亭（一七八七～一八五五）(140)が

古之士不可以不弘毅也、蓋其志固而不撓、其所学明而不挾也、枝吉神陽留余家一月、視其所志果其人也

と書いているから、(141)恐らく神陽は佐賀への帰途、一ヶ月ほど京都に滞在したものと思われる。京都で神陽がいったい何をしていたのか定かではないが、華頂山頭の名月を愛で、四条橋の付近を歩いて「皐川納涼」(142)を作り、大村藩の渋江九郎兵衛に洛東の僑居で逢い、(143)金子永年が尾張藩に帰るのを見送ったのは、(144)この時のことであろう。

その後、神陽は大坂へ行き、西田子玄を訪ね、(145)「浪華城外歩月」(146)を詠み、また仁徳天皇陵にも登った。(147)そして四国に渡って六月二十六日、昌平黌で同僚であった西条の矢野晋(148)を訪ね、次いで同じく同僚の大洲の矢野玄道を訪ねた。帰りには矢野が松山まで同行してくれ、(149)神陽は松山城を見、道後温泉にも入った。(150)

五　神陽の学問

さて、神陽は昌平坂学問所時代に一体どのような学問をしていたのであろうか。前々節に触れたように古賀侗庵の久敬舎で詩作に励み、書生寮でも諸友が会して共通の題のもと詩文を作り合ったが、(151)藤森弘庵には特に親しく教えを受けたようで、『神陽先生遺稿』の中には藤森の評語が付された詩文が数多く残されている。次の「古風社発会示同志」(152)と題する一文にも藤森の「治極則生乱、是必然之勢、有志於世道者、宜警惕」なる評語が付されてい

る。

中宗昔龍興礼楽動天鈞、盛哉寧楽朝製作何彬々、淡公闡其道備生揚其塵、軼唐而淩漢終古莫與倫、漸至延天際菅江皆麟振、賡和豈不美美極或損淳、保平失駕馭養寿多風塵、大柄帰武弁王道蕩不明、噫嘻室町氏淫虐欺人神、不有織與豊冠冕幾乎泯、慶元得小康文風蒙九垠、伊物起草莽四方載其声、紹述追大雅遂非游夏倫、亶無豪傑才経緯何以新、近聞　聖天子憲章思古人、列藩仰休風洪化庶可伸、私期揚側劣況乃奎運辰、仰雲視翔翼俯淵察躍鱗、願與二三子柔翰頌至仁

藤森は前に述べたように土浦藩に仕えていたが、致仕して弘化四年に江戸に出、下谷で塾を開いていた(153)。

右の「古風社」が何時頃作られたものか定かではないが、藤森の添削を受けているところから見て、神陽が昌平黌に在寮していた頃のものであることは間違いない。神陽は「竹野本畾詩巻跋(154)」で「昔者余在江戸昌平学與備前人赤石正経切劘于古芸文之事」と書いているので、赤石正経もそのメンバーであったのだろう。

この「古風社発会示同志」の一文は文体も古風で、内容も歴史知識がないと皆目見当がつかない。最初の「中宗」とは恐らく中大兄皇子（天智天皇）、「淡公」は養老律令の編纂に関与した藤原不比等、「備生」は吉備真備、「延天際」とは延喜・天暦の時代、「菅江」は菅原道真と大江匡房、「保平」は保元・平治の乱、「養寿」は源平の合戦が行なわれた養和・寿永年間、「慶元」は江戸幕府が興った慶長・元和のことである。律令が制定され国家の制度が良く整っていた奈良時代を最高の時代とし、その時代に倣おうというものである。

また神陽は不朽社なる結社にも属し、次の一文を作っている。

書本朝文粋後不朽社会席上

寧楽以上無以尚焉、次焉者其天長天暦之際乎、此集所載、上自　天子、下至緇流、無慮数十家、抑何彬々乎其盛也、乃就其体而論、其制作者之勝劣略可識也、賦居諸体之半、蓋当時之所尚、然其上者不能上、魏晋亦唯著眼不高、沾々相泡沫耳、兎裘較為諸公吐気、中書故自超也、詩菅贈大相国藤参議為錚錚、然従懐風藻観之、二家雖俊乎亦未免傖父面目、非功力若異也俗累之也、詔冊都菅諸公無不可者、但比之　嵯峨　村山　天章燦蔚、固非凡人之所企及也、偶有不能無失体者、閑語浮詞雑之於綵綸、鄭壮之中耳、是当時之風習、書啓表則菅及釈空海高焉、銘誄賛則都良香江千里優焉、序世人称清原相公之令義解為第一、紀淑望之古今集藤原行長之延喜式次之、以余観之、古今集実為第一、而令義解則与延喜式次之耳、然皆是希世之妙品、非後世文士所能髣髴也、封事唯善相公菅三品、二異見明快雄偉並称于千古、就二家論之、三品稍可譲、相公該切一著也、嚮使二卿之言施于有政歟、則延喜天暦之治謂之隆於寧楽亦無不可、惜哉　二帝之不能用也、蓋古者道在　朝廷、以故公卿大夫莫不善文、後世則道在下、以故庶人或善文、而公卿大夫不能及也、俗儒昧于古、以為文運之興慶長元和以降耳、動則曰今之人今之人詈古人、以為無知、抑何惑之甚也、嗚呼焉得善相公若其人者、置之　朝廷之上、郁々然以化斉民、此等之口亦何足問執乎

この「書本朝文粋後不朽社会席上」[155]では、賦は中書王（兼明親王）の菟裘賦、詩は菅贈大相国（菅原道真）、藤参議（不明）、詔・冊は都（都良香）と菅（菅原文時）の諸公、書・啓・表は菅（文時）及び釈空海、銘・誄・賛は都良香、大江千里、序は紀淑望の古今集、清原相公（清原夏野）の令義解、藤原行長の延喜式、封事は善相公（三善清行）と菅三品（菅原文時）などと具体例を挙げる。人名と作品名の比定に誤りもあり、また『懐風藻』と比べると菅原大相国などの詩文も「未だ傖《いなかもの》父の面目を免かれず」と述べるなど、問題もないわけではないが、要は奈良朝

を第一とし、平安時代の天長天暦の頃や延喜天暦の治の時代がそれに次ぐこと、そして文運優れた時代には立派な政治が行なわれたことを主張し、「文運の興るは慶長元和以降のみと為し、動もすれば今の人、今の人と古人を詈る」俗儒を批判しているのである。「嗚呼焉得善相公若其人者、置之　朝廷之上、郁々然以化斉民」云々の口吻から察すれば、神陽は自らを三善清行に擬していたものと思われる。

小諸の加藤景高が神陽を

夫世徳之学問文章、蓋所謂世之希覯者、世徳之英邁雄豪、蓋亦眼空一郷一州者、而平生論議盛大広博、亦非尋常儒生之論也、以余忖之宜如自任、以天下之大事、自許以古之英雄、然而徒以至小之物自比、則其志蓋不可測定也、噫世徳終不変此志而其才学随大、其自視随一、則進而為賢、又進而為聖、蓋亦不難也

と評している[156]のも宜なる哉、久留米の広瀬光（時次郎）が

戊申夏五月、予負笈游于江都、相遇肥之枝吉世徳于昌平黌、世徳為人魁岸奇偉、才高識明、学博而精、最熟朝典、而其志在於格民安民、大非世之拘々章句文字間者比也、（中略）以世徳之才與学乗時與勢、則先王之治可立而待焉、乃天下諸侯来而取法者益多

と言い[157]、上田藩の瀧沢規道が

余嘗聞、肥公厲精為治而文治武備倶興、士勤芸業、上下一心、実列国之模範也、戊申八月、余遊于昌平校、得

識其藩士枝吉世徳、世徳容貌魁偉、才気超邁、而慷慨激烈、出於天性、其学沈研経義、最留意於朝典、議論往々出人意表、恒以明道学立名教為己任、其志固不在文字章句之末也

と語っている(158)のも、これを肯なわざるを得まい。

而して広瀬や瀧沢が神陽は「最も朝典に熟す」「最も朝典に留意す」と言っているように、神陽は「朝典」すなわち朝廷の制度儀式に造詣が深かった。朝廷の制度儀式は主として律令格式に規定されている事柄であって、「朝典」に熟しているということは律令格式に精通していたと言い換えてもよかろう。

それでは神陽はどのようにして律令格式に関する知識を身に着けたかということになるが、これを推測する手がかりとなるのが弘化三年に書生寮に入った会津藩の秋月悌次郎（名は胤永《たねひさ》、号は韋軒）の「学業」と題する次の自歴であり、

弘化三午年昌平坂学問所書生寮ニ入ル、幕府ノ儒官古賀小太郎ノ門ニ入ル、コレ幕府儒員ノ内ニ於テ主師ナケレハ入寮ヲ許サヽルヲ以テナリ、小太郎程ナク死去シ大学頭林祭主ノ門ニ入ル、書生寮ニ留学スルコト十年、安政三年ニ至ル、嘉永三戌年書生寮ノ舎長助役ニ命セラレ、三口米ヲ賜フ

仝六丑年舎長ニ命セラレ、五口米ヲ賜フ此年北米ノ使節来リテ互市ヲ請フヤ同僚重野安繹等ト旨ヲ幕府ニ奉リテ之ヲ拒絶スルコトヲ論セリ

安政三丙辰年十月舎長ノ職ヲ辞シテ退ク、此ノ時ニ当リテ勤中ノ功労ヲ賞シ、官版五種ヲ賜フ、在寮ノ間学問所附ノ儒官佐藤捨蔵ニ経義ノ益ヲ受ク、前後仝時ニ在寮ノ者枝吉神陽肥前佐嘉吉本懋讃岐高松菅野潔播磨姫路片山達高松小笠原勝修会津南摩綱紀仝上三浦五助後安ト改ム伊予西条重野安繹薩摩原市之進水戸寄宿寮ニ中村敬輔江戸等アリ、是皆各所長アリ、同学切磋ノ友ニシテ益ヲ得ルコト多シ、校外得益ノ者、幕士粟原孫之亟ニ就キ寮友ト共ニ令義解、職原抄等ヲ講習

ス、又国史ノ疑義ヲ問フテ益アリ、藤森恭助江戸ノ処士ニ詩文ノ教ヲ受ケ、安井仲平日向飫肥ニ古書ノ説ヲ聴ク、而テ前後総計スルニ、金子氏ニ益ヲ受クルコト尤モ多シトス、徳之助ハ亦新註ヲ奉スル者ニシテ蓋シ近古ニ得難キ経学者トス

　天保弘化嘉永安政ノ間寮中文士輩出シ、先輩ニ斉藤順治、上甲令三、吉本栄八、片山達、菅野潔等アリ、同輩ニ小笠原勝修、南摩綱紀、重野安繹、金子希曾等アリ、後輩ニ松本士権、高橋有常、松林漸、岡士文等ノ俊秀アリテ盛ヲ一時ニ鳴ラス、後綱紀安繹ヲ推撰シテ詩文ノ掛トシ、舊西処一、亀山敬佐ヲ挙ケテ経義ノ掛トス、書生寮ニ両掛ノ役ヲ置クコト此ニ創始ス

またこれを換骨奪胎した笠間益三謹撰「秋月先生略伝」の

　天保十三年、遊学于江戸、既事幕府儒員古賀謹次郎、謹次郎告先生曰、為学之要、在知道、自此、先生一従事于聖経、弘化三年、入大学頭林祭主門、学於昌平学書生寮焉、嘉永三年、補書生寮舎長助役、尋任舎長、幕府給廩五口、安政三年、辞職、官賞其功労、給書籍五種、先生之在昌平寮也、問経義於儒員佐藤坦、問文章於安積祐信、皆得究其大旨、同窓有肥前枝吉経種、讃岐吉本懋、片山達、播磨菅野潔、伊予三浦安、薩摩重野安繹、水戸原仲寧、会津南摩綱紀、小笠原勝修等、先生与此数子、講習切磋、大得相取益、而於校外、則受経義於金子霜山、受国史令格於幕人栗原又楽、問藤森恭助、以詩文、問安井仲平、以古書之説、先生之所師事、所友交、皆当世名士也、宜哉先生之能成学達才、為一世所仰也

なる文章である。(159) ここには各藩の俊秀たちが昌平黌で切磋琢磨していた様子が描かれているが、注目すべきは秋月

が「幕士栗原孫之亟ニ就キ寮友ト共ニ令義解、職原抄等ヲ講習ス、又国史ノ疑義ヲ問フテ益アリ」と書き、寮友と一緒に「栗原孫之丞」に令義解、職原抄そして国史を学んだと記している点である。「栗原孫之丞」とは屋代弘賢の指導の下、『古今要覧』の編輯に参加し、数多くの考証物を残した栗原信充（一七九四～一八七一）のことである。栗原自身が弘化二年仲冬に

後病脚。去所職而家居。家之北昌平橋也。西紅梅坂也。占地不盈一畝。為小圃。為盆地。老屋数椽。又築土倉二棟。雖無長物。唯貯書万巻。庋置其中。独座其中。校読以取楽。倦則耰於圃。植以花草。労則坐於池畔。池水清冽。游鯈洋々。亦可以楽也。夜則与児輩。発経史疑義。及歴代之沿革。

と語っているように[160]、昌平坂学問所とは目と鼻の先の駿河台下紅梅坂（現千代田区神田淡路町二丁目の幽霊坂の一角）に住し、夜には児輩と経史や歴代の沿革を勉強していた[161]。秋月は枝吉神陽・吉本懋・萱野潔・片山達・小笠原勝修・南摩綱紀・三浦五助・重野安繹・原市之進・中村敬輔らの名を掲げているから、神陽もまた栗原に学んだ「寮友」の一人であったと見做してよかろう。

ただし、広瀬や瀧沢が「其の志は格君安民に在り」「道学を明らめ名教を立つるを己の任となし、其の志は固くして文字章句の末に在らず」と指摘しているように、神陽の学問は単なる物知りの学問ではなくて、飽くまでも天下経綸のための学問であった。後に副島種臣から神陽の人となりを聞いた城泉太郎（長岡藩出身の英学者で自由民権家）も痛く神陽に傾倒し、

余は明治三四年の頃から義塾の寄宿舎で佐賀人と一緒になり、神陽先生の偉らいといふことをたびたび聞かさ

れた。佐賀人に言はすると、神陽先生は啻に佐賀第一の大学者、大人物であるのみならず、九州第一の豪傑で、薩摩の西郷などよりは遥かに卓絶したる大人物だといふのである。（中略）先生は学問が目的ではない。其志は天下経綸にあったのだ。（中略）先生の眼中には、朱子もなければ王陽明もなく、唯経を以て経を説かんのみと常に云ふてゐたさうだ。世間或は先生の経義深奥、史学宏渉にして詩文の華麗優秀なるを讃嘆するものあれど、これ所謂片手間の副産物のみ。先生の志は即ち日本本位で大義名分を正すにあるのだ。

と書き残している。[162] 神陽と同僚であった重野安繹が「世の中に一見して畏るべき者は無い、枝吉のみは其の言動に接する者は直に圧迫され、深く交る程畏敬の念を増す」と述べているように、[163] 神陽は学徳兼備の経世家に成長していた。

さて神陽は、昌平坂学問所のカリキュラム改革にも影響を与えた。嘉永五年に書生寮に入った岡鹿門（千仭、仙台藩士）は、神陽について

聖堂罹災、書生寮再營ノ時、枝吉平左（佐賀藩。副島種臣ノ實兄）涌谷ノ十文字量助一同、仙臺に游歴、書生寮再營ノ後、枝吉、舎長ト爲ル。諸博士ト協議、寮則ヲ定ム。（中略）枝吉ハ學問アリ、氣節ノ士ナリ。（中略）書生寮ニテ令義解、職原抄等ノ書ヲ講ズルハ此人ニ始マル。

なる記事を書き残している。[164] このことは、安政二（一八五五）年から万延元（一八六〇）年まで書生寮に在籍した長森敬斐（伝次郎、後に弘道館の指南）も

神陽杢之助氏ハ永ク江戸ノ聖堂ニ在学セラレ、聖堂ニテ六国史・令義解等ヲ講スルニ至リシハ実ニ先生ノ首唱デ有ツタト聞ク。

と伝えており、[165] 副島種臣もまた

兄の言行を言ふと是は至つて名分論家であつた、日本君民即ち朝廷と臣民及藩主と其領民の関係に就て兄の一定の持論が有つた、即ち……藩と云ふものは往昔千年前支那の李唐で云ふた藩鎮と云ふものである、そこで藩主と云ふものは自己の藩士に対しても君臣と云ふものでない、君臣と云へば日本臣民は唯だ朝廷に対して丈けが君臣である、普天の下、卒土の浜、王臣に非ざるなしと云ふ、斯う云ふ訳であらう、仮令閑叟であらうが何であらうが、是は主従と云ふに外ならず、我々が家僕を使ふと同じことで、主従と云ふならば不可無きも、之を君臣と謂ふは非也、然るに当時封建時代の藩主と藩士とを指して之を君臣と云ふは太甚しき誤り也と、此名分の不明なる点に就ては兄は常に不平を感じて居つた人である、故に此君臣の名分大義に関しては藤田（東湖）等なんどとも其意見が合はぬ、故に兄は東湖の君臣説に対しても亦不満足であつた、此名分大義の定見に就きては兄は其持論を以て頗る天下に鳴つた、昌平校に於ても書生が皇国の古典国書を見る者の多くなる様になしたは此人の効力で有つたちうことは当時の昌平校に居つた他藩の人々から後に至りて私等が聞いて居る

と言っている。[166]

実際、昌平坂学問所では、嘉永四（一八五一）年から学制改革に着手し、嘉永六年五月二十九日には林大学頭が「学政御改正御更張之儀に付申上」の中で

一是迄学業引立方之儀、経史講釈輪講会読之外、隔月詩文会并例月課試之詩文会相立候へとも、右にては一ト通り経義相心得、史学は古今之事実等記憶仕候上、文字取廻し候迄にで、何分真実日用之工夫、御奉公向等には十分に行届候修業とは申難候間、向後は経史研究之心得も当今之人情事変に相渉り、経術を以吏治を取捌き候様之心得を以、飽迄手近く実用を主と仕、決して高遠迂疎之弊無之様仕込可申奉存候、尤右様取立候には唯聖経之義理を磨き、古今之事歴を考候而已にては今日之制度故実之取調不行届候間、刑名食貨等之学、算学諸礼躾等相兼不申候ては十全とは難申候へとも、左候では余程御手重之事に相成、急に改革之廉も立兼候間、先前条之通り実用を主と仕、修行為仕可申と奉存候（中略）

右之通大綱之処取調奉伺候、猶細目之儀は追々勘弁評決之上、猶又可申上候、以上

と言っている[167]。従来の経史研究では真実日用の工夫や御奉公向きには不十分で、今日の制度故実の取調べには行届かないから、飽くまでも実用を主とした修行をさせたいというのである。

ちょうどその頃、浦賀にペリーが軍艦四隻を率いて来航し、七月一日、幕府はアメリカの国書を諸大名に示して善後策を諮問した。水戸前藩主徳川斉昭は同年八月、十三箇条から成る「海防愚存」を建議したが、その九項目に「文武学校云々」の一項目を置いて「文武学校所々へ御建、海防を兼候御仕法有之度事」と述べた[168]。斉昭の意見書は八月十日、阿部伊勢守から、海防掛の役人へ下附され、勘定吟味役格であった江川太郎左衛門が勘定奉行同吟味役等とともに連署して幕府に提出、その中で次の如き見解を示した[169]。

（文武学校云々ノ項）

此儀御府内ニ昇平坂学問所其余素読所之数も候得共、文武之学校ハ無之事故、思召之通御取立有之候而も可然

筋と奉存候、然ル処、当時之姿ニ而は、其場所出来候計ニ而、不遠廃絶も同様可相成候、既ニ前々より格別御世話有之候昌平坂学問所之儀ハ、寄合小普請之面々等対客或ハ相対位之心得ニ而、講釈聴聞ニ罷出、寄宿書生寮ニ少々読書仕候者有之、日講所并素読之御法抔ハ、名已耳之様ニ取沙汰仕、有来之分右之体ニ付、若学校御創立ニ相成候ハヽ、末長く事実被行候様之御法有之度と奉存候、尤当時学問之不被行候ハ、第一書物読ニ実用少、詩文学専らに仕、行状ハ並々之人ニ劣候者も中ニハ有之なと風説仕り候間、宜人物出来候様、儒者共へ被仰付、其事行届候ハヽ、至極可然哉ニ奉存候、扨又海防を兼候御仕法ニ候上ハ、西洋之儀相弁居不申候而は、彼を知己を知之本文ニ背、甚以て差支可申候、夷国之風俗人情を詳ニ相弁居不申候而ハ、間違出来候訳ニ付、蘭学之軍学砲術を第一ニして、多く飜訳被仰付候ハヽ、可然哉、是等ハ学問中之御急務ニ御座候、され共開ケ候上之弊を後ニ御防可有之ハヽ、蘭学ニ可有之哉ニ付、兼而御含有之候ハヽ、何之差支も有之間敷と奉存候、且又学校ニ而武事をも仕候様相成候ハヽ、鉄砲ハ勿論鎗剣専ニ実用第一ニ被仰付、右之御場所え罷出候ものハ、流儀を御定候方混雑仕間敷と奉存候、扨又御旗下之儀ハ、御出陣之御供仕候訳ニ付、南御番所ハ海防御備として、遠方之儀ハ難被仰付段勿論ニ候得共、水軍之修行を不仕候而は不相成、殊ニ御沙汰之通、数万之御人其上寄合其外高持之人夥有之候間、右等を頭ニ致し、組立精練之上ハ、国持一手丈之人数ハ容易ニ出来可申、此人々之武力強く相成居候節ハ、兼而御徳ニなつき奉り候国持大名共御武威之程をも奉畏候而、永世之御為ニ可相成候、右人数調出来候ハヽ、粮米其外ハ追而取調可申上候

右の斉昭の建議自体は本稿と直接関係はないが、それを受けた勘定奉行の意見書の中に昌平坂学問所に言及し、学問所の学問が実用的でなく、大した人物も育っていないことを指摘し、また軍学砲術の書の翻訳を仰せ付けらるべきことを論じている点は注目してよい。

おそらくこのような意見を反映したものであろう、安政二（一八五五）年二月の「学問所稽古筋之儀に付申上置」に

> 学問所稽古人共仕立方之儀、是迄も夫々規矩有之、経書・歴史・詩文等会業相立、仕込来候処、右学科之内、皇朝史学・刑政学・外国事実之取調等者、簾（廉）立候科目も無之候間、此度改而御儒者、其持株相立、皇朝史学は律令格式之類並御当家御創業以来之御事蹟等、肝要に仕、刑政学之儀者、刑法・銭穀・地理等研究仕、外国事実者専門ら翻訳書之内を以、各国強弱風俗治乱事跡等取調候見込を以、追々科目組立、教授方之者共、右に附属為仕、稽古日刻等取極、一躰稽古人共え修業可為仕奉存候、依之此段申上置候、以上

と述べているように、律令格式や徳川幕府の事蹟などを学ぶ「皇朝史学」、刑法・銭穀・地理等を研究する「刑政学」、各国の強弱風俗治乱の事跡を取り調べる「外国事実」などのカリキュラムを組むこととし、同年三月、林大学頭は「南楼手伝出役」へ

> 今般経史会業之外、刑政学等之儀、夫々科目相立、一同修業候様申渡候に付ては、是迄春秋両度経史試有之候処、当秋より右科目え稽古罷出候分、何れも問目差出、対問相試候間、心得にて銘々出精可有之候
>
> 一、右刑政等之科、差当り今日吏務之心得に相立候見込を以、精々修業可有之候、尤手伝出役始登第以上にても熱心之者は、試受候様可被致候
>
> 一、右科目試之儀者、試之比迄に取調出来候書籍之中を以、問目差出可相成、対問認振は猶追て雛型等相下け可申候へとも、先つ本朝外国学対問は余り鄙俗に不流様、平仮名の文躰に認め、刑名之方は当今吏牘之評

議書等之文躰に認め可申候

右之通相達候間、手伝出役始、役々平稽古人迄、精々相励成業可有之、尤格別出精学業上達之者は、時宜に寄、見込之次第も可有之候事

と指示し、「寄宿頭取」へも

今般経史課業之外、別段科目相立、銘々見込有之候科え罷出、修業候様、南楼一同え相達候間、寄宿人共の内、執心之者は、右科目会席え勝手次第罷出不苦候、但差当今日之吏務に相立候見込を以、精々修業可然之事に候

一、刑律其外之科、大凡筋立候程に修業相成候者、其段頭取より可申立、追て春秋之内、試受候様可致、且又格別出精、学業上達之者は時宜に寄、見込之次第も可有之候事（三月）

と伝えた(170)。

こうして翌安政三年正月の「丹波守え進達　学政御更張之儀に付申上」に

学問所諸稽古之儀、是迄素読教授より諸会業夫々有之、経義研究を始め漢土歴史取調候儀、課程相立、春秋試等夫々引立方仕、且又皇朝之古典、慶長以来御創業之御事蹟、其外刑名之類、外国之事件等、事務に応し候儀も心懸候様為仕候へとも、此度猶又手広に夫々課目相定め、大凡之学科組立、教授方始引立筋取扱候役々え夫々申渡、大綱之処は御儒者に而総括、専ら取立方為骨折罷在候儀に御坐候、就而者通稽古人寄宿稽古人会業

を始め、先達而被仰出候諸向、八歳以上之者読書之儀、三千石以上之面々、平稽古人打込稽古勤仕並寄合同断、稽古仕法等御儒者共申談、夫々順序相立、何れも時務に御用立候仕込方専一之見込を以、稽古為取掛申候、但経科者五経三礼四書小学と取極、漢土歴史は正史編年紀事本末之類をも相兼、此外刑政科者和漢歴代之制度沿革并外国之形勢等取調　本朝史科者王室之治乱より慶長元和之御創業より御治世之次第迄取調候積り、夫々会頭申渡、日々無間断稽古仕候儀に候、輪講会読之書名は順序を逐ひ修行為致候儀に御坐候、将又科目之儀は此外追々増益仕候儀に御坐候得共、此度人材御教育筋御引立方差向、当時取掛り居候仕法を申上候儀に御坐候、別冊相添此段申上候、以上（辰正月）

（中略）

諸会業学科概略

（中略）

一本朝史科　右者六国史三鏡日本史之類より御家御事蹟記録之書冊等を熟究為仕、治乱之次第者勿論、故実之考証等取調候儀に御座候

一刑政科　○律　右者唐律・明律・清律・本朝之律令格式并鎌倉以来之故実をも相兼為取調、古今疑獄之類難問差出評議書取等為仕候儀に御座候

○外国　右者瀛環志略・海国図志之類、其外各国之政態に関係致し候書類取調候儀に御座候

○詩文　右者初学所え稽古罷出候者より登科以上之者迄文字之差働或は書取物等修業之為めに稽古為仕候儀に御座候

右者当時相立居候学科に御座候、其外刑政科之分は左之通

天文　地理　習字　算術　物産　有職故実

右六科之数追々師範之者見立、稽古人之内執心之者え修業為仕候見込に御座候

とあるように、実用を重んじる「本朝史科」と「刑政科」の両学科が設置されることとなったのである。[171]
昌平坂学問所は慶応四年六月に昌平大学と称し、十二月には大学と改称、明治三年二月に至って大中小学の制、大学分科等を定めたが、ここでも実用を重んじる昌平坂学問所の教育方針は受け継がれ、佐賀藩出身の大学生満岡勇之助が起案したという次の「学体」が全生徒に配布せられた。

道の体たるや物として在らざるなく時として存せざるなし、其理は則ち綱常、其事は則ち政刑、学校は斯道を講じ実用を天下国家に施す所以のものなり、然らば則孝悌彜倫の教、治国平天下の道、格物究理日新の学、是れ皆宜しく究覈すべき所にして、内外相兼ね彼此相資け、所謂天地の公道に基き、智識を世界に求むるの　聖旨に副はんを要す、勉めざる可ん哉

そして大学の教・法・文の三科の必読書も次のように定められた。

教科必読書
古事記、日本書紀、万葉集、古語拾遺、祝詞、宣命　○孝経、大学、中庸、論語、詩、書、易、礼（孟子を省きしに注意すべし）
法科必読書
令、残律、儀式、延喜式、江家次第、三代格、法曹至要抄、周礼、儀礼、唐六典、唐律、明律、文献通考、衍

義補

文科必読書

五国史、三鏡、日本史、枕草紙、源氏物語、左氏伝、国語、史記、両漢書、温史、文章規範、八家読本

明治の昌平大学には律令学に造詣の深い人物として大丞の楠田英世（十左衛門、佐賀藩）、大博士の水本成美（保太郎、鹿児島藩）、中博士の矢野玄道（茂太郎、大洲藩）、玉松真弘（操、京都）、少博士の岡松辰（甕谷、熊本藩）、木村正辞（庄之助、下総処士）、中助教の横山由清（保三、東京処士）、小中村清矩（将曹、和歌山藩）、井上頼圀（鉄直、処士）、少助教の村田保（虎之助、行政官支配）、鶴田皓（弥太郎、佐賀藩）、黒川真頼（上毛処士）らがいた。(172)

神陽は既に嘉永二年には佐賀に戻っているから、昌平坂学問所のカリキュラム改革に直接関与はしていないけれども、神陽の影響を受け、神陽退寮後も学問所に残った書生そして儒者たちが神陽の志を引き継いで、昌平坂学問所で六国史・令義解などの「朝典」を読むようにしたものと思われる。何となれば嘉永四年入寮の佐賀藩の重松基右衛門（嘉永五年退）、相良平作（退年不明）、岩村右近（嘉永七年退）はいずれも神陽の門下であり、嘉永六年から安政二年まで在寮した前山清一郎は神陽の親友であり、前山と同じ期間在寮した木原義四郎は神陽の従弟であり、安政二年入寮の実松郁一郎（退年不明）、同じく安政二年入寮し舎長助を勤めた長森伝次郎（万延元年退）、安政三年入寮の犬塚与七郎（退年不明）、安政四年入寮の池田文八郎（退年不明）、万延元年入寮の坂部晋三郎（万延二年退）、中野方蔵（退年不明）、吉村謙助（退年不明）、文久元年入寮の山口権六（文久三年退）、木原万五郎（後に多比良文治左衛門、退年不明）、文久三年入寮で舎長助にもなった久米丈一郎（邦武、元治元年退）等々もまた神陽の一門であったからである。(173)

これ以外にも、例えば先にも名を挙げた重野安繹は嘉永元年から嘉永七年まで書生寮に在籍して神陽と親交を結

んだが、史学に秀でで後に東京帝国大学教授となった人物であり、嘉永五年に入寮して安政五年に舎長になった水本成美は、右に触れたように昌平大学の大博士を勤めたけれども、重野が

後入松崎慊堂門。慊堂没。遊昌平黌。為経義掛。陞舎長。居黌九年。帰家聚徒教授。諸侯聞其名。厚幣聘之。前後数輩。君皆不応。終釈褐于薩藩。蓋有所択也。時文久癸亥。君年三十四歳。班小姓組。賜禄百石。受命纂修大日本史続編。慶応丁卯夏。赴鹿児島。賜宅城北。与余及今藤君容。任藩律改修事。会伏水鳥羽兵起。大政帰朝。君至京師。明治元年九月。為徴士議政官史官。十二月召至東京。明年正月。任昌平学校教授。累遷大学大博士。刑部大判事。三年坐事降級。為中判事。明年遂免。君自為史官時。奉命勘査刑律。参酌彼此法例。拮据多年。至是新律綱領成。賞労賜物。四年復起為東京府権典事。五年為正。尋補司法省五等出仕。任権大法官。六年為正。八年任四等判事。九年陞議官。叙従四位。十四年転参事院議官。十五年叙勲三等。十七年罹疾。（中略）入昌平黌。学為文詩。日課数篇。未周歳。稿積成堆。及仕朝。治刑書。三律以下。和漢律例注疏箋釈之類。渉猟靡遺。終克編成大典。（中略）大学之起。法曹之設。皆与有力。終至施青紫於殿廷。受一等之銜。（中略）銘曰。

読書読律。兼之者希。起身寒微。翺翔丹墀。生栄死哀。儒林発輝。

と墓碑銘を書いているように、重野の影響を受けた人物で、歴史及び法律に詳しく、明治初年の刑法典である新律綱領の編纂に寄与した(174)。更に昌平大学大丞の楠田は後述のように神陽の門弟であり、中博士矢野玄道が神陽と親しかったことも既に述べた通りである。このように見てみると、岡鹿門が「書生寮ニテ令義解、職原抄等ノ書ヲ講ズルハ此人ニ始マル」と言い、長森が「聖堂ニテ六国史・令義解等ヲ講スルニ至リシハ実ニ先生ノ首唱デ有ツタ」と

言い、副島が「昌平校に於ても書生が皇国の古典国書を見る者の多くなる様になしたは此人の効力で有つた」と述べていることは、これを信頼してもよかろう。

六　弘道館史学派

嘉永二年七月十八日に帰郷した神陽は、八月一日に国学指南となり[175]、江戸における学問の成果を地元佐賀で最大限に活用することとなった。長森敬斐は

帰藩ノ後佐賀ノ学風ヲ一変セシハ全ク先生ノ力デアル。

と言い[176]、『鍋島直正公伝』にも

枝吉南濠（忠左衛門）は、文化以来学館に教鞭を執る四十余年、亦篤学樸実の醇儒たり。朱子を大道正学として篤信すと雖も、日本は支那と君臣の義を異にするを以て、国学を本位となせる倫理を講ぜざるべからずとの説の下に、枝吉一家の学を為して薫陶に努めたりしが、嘉永の季より老を以て教諭を辞して家居し、是年（安政六年）正月七十三歳にて物故せり。長子神陽（杢之助）、次子蒼海（次郎）、季子豊三郎亦皆学に敏にして学館の領袖たり。神陽の宏博は既に述べたるが如く、以て家学の勤王論を主張したれば、気概ある青年書生は尽くこれに競向したりき。その姻戚島、木原両氏の兄弟各三人も竝に南濠の薫陶を受けて学館の巨擘たり。即ち島義勇（団右衛門）の二弟は、仲は重松基右衛門といひて葉隠の藩風を主向し、季の副島謙助は桀驁にして機智あり。共に気骨を以て称

せらる。木原氏兄弟に至りては嘉永年中に夭折したる伯弘三郎の才学は歴史批評の生面を開いて内生の学風を一変し、仲の義四郎(忠隆)は策士の風あるも好んで躬行の実学を説き、弟万五郎(後に多比良文治右衛門)は縦横の説を好む。皆資性熱摯にして議論家たりき。故に枝吉の一門が迭に学校に出入して書生の気風を鼓作したるは、其効果教員のそれに勝るものあり。されば草場佩川の温和なるも、当時の気概ある生徒は之に親しまず、而して其狭量は枝吉兄弟と相容るゝに至らざりしかば、執政安房のみ、独り之を翕受して調和しゐたり、蓋し公の意旨なるべし。斯くて学館教育を刷新して精神修養を励まさんとするに及び、木原義四郎奮うて書生の勤勉に力め、頻りに敬ノ工夫を説きて静坐法を勧めたりしが、かの権変を好みて思慮あり、枝吉一門と交はりて、中野方蔵、江藤新平等と相善かりし大木民平(喬任)亦、木原に賛同して、学館にて一般の教育を敷くは此方針に由らざるべからずと謂ひ、共に指南役の中枢となりて内生寮の振起を謀れり。

とあり(177)、大隈重信も

当時佐賀藩ノ学派ハ二様ニ分レテ居タ、一ハ経学ヲ講究シテ其傍詩文ヲ作ル草場佩川ヤ武富圯南ノ派ト、一ハ国学ヲ主トシテ日本ノ律例ナトヲ研究スル枝吉副島等ノ史学派デアル、ソコデ経学ヤ詩文ヲ遣ル派ハ学校模型ニ合フタ方デアルカラ随テ佐賀一般ノ気受ガ宜敷、其故此派ノ書生ハ藩校ヲ卒業スル上ハ藩ノ官吏ニ登用セラル、事ト成ツテ居タ、之レニ反シテ史学派ハ服従ノ義務ヲノミ教訓スル朱子学派トハ違ヒ、其規模ニ広大ニシ其ノ志気ヲ雄渾ニスル処カラ必要上、日本ノ制度ヤ大宝令、古事記、日本紀、大日本史、職原抄、其他支那ノ歴史ヲ調ベルノテ有ルカラ、随分、無遠慮ニ議論ナドヤル、随テ学校ニハ受ケノ悪ク普通俗人ニ嫌ハレル方デ有ツタ、大木公モ此ノ史学派ニ属シテ枝吉ノ薫陶ヲ受ケタ人デアルと語っている。(178) 神陽は、弘道館に新たな学風を持ち込んだ。その新しい学風とは、律令格式や国史を学び、しかも単なる学問としての学問ではなく、飽くまでも実用を重んじる、実践的な学風であった。江藤新平の従兄弟である福岡義弁もまた

江藤デモ大木サンデモ副島デモ皆ナ枝吉信陽《ママ》先生ノ指揮ニヨツテアノ通リノ人物ニ成ツタノデアル、漢学者ト云フト兎角ニ経学トカ詩文章トカニノミ力ヲ入レルノデアル、枝吉ノ流儀ハ皆ナ実用ヲ主トシテヤラレタノデ死物デハナイ

と証言している。(179) ただし神陽は国学ばかりではなく漢詩文にも熱心であって、弘道館の詩会が廃止された際には「示諸生賦」(180) を作り、群議を排して詩会の旧典を再興すべく努力している。

嘉永三（一八五〇）年二月、仙台の国分平蔵が佐賀を訪れた際に、草場珮川、古賀元載、武富圯南らの諸老が鳶魚斎(181) に宴席を設け、神陽も亦来座した。偶々同座した平戸藩儒の楠本碩水はその折に神陽の風采を見て

実雞群中之鶴也、寛政年間肥後有富田大鵬者、至性忠孝、常以回復王室自任、蓋在仲縄君平之間、而神陽則才学器識足以経綸天下

と感じたという。神陽を仲縄高山彦九郎と君平蒲生秀実の間に活躍した勤王家富田大鵬に匹敵する人物と見做し、その才学器識は天下を経綸するに足るものと激賞している。(182) この直後の六月十日、神陽は刑法司に関与することになった。(183)

嘉永五年四月、国学者で律令にも造詣の深かった萩の近藤芳樹が佐賀を訪れた。近藤の日記『西遊漫録下』[184]（写本）によれば、近藤は四月十九日から五月一日まで佐賀に滞在、五月二日に久留米に向うまでの間、薬種商野中元右衛門の別宅や藩校弘道館の教授武富文之助（圯南）宅に泊まって、源氏物語の講義をしたり、弘道館を訪ねたり、佐賀の文人たちと交流したりしたが、その中に神陽もいた。すなわち同日記の嘉永五年四月十九日条に

十九日　曇レリ、夜雨
野中元右衛門カ亭ニ午時後ニマカル、今日コノ家ニツトヘル人々
　枝吉平左衛門　南里伝之介　古川与市　今泉伝兵衛　山崎与五郎　原五郎左衛門
コレラノ人々ト夜ニ入マテモノカタラヒツ、今日モ酒肴トリ〳〵ニテ、イトタノシキ遊ヒナリキ、コヨヒハ野中ノ別宅ニヤトル

とあり、四月二十日条に

廿日　今日モクモリテ、ヲリ〳〵雨フル
重松勘次来ル、コレハ宮城繍介ト名ノリテ国ニ久シク来リ居シ人ナリ、今ハ、ハル野町ト云所ニテ寺子屋ヲシテクラスヨシ也、ソノ後、古川与市、枝吉平左衛門、今泉伝兵衛、同隼太来ル、マタ野口丈次郎親信トイフ町人モ来レリ、題ヲ探リテ歌ヲヨム（下略）

とあって、四月二十四日条にも

廿四日晴　武富ニテ朝餉タウヘテ野中ニ行テ源氏ヲヨム、（中略）枝吉平左衛門ハ五十国余遊歴セシ人ナリ、六年ノ間他国ニアリ、四年マヘニ帰国セリ、今ハ藩中ノ律ノ事ヲ改ムル事ヲ命セラレタリ、コノ者云、米沢ハ上ヨリ下ヲ恵シ、下ヨリ上ヲ仰ク、上下和睦何トナクウチトケタル国ニテ、和気城内ニミチタリ、信ノ上田コレモヨシ、金沢ハ古今ノ変ナキカ美事也、マタ陪臣ナレト伊達安芸ノ領セル陸奥ノフクヤヨク治リタリ、仙台ノ士ノ多キニオトロケリ、大番三千六百人、新番三千六百人トイヘリ、ココヒマタ草場翁トハル

とある。恐らくこの時のものであろう、神陽は次の詩を詠んでいる。(185)

贈近藤芳樹
鈴河阻且怒、五瀬自難游、況乃御賢木、高生神路頭、玉矛空望道、草枕又旅愁、偏想藤夫子、宗源肆独捜

「鈴河」とは伊勢の五十鈴河のこと、そして「宗源」とは国学の淵源という意味であろうか。只管、国学の蘊奥を究めようとしている近藤を称えた詩であろう。

それはそれとして近藤の日記で注目すべきは、四月二十四日条の「枝吉平左衛門ハ五十国余遊歴セシ人ナリ、六年ノ間他国ニアリ、四年マヘニ帰国セリ、今ハ藩中ノ律ノ事ヲ改ムル事ヲ命セラレタリ」の一文である。これ神陽が佐賀藩の刑法改正に従事していることを伝えているものであるが、この頃、佐賀藩では刑法改正を模索していた。『直正公譜』の嘉永三年三月十二日条に

刑法之儀、重事柄ニテ其時々取調候而者御裁許筋相滞候儀有之候ニ付、先年一通取調相成候刑法調書、尚又増

補兼而夫々相整候半而不叶ニ付、取調候方可有御座、請役所・達上聞候末、盗賊方案文方其外右取調被仰付

とあるように[186]、神陽が刑法司に関与する直前、藩行政の最高機関である請役所[187]が盗賊方や案文方などに「刑法の取調」を命じていた。佐賀藩では天明三（一七八三）年に徒罪の制度を導入し、寛政九（一七九七）年には笞罪の法も定め、徒罪・笞罪・所払・郡払などの刑罰があったが[188]、どのような犯罪に如何なる刑罰を科すのか、明確な規定は存在しなかった。神陽が果たしてどのような仕事をしたのか、残念ながら不明であるけれども、神陽が刑法改正の実務にも関与していたことは記憶に留めておいてよかろう。

七　義祭同盟

嘉永三（一八五〇）年六月十日、刑法司に「干予」せしめられた神陽は、同月十九日に国学教諭に補されたが、八月二十二日には什物方に叙され、九月四日には国学教諭を兼帯している[189]。この矢継ぎ早の異動は、神陽の勤王論が弘道館の老輩と相容れなかったために、藩主直正が行なったことであった。神陽が任じられた什物方は藩の史官に相当するもので、「秘書、重器を掌り、領内の地理要害を詳悉する職」である。神陽は同僚の相良宗左衛門と共に山川を跋渉し、領内の古籍古文書を捜索して大いに藩史を研究したが、その調査の過程で、嘗て佐嘉郡北原村の永明寺に深江信渓が安置していた楠公父子像が今は西河内村の梅林庵にあることを知って、信渓の裔孫深江種禄を祭主として同志と共にこれを祭ることとした。これが嘉永三年から始まった義祭同盟であって、毎年、楠正成の命日である五月二十五日に行ない、名簿を記して深江種禄の手元に残すことにした[190]。

現在竜造寺八幡宮に所蔵されている「楠公義祭同盟連名帳」は後年の写しと思われるが、それによれば第一回目

の参加者は次の三十八名であった。

枝吉神陽、相良平作、森川武五郎、重松基右衛門、横尾小次郎、枝吉次郎、島団右衛門、木原儀四郎、小山大之允、空閑絮四郎、島内敬一郎、光村吉之進、多伊良三左衛門、大庭玄之進、楠田知才、深川門作、中島和三郎、山領駒三郎、大木幡六、坂本文悦、野口文之助、実松郁一郎、井上作左衛門、相良善次、石尾左源太、竹野作之進、池田文八、本島喜八郎、大石十郎助、犬塚与七郎、高取佐五郎、岩村右近、田中喜十郎、森川大九郎、石隈小太郎、佐野又四郎、片岡新九郎、深江俊助

これ以降、嘉永四年には四十三名、嘉永五年には三十二名、嘉永六年には三十六名というように、毎年三十乃至四十数名の参加者があり、嘉永五年には江藤新平（胤蔵もしくは胤風）の名が、安政二年には大隈重信（八太郎）の名が、そして安政五年には久米邦武（丈一郎）の名がそれぞれ見えている。神陽は安政五年に次の「祭楠神文」(191)を書いているが、神陽がどのような考えで義祭同盟を結成したのかを窺うことが出来る。二神とは楠公父子のことである。

高天肇事、大統爰源、監豊葦原、降格　天孫、天孫日嗣、孔神体元、迨外万国、莫不祗尊、中葉屯艱、陪臣擾国、六合常闇、八州鬼蜮、神器離闕、皇輿反側、坤覆乾承、無是敢克、天篤　元后、生此楠神、赫々烈々、以奠　九宸、千窟如掌、東人兟々、保此千窟、以遏東人、遠迩望風、義師雲起、新田足利、摂踵接履、拉賊若朽、鎌倉爰燬、鯨鯢就戮、万有致底、復我　元后、庶政方隆、如何禍日、降禍無窮、姦宄滔天、佳猷不通、命殞寇賊、遺児図終、維此武衛、克纘考志、梓弓不反、誓与賊斃、伐強以弱、撃衆以少、甲弊刀折、首離

不撓、百年天定、賊党亦亡、神器得所、大道光亨、茫々葦原、終古幾人、孰無忠孝、少若二神、我思二神、慕義無極、是忠與孝、庶以為則、酌有黒白、鰭有広狭、積如丘山、禋祀以告、安政五年五月二十五日、大蔵経種再拝撰文

義祭同盟には当初、藩の重役連中も加盟して意気盛んなものがあった。大隈重信は

我義祭同盟の上に就て考ふるに、吏員の多分はこの書生団体より抜擢せられし者なるを以て、始めの程は、能く活潑奮進の気力を保ち、一方に藩政を改革し一方に士気を鼓舞し、大義名分の説を講じ、楠公の所為に倣うて、皇室に忠義を致さんことを説き

云々と言っている。[192]

嘉永六年のペリー来航に際して、佐賀藩主は通商を許容してはならないことを述べ、

乍恐

上ニは

征夷大将軍之　御職任ニ被為　在候御儀ニ候得は、征夷之二字実ニ万世不易之御眼目歟と奉存候、抑

神州之為形、大海中ニ屹立し、万古独立、敢而夷狄之為ニ不被犯事ハ、偏ニ　御武威海外ニ輝候故ニ御坐候、

当今昇平久敷、士気不相振、夷狄とも其釁を窺ひ、種々願ケ間敷儀を申立、万一猖獗倨傲之振舞之事、

御国躰ニも致関係、難閣置儀ニも相及候半、断然御打払ニ被相決、昇平偸安之士気を御一振、本来固有之義勇

ニ御挽回被遊、
国家磐石之基を御固被遊度儀と奉存候、
右愚存如斯御座候、以上

八月十四日　　　松平肥前守斉正

との意見書を幕府に出したが(193)、神陽はこの意見書を十一月十二日に筆写し(194)、またこの前後、露国のプチャーチンが来航したことを知って、次の「擬諭俄羅斯王詔」(195)を書いた。

明神御宇日本天皇詔俄羅斯国王、古我　大祖天照皇大神徧照臨八極、勅　天孫天津彦火瓊々杵尊、承大統以治豊葦原中国、勅少彦命以造外万国、乃定華夷之性、別尊卑之等、正内外之分、迨于朕世万有余年、靡或違失、嚮　光格天皇文化元年、汝国女王遣使臻于長崎、送陸奥国漂民四口、并上表請市易、前征夷大将軍右大臣源朝臣遠慮深謀、以汝情疑不可測乎、奏不允所請、命汝使人不可復航于内地、汝果鴟梟其徳、震驚我東北、今茲嘉永六年、汝使者復臻、請劃蝦夷境域、書辞無礼、群牧百司胥議曰、北方之蕃俄羅斯、既違少名彦所擾、背　光格天皇所　詔、兇逆無道、宜正其刑、而示威于天下、朕悲汝君臣昏迷無知、遽陥顕戮、是以不敢随群臣之所議、諭汝悛其慝、汝其敬聴、夫八隅之国、八隅之海、固莫非我　天祖之所眷、則汝俄羅斯亦莫非我　天祖之育民也、逖国于海表、以雄于戎狄、戎狄之地無芸禾稷、則漁狩汝之近方、自為活在、朕固不之問、汝属島在亜細亜者、実密迩于中国、汝宜恭敬比事之不暇、而今汝徼倖于辺吏之不虞、不念乃祖先之所自、拠有靺鞨、朶頤粛慎、恃不腆之弊甲、慣無望之小利、豕視羊貪、敢欲分蝦夷之壌、定境界、夫蝦夷者国之北門、朝之外府、四洲之民莫不知焉、而汝妄認以為間可競、何哉、天無二日、地無二皇、汝蛍光蝿声、不知所以畏懼、朕恐俄羅斯之禍自此而起焉、自古奪人財者、人亦奪其財、利人国者、人亦利其国、汝若不速悛其貪悪之心、則汝之属国陪臣、必有如汝者、将窺汝之壌、矧於汝之抗角比牙若亜墨仏蘭支那泙怋乎、唯朕重民、不欲役耳、苟役之則我中国、有若関白太政大臣藤原朝臣脩文徳於内、有若征夷大将軍右近衛大将内大臣源朝臣布武備於外、有若左近衛少将肥前守藤原朝臣、有若左近衛少将美濃守源朝臣、世鎮辺要、貔貅十万、又有若二百六十大名、尽列境土、以藩屛于中国、誠能戮醜虜、斥攘残穢、尚朝風夕風、払御霧、焼鎌敏鎌、刈繁木耳、汝其敬聴悛汝慝、汝其不敬聴悛汝慝、則天兵如雲、帯其利剣、建其鋭矛、興其雄詰、一挙而梟汝之使者、再挙而深入汝之国、三挙而汝之都伯的児涔瓦為墟、汝其勿悔、朕不再詔

鉄兜学人越罷(196)が「筆力雄騺、足破鄂羅兕胆、而典雅鏗鏘、如読古誓、我世徳乎直丈夫児也」と評しているように、堂々たる誓誥である。神陽が外交問題に強い関心を抱いていたことが知られる。「擬諭俄羅斯王詔」の擬とは擬えるの意で、神陽はこの他にも「擬平薩州叙別」「擬松浦佐世姫望夫」「擬前中書王望亀山」等々の擬文を作っているけれども、(197)いずれも文体が古風で、恰も奈良時代の文章を読むが如くである。

神陽はこの当時、若い藩士を集めて「古の文を学び、古の道を行じる」研究会を開催していた。嘉永七（一八五四）年八月二十八日、若くして亡くなった門人竹野本畐の為に

祭竹野本畐文

維嘉永七年歳在甲寅秋八月二十八日甲子、枝吉経種以清酌庶羞之奠、敬致祭於竹野本畐之霊、曰、嗚呼本畐子、生常聴於吾、死猶能聞我言乎、昔者子之童稚、我曰、嶄然頭角有異於群子弟、我在東六年、帰則子已頎而弁、與二三子同在国学、乃既已名籍籍於諸生之間、謂当今之世可資、而学古之文、行古之道者、独有枝吉経種

耳、乃與二三子同日夜臻于我、憤励切劘、有所聞焉、未曾不行也、有所行焉、未曾不示也、講習討論、必不有不於此也、遊息動作、必不有不於此也、才日益進、而未曾退也、学日益積、而未曾怠也、余曰助余興斯道者之子也、子亦以自任焉、誰謂其遽棄余而没也、嗚乎哀哉、余嘗告子曰、人之宿一世欻忽如朝露耳、苟非文行顕於後世、何能得為大丈夫乎、子深以為然、而今子死乎、嗚乎哀哉、余観古之人、其能伝于今世而不朽者、不唯其才異于衆而已也、必能保其寿、而使天下後世称道其名也、設令仮子以年歟、乃自能伝于後世、而不朽無疑耳、而今子死、年僅二十有二歳、文雖脩、行雖高、至于比之古人猶未可也、則千載之下、皎然者汚而隆、然者缺世亦豈有知子名乎、余必知子不瞑目於地下矣、嗚乎哀哉、雖然子之志則二三子之志也、二三子之志則余之志也、與余與二三子而幸永此世歟、則相共成子之志、必使後世之人曰某々之於為人可謂成矣、然其前有竹野本畾者、実與某々同事、雖不幸早世、其才実有優焉、乃子雖没可少安於地下也、嗚乎語有尽而意無極、嗚乎哀哉、尚饗、

経種重告于本畾之霊曰與経種同祭子者長尾新九郎清豊也、小出千之助光彰也、相良六郎助定寧也、池田文八利明也、永淵宗一郎褒興也、子之従弟坂井辰之允興宣也、石丸虎五郎安行也、長森伝次郎敬斐也、子之弟池尻勘六義興也、江藤又蔵胤風也、早田栄橘久儔也、是皆子之所以日夜相親比而講此道之友也、以念子之不可忍也、皆来会子之所矣、嗚乎子知之耶、将不知之耶、何子之寂然而無語、嗚乎哀哉

なる祭文を認め(198)、その中で竹野たちが「当今之世可資、而学古之文、行古之道者、独有枝吉経種耳」と謂って神陽の下に集まり、講習討論をしていたことが記されている。そして竹野本畾の他に、長尾新九郎清毘、小出千之助光彰、相良六郎助定寧、池田文八利明、永淵宗一郎褒興、坂井辰之允興宣、石丸虎五郎安行、長森伝次郎敬斐、池尻勘六義興、江藤又蔵胤風、早田栄橘久儔たちが加わっていた。神陽は壮年の頃に重松基右衛門等と共に宅廻りで職

原抄などの輪読会を開いていたと伝えられているが、(199)それがこの研究会と同じものか、またこの研究会が全く私的に行なわれていたのか、それとも弘道館や義祭同盟と何らかの関係があったのかは今後の研究課題であるけれども、彼等の大多数は義祭同盟にも加わっていた。(200)

なお江藤又蔵胤風とは江藤新平のことであって、江藤もまた古の文を学び、古の道を行なおうとしており、神陽の薫陶を受けた。嘉永安政の頃に『葉隠聞書校補』編纂に従事していた神陽は、執政鍋島安房茂真から『常朝書置』『同打解咄』を借り、これを写して秘蔵していたが、安政七年にはそれを江藤に写させたという。(201)

次の書翰は、副島がまだ枝吉次郎と名乗り、恐らく京都で勉学に勤しんでいた頃、佐賀藩の後輩である古賀一平と坂井辰之允が出した書翰(202)である。

一筆致啓上候、當月十日出之書状、同廿二日忝奉受誦之、時下難凌大暑ニ御坐候、愈御安康可被成御勤學奉賀、興宣定常無事ニて思召可被安候、先ハ暑中御尋爲可申上、如此御坐候、猶期次便候、恐惶謹言

六月廿八日　　辰一郎事
古賀一平
坂井辰之允

枝吉次郎様
人々御中

二白、當夏ハ爰許、古今無類の旱魃、言語ニ盡しかたく候、委しくハ平倉江申遣置候○光之事、只今にハ三瀬山引取、在佐嘉ニて去ル二月比父忠助死去○あと月十七日十八日洪水、是又平倉江申遣候間、不能一二候○四月頃より禹五郎其外申合、先生と令の会相催候、色々御世話ニ相成居候○御囀遊御差延相成、但馬事一入喜悦

たるべく奉遙察候○梟の云々の御詠哥、甚かんし入候、誠に〳〵庭燎匪風の詩を誦してハ、今時の古にあらさるを悲歎し玉ふそ、いか計深からめと、定常もます〳〵思ひ出たるまゝに、
うつそみの　よの人皆も　にくむらめ　都ニよほふ　ふくろふの聲
と口すさみしつゝ、罷在候○近詠少し御覧ニ入候、御加筆をも被成功下候ハヽ、本望也
　四月の初つかたに香焼の人ニ遣すとて
海神の　海辺まくらに　心あてなる　家もミえなくに
　玉
しろかねも　こかねもあれと　よるひかる　玉ちふものそ　たうときそかも
　夜橘
かくはしき　花橘の　あやに〳〵　たまぬく月夜　あかすも有む
　小川隆屋かめをやみけるに
わたすみの　底におふてふ　深ミるの　ミるめをやめる　きみハ悲しも
　君の御もとに奉りける
ます〳〵に　いよゝ高くも　朝さらす　君ハ学ひの　道ふむらしも

この書翰に「四月頃より庯五郎其外申合、先生と令の会相催候、色々御世話ニ相成居候」とあるが、庯五郎は後に電信頭や造幣局長となる石丸安世のこと、先生とは神陽のことであって、古賀・坂井・石丸らが神陽と「令の会」を催していることが書かれている。「令の会」が古代の大宝令を勉強する会であることはいうまでもなかろう。

神陽の門下生であった大隈重信が後年、神陽の教育方法を牧野謙次郎に語り、その牧野が

謙嘗テ親ク之ヲ公ニ聞ケリ。公少時藩黌弘道館ニ在リテ経史ヲ学修セシガ、師友ニ容レラレズ。去リテ枝吉神陽先生ノ門ニ投ズ。先生ハ乃チ故蒼海副島伯ノ長兄ニシテ、ソノ学皇漢ニ該通シ、尤モ国体ヲ重ンジ、尊王経世ヲ以テ任ズ。公既ニソノ門ニ入ル。先生先ヅ課スルニ古事記・令義解ノ謄写ト暗記トヲ以テス。公天資ノ強記ナル亦善ク之ヲ記シ、其ノ大節ノ如キハ、老ニ至ルモ屢々予輩ノ為ニ之ヲ暗誦セシコトアリ。

と書き留めているように、(203)神陽は門弟たちに「古事記・令義解ノ謄写ト暗記」を課していたのであった。

ところで義祭同盟は、神陽ら改革派と保守派との間に次第に軋轢を生じるようになった。とりわけペリーが来航した嘉永六年以降、天下の形成が一変し、義祭同盟の改革派が国事に奔走するようになると、両者間の溝は徐々に深まっていった。勤王運動は封建制度に触れ、藩の制度に不利益を来たすものと考えられたからである。このような事態となって、神陽も義祭同盟に顔を出しづらくなったのであろうか、楠公社所蔵の「楠公義祭同盟連名帳」にも、神陽の名は安政二（一八五五）年までしか記されていない。大隈はこの間の事情を

義祭同盟は依然として存在せしには相違なきも、只だ告朔の餼羊と為りて其形を存するに過ぎざりし。楠公の大義を表彰し、互に之に倣うて皇室の為めに、国家の為めに尽さんとするの精神は、僅に一部の人士間に止りて、已に此義祭同盟なる全体の上には属せざりしなり。其同盟者は、定まりたる集会日には、猶何れも一所に集れり。書生は云ふ迄もなく、吏員も来り、門閥家も集れりと雖も、最早是等の人々は同臭味の団体を以て称すべからず。其心は二様に分裂して、将さに軋轢をも生ぜんとするの傾向を呈せり。是を以て、其集会は只一片の儀式に止りて何の効用をも為さゞりし。既に自他の間に暗に障壁を設けたり、其胸襟を披きて国事を談ずるが如きは到底其中に為し得べきに非らず。是に於て、同盟中の一派は別に集会を為すの必要を感じたれば、

佐賀に於ける幽邃の一寺院を以て其集会所に充て、以て同志等が国家の大勢に関し、藩政並に教育の方針等に関し、自由に其意見を吐露するの所と為せり。蓋余の尊信する先輩の多くは、此派の人なりし故に、余も亦たこれに従つて終始其集会に列するを怠らざりき。

と説明している。(204)「幽邃の一寺院」とは、城北三溝にある黄檗宗大興寺（佐賀商業高校西側）のことである。『鍋島直正公伝』によれば、神陽と副島種臣の兄弟は日本一君説を拡充して、将軍が大君の名を以て外国と条約を結ぶことは失体であって、内政外交共に天皇の親裁でなければならないと痛論した。よつて兄弟謀議の結果、副島が遊学期限中であるのを利用し、安政五年六月、副島を上京せしめ、朝廷が将軍の継嗣を彼是言うのは無用の詮議であり、早く将軍宣下を廃して、政権を収めらるべしという意見を大原重徳に提出したのであった。大原は、副島の論理の至当なるには承服したけれども、「幕府を廃して皇政に復せしむるは、事体極めて重大にして、我等の当るべきところにあらず、されば青蓮院宮の英邁剛毅にして、主上の御信任浅からざるを幸ひ、彼宮に謁見して上申を請ふべし」と言って青蓮院宮（朝彦親王）を紹介した。そこで数日後、副島は宮に会って所説を委しく話した。安政五年の日米修好通商条約締結を契機に、尊王攘夷運動が勃興するが、この時点で倒幕論まで展開したのは、『鍋島直正公伝』が「倒幕論は是が嚆矢なるべし」と言っている通り、佐賀の神陽・種臣兄弟が初めてであった。

しかし事は思い通りに展開せず、副島は佐賀に戻った。『鍋島直正公伝』は続けて

然るに聽て所司代は藩士浪人の捕縛を始めたりしを以て、種臣は去つて佐嘉に帰り、城北三溝の黄檗宗大光寺を会場となして、兄神陽を始め、義祭同盟の空閑、木原、楠田、大木、江藤、中野（方蔵）、大隈等の諸人と時々集会し、時事の討論をなして互に意見を交換したり。よつて目附等は種臣の行動を奇怪として之を弾劾し

たれど、公は、目今時勢の変動ある以上、青年書生の学問研究の上よりさる事あるは、已むを得ざることなり、されば法を犯さぬ限りは咎むるなく放棄すべく、唯独断の挙動をなして身を誤らざるやうに戒むべしといはれたり。

と記している。[205] ここに「大光寺」とあるのが大興寺の誤りであることは言うまでもあるまい。神陽以下、義祭同盟の改革グループが大興寺において継続的に会合を持っていたことが知られる。

副島が上京した安政五年といえば、所謂安政の大獄が始まった年であり、翌年には橋本左内・頼三樹三郎・吉田松陰らが死罪に処された。そして安政七年三月三日、水戸浪士らが大老井伊直弼を暗殺する桜田門外の変が起こった。神陽は松陰とは旧知であって、嘉永三（一八五〇）年十二月二十四日、松陰が弘道館を訪れた際に武富文之助と一緒に会っている。[206] 松陰はよほど神陽の印象が深かったのであろう、野山獄に在った安政二（一八五五）年七月二十二日、西遊の途に出ようとする来原良蔵に

肥前にて枝吉平左衛門必ず御尋ね成さるべく候。僕も一面識のみにて悉しくは存じ申さず候へども、奇男子と存じ奉り候。

と書き、「奇男子」神陽には是非とも会うように勧めているのである。[207]

その松陰を死に至らしめた井伊が、桜田門外で暗殺せられた。多くの志士たちは水戸浪士らの義挙に喝采し、神陽も亦、早速「擬水戸浪人獄議」という文章を著わして、水戸浪士らの行動を支持した。[208]

右得武蔵国三月三日解偁、常陸国水戸藩浪人某々等十七人、薩摩国鹿児島藩浪人某一人、合十八人、致死右中将掃部頭藤原直弼朝臣於本国江戸城下内、某々登時自刺、某々逃亡不知所往、某々自抵侍従中務大輔藤原安宅朝臣、捧状待命、因禁其身、以請讞者、夫直弼朝臣、身浴　朝恩、而不念効涓埃之報、欺大将軍源公幼弱、恣奪其家事、以蔑如　朝憲、耶蘇教者国家之所厳禁也、而彼朝臣私奉之、米利堅、英吉利、俄羅斯、仏蘭西、四蕃之請開港互市、以情譌不可測、廷議不可所請、而彼朝臣、剛愎詐偽、無論王臣公卿大夫士庶人、苟有異己者、便以計陥之罪為醜虜、成就其黠謀、形雖奉真、心潜向譌、使彼朝臣、生至于今、天討必加焉、而某等忠義奮発、不労一官兵得誅除之、考之於律条、無罪而有功、賊盗律曰謀叛者絞、捕亡律曰、捕罪人而罪人持仗拒捕者、其捕者格殺之、及走逐者殺者、皆勿論、此某等所以無罪也、闘訟律曰、知而不挙劾者死罪徒一年、夫不挙劾而有罪、則挙劾者為有功、挙劾者為有功、則誅除之者、何独得為無功、此某等所以有功也、宜速下知彼国、死者給埋葬、逃亡者下恩赦、在禁者解其禁、以身帰於本主中納言源慶篤卿、復禄仕者、国宜承知、依議行之、年月日

神陽は、井伊が朝憲を蔑ろにした罪人であると断じる一方で、賊盗律、捕亡律、闘訟律の条文を駆使しながら、水戸浪人らの行動が無罪であることを法律的に論じている。

律令の中の刑法総則とも言うべき名例律によると、「国に背いて偽に従はんと謀る」行為は謀叛であった[209]。故に、国禁たる耶蘇教を奉じる国々と誼を通ぜんとした井伊は、神陽からすれば、当然に謀叛人である。この謀叛人は賊盗律によって絞首刑と定められており[210]、また捕亡律によれば、逮捕時に抵抗する罪人を殺したとしても罪には問われなかった[211]。更には闘訟律で罪人告発の義務が国民に科されており、死罪となるべき者を告発しなかった場合には、却って一年間の徒刑（強制労働）が科されることになっていたのである[212]。従って、謀叛人井伊を殺した水戸浪

人らの行為は、無罪であるどころか、非常な功績であるということになる。

当時、水戸浪士らの行動を心情的に庇う者は多くあったであろうが、然るべき論拠を明確に持ち出して、その無罪を堂々と主張したものは、管見の及ぶ限り、神陽以外にはいない。しかもこの当時、律の条文をここまで自在に引用しているとは実に驚くべきことであって、正に神陽の皇朝主義の面目躍如たるところである。勿論、この「擬水戸浪人獄議」の現実的な効果は殆ど期し難いけれども、しかし神陽の皇朝主義からすれば、天皇を頂点とする律令制こそが本来のあるべき法秩序であり、将軍はその秩序の中の一官たるに過ぎない。律令中の一官に過ぎない将軍が天皇の大権を侵し、律令制を蔑ろにして幕府政治を行なっているのである。神陽が律令の研究を行ない、また門弟たちにもこれを勧めたのは、故なしとしない。

更に神陽の学殖及び思想を知る上で欠くべからざる史料は、万延元（一八六〇）年秋八月執筆の「船考序」である。[213]

摂関之政荒、而蕃国之朝貢熄焉、而主船之司失其職矣、主船之司失其職、而凡古之巨艦大舶所以来従海外者、不可得而詳其制矣、夫素尊之所謂浮宝者、其意故在巨艦大舶、而不在尋常小船也耳、否則大海曠遠、何以能達財国、而致其眼炎之金銀彩色哉、是鳥磐天磐之所以肇于上代、而稚桜豊明之際、其制益精矣、至于承和、模造新羅舶、蓋又加其大矣、夫以古人規模之宏如此、苟可開物成務者、何有所不為、是以皇略之所加、無遠不戻、而後世寥寥、可勝慨嘆哉。則若豊国公征韓、事功不遂、志則可偉矣、而今将家則事事反其道、乃併尋常商船而小其制、以為船小則外通之路絶、而便于鎖国、守国者固莫鎖国若也、不知古之善守国者、不以守為守、以攻為守也、夫鎖国也者、如有万全之形、而無進取之勢、欲自守而来外侮、是我中将公之所以惓惓于造船之議也、益田元景奉命著船考、述古之外、附以己之見、言今日海城之必不可不従事焉、蓋取之承和造新羅船之意也、元景嘗謂余曰、公之志雖切乎、奈幕議之不相容何、而今也住吉之神叶謀于我公、西胡之所謂鉄艦火船者、我肥得有之、是実元景之此挙、為降福之地也、但憾天下論者、多昧于国体、局軦近之所見聞、猶以鎖国為是、余願元景刻此書、行之于薄海之内、使天下之人、知皇略之不可不以復古、国之不可以鎖、船制之不可不以変、主船之司雖失其職、四方来取範于我肥、鉄艦火船攻守両資、則設令不得遽復蕃国之朝貢、尚無外侮之以損我天皇之国矣、是衰世之志也、元景起藁成、已知其由、一言之嘱在所不辞、乃書此以為序、万延元年秋八月之吉、大蔵経種書

佐賀藩は福岡藩と隔年交代で長崎警備を担当していた関係で、古来海外の情勢には敏感で、鍋島直正（左近衛中将）も大砲鋳造や軍艦の整備に熱心であり、海外貿易にもまた関心を抱いていた(214)。直正は「鎖国自守の基礎を去つて、よろしく海外に雄飛発展すべし」との意旨を藩内に知らせるため、近侍の増田忠八郎元景に命じて「船考」を編集せしめ、その稿本を草場佩川、福田東洛、そして神陽に見せて序文を求めた。増田は神陽とは昵懇で、義祭同盟にも参加した人物であった(215)。神陽は増田の壮挙を称えると同時に、天下の論者が国体に昧く、鎖国を以て是としているのを慨嘆、古代の承和年間に新羅の船舶を模造したことを挙げ、鎖国の陋習を破り、「攻むるを以て守りと為すべきこと」を説いている。神陽には進取の精神があったことを知らなければならない。

このような神陽の許には佐賀の青年有志者が集まったばかりでなく、他藩からも来訪者があった。大隈が「神陽先生は啻に当時佐賀藩に於ける第一の学者たりしのみならず、其の名は遠く江戸及び列藩にも聞えて神陽先生の名一時に喧伝せり(216)」と言っている通りであって、安政六年秋日には会津の秋月悌次郎が訪れて

攀柳探梅墨水濆、曾游回首已為雲、鷺盟鷗社元非少、西海故人唯訪君

の詩を作り[217]、文久元（一八六一）年十月の初めには、筑前の平野国臣が佐賀にやってきた。『平野国臣伝及遺稿』には

一たび肥前の鍋島閑叟公を冒して、説く所あらんと欲し、十月の初めを以て佐賀に入りたりしか、適々閑叟公去月廿六日佐賀を発し、東覲の途に上られたる後なりしかば、終に志を果さず、乃ち枝吉杢助を訪ひ、与に王事を談じ、時勢を論じて説頗る合ふ所あり。更に副島次郎、江藤新平、大木民平の徒と応酬して、留滞日を累ねて去り、転じて筑後に三たび真木泉州の幽居を叩き、天下の事、今や已に洪手傍観すべからざるを説き、共に時局に処するの策を講ず。

とあり[218]、『鍋島直正公伝』にはこの時のことを

去冬薩摩の兵を率ゐて上京を敢行せんと決意せる比に当り、筑前の平野次郎は、奔走長州の松下塾党を語らふと丶もに、佐嘉に来りて枝吉木工助に密会したりしに、枝吉は初めより、政権朝廷に復せずんば国家は興らずとの持論なりしを以て、こは明白の理にて固り我公の本意たり、故に苟も之が遂行に於ては、決して異議あるべからず、我必ず之を奉じて勤王すべしと確答し、更に社中の大木民平、江藤新平、古賀逸平等にも懐抱を抛つて論断警醒する所多かりければ、平野は大に喜んで去り、他に進説するに方りては、肥前に三平ありと称揚したりといふ。

と記述している[219]。平野の同志で薩摩の柴山愛次郎、橋口壮助が有馬新七に宛てて「吾々出府之上は、肥前藩枝善杢《ママ》

助へ引合、長州同様、京師出兵之策を施す含に御坐候。杢助随分頼有之者と被察候」と書いており[220]、神陽への期待が高まっていたことが知られる。

この後、神陽は江戸に向かい、十二月二十五日に弟種臣に次の内容の手紙を出している[221]。

一当表近来の形勢、先々平穏、夷人之徘徊等も余り無之、縦令有之候も別而無事之由、経種抔は未一度も見当不申事

一（中略）毛利殿は東も西も人次第之人之由に御座候、水戸老君は下朝、今時頼も敷大名衆は見当不申様に存候、何とぞ尾州老君、越前老君、一橋老君を再勤被致候様致度、若し唯々相さし候得者、日本の病気癒に相趣に難到事に御座候、久世大和殿も只今では杳しき事も無之様相見え候、惣て此度和宮様御降嫁の御事、京童子抔は関東の我意にて人質同然と相心得申し取計之由申罵り候得共、全く大違に而、天下之処置に無策、責而は上は朝廷へ取入、下は天下之人に申分にて公武合体と敷申一策に仕て決而無外様相見申し候、東吏の技倆は知れ申し候事

神陽が江戸に行ったのは藩主直正に扈従してのものであったと考えられるが、直正は九月二十六日に佐賀を出発し、十月二十八日に江戸に着いているから[222]、平野国臣と会ったのが十月初めであったことが事実であるならば、直正出発後に出掛けたことになる。

それはそれとして神陽の手紙によっても知られるように、夷人問題や和宮降嫁問題などで世情は騒然となっていた。青年書生たちも政論に好奇心を抱くようになり、昌平黌に在籍していた佐賀藩の中野方蔵、坂部晋三郎、岡本徳次郎、吉村謙助、山口権六なども時事を談論することを喜んでいた。中でも神陽門下で皇権回復に熱心であった

中野は、勤皇家の大橋訥庵や多賀谷勇と交流を持っていた。そのような時、文久二（一八六二）年正月十五日、老中安藤信正が水戸浪士らに襲撃される坂下門外の変が起こった。中野は嫌疑が及ぶのを避けて昌平黌を退き、千駄ヶ谷の藩邸に寓居していたが、大橋等の陰謀が露見して、二月四日、遂に捕縛せられたのであった(223)。中野は昌平黌在学中に江藤及び大木に宛てた書翰の中で

　幕権を挫かずんば、皇権、古に復らず、皇権振はずんば、国権立たず、国権立たずんは国民は累卵の危地に陥るべし、方今の時務は、先づ将軍をして大政を京師に返上せしめ、天下の人心を一致して、大に制度を改め、門閥を破り、盛んに人才を抜擢するに在り。実に千載の一遇にして、上には明天子在まし、下には忠臣義士あり、今や幕威は地に墜ち、諸藩は因循す。此の時に当り、一雄藩、起て大義名分を唱へ、京師を守護し奉りて勅命を発し、幕府をして大権を返上せしめ、以て百万石の大諸侯と為し、其の譜代の諸侯は、各臣に列せしめ、諸藩は本領故の如くにして、然して後、大に諸侯を会して、神州の国是を定むべし。

と論じているように(224)、神陽の薫陶を受けた王政復古論者であった。神陽は二月十三日、佐賀にいる従弟の島義勇及び木原隆忠に手紙を出して、

　当月四日晩、中野方蔵千駄ヶ谷邸中ニ寓居近隣の浴屋に行き申され候ところ、幕吏数十人仕懸け赤はだかにて就縛、八丁堀の獄に繋がれ候。尤も浴屋に行き申され候みぎり、近隣に付き長だら一本にて参られ候由、隣近とは申しながら、誠に不覚の至り、畢竟、武道に頼り申さるゝかと、無念の次第に存ずる事に候。咎の儀は、安藤殿を誅し申さんと仕り候連坐の由、その聞こえこれ有り、実否未だ詳かならず、御裁許は重くして遠島にも及び候

か。（中略）経種などは外交を断ち、閉戸仕り候えども、やゝもすれば嫌疑に触れ候等、時々これ有り、しかしながら御発駕も来る三月五日よりの御つもりにて、最早、近々に相成り、決して免れは仕る儀に御座候条、
　御安心成さるべく存じ奉り候

と中野捕縛の状況を克明に報じると共に、身辺にも嫌疑が及んでいることを書き記している。[225]これより先、神陽の妻しづが神陽に宛てた次の手紙が残っている。[226]

（前欠）
御用心被遊べくと御頼もふしあげまいらせ候、次郎様大阪よりの御手紙、二月二日手入、さすそくいま津のぼへ私より御初りかた〴〵まいり、上まいらせ候、こふ助之進どのより、こふやきの二わりまし、一日五匁三分、私かたへ下され候ニ付、いま津へつかわし候間、次郎様へ御つたへ下さるべくと頼もふしあげまいらせ候、何事も〳〵御かへりの上、御はなし申上ぐべくと、たのしみ暮しまいらせ候、あら〳〵目出度、かしく
　二月四日　しづより
　　枝
　　　杢助様
　　　　御まへ

「いま津」は今津で、佐賀城南西の本庄江川東岸付近、しづの実家がそこにあったのであろうか。「御初り」とは佐賀の方言で、新年最初の里帰りのことである。「こふやき」とは長崎の香焼島警備のことを指すのであろう。し

づの兄隆忠は安政五年に香焼島守備隊長に任じられたことがあった。(227) しづは中野方蔵捕縛のことは知らなかったとしても、坂下門外の事変は耳にしていたであろう。「御用心被遊べくと御頼もふしあげまいらせ候」と夫の身を案じている。

さて直正が佐賀に戻ったのは四月六日であり、(228) 神陽もそのころ帰佐したと思われるが、この前後の動向は明らかではない。神陽の門弟江藤は親友中野の獄死を知り、矢も楯もたまらず、六月二十七日、藩庁に長文の書を奉って京都に上った。(229) その書中に

方今の時勢は、大事の機会到来の折柄なれば、能々勘考転禍為福の手段も可有之候処、是迄の通り一定の権度無之や、動もすれば夷狄の虚喝に被成、其姦謀に陥り、遂に神州未曾有の大穢辱を取る様可相成、去迚幕府既に及和親候処、鎖国の儀を固執有之、只管に夷狄拒絶の難題を申かけ、窮鼠反て噛猫の勢を醸成致し、強て内乱の端を造立致し、天下万生の大不幸を引出候体の事有之候ては、決て不相済、只々大仁の心を懐抱して、諸事至誠より流出、此心を以て　皇室の基を相定、国是を相立候はゞ、所謂処分得宜と可申事にて、当世の先務にて可有御座、(中略) 右鎖国の儀は、幕府初代の建議にて　皇代盛事の典型にては無之、奈良の朝以前は皇徳の四夷に不及を社《こそ》被労宸慮候御事の由、因て唐国三韓等の諸邦も奉仰化皇徳程に候得は、鎖国と申は皇国の御国体にて無之事、粲然明白仕居候

云々とあり、神陽や中野の考えと軌を一にしている。

かくて神陽の皇朝主義は次第に実現に近づきつつあったが、時あたかもコレラが蔓延して神陽夫妻も罹病、妻しづは八月十二日に行年三十四歳で死去し、看病をしていた神陽も二日後の十四日に行年四十一歳で息を引き取り、

神陽夫妻は菩提寺である木原村阿弥陀寺に葬られた[230]。神陽の最期について副島種臣は「先生将歿之夕、悠然拝　天子之所曰、草莽之臣、某事畢矣」と書いている[231]けれども、佐賀の郷土史家栗原荒野氏は、神陽の妹や親族から聞いて調べたという相良宗蔵の書翰を基に、神陽が嘉永安政の砌に「葉隠聞書校補」編纂に関わっていた事実を紹介すると共に、次のように書いておられる[232]。

夫人の罹病は文久二年八月十二日で即日死去、先生自ら看護し、葬式の事などまで指図してゐられたが、十三日には既に感染の模様があり、同夜出棺の頃は相当病勢も募つてゐる様子であつたから、側から頻りに臥床を勧めやつと床につかれたのであつた。この時三歳であつた嫡子龍若を招いて懐に抱き太郎と改名させて諸岡氏に嫁した令妹に抱かせ「この子若し成長叶はず養子するやうなことがあつたら、我が家は代々男子嫡流の相続であるからよく〳〵吟味して養子をせよ、同祖江上以来男統の家は沢野氏などである。」と細かに遺言し、また親友相良宗蔵に対し「先考（三年前逝去）の石碑を建ててゐないことが心残りである、碑文も六百字ばかりは胸中に草案してゐるからせめて此の文章だけなりと残したい、会葬の親戚共が帰つたらその草案を言ふから貴公に執筆を頼む。」といはれたが、帰りは夜半に及んでこの時既に病勢は進み、痙攣が強く元気も衰へて遂に口授筆記を果すことができなかつたとのことである。それからや、痙攣がをさまつた頃、太平記巻二十五の「宮方の怨霊六本杉に会する事」の一条を機嫌よく笑つて話されたりしてゐたが、夜も明け方になるといよ〳〵革まり、まだ日の出前に上下を枕辺に置かせ、看護の親族に扶け起されて、御城の方を拝し、次いで祖霊の神棚の方に向つて再拝し、従容として永眠されたのであつた。

八　おわりに―神陽の学統

神陽は自らの皇朝主義の実現を待たずに逝去したが、その志は弟種臣や門弟たちによって確実に受け継がれた。「大木喬任日記」[223]の元治元（一八六四）年正月十五日、三月十五日、四月十五日、六月十五日、九月十五日、十月十五日の各条には「大興寺集会」の記事があり、鍋島河内、木原義四郎、副島次郎、大木喬任、楠田知才、伊東源蔵、小代清八、古賀一平、多伊良文治、吉村謙助ら義祭同盟関係者が原則として毎月十五日、会の幹事を決めて大興寺に集会していたことが記録されている。

文久二年に上洛した江藤は、その後、永蟄居を命ぜられたが、元治元年に赦免されて東征大総督軍監、鎮将府判事、佐賀藩権大参事、制度取調御用掛などを歴任し、明治三、四年頃には官制改革に従事した。その折の草案の一つに

夫二官八省等の制は元唐制に本つき、之を斟酌増損せしものなり。然ども唐制の官署は前代の弊を受け、此時代已に重複虚設の患あり。三公虚設にして政台閣に帰し、六部の外、又九寺の重複あり。今六省の卿或は三職と抗立し、太政官或は六省と離背し、府藩県民部二署に管せす弾正刑部、其職を同す。是皆虚設重複の弊にして官署の数定まると雖も、其事務混淆して明かならざる所以なり。今の制に依て諸官所有の権を分け其界限を定めんとす。必ず能はざる所あり。諸官権力の界限明かならず。付受の貫一ならざれば争立抵抗の患已むなし。故に三職の下、左右弁を設け、以て諸寮司を分管し、諸寮司府藩県に施すときは承授の序清く号令一に帰し、綱挙り眼張る。脉絡貫通、天下の事指掌の如く煩に似て却て簡なるべし。蓋し漢土の制、六部は皆尚書に

して、尚書は三省の主たり。明は大学士之を分職し、即宰相なり。今参議にて六省卿を兼たるものなり。西洋の省各事務宰相あり。是六省の卿なり。事皆其一手々々に決し別に参議の如きものあることなし。今参議の外、別に六省あり。而して六省専職は皆寮司にあるときは、是卿は虚役なり、重複なり、考正せずんばあるべからず。但参議より六部を分兼するは善なるに似たり。而して相争ふて和せざるの弊を生ず。故に其宜しきを斟酌して凡六省の事皆寮司に専委し、而して太政官之れを統べ、弁官之を考査斟明して、決を三職に取るを以て、今日の良政とすべし。試に三職以下の官省を擬定し、其職掌権力相統轄するの概略を挙ること左の如し。

云々と書かれている。(234)江藤の律令制についての知識が並々ならぬものであったことが知られるけれども、古代律令制に溯って議論するという発想が神陽の教育に由来することは言うまでもなかろう。

他方、神陽の薫陶を受けて精神行為養成の第一歩を踏み出した大隈は、安政三年に蘭学寮に入り、文久元年には蘭学寮の教官に任じられていたが、次第に英学に転じ、慶応二年頃には副島とともに英学伝習生となって長崎に赴いた。そして慶応三年、藩政府に進言して長崎諫早屋敷（長崎市浦五島町）に「蕃学稽古所」（慶応四年八月に致遠館と改称）を設置した。(235)その後、慶応三年十二月、王政復古の大号令が降り、翌年一月、兵庫において各国公使にその旨が伝達されたのであるが、肝腎の長崎にはその御沙汰が脱落し、しかも長崎奉行は汽船に乗って逃亡してしまった。ここにおいて副島は急遽上京し、長崎鎮台を定めて外交方面を安定せらるべき旨を建言し、他方大隈は書生の暴動を鎮め、薩摩の松方正義、土佐の佐佐木高行などの諸藩士らとともに、奉行所が投げ出して行った残務、外国人に対する処置などを取り扱った。大隈は主として外国人との折衝の任に当たったほか、切支丹宗徒問題などにも取組んだ。慶応四年六月二日発行の『横浜新報もしほ草』はながさき港は、商法まことによくととのひて土商、客商ともによろこびあへり。参謀大熊（隈）氏は鍋島の人なり、博識英才にて、時勢をさつし急務をあげ、邪正を糺し、仁慈をほどこせり

と大隈を称えている。大隈には紛争処理能力が備わっていた証拠である。

その大隈は慶応四年三月、長崎鎮撫総督から推薦を受けて徴士となった。そして閏四月三日、大隈は大坂東本願寺別院において切支丹宗徒の即時釈放を求めたイギリス公使パークスと論争し、パークスの要求は『万国公法』に禁ぜられた内政干渉であると突っぱねた。『木戸孝允日記』の慶応四年四月二十五日条に

朝、行在所に至り条公に謁す、また儲君に謁す、長崎裁判所判事肥前人大隈八太郎、三条宇和二侯之前に出、井上聞多等と浦上辺耶蘇之徒御所致之評議あり、余衆論を聞、説を立て曰、其巨魁を於崎陽所厳科、余党三千余人を尾州已西十万石已上の藩へ分配して之を預け、生殺の権を藩主に任せ、厚く教諭を加へ、不得止して其主魁を所致し、七年間は壱口半の扶助を賜り、彼之巣窟を挙て御手を被為尽ては如何と、衆同意也、此夜より条公の命を以大隈上京せり

とあり、閏四月三日条に

朝、条公旅官へ出、此日英公使等も参官す、応接席に列するもの両総裁・山階宮・宇和島公・防城卿・後藤象二郎・大隈八太郎・外に外国掛り二名、世外・芳梅與余十二人也、越後開港及延期之一条浪華開港旧幕約有り江戸開市及延期且長崎耶蘇等の事件長論、十字より四字に至る、其所以は我論を曲さる也、大隈尤耶蘇之論を

愉快に談す

とある。この耶蘇教問題では大隈一人が外国人に対応し、この時の見事な折衝振りが認められて、大隈は廟堂に地歩を占めるに至り、同年中に外国官判事そして外国官副知事に抜擢されたのである。[236] 大隈の交渉能力、紛争処理能力の程を窺うことが出来よう。大隈のこのような交渉能力がどこから出てきたのかというと、筆者は神陽の教育にそれを求めることができると考えている。既に本章劈頭にも引用したが、大隈が

南北騒動で我輩が弘道館を退学させられた時に、枝吉神陽の処へ往つた。令や書紀や、古事記を学んだ。其頃に本居宣長の古事記伝などをも一通り眼を通したんである。また蘭学には精通しなかつたから、十分に西洋理屈を説くに至らず、そこで漢学に対抗する必要上国学を学ぶ志を起したのである。すると神陽先生大きに喜んで親切に教へて呉れた。御蔭で我輩は古典の知識を振舞はして、大に儒教を排斥し、「漢学は孔子の垂れ糞だ。其様なものを読んで如何するか」といつてやつたんだ。

と語っていたように、[237] 大隈は論争の仕方、説得の仕方を神陽から学んだのであった。議論の仕方、説得の仕方、これこそ法的思考に他ならない。大隈は神陽を通じて知らず知らずに法的思考方法を身につけていたのである。大隈は

枝吉は余が平素より尊信したる人なれば、直接に其薫陶を受けんことを望みしに、幸にして彼と交を訂せしより、余は義祭同盟の人々と往復するの便を得て、其結果は多くの年長者を交友と為すを得るに至れり。後に至

りて此同盟者の中には、政治界に立ちて其頭角を見はしたるもの少なからず。されば、余の之に加盟したるは即ち余が世に出て志を立つるの端緒と謂ふて可なり。

と述べ、[238]義祭同盟に参加したことは「余が世に出て志を立つるの端緒」とまで言っているが、大隈のみならず、副島、大木、江藤ら佐賀出身者が薩摩、長州の連中と伍して廟堂で地歩を占めることが出来たのは、全く神陽の薫陶の賜物であった。[239]

(1) 島義勇『戊辰日記』（佐賀県立図書館郷土資料室所蔵写本）。なお『佐賀市史』第三巻（昭和五十三年、佐賀市史編さん委員会、二五頁以下）参照。
(2) 維新史料編纂事務局『維新史料綱要』第八巻（昭和十三年、目黒書店、四一六頁）。
(3) 「副島伯経歴偶談」（『東邦協会会報』第四三号、明治三十一年二月。島善高編『副島種臣全集』第二巻、平成十六年十二月、慧文社、四〇九頁以下）。本書第二章参照。
(4) 同右「副島伯経歴偶談」『副島種臣全集』。第二巻四一一頁以下。
(5) 「副島伯経歴偶談」（『東邦協会会報』第四四号、明治三十一年三月。『副島種臣全集』第二巻四二三頁以下）。
(6) 『早稲田清話』（大正十一年、冬夏社、四五三頁）。
(7) 丸山幹治『副島種臣伯』（昭和十一年、大日社、四九頁）。
(8) 「高木秀臣談話」（国立国会図書館憲政資料室所蔵「大木喬任文書（書類）」六九「談話筆記他四冊」）。高木については肥前史談会『先覚者小伝』（昭和四年～六年、平成五年、洋学堂書店から『佐賀県歴史人名辞典』として再刊）参照。
(9) 『中央公論』昭和十八年九月号。
(10) 『葉隠研究』第四十五号（平成十三年十一月）。
(11) 「副島伯経歴偶談」（『東邦協会会報』第四一号、明治三十年十二月。『副島種臣全集』第二巻三八八頁以下）。
(12) 楠本碩水については市川本太郎『日本儒教史』（四）（平成六年、汲古書院、二四七頁以下）参照。
(13) 元衆議院議員坂井隆憲氏提供の『枝吉忠左衛門系図』や副島種臣「神陽先生神道碑銘」（『副島種臣全集』第一巻四七七頁以

下）による。坂井氏の先々妣は神陽の娘「常（トキ）」の孫に当る。
(14) 坂井隆治『ふるさとの味』（金華堂、昭和三十七年）。
(15)『神陽先生遺稿』下巻五四葉以下。龍造寺八幡宮・楠神社編『枝吉神陽先生遺稿』翻刻番号三八〇。
(16)「副島伯経歴偶談」（『東邦協会会報』第四一号、明治三十年十二月。『副島種臣全集』第二巻三九二頁以下）。
(17) 前掲『枝吉忠左衛門系図』。
(18)「副島伯経歴偶談」（『東邦協会会報』第四一号、明治三十年十二月。『副島種臣全集』第二巻三九二頁以下）。なお神陽の「先考南濠先生行述」には「吉村幹斎、小柳宝里二先生者、故先君子之友也、半途而操志或不能堅、先君子激告数四、二先生大感悟、遂為一時之耆宿、二先生於此歿、世徳先君子」とある。
(19) 前掲『枝吉忠左衛門系図』。
(20) 前掲「先考南濠先生行述」、「神陽先生神道碑銘」。
(21)『鍋島直正公伝』（久米邦武編述、中野礼四郎校補、侯爵鍋島家編纂所、大正九年）第三編四二七頁、『佐賀県史』中巻（昭和四十三年、佐賀県史編さん委員会、三四六頁）。
(22) 横尾紫洋については副島廣之編著『勤王の先駆者横尾紫洋』（平成十三年、善本社）参照。なお『大隈侯八十五年史』（大隈侯八十五年史編纂会、大正十五年、六〇頁）にも「安永天明の頃、佐賀人中には、横尾文助と云ふ者がゐて京都東山に家塾を開き、勤王論を鼓吹した。が彼は幕府に迫害されて藩に逐ひ返され、自殺せしめられた。それについては佐賀藩士も頗る之を憤つた。殊に佐賀には葉隠主義の武士道精神が一藩を風靡し、鍋島を主とし、徳川を従とする風であつて、徂徠学の東西二帝を唱ふるを非とし、枝吉南濠は日本一君の説を主張した」云々と書かれている。
(23) 第一編四三頁。
(24)『久米博士九十年回顧録』（昭和九年、早稲田大学出版部）二四頁。
(25) 近世儒家文集集成3『徂徠集　徂徠集拾遺』（昭和六十年、ぺりかん社）。たとえば四四、五八、七八、八九、一一一、一一三頁参照。
(26)『和刻本正史　史記』（二）（昭和四十七年、汲古書院、五九七頁）。
(27) 読みは新釈漢文大系『史記』（九）（平成五年、明治書院、二九六頁）による。
(28) 第一編、三〇五頁。ここの箇所では徂徠の東西帝説を批判したのは遁翁の息子の東郭となっている。いずれが是か定かではない。

(29) 前掲『神陽先生遺稿』下巻五七葉以下。翻刻番号三八一。
(30) 前掲「神陽先生神道碑銘」。
(31) 前掲『副島伯経歴偶談』(『東邦協会会報』第四三号、明治三十一年二月。『副島種臣全集』第二巻三九五頁)。
(32) 第四編五三〇頁。
(33) 『神陽先生遺稿』上巻一九葉。翻刻番号二六。
(34) 『鍋島直正公伝』第三編二五八頁、第四編一六三頁。
(35) 『鍋島直正公伝』第三編二六〇頁。
(36) 中村孝也『中牟田倉之助伝』(大正八年)。
(37) 『南濠先生遺稿』巻九「日記」(佐賀県立図書館郷土資料室所蔵)。
(38) 『南濠先生遺稿』巻九「日記」。
(39) 高橋勝弘『昌平遺響』(刊行年未詳、明治四十五年の自序あり)、鈴木三八男『「昌平黌」物語—幕末の書生寮とその寮生—』(昭和四十八年、斯文会)。
(40) 関口邦弘『「書生寮姓名簿」・「登門録」翻刻ならびに索引』(一九九九年、平成十年度文部省科学研究費補助金「近世における教育交流に関する基礎的研究」第三次報告書)による。
(41) 『神陽先生遺稿』上巻六三葉。翻刻番号一七五。なお牟田口天錫は藩主直正の信任厚く、この頃、江戸藩邸にいる姫君の御附頭であった(『鍋島直正公伝』第三編九八頁)。
(42) 『南濠先生遺稿』巻九「日記」。佐賀県立図書館蔵。
(43) 『神陽先生遺稿』上巻一三葉以下。翻刻番号一六。
(44) 『神陽先生遺稿』下巻七二葉。翻刻番号三九三。
(45) 北海道立文書館所蔵「十文字家文書」中の十文字龍介文書B四四—二六二三。
(46) 北海道立文書館所蔵資料目録二〇『十文字家文書』の解題によれば、十文字龍介は文化九年の生まれで、弘化元年に書生寮に入っている。また菅野惟一については、「デジタル版日本人名大辞典」に「菅野定明(一八一五—一八六八)文化一二年生まれ。加賀金沢藩士。昌平黌にまなび、頼三樹三郎と親交をむすぶ。藩内で尊王論をとなえ、文久三年幕府より藩主前田斉泰と世子に出府命令があったとき、応じないように進言した。慶応四年三月一七日死去。五十四歳。字は惟一。通称は三太郎。号は竹圃」とある。西田については未詳。

(47)『神陽先生遺稿』上巻一四葉以下。翻刻番号一八。
(48)『神陽先生遺稿』上巻二六葉。翻刻番号四三。
(49)『神陽先生遺稿』上巻七五葉。翻刻番号二二〇～二二二。
(50)『神陽先生遺稿』上巻一三葉の「訪遠山雲如、席上分字、雲如者痛飲之士也、酒酣以往豪歌、激発不屑一世、独揖余謂畏友、余愛其壮、因賦詩以与之」と題する詩はこの時のものである。翻刻番号一五。
(51)『神陽先生遺稿』上巻七五葉。翻刻番号二二五。
(52)『神陽先生遺稿』上巻一二葉。翻刻番号一四。
(53)藤森については、望月茂著『藤森天山』（昭和十一年十月、藤森天山先生顕彰会、二四一頁）参照。
(54)『神陽先生遺稿』上巻七五葉。翻刻番号二二三。
(55)藤森は「奉送別枝吉十文字安藤木村諸先生」の詩を贈った。『神陽先生遺稿』下巻一〇一葉。翻刻番号四三〇。
(56)『神陽先生遺稿』上巻二七葉。翻刻番号四四。
(57)『神陽先生遺稿』上巻七六葉。翻刻番号二二四。
(58)『神陽先生遺稿』上巻五二葉。翻刻番号一三二。
(59)『神陽先生遺稿』上巻七六葉。翻刻番号二二六。
(60)筆者所蔵。
(61)『神陽先生遺稿』上巻二七葉。翻刻番号四五。
(62)『神陽先生遺稿』下巻九九葉。翻刻番号四二一。
(63)『神陽先生遺稿』上巻六二葉。翻刻番号一六八。
(64)『神陽先生遺稿』上巻七七葉。翻刻番号二三〇。
(65)『神陽先生遺稿』上巻八六葉。翻刻番号二七三。
(66)『神陽先生遺稿』上巻二葉。翻刻番号一。
(67)『神陽先生遺稿』上巻六三葉。翻刻番号一七二。
(68)『神陽先生遺稿』下巻一〇〇葉。翻刻番号四二四。
(69)『神陽先生遺稿』上巻七七葉。翻刻番号二三一。
(70)『神陽先生遺稿』上巻六三葉。翻刻番号一七一。

(71)『神陽先生遺稿』上巻一〇四葉。翻刻番号四四五。
(72)『神陽先生遺稿』上巻七七葉。翻刻番号二三二。
(73)『神陽先生遺稿』上巻七六葉。翻刻番号二二八。
(74)『神陽先生遺稿』上巻六七葉。翻刻番号一八六。
(75)『神陽先生遺稿』上巻二四葉。翻刻番号四〇。
(76)『神陽先生遺稿』上巻七六葉。翻刻番号二二七。
(77)『神陽先生遺稿』上巻七七葉。翻刻番号二二九。
(78)『神陽先生遺稿』上巻七八葉。翻刻番号二三五。
(79)『神陽先生遺稿』上巻四七葉。翻刻番号一〇五。
(80)『神陽先生遺稿』上巻八七葉。翻刻番号二七五。
(81)『神陽先生遺稿』下巻九九葉。翻刻番号四二四、四二五。
(82)吉川弘文館『明治維新人名辞典』（昭和五十六年）による。
(83)『米沢市史』第三巻（平成五年、米沢市史編さん委員会）七〇四頁。
(84)『神陽先生遺稿』下巻九九葉。翻刻番号四二二。
(85)『神陽先生遺稿』下巻九九葉。翻刻番号四二三。『米沢市史』第三巻七六三頁に坂積翠の記事があり、そこに「積翠は号で、実名千松、諱は正直。天明三年（一七八三）与板組坂正隅の長男として生まれた。文化六年十七歳のとき友于堂の上座生となり、つづいて興譲館定詰勤学、同兼助読、典籍と進んだ。天保元年（一八三〇）家督し、翌二年に同館都講へ昇進、同三年江戸へ登って古賀侗庵に学んだ。翌四年帰国して興譲館堤学に推され、安政四年（一八五七）まで勤めた」とある。従って『神陽先生遺稿』下巻九九葉に「呈枝吉安藤二君　坂貞松拝」とあるのは、千松の誤りであろう。
(86)『神陽先生遺稿』下巻一〇〇葉。翻刻番号四二六。曽根鳳、名は俊臣、通称敬一郎、字は元端、号は魯庵。『米沢人国記』（昭和五十八年、米沢市史編集資料第十号、一九一頁以下）に小伝がある。
(87)『神陽先生遺稿』上巻六二葉。翻刻番号一七〇。
(88)『神陽先生遺稿』上巻八六葉。翻刻番号二七四。
(89)『神陽先生遺稿』上巻七八葉。翻刻番号二三六。
(90)『神陽先生遺稿』上巻三四葉。翻刻番号六二。

(91)『神陽先生遺稿』上巻八三葉。翻刻番号二五六。
(92)『神陽先生遺稿』上巻八七葉。翻刻番号二七七。
(93)『神陽先生遺稿』上巻四六葉。翻刻番号一〇一。
(94)『神陽先生遺稿』上巻七八葉。翻刻番号二三七。
(95)『神陽先生遺稿』上巻六二葉。翻刻番号一七〇。
(96)『神陽先生遺稿』上巻四六葉。翻刻番号六二。
(97)『神陽先生遺稿』上巻二三葉。翻刻番号三四。
(98)『神陽先生遺稿』下巻八八、八九葉。翻刻番号四一四。
(99)『神陽先生遺稿』上巻四七葉。翻刻番号一〇八。
(100)『神陽先生遺稿』上巻四一葉。翻刻番号七九。
(101)『神陽先生遺稿』上巻七〇葉。
(102)『神陽先生遺稿』下巻七四葉。翻刻番号三九八。
(103)『南濠先生遺稿』巻九「日記」。
(104)『神陽先生遺稿』上巻七八葉。翻刻番号二三八。
(105)『神陽先生遺稿』上巻五〇葉。翻刻番号一二〇。
(106)『神陽先生遺稿』上巻八三葉。翻刻番号二五五。
(107)『神陽先生遺稿』上巻三七葉「栗殼山」。翻刻番号六九。
(108)『神陽先生遺稿』上巻六七葉。翻刻番号一八七。
(109)『神陽先生遺稿』上巻五〇葉。翻刻番号一二一。
(110)『神陽先生遺稿』上巻八二葉。翻刻番号二五四。
(111)『南濠先生遺稿』巻九「日記」「十五日朝拝婚媾如請」。
(112)たとえば『貞丈雑記』巻一「祝儀の部」（一九八五年、平凡社、七〇頁）参照。
(113)『南濠先生遺稿』巻九「日記」「二十一日遷居庠舎北楼下、得家書聞経種奉再遊江都之命」。
(114)『南濠先生遺稿』巻九「日記」。
(115)佐賀県立博物館所蔵「前田家資料」八三四四-H-七〇-一。

(116)「年行司勤方書付」（鳥栖市史編纂委員会『鳥栖市史資料編』第三集、昭和四十六年、鳥栖市役所、一五九頁）「領中之者不依上下、旅出之事并旅人領内え参候時之義、其外条目之通、一々念を入可相改事」。
(117)『神陽先生遺稿』下巻一〇八葉以下。翻刻番号四五九、四六〇、四六一、四六二、四六三など。
(118)「副島伯経歴偶談」（『東邦協会会報』第四一号、明治三十年十二月。『副島種臣全集』第二巻三六九頁）。
(119)『南濠先生遺稿』巻九「日記」。
(120)『南濠先生遺稿』巻九「日記」。
(121) 前掲「昌平坂学問所書生寮『弘化丁未以後舎長日記抜抄』の翻刻」。
(122)「副島伯経歴偶談」（『東邦協会会報』第四一号、明治三十年十二月。『副島種臣全集』第二巻三九〇頁）。
(123)「思赤石正経」（『神陽先生遺稿』上巻八葉、翻刻番号六）、「悼赤石興民文并序」（同書下巻六三葉、翻刻番号三八五）、「送枝吉世徳登嶽賦」（同書下巻七八葉、翻刻番号四〇六）、「聞世徳臥病悵然作此」（同書下巻七二葉、翻刻番号三九一）、「将遊御中留別大蔵君世徳」（同書下巻一〇七葉、翻刻番号四五五）など参照。
(124)『南濠先生遺稿』巻九「日記」弘化四年十二月条「前月四日子帰木原氏産女命常読與時通」。
(125)「前田家資料」佐賀県立博物館所蔵。なお母喜勢は同年九月二十二日に「かへす〳〵めで度かしく、八月十六日同二十七日之手紙同日に手ニ入なつかしく拝見致しまいらせ候、まつ〳〵ひへ立候処、弥々御父様御そもじ殿ニも御機嫌よく御勤被成候由、何より御嬉敷御めて度そんしまいらせ候、此方ニも皆々相かわらす暮まいらせ候まゝ、御心易思召被下へく候、左候へばうら付之袴冬のきる物なと御召かへ成候由、何より〳〵結構之御事と御嬉敷悦まいらせ候、御そばの金せつかく受取候様致おり候へ共、未手ニ入不申、嘸々御殊かき被致へくと夫已そんし候、手ニ入候ハヽ、さつ束仕贈申へくと存まいらせ候、わもし事もついニ御ミや参りも致し不申、何方へも参らず、多々多々かまのまへを都ニ致し暮まいらせ候、御そもし殿かさも心よく相成候由、何より〳〵御嬉敷そんしまいらせ候、平十其外へ御事葉被申候段、皆々へ申聞せまいらせ候、皆々より御礼申候、藤蔵よりハ舎長の御祝申候間、左様思召被成へく候、何事も〳〵寒サニ相成候まゝ、御病無様御用心被成へく候、あら〳〵めて度、賀祝、九月廿二日」と書き、また十一月七日にも「かへす〳〵めて度、かしく、九月廿二日之御文給り忝御嬉敷拝見いたしまいらせ候、まづ々々寒サ強おはしまし候へ共、弥々御父子様なから御機嫌よく御勤被成候由、何より〳〵御めて度、悦まいらせ候、此方ニも皆々無事ニ暮しまいらせ候まゝ、御心易思召被成へく候、次郎病気もいまたすきと御坐無、世話致まいらせ候、さいなから段々快方ニて御坐候間、御安心被成へく候、吉之進事、長々敷病気ニて御坐候間、御手紙とも御遣被下度候、これまてハ御志らせも致不申候へ共、余り一類中も病人斗り多く御坐候故、御しらせいたしまいらせ候、何事も〳〵寒サ御病無様、御用心専一ニ被成へく候、深く頼入まいらせ候、あら〳〵めて度、かしく、十一月七日」と書いている。父子の身を案じると同時に、病気がちの子供を抱えている不安が率直に語られている。
(126) 前掲『昌平遺響』四頁。
(127) 関山邦宏「昌平坂学問所書生寮『弘化丁未以後舎長日記抜抄』の翻刻」（和洋女子大学文化資料館紀要『国府台』第十号、二〇〇〇年）。
(128) 同右「昌平坂学問所書生寮『弘化丁未以後舎長日記抜抄』の翻刻」。『南濠先生遺稿』巻九「日記」では正月二十六日条に「経種為舎長」とあるが、正式には二十七日からであろう。
(129) 前掲『昌平遺響』。
(130) 前掲、鈴木三八男『「昌平黌」物語』六頁以下。
(131) 前掲、坂井隆治『ふるさとの味』二三〇頁以下。
(132) 『南濠先生遺稿』巻九「日記」。
(133) 『神陽先生遺稿』下巻七三葉。翻刻番号三九六。
(134) 『神陽先生遺稿』下巻七七葉。翻刻番号四〇五。
(135) 『神陽先生遺稿』下巻七八葉。翻刻番号四〇六。
(136) 『神陽先生遺稿』下巻七九葉以下。翻刻番号四〇七。
(137) 前掲「昌平坂学問所書生寮『弘化丁未以後舎長日記抜抄』の翻刻」。
(138) 『神陽先生遺稿』下巻七一葉以下の「附録」参照。
(139) 『南濠先生遺稿』巻九「日記」。
(140) 京都府医師会医学史編纂室編『京都の医学史』本編（一九八〇年、思文閣）七三〇頁。
(141) 『神陽先生遺稿』下巻七四葉。翻刻番号三九九。
(142) 『神陽先生遺稿』上巻八三葉。翻刻番号二五八。
(143) 『神陽先生遺稿』上巻三七葉。翻刻番号七〇。
(144) 『神陽先生遺稿』上巻八三葉。翻刻番号二五七。
(145) 『神陽先生遺稿』上巻五〇葉。翻刻番号一二二。
(146) 『神陽先生遺稿』上巻八四葉。翻刻番号二六〇。

(147)『神陽先生遺稿』上巻九葉。翻刻番号八。
(148)『神陽先生遺稿』下巻一〇五葉。翻刻番号四五〇。
(149)『神陽先生遺稿』下巻七五葉。翻刻番号四〇〇。
(150)『神陽先生遺稿』上巻五〇葉。翻刻番号一二三。嘉永三年に枝吉神陽が十文字龍介らに宛てた書翰に「昨夏初発江戸、北陸より山陰南海諸州経歴、昨秋中帰国」とある（北海道立文書館所蔵十文字龍介関係文書）。
(151)たとえば。弘化四年十月には「弔古戦場」の共通題で昌平黌の諸友が会を開いている（『神陽先生遺稿』上巻二八葉、翻刻番号四八）。
(152)『神陽先生遺稿』上巻二〇葉。翻刻番号二七。
(153)前掲『藤森天山』。
(154)『神陽先生遺稿』下巻三七葉。翻刻番号三七〇。
(155)『神陽先生遺稿』下巻三〇葉以下。翻刻番号三六二。
(156)『神陽先生遺稿』下巻八一葉以下。翻刻番号四一〇。
(157)『神陽先生遺稿』下巻九七葉。翻刻番号四二〇。
(158)『神陽先生遺稿』下巻九一葉。翻刻番号四一六。
(159)五高同窓会『秋月先生記念』（昭和十年）。
(160)『柳庵雑筆』序文（『日本随筆大成』第三期第二巻、昭和五十一年、吉川弘文館、三六五頁）。
(161)栗原の略伝及び著作については伊能秀明「幕末の古代法制研究に関する一考察―栗原信充『令講義』について―」（『法制史料研究二』一九九四年、巌南堂、九一頁以下）参照。
(162)山下重一・小林宏編『城泉太郎著作集』（長岡市史双書三七、平成十年）八〇頁以下。
(163)『久米博士九十年回顧録』上巻（昭和九年、早稲田大学出版部）二〇八頁。
(164)『在臆話記』（『随筆百花苑』第一巻、昭和五十五年七月、中央公論社、三八頁以下）。
(165)国立国会図書館憲政資料室所蔵「大木喬任文書（書類）」六九「談話筆記他四冊」。
(166)「副島伯経歴偶談」（東邦協会会報第四十一号、明治二十五年。『副島種臣全集』第二巻。三八七頁）。
(167)『日本教育史資料』第七（明治三十年十二月、文部大臣官房報告課）九九頁以下。
(168)『水戸藩史料上編』巻二（大正四年、吉川弘文館）六七頁以下。

(169)『大日本古文書　幕末外国関係文書之二』（明治四十三年、東京大学史料編纂所）一四頁以下。
(170)『日本教育史資料』第七、一〇五頁以下。
(171)『日本教育史資料』第七、一〇一頁以下。
(172)以上、明治の昌平大学に関する記述は凡て前掲『昌平遺響』による。
(173)前掲の関口邦弘『「書生寮姓名簿」・「登門録」翻刻ならびに索引』及び次々節参照。
(174)『成斎先生遺稿』（大正十五年六月、松雲堂書店）巻七「参事院議官水本君墓碑銘」。
(175)『南濠先生遺稿』巻九「日記」。
(176)国立国会図書館憲政資料室所蔵「大木喬任文書（書類）」六九「談話筆記他四冊」。
(177)第四編五八一頁以下。
(178)国立国会図書館憲政資料室所蔵「大木喬任文書（書類）」六九「談話筆記他四冊」。
(179)同右。
(180)『神陽先生遺稿』上巻四葉。翻刻番号三。
(181)武富氏が私的に建てた城北の大宝村聖堂の講堂。ここで度々詩会が催された。『鍋島直正公伝』第一編四〇頁及び第二編一一五頁参照。
(182)『神陽先生遺稿』上巻一葉「神陽遺稿序」。国分平蔵が訪ねてきた時、神陽は「仙台国分平蔵見訪」及び「仙台国分平蔵過訪」を詠んでいる（『神陽先生遺稿』上巻五一葉、八四葉。翻刻番号一二五、二六四）。
(183)『南濠先生遺稿』巻九「日記」。
(184)山口県文書館所蔵。なお近藤については影山純夫「国学者近藤芳樹の交友—国学者、儒者を中心に」（『日本文化論年報』第四号、二〇〇一年三月）参照。
(185)『神陽先生遺稿』上巻二四葉。翻刻番号三八。
(186)佐賀県立図書館郷土資料室所蔵。
(187)『佐賀市史』第二巻（昭和五十二年、佐賀市史編さん会）三三頁。請役家老には多久・武雄鍋島・諫早・須古鍋島の四家から交代で任じられることになっていた。
(188)前掲『直正公譜』嘉永元年六月十二日条。
(189)『南濠先生遺稿』巻九「日記」。

(190)『鍋島直正公伝』第三編四二六頁以下。『鍋島直正公伝』は義祭同盟の期日を五月二十四日とするが、竜造寺八幡宮所蔵の「楠公義祭同盟連名帳」では五月二十五日になっている。また『鍋島直正公伝』の叙述では神陽が什物方に任ぜられたのは義祭同盟開始より前であるが、『南濠先生遺稿』巻九「日記」では義祭同盟開始以後の八月に什物方に任じられたことになっている。いずれが是か、後考を待つ。楠公義祭同盟結成百五十年記念顕彰碑建立期成会編『楠公義祭同盟』（平成十五年五月、龍造寺八幡宮）に「連名帳」の影印並に翻刻がある。
(191)『神陽先生遺稿』下巻六五葉。翻刻番号三八七。
(192)『大隈伯昔日譚』（大正三年、新潮社）二一一頁以下。
(193)「八月十四日、肥前国佐嘉城主松平肥前守斉正上書　幕府へ　米国国書に就て」（『大日本古文書　幕末外国関係文書之二』明治四十三年、東京帝国大学史料編纂掛、一〇四頁以下）。
(194)佐賀県立博物館蔵「前田家資料」。但し神陽の筆写には若干文字に異同がある。
(195)『神陽先生遺稿』下巻一葉。翻刻番号三四三。
(196)播磨の儒者河野鉄兜。
(197)『神陽先生遺稿』上巻一五葉以下。翻刻番号一九、二〇、二一など。
(198)『神陽先生遺稿』下巻六四葉以下。翻刻番号三八六。
(199)栗原荒野「枝吉神陽先生と葉隠」（『佐賀史談』第十六巻第三号、昭和十七年八月）。
(200)前掲「楠公義祭同盟連名帳」参照。長尾新九郎は義祭同盟連名帳に名が見えないが、『鍋島直正公伝』第三編四二八頁には「枝吉、相良等之を知りて、大に喜び、安玄の裔孫平兵衛種禄を祭主となし、島団右衛門、空閑次郎八、枝吉次郎、木原儀四郎、楠田知才、長尾新九郎等同志の士十余人と共に五月二十四日梅林庵に就いて之を祭り」云々とあるから、参加していたことは疑いない。
(201)前掲「枝吉先生と葉隠」。
(202)前田家資料H-七〇-〇、佐賀県立博物館所蔵。
(203)大隈重信著『東西文明之調和』（大正十一年十二月、早稲田大学出版部）の後序。
(204)前掲『大隈伯爵昔日譚』二六頁以下。
(205)『鍋島直正公伝』第四編五三〇頁以下。
(206)「西遊日記」（『吉田松陰全集』第十巻、昭和十四年、岩波書店九七頁）。

(207) 前掲『吉田松陰全集』第八巻、四三六頁。
(208)『神陽先生遺稿』下巻五葉以下。翻刻番号三四五。
(209) 第六条八虐、三曰謀叛に「謂謀背圀従偽、謂有人謀背本朝、将投蕃国、或欲翻城従偽、或欲以地外奔」とある（律令研究会編『訳註日本律令』二、昭和五十年、東京堂出版、四四頁）。
(210) 第四条、凡謀叛者絞「謂欲背本朝、将投蕃国、始謀未行、事発者、首処絞、従者遠流」（『訳註日本律令』三、五〇一頁）。
(211) 第二条、捕罪人「而罪人持仗拒捍、其捕者挌殺之、及走逐而殺、若迫窘而自殺者、皆勿論」（『訳註日本律令』三、八〇〇頁）。
(212) 第六条「凡監臨主司、知所部有犯法、不挙劾者、減罪人罪三等（注略）即同伍保内、在家有犯、知而不糺者、死罪徒一年、流罪杖一百、徒罪杖七十」（『訳註日本律令』三、六八〇頁以下）。本来ならば闘訟律第三十九条の「知謀反及大逆者、密告随近官司、不告絞、知謀大逆謀叛不告者、（近）流」を引くべきであろうが、神陽の時代には闘訟律は亡逸して伝わらず、復元作業も不十分であって、神陽に非はない。
(213)『鍋島直正公伝』第四編六二六頁以下。
(214) 杉谷昭『鍋島閑叟』（一九九二年、中公新書）参照。
(215)「楠公義祭同盟連名帳」には名が見えないが、『鍋島直正公伝』第四編一五〇頁に「かくて（安政元年）五月二十五日の義祭に及び、竜造寺八幡宮の側なる本地堂を祓除して祠堂となし、こゝに其像を安置して楠社と称し、安房自ら盟主となりて、宗室の鍋島大和、嫡子伊豆と共に同盟に加はりしが、公の近侍千住大之助、増田忠八郎、学校教職武富文之助等も亦加はり、旧同盟員なる枝吉兄弟、相良、空閑等二十余人もその多くは参集したり。是日始めて加盟したる少年は大隈八太郎（今の侯爵重信）、久米丈一郎（邦武）なりき」とある。
(216) 丸山幹治『副島種臣伯』四九頁。枝吉神陽は、万延二年正月十四日、浜野源六・夏秋三兵衛・福島徳之助と共に、肥後藩の碩学木下犀潭を訪ねた。犀潭の日記に「相話両山阿蘇塔之事、枝吉ニ吟味相頼候」とあるので、佐賀の天山山頂にある阿蘇惟直墓のことが話題になったのであろう（木下家所蔵）。
(217)『神陽先生遺稿』下巻七五葉、上巻八六葉。翻刻番号四〇二、二七二。
(218)『平野国臣伝記及遺稿』（復刻版）（昭和五十五年、象山社）八九頁。
(219)『鍋島直正公伝』第五編一二二頁。
(220) 的野半介『江藤南白』上巻（大正三年、南白顕彰会刊）一五三頁。
(221) 丸山幹治『副島種臣伯』六一頁以下。

(222)『鍋島直正公伝』年表索引総目録。
(223)『鍋島直正公伝』第五編一〇九頁以下。
(224)的野半介『江藤南白』上巻一四三頁以下。
(225)坂井隆治『ふるさとの味』一三八頁以下。中野は結局、獄中で死亡した。毒殺されたとも言う(『鍋島直正公伝』第五編一一三頁)。
(226)坂井隆治『ふるさとの味』二四一頁。
(227)坂井隆治『ふるさとの味』一七九頁。
(228)『鍋島直正公伝』年表索引総目録。
(229)的野半介『江藤南白』上巻一五五頁以下。
(230)前掲「枝吉忠左衛門系図」。後、明治四年に累代祖先とも本庄村の高伝寺に改葬された。
(231)前掲「神陽先生神道碑銘」。
(232)前掲「枝吉神陽先生と葉隠」。
(233)国立国会図書館憲政資料室所蔵「大木喬任文書(書類)」六九「談話筆記他四冊」。
(234)的野半介『江藤南白』上巻四六二頁以下。佐賀県立図書館蔵『江藤家資料』九三〇-一〇。
(235)岩松要輔「佐賀藩の洋学—致遠館を巡って—」(『國學院法学』第三十九巻第三号、二〇〇二年一月)。
(236)以上、大隈の経歴については前掲『大隈侯八十五年史』や『早稲田大学百年史』第一巻(昭和五十三年、早稲田大学出版部)を参照せられたい。
(237)前掲『早稲田清話』四五三頁。
(238)前掲『大隈伯昔日譚』一九頁。
(239)枝吉神陽には、本文中に取り上げた人物以外、数多くの門弟がいた。明治初年に教部省に出仕した西川須賀雄・岡速海も門弟であって、幕末、彼らが国典研究のため上京するに際して、勤王詩人で有名な河野鐵兜に紹介状を書いている(大阪大学附置懐徳堂所蔵文書)。

第二章　副島種臣と明治初期法制

一　はじめに

副島種臣は、文政十一（一八二八）年九月九日、佐賀藩校弘道館の教諭、枝吉忠左衛門種彰（南濠と号す）の次男として城下の南堀端に生まれた。兄の神陽は七歳年上で、副島は幼少期からこの兄の薫陶を受けて育った。後年、副島は「我輩は兄等の教育を受けて居るものであるから、物に依て吾が言ふ所は兄の言ふ言葉なり」(1)と回顧しているほどである。

副島は藩校で学んだ後、兄神陽の勧めで二度にわたって京都に遊学、「皇学」を学ぶ傍ら、大原重徳に面会して倒幕を説くなど、実践活動にも従事していた。その後、父南濠が没した安政六（一八五九）年、佐賀藩士副島利忠の養子となり、弘道館国学教諭を務めることとなった。そして文久元（一八六一）年、江戸の佐賀藩邸内にある明善堂の心得として江戸に派遣されたが、神陽門下の中野方蔵が皇女和宮奪還を企てたという罪で捕縛されるという事件があり、副島も危険視されて文久二年に佐賀に戻され、禁足処分となった。

元治元年八月、副島は大隈重信から英学修得を誘われた。副島は他藩に出ることを禁じられていたけれども、佐賀藩は「英学生の世話をしたならば」ということで許可を与えた。

当初、副島らは幕府の語学学校済美館の教師フルベッキを雇って英学修行をしていたが、その後、慶応三年九月に佐賀藩でも長崎近辺に三十人規模の蕃学専門の稽古所を作ることに決定し、十二月にフルベッキとの間で雇用契約を結び、慶応三年二月十一日には副島を「蕃学稽古所」（慶応四年八月二十五日に致遠館と改称）の舎長に、大隈を舎長助に、中野剛太郎・中山嘉源太・堤喜六・副島要作・中島秀五郎らを執法に任命した(2)。

この間、慶応三（一八六七）年三月、副島は大隈重信と共に脱藩上京し、幕府の重臣原市之進に大政奉還を説いたが、そのために却って謹慎を命じられた。

副島が謹慎処分を許されて再び長崎に行くと、その三日目に戊辰戦争勃発の知らせが入った。長崎には佐賀藩のみならず、各藩から有志者が集まっていたため、戊辰戦争のことを聞いて大騒ぎになった。長崎奉行の河津伊豆守は奉行としての仕事を投げ出して逃亡、しかも各国から来日している公使たちは維新の事実を知らなかったので、長崎は混乱状態に陥った。そこで副島は、土佐藩から来ていた佐佐木高行や、大村藩の楠本正隆などと相談して、長崎奉行が担当していた仕事を急遽、引き受けた。

副島が各国公使と談判し、「徳川は自ら逆臣に陥られて即ち長崎港も亦其奉行の職を棄てて逃げた。就ては今明治新政府の官吏が上国より長崎に下るまでは我々が此港の政治を保管して其政事をするから、各国の関税も滞りなく納めらる〻やうに」と言ったところ、各国領事の中、特にフランスの領事などは、本国から達しがあるまでは敢て命を奉ずることはできないと返答したので、副島が「本国公使から達せらる〻までは命を奉ぜぬと云ふならば、本国公使から達せらるるまでは商法をせぬと云ふ決心か。商法をする積りならば必ず命を奉ぜらるべきである」と言うと、フランスの領事も不承不承、これを承諾した。

以上の経緯を京都に報告するため、副島は薩摩藩の沖直次郎とともに早追で京都に行き、三条実美や岩倉具視に告げると、神戸駐在のフランス公使も、矢張り一人承諾せずにいるというので、副島は神戸に出向き、これを承諾させた。この一件を終えて、副島はいったん長崎に戻って復命したが、長崎に戻った直後、慶応四年三月十三日、徴命があり、新政府の参与、制度事務局判事となった[3]。

二　政体書及び職員令の起草

副島が参与に任じられた翌日の三月十四日、新政府は五箇条の御誓文を発していたが、行政制度をどのようにするかはまだ決まっていなかった。そこで、三月十九日に福岡孝弟と共に「当分の間、顧問席出参」を命ぜられていた副島は、政体を作ることを三条や岩倉に建言、これが容れられて、福岡と共に起草に従事することになった。副島曰く

> 当時私が朝廷に徴されたる時に、其始まりは参与兼制度寮判事と云ふことであつた。丁度其頃は純粋の参与と云ふものが三名か幾らかあつた。大久保小松、夫れと後藤であつたか。其れから日あらずして私も重もに参与の席に加はるやうに命ぜられた。其時は参与と云ふものが増加して頗る多人数に為りたるが故に、殊の外役所の体裁も心忙がしい。其れから私が……今からは衆人が笑ふかも知れぬが、政体を作るが宜からうと云ふことを三条岩倉公まで申立つた。然らば其方作るべしと斯う云ふ命が有りたる故に、私以為らく福岡藤次が斯様なことは長じて居る人と思ふ故に、福岡と私と両人に御命じ下されいと申立て、条岩二公《ママ》の採納する所と為つた。そこで福岡に大意を相談した所が、筆を両人で執る訳にいかぬ故に、私曰く、福岡君筆を執るべしと云ふので、私が聊か意見を述べて起稿したことがある。

と。[4]

副島は三月二十五日、福岡と井上石見に宛てて

福岡藤次様
井上石見様
御親披
副島二郎

政体書相認候得共、眩暈之気有之、何分今日まてハ精書出来兼候ニ付、明日持参可仕候条、左様御寛宥被下度、尤相変義御座候ハヽ、推而も出勤可申、何れ乍御面働一筆御示可被成下候

三月廿五日

と書いているから、[5] 三月二十六日頃には副島の草案が出来上がっていた。また『神山郡廉日記』三月二十七日条に

諸制度立方（中略）云々十二箇条、自分へ密ニ今日岩倉ヨリ御談有之、福岡へ議リ呉候様、自分ト両人へノ御内命委ク承リ、今夕同人へ掛合

とあり、三月二十八日条に

朝、福岡寓へ行、昨日岩倉卿より被仰聞候廉々、制度立方を談シ候事

とあり、四月四日条に

各局一洗調、藤次副島二人シテ大体ヲ立方申上、打合シテ、今日岩倉卿へ自分ヨリ云々申上候所、今日ハ顧問へ談シ呉置、来六日晝ヨリ岩倉御宅へ右両人并自分ニモ出候様云々被仰聞、藤次へ引合置

とあって、四月六日条に

八時比ヨリ副島次郎并藤次自分同道ニ而岩倉卿へ参殿、官位友《ママ》条御一洗、屹度ト御改正ノ調へ御長談致（下略）

とあるので、[6]三月末から四月初めにかけて、副島、福岡、神山そして岩倉らの間で政体書の骨格が決められたようである。

その後、四月十六日、大坂の岩倉の旅寓に鍋島直正、伊達宗城、三条実美、中山忠能、後藤象二郎、三岡八郎（由利公正）、副島種臣、福岡藤次（孝弟）、横井平四郎（小楠）それに木戸孝允らが会して「制度一変之議を決」した。すなわち『木戸孝允日記』の同日条に

如約閑叟・春山二公、条中二卿御来会、後藤・三岡・副島二郎・福岡等皆至る。平四も亦相陪す。大に前日之議を論し終に制度一変之議を決す。

とある。[7]この記事に関しては『岩倉公実記』にも

初メ四月十一日具視大阪ニ抵リ三条実美、中山忠能、木戸準一郎、後藤象二郎、福岡藤次、副島二郎等ト制度ヲ変改センコトヲ協議ス

とあるが、[8]協議の内容まではわからない。そして『神山郡廉日記』慶応四年閏四月七日条に

太政官分為七官ト、調ヘ書藤次ヨリ被託、自分精書シテ大久保一蔵ヘ迄今日差立、岩倉卿ヘ差上呉候様頼遣候事

とある。

周知のように、政体書では、議政官、行政官、神祇官、会計官、軍務官、外国官、刑法官というように、太政官を七局に分けていたが、これは副島が考案したことであった。福岡孝弟も「太政官ヲ七局トスル云々ノ箇条ハ副島ガコシラヘタ、全ク副島ノ断案デコ、ノ箇所ハ出来テ居ル」と証言している。[9]福岡家に伝わっている草案を忠実に写したものが、左に掲げた写真である。副島の肉太の筆で、「太政官分為七官」云々と書かれているのがよく判るであろう。[10]

このようにして徐々に政体書も完成に近づき、『大久保利通日記』閏四月十六日条に

今日昼より参　朝、小大夫・後藤・横井・副島、段々制度之義御評議有之

とあるような評議を経、[11]閏四月二十一日、政体書が太政官から頒行された。

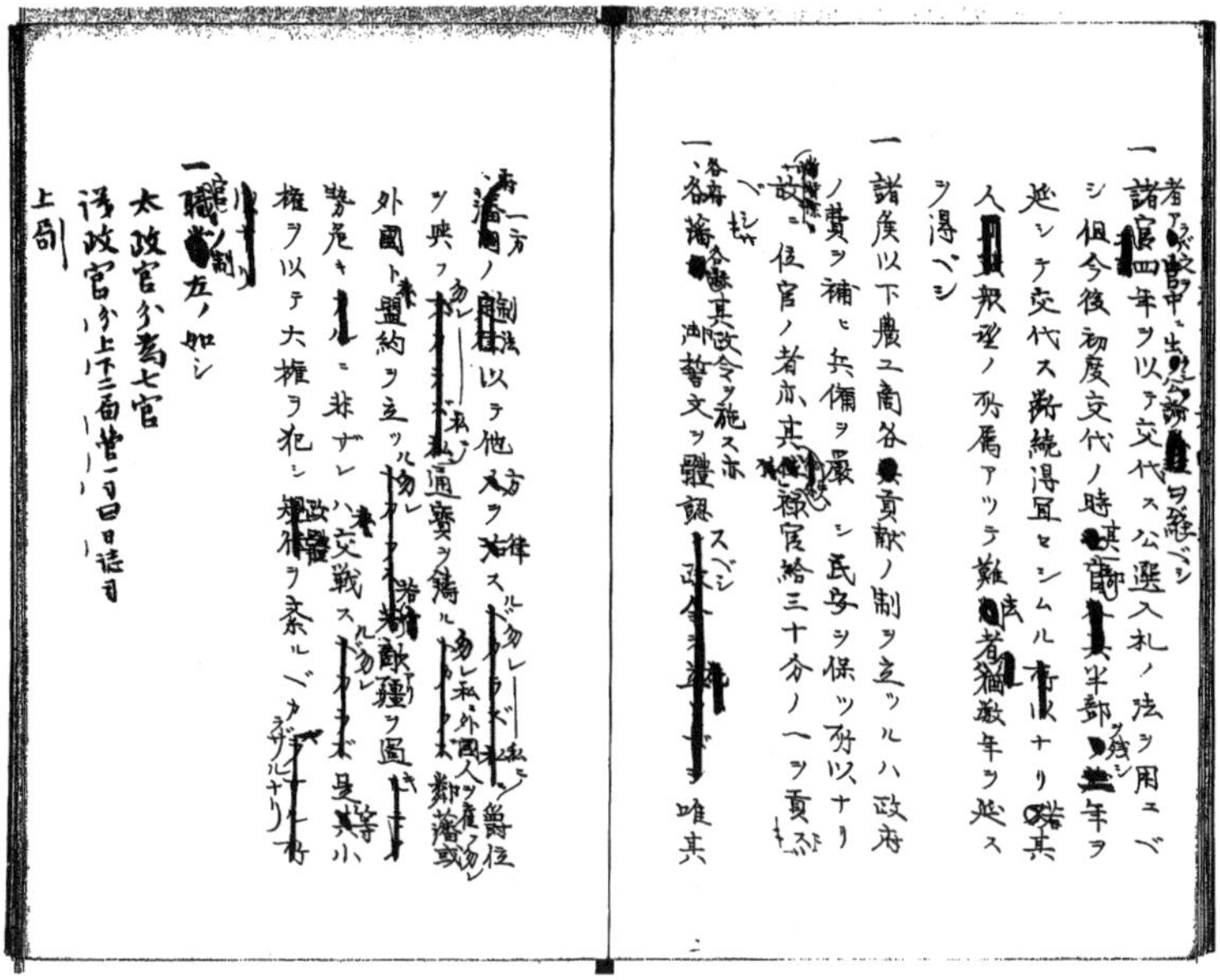

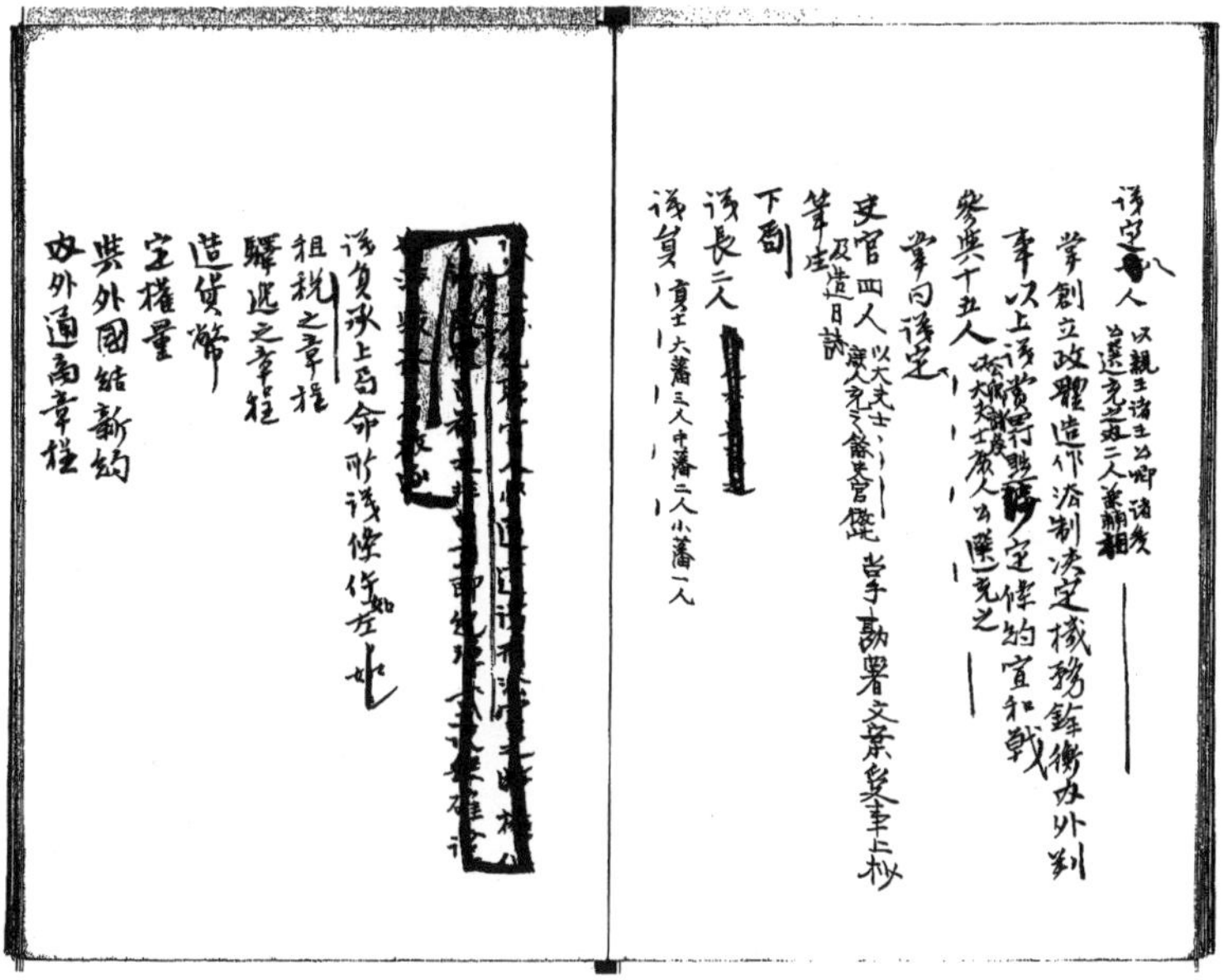

東京大学史料編纂所所蔵「政体書草案」

この政体書の特徴は、太政官の権を立法・行法・司法の三権に分かっていたことであって、既に稲田正次氏が指摘されている通り[12]、アメリカ憲法の影響を受けたものであった。長崎の蕃学稽古所で副島に英語を教えたフルベッキが

私は一年以上前、有望な学生、副島・大隈の二人を教えましたが、彼らは私とともに、新約聖書の大部分と我が国の憲法の全部を研究しました。前者は、この帝国の旧時の国法を改訂するために、このほどミヤコに設けられた会議の委員になりました。後者は九州総督の顧問ですが、これもやはり憲法 constitution の改訂に関連して、首都に数日のうちに出発しようとしております。先週土曜、私は、その顧問会議の主要人物の特別集会に招かれました。この国の基本法の改訂に関する諮問に与るためです。そして明日も同じ集会があるとのことです。

と証言し[13]、更に副島自身も

日本政府に於て其頃は洋学者も少々あつたけれども、今の洋学者とは大に違つてまだ万国公法と云ふ名を知つたか知らぬと云ふ位、私は維新前に当り長崎に在りて米国人宣教士なるフルベッキ氏と云ふ者から漢文翻訳の万国公法（北京同文館の教師米国法律博士丁韙良氏の漢訳せる者也とす）を贈られたるが故に、慶応三年頃私は既に此書を概略読で居つた。

と回顧しているように、副島は長崎時代に新約聖書やアメリカ憲法、それに万国公法など研究していたのであ

った。[14] アーネスト・サトウも

一八六八年の初頭から幾つかの法令が制定され、それらがつぎつぎに発布された。私はそのころ最新版、すなわち六月付発行の法令集を翻訳していたのであるが、それにはアメリカの政治学説の影響が歴然とあらわれていた。私は、フルベッキ博士の弟子大隈と、彼と同藩士の副島が、それらの法令制定に相当大きな役割をつとめたものと思っている。

ある条項には「太政官（すなわち政府）の権力を立法、行政、司法の三権に分かつ」という意味の字句があった。また他の条項には、「すべての官吏は四年の任期をもって交代する。官吏は投票により、票の多数によって任命される。ただし、政府官吏の交代する時期が来たら、その初度において現在の半数は二年延期して残し、公務に支障をきたさぬようにする」と規定されていた。私たちは、この規定の中に「猟官制度」のエコー（こだま）を聞くような気がした。

大隈の説明によれば、「行政」は「大統領とその顧問官より成る」アメリカ合衆国の憲法の行政部をまねたものであるが、実際は神祇、会計、軍務、外務等の諸省の首位にあるというのであった。

と語って、[15] 政体書にアメリカ政治学の影響があることを指摘している。

ところで、この政体書についてはその後、いろいろと不満が出て、明治二年になって新たに職員令が作られることになった。その経緯について副島は、

明治元年に於て堂上華族やら国学者やらが西洋の飜訳本のやうなものでは承服をせぬと云ふ。そこで両人の輔

相が私に命ぜられたに、太政官と云ふものを立てて旧来の官名を以て官等やら何やら宜しく設定すべしと斯う云ふことになつた。此秘密起案に与つた人が誰であつた乎、今私は確と記憶せぬが私一人で作つたのではない。一両人係り合うた人がある。さうして定まつた時が左右大臣、此左右大臣丈で太政大臣を置かなつた。是はどう云ふ意味であるかと云ふと太政大臣を置くと権殆ど主上に迫るに依つてそこで御為になるまいと云ふので左大臣を上席としたやうな訳であつた。

と言っている。(16)「堂上華族やら国学者やら」が誰を指すのか定かではないが、慶応三年十一月十二日に太政官制八省以下の再興を願い出ていた九条道孝、大炊御門家信、鷹司輔凞、近衛忠凞、一条実良、近衛忠房や、(17)神祇官を太政官から特立させて律令制の神祇官・太政官二官制の実現を望んでいた中山忠能等であろうか。(18)

また「両人の輔相」とは三条実美と岩倉具視である。岩倉の明治二年正月二十五日の意見書によれば、政体書に規定する輔相・議定・知官事は、親王・諸王・公卿・諸侯でなければその職に就くことが出来ず、これでは大政不振の基となるから、才能があれば何人でもその職に就くことが出来るような制度を作る必要があり、しかも「職官ノ名ハ大宝ノ令」によって設けるべしというのであった。(19)

副島が何時頃、職員令の起草に取り掛かったのか不明であるが、四月十三日に岩倉具視、東久世通禧、鍋島直正、後藤象二郎、板垣退助が行政官機務取扱に任じられ、五月十二日に大久保利通と副島が行政官機務取扱に任じられているので、それ以降のことかもしれない。いずれにしろ六月二十三日、職員令草案及び官位相当表が、左の御下問書とともに諸臣に伝えられ、(20)諸藩知事及び公議所議員の意見を徴した。

大宝以降、官名沿襲ノ久キ、有名無実ノモノ不少、昨春更始ノ際専ラ実用ニ被為基、職制ヲ被為設候得共、未タ其名ヲ被正候ニ暇無之、依テ今般旧官ノ名ニ拠テ更始ノ実ヲ取リ、斟酌潤飾、別紙之通被相定、更ニ衆議ヲモ被　聞食、職制一定、名実相適候様被為遊度　思食ニ付、銘々熟考、意見無忌憚可申出事

この職員令草案には、神祇官を筆頭に宣教使、太政官、式部省、大蔵省、兵部省、外国省、刑部省、集議院、待詔局、弾正台、寮、司、職、藩、県、宮内、海軍、陸軍が列挙されており、基本的には奈良・平安時代の令—当時これを大宝令とか古令とか呼んでいた—を下敷きにしたものであるが、古令にあった太政大臣、中務省、民部省を置かず、治部省を外国省に代え、宮内省を省外とし、新たに宣教使、集議院、待詔院、海軍、陸軍を置くというものであった。

さて、この下問に対しては、稲田氏が紹介された「大日本維新史料稿本」所収の旧諸侯の意見以外に、副島種臣関係文書（国立国会図書館憲政資料室所蔵）に左の意見書が残されている（①と⑭は全く同内容）。

①高鍋藩議員坂田莠の「擬職員令」（六月二十七日附）
②鳥取藩主で議定の池田慶徳の意見書（六月二十五日附）
③権弁事の鷲津九蔵、菱田文蔵、林亀吉連名の意見書（六月）
④荻野山中藩議員岡本太郎の意見書（六月二十七日附）
⑤柏原藩議員田辺確の意見書（月日記載なし）
⑥新谷藩議員三橋肇の意見書（六月二十七日附）
⑦久留米藩議員早川与一郎の意見書（月日記載なし）
⑧丸岡藩議員有馬峻太郎、岸和田藩議員田代環、福本藩議員岸本治、上山藩議員笹尾五郎八の連名の意見書

（六月二十七日）
⑨佐倉藩議員依田右衛門二郎の意見書（六月）
⑩大宮県知事間島万治郎冬道の献言書（六月）
⑪堺県知事小河弥右衛門の意見書（六月二十七日）
⑫狂生源昌庸の意見書（六月二十七日）、
⑬大学中助教伊能外記（頴則）の意見書（月日記載なし）
⑭秋月長門守名代手塚邦之丞の「職員令之対」（六月二十七日）

これらの意見書のうち、大多数が指摘しているのは、職員令草案に大蔵省のみがあって民部省がないことであった。例えば②の池田慶徳は

民部省ヲ被廃、以大蔵省民部省之職兼任ハ其弊不少、近日徳川氏之政体ヲ以勘考仕候テモ、勘定奉行ニテ民政ヲ管轄仕候ヨリ、終収斂之風モ被行、郡代代官之方向、目的ヲ失候事ニ立至リ候、民部省之職ハ民之艱難疾苦ヲ察シ、租税ヲ公平ニシ、大蔵省ハ民ヨリ所納之租税ヲ商較シ、大ニ天下之出納ヲ握ル、是ニ至テ民部省大蔵省之職掌判然、各守其職、互ニ制其弊候得者、両全之道と奉存候、民部官御建立以来、未出百日御改正ニ相成候テハ、朝令暮変之勢ニテ、大ニ　朝威ニ関係仕候義ト奉存候

と述べ、江戸時代の勘定奉行の悪弊を挙げて、大蔵省と民部省とはそれぞれ独立すべしとした。⑬の伊能外記の意見もまた勘定奉行に言及して

既ニ民部アリテ後、民政ソレヨリ出レハ、戸籍訴訟モ亦民望是ニ帰ス、然ルヲ今大蔵ニ合セナハ、民政ハ何レニ出ルトセン、其職掌納租税貢献云々ノミニテ、戸籍訴訟ノ事無ハ欠ト云サランヤ、但ソノ戸籍訴訟ハ藩県掌レハ別ニ民部ヲ立ルニ不及ト思ヘルカ、然ラハ云ン、此藩彼県堺ヲ争ヒ、或ハ借貸ノ出入等アラン時、両方互ニ其民ヲ庇セハ、イツレノ日歟ソノ争ヲ止ン、モシ訴訟ハ刑部聞ベシト云バ、刑部ハ罪人ヲ決罰スルノ職ナリ、今無罪ノ民ヲシテ盗賊悪徒ト其類ヲ同クナサシム、豈不仁ト云サランヤ、且納租税支度国用スル、一省ニアリ、出納ノ多寡ノ為スカマヽニシテ、天下ノ財権一ニ帰スル時ハ、上大臣ト雖、先大蔵ニ不問シテハ一事モ挙ル事可不能ナリ、旧幕ノ老中手ヲ束ネテ命ヲ勘定奉行ニ聞シ前車ノ轍ヲ明視シテ、民部省ハコレ有度事ト存候

と言い、国家財政を担当する大蔵省と民政を担当する民部省とを併存させるように求めた。他の意見も大同小異であるが、意見書の雰囲気を伝えるために該当箇所を引用すると、⑤の田辺は「民部省ハ勧農育民ニ基キ、歳入租税ノ根元ヲ培養スルノ職ニシテ、大蔵省コレヲ受テ出納会計ヲ為ス所以ナレハ、并ニ行レテ不相悖モノト奉存候」と言い、⑥の三橋は「民政ハ国ノ本ニ候間、古典ニ因テ民部省被建置、孝義勧農ノ道ヲ被為盡」云々と言い、⑦の早川は「大蔵ノ省ハ出納ヲ掌リ、民部ハ田里ノ政令、租税ノ規則、戸籍計帳ヲ掌トル国本ノ職ナレハ、是ヲ大蔵ニテ兼ヌル事、恐クハ不可ナランカ、依テ民部省ヲ興シテ、大蔵省ハ六省ノ末ニ置ク可ナラン」と言い、⑧の有馬、田代、岸本、笹尾の意見書では「古者民部省ヲ置キ、諸国戸口名籍賦役ハ勿論、孝義優復蠲免等ノ事ヲ掌ラシム、先王民庶ヲ重シ玉フ事知ルベシ、今之ヲ大蔵省ニ惣轄セシメハ、恐クハ他日聚斂傷民ノ弊ヲ生センカ、因テ別ニ民部省ヲ設ケ玉フテハ如何」と言い、⑨の依田は「民部省をおかれさること是も然るへからす、大蔵省を廃せられても民部を置かれされは、民を本とするの意聞へす、民部の所属に主計主税等を立てらるれは会計のことに於て欠るこ

とあるへからす」と言い、⑩の間島は「民間之事、十二八九ハ金穀水利驛逓等ニ係リ候処、此数事皆大蔵ニ被属候付、終ニ民政之権、大蔵省ニ歸シ、太政官中ニ在テハ億兆之大御寶何者タルヲ不知コトク成行候ハ眼前之儀ニ有之、伏冀クハ地方官之言上ハ同クハ　天子親ク被　聞召歟、左右大臣執奏有之様仕度候」と言い、⑫の源昌庸も「民部省を被置、大蔵省を被止、民部之職掌、土地人民之庶政教導化育之義を主とし、加ふるに地圖戸籍鑛山水利開墾物産驛逓橋道等之科目を以てせらるへきか、但租庸調之事、最可管掌事」と言っている。

そもそも維新政府は、慶応四年正月十七日に七科の中に内国事務科と会計事務科とを置き、内国事務科が地方行政を担当して「京畿庶務及諸国水陸運輸駅路関市都城港口鎮台市尹」を掌り、会計事務科が財政を担当して「戸口賦役金穀用度貢献営繕秩禄倉庫」を掌ることにした。

ところが閏四月二十一日の政体書では会計官が両者を統合し、出納司、用度司、駅逓司、営繕司、税銀司、貨幣司、民政司の七司を管轄して、田宅・租税・賦役・用度・金穀・貢献・秩禄・倉庫・営繕・運輸・駅逓・工作・税銀を掌ることとなった。他方、政体書では地方に府藩県を置いたが、藩の行政は従来どおり藩主に任せ、府と県は「繁育人民・富殖生産・敦教化・収租税・督賦役・知賞刑兼監府兵」を掌ることとなった（県の場合、府兵が郷兵）。

その後、戊辰戦争も終結し、東北諸藩の処分も決まると、明治二年四月八日、政府は民部官を新設し、府県事務を総判し、戸籍駅逓橋道水利開墾物産済貧養老等を管督することとした。これは会計官の管轄のうち、地方の民政を管掌するものであったが、両者の管掌事務の境界が判然としなかったため、また国家財政の観点からでもあろう、四月十三日、両官連名で、諸藩の転封及び土地租税等に関する事項は一々会計官の議を経て施行すること、また鉱山開採の経費が巨額であるから会計官がこれを管掌することを、太政官に稟申した。会計官が権力を維持しようとしている様子が読みとれるが、一方の民部官でも四月八日に会計官の駅逓司を民部官に移し、五月三日に開墾局を設け、五月八日に諸県判事の人選を担当することとなり、六月四日に民部官官制を制定して聴訟司、庶務司、駅逓司、土木司、物産司を置き、同月十四日には府県学校を管轄することとなった。[21] 当時、会計官の知事は万里小路博路、副知事は大隈重信、民部官の知事は蜂須賀茂韶、副知事は広沢真臣であるが、大隈と広沢とがそれぞれの実質的な主宰者であった。

このような状況の中、六月十二日、会計官の大隈が木戸孝允を訪ねて「大に会計の事を論」じているので、[22] 大隈、木戸らの間では民部官廃止の方針が纏まっていたのであろう。そして翌十三日、広沢が三条実美邸に参殿したところ、[23]三条から「会計民部隔絶紛紜之情実」について相談があり、岩倉からも朝廷において同断の相談があったというから、三条、岩倉もまた民部廃止を決めていたことが知られる。因みに六月十四日に岩倉が三条に宛てた書翰[24]に

> 昨日御評議之通、知県事愈大に被遊民部御廃し等之儀、今日木戸江篤と御談し、其上広沢江篤と〱御申談無之而は、万々不相済事と存候、同人にも出格盡力、府県之規律相立掛け候処、又奥羽所置に至り候而も全く盡力に而方向相立候処に付、呉々御大事と存候、尤總而之規律相立候上被廃候事と存候

とあって、民政に格別の功績がある広沢へよくよく配慮するよう三条に求めている。そして十七日の廟議で会計民部のことが話し合われているので、[25] 恐らくこの日に民部官を廃止することが決まったのであろう。

これに対して一方の広沢は、六月十三日に大久保利通を訪ねて「会計民部云々ニ付」談じ、[26] いよいよ民部官廃止の草案が出されると、三条を訪ねて直談判した。『広沢真臣日記』[27] 同年六月二十七日条には

> 朝第九時、知官事越公江行、判事知司中集会、官制御改正一件に付　勅答書相調、並民部官可被廃に付、見込

申上旁、直様、知官事公一同、輔相公江参殿、折柄板垣参与も参り合、委曲及言上

とあり、また宍戸璣文書中の「制度変革反対意見」(28)には同日付で

既ニ天下ノ侯伯をも被為　召、　皇国之御基礎も御一定可被遊、各々藩政をも変革いたし、以て府藩県政令一途ニ帰し可申折柄ニ付、職制御改正之儀は、広く天下之公議をも被為尽、万世不抜之御制度被為建度ニ付、来春ニ至り各官府藩県共、其実効之挙ニ従ひ御確定相成候ハヽ、必す名実相適可申奉存候間、暫時、旧制ニ依り其弊害を除き、実効被為責候儀、不堪仰願候

とあって、徹底して民部官の存続を求めた(29)。

広沢の意見と先の副島種臣関係文書中の意見書との関連は定かではないが、いずれにしろ大蔵省のみを作って民部官を廃止することには反対意見が多かった。大日本維新史料稿本所収の意見書の中でも、姫路藩の本多意気揚が大蔵省の外に別に民部省を設けて民政を専ら委任されたしと言い、熊本藩の細川韶邦も民部省を加えるように主張し、更に五月十五日に民部官知事になったばかりの松平慶永も、六月三十日に岩倉具視及び徳大寺実則に宛てて「民部官被廃候哉にも有之、右に付而は相当官は私始一同如何相成候哉、甚以心配仕候」と言っている。

以上の民部省設置を要求する意見以外にも、⑧の有馬、田代、岸本、笹尾らが「外国省卿大小輔ノ称ハ不穏ニ似タリ、或ハ蕃務、外務ナトノ字ニ換ラレ候テハ如何」と言い、⑨の依田が「外国省の名目甚雅馴ならす、令に治部省の下に諸蕃朝聘のことを掌るとあれは、旧稱により治部省とし、寮属もその例に従ふへし」「外務省と改むるも可なり」と言っているように外国省の名称に異を唱え、さらに⑨の依田や福岡藩の黒田長知が宮内省を省として置

くことを求めた。

そこで職員令草案の修正が行なわれ、七月八日、左のように民部省が大蔵省と並んで設けられた。そのほか、宮内省を規定し、式部省を廃止し、外国省を外務省と改め、待詔局を待詔院とした職員令が制定された。[30]

民部省
　卿　一人
　　掌惣判戸籍驛逓橋道水利開墾物産済貧養老等事
大輔　一人　　少輔　一人
　掌同卿
大丞　二人　権大丞
少丞　三人　権少丞
　掌、糺判省事
大録　　少録
史生
省掌
使部
大蔵省
　卿　一人
　　掌惣判租税貢献秩禄用度金銀貨幣倉庫営繕鑛山等事

大輔　一人　少輔　一人
大丞　二人　権大丞
少丞　三人　権少丞
大録　少録
史生
省掌
使部

因みにこの職員令は、八月二十日、各省の判官や主典に権官を、大学校に別当を、弾正台に大・少弼を置き、待詔院の職務を空欄にするなどの改正が施されたが、この前後のものと思われる左のような草案が残されている。

太政官
左大臣　一人　相当　従一位
　掌輔佐
　天皇統理太政
右大臣　一人　相当　従二位
　掌同左大臣
内務卿　一人　相当　従三位
大蔵卿　一人　相当　従三位

兵部卿　一人　相当　従三位
刑部卿　一人　相当　従三位
外務卿　一人　相当　従三位
集議院長官　一人　相当　従三位
右六官各掌専判其本職参議太政
大史　相当　従四位
掌勘　詔奏造日誌及大少内記等事
少史　相当　従五位
内務省
卿　一人
掌管内国庶務惣判戸籍地驛逓橋道水利開墾物産工藝土木営繕済貧養老等事
大輔　一人　少輔　一人
兵部省
卿　一人
掌
大輔　一人　少輔　一人
刑部省
卿　一人
掌

太輔　一人　少輔　一人
外務省
卿　一人
掌
太輔　一人　少輔　一人
宮内職
大傅　一人　相当　従三位
掌賛成　王徳宣旨上表献賛規諌等事
太夫　一人　相当　従四位
掌惣判宮内庶務近臣女官等事
少傅
掌同太傅
亮　一人
掌同太夫
弾正臺
尹　一人
掌執法執礼守律糺弾内外非違
一、弁官ヲ廃スル事
一、宮内省ヲ廃スル事

一、待詔院ヲ廃スル事
一、留守官ヲ廃スル事

この史料は、民部省が内務省となっており、内務省名の初出史料として知られているが[31]、『大久保利通文書』では大久保が明治二年七、八月頃に三条実美に呈したものとし、『岩倉具視関係文書』では副島の草案と推定している[32]。今、いずれとも決し難いが、推測を逞しくすれば、この頃、大久保と副島は頻繁に往来しているから、大久保の発案を副島が筆にしたとも考えられる。明治二年七月八日に職員令が出された当日、刑部大輔佐佐木高行がその日の日記の中で「岩公モ大久保モ（中略）古例等ノ義ハ副島ノ力ヲ頼ム風アリ」と言っているのはその傍証となろう[33]。

三　藩制大意及び建国策

前節で述べた職員令制定について、「副島が、（中略）太政官制の復古的改革を指導した」とか「副島が官制改革並びに人事改革の実質的推進者であった」とする説があるが、そのような捉え方は適切ではないであろう[34]。政体書も職員令も副島が起草に従事したことは間違いないが、しかし政体書が副島の主体的意図を反映したものであるのに対し、職員令の方は、政体書の急進性に対する各方面からの反発を受けて起草されたものであって、副島の意図するところではなかった。そのことは先に引いた副島の「堂上華族やら国学者やらが西洋の飜訳本のやうなものでは承服をせぬと云ふ。そこで両人の輔相が私に命ぜられた」という文脈からでも明らかであろうし、大隈の

伯は一躍して、今日の言葉でいへば内閣の一椅子を占め、主として法制の事に任じた。明治初年の官制は極め

て自由主義的のものであるが、多く伯の立案に成つた。伯は当年急進主義者であつた。後その反動として多少大宝令の面影を存せる官制に改められたが、これも伯の立案したものである。当時に発せられた詔勅の如きも多く伯が命を奉じて起草したものである。

という証言からも推測されるであろう[35]。

それでは、副島自身は一体どのような構想を持っていたのであろうか。職員令に当初、太政大臣を置かなかったことは副島自身も自慢げに語っているので、副島の発案と思われるが、それ以外に、副島独自の案はどの程度あったのであろうか。よく知られているように、『岩倉具視関係文書』中に次の「藩政大意」があって、末尾に「右副島種臣把筆」と書かれている[36]。

藩政大意

一、従前藩主ハ知藩事ニ被仰付候間、向後諸侯大名等ノ称謂、一切廃止可致事

一、従前執政ハ判藩事、参政ハ権判藩事ニ被仰付候間、其余ノ役々モ知家事ヲ除ノ外、一切朝官ト相心得可申事

一、藩人ノ義、向後、家中家来又家中又家来等ノ称謂相廃シ、某藩士モシクハ卒等、身格ニ応シテノ称号ヲ以テ相唱可申事

一、藩人ノ身格ハ四ツ物成ニシテ、高弐千五百石以上ハ下大夫ニ定メ、以下ハ上中下士卒ノ四級ニ定メラレ候間、尚其藩ニ於テ夫々区分配当可申事

一、政府ノ用度ト知藩事ノ食禄トハ、判然区別相立可申様取調可致事

一、右ノ体裁ニ就テハ、知藩事已下藩人ノ食禄其外官給等、一切其藩々租入ノ内ヨリ蔵米渡リト相心得可申事
一、内分ケ大名ノ義ハ、本家ト聯合、藩ノ体裁ニテ政治相厲ミ可申事
一、抑藩ハ地方官三治ノ一ニシテ、所謂遠ノ朝廷ニテ候間、藩々ノ見解ヲ去リ、皇国一致一団ノ体裁相立候義簡要タルベシ、右ニ就テハ尚又政治ノ目的一ニ帰シ、国体恢弘、国力充実、国民安堵、風化相行レ、公義相立チ、文明相進ミ、皇国ヲ五世界中第一ノ国トナスト云フ所ニ着眼可有之義勿論ニ候、小権ヲ以テ大権ヲ犯シ、私議ヲ以テ公事ヲ妨ケ候テハ、決シテ不相済候事

○神道典乃大意

一、皇国ハ天神天祖ノ所造、日月ノ所出、歴世天皇ノ所御ニテ候ヘハ、凡皇国ノ人民タラン者ハ其本ニ報ヒ、其徳ヲ仰キ、其教ヲ奉シ候義勿論タルベキ事
一、皇国ノ人民タラン者ハ、僧俗貴賤男女ノ差別ナク、月朔一度闔村里相卒ヒテ最寄ノ神社へ参詣可致、右ノ日、旅人ト雖トモ旅舘ノ主人ト一同神拝ノ上ナラデハ出立不相叶候事
　但シ右制相立候上ハ、従前仏家宗門改ノ義廃止可申事
一、布令文等ハ、右神拝ノ節、一同へ読聞セ可申事
一、漸ヲ以テ神教ノ大意教導可有之事

○外国交際

一、外国応接ノ義、我独立国ノ体裁ヲ不失、諸事権力ヲ取候様可心得義勿論ニ候事
一、条約書ノ独立国ノ体裁ヲ失ヒ候件々取調子、回復ノ目的相立候様可有之事
一、天子ニ非ハ礼ヲ制セズ、楽ヲ議セズ、今朝廷ノ許ス所ニ非シテ漫ニ服章等ミタラス者ハ一切厳禁タルベシ、但シ器械貨物等ノ義ハ此限ニ非候事

一、知識ヲ世界ニ求メ、苟モ陋習ヲ文明《ママ》ヲ進メ候件々ハ、去春　御誓文之通、尚又充分相行ハレ候様可心得事

（別筆）右副島種臣把筆

先ず「藩政大意」の八項目は、版籍奉還後、藩主と藩人をどのようにするか、また国家財政と藩財政との関係をどうするかについて意見を述べたものであるが、当時、この問題を巡っては政府内でも意見が分かれており、藩主をそのまま「知藩事」とすることに反対し、郡県制を敷くべしとする声も強かった。しかし副島は大久保とともに、とりあえず藩主を「知藩事」に任じ、緩やかに改革を進めるという立場であった(37)。そうとすれば、この「藩政大意」も副島独自の考えから出たというより、大久保と相談の上で起草されたものとみていいのではなかろうか。何となれば、この「藩政大意」の最初の「従前藩主ハ」云々から「内分ケ大名」云々までを書いたものが「三条家文書(38)」の中にもあって、そこでは「大久保参議ノ筆跡ト認ム」と書かれているからである。岩倉文書の方は写本であるので、筆跡を比較することは出来ず、いずれが是か判断に迷うところである。暫く大久保と副島の両者の意見を反映したものと見ておくことにしよう。

そうなると、次の「神道典乃大意」及び「外国交際」の諸項目も副島独自の考えかどうか決めがたいが、「皇国ハ天神天祖ノ所造」云々は副島が終生抱き続けた信念であった。例えば副島の「日本の歴史(39)」、「蒼海窓閑話」、「蒼海窓雑話(40)」などを一読すれば明らかである。また神社参拝を義務付け、神教の大意を教導するという意見は、この当時、活発な議論が展開されていたキリスト教防御策の一環として出てきたものであろう。副島も一時期、参与のまま教導局御用掛を兼勤していた(41)。「外国交際」の諸項目も、副島の後の国権外交を髣髴とさせる文章であって、同年頃の史料と推定される「基礎被建ニ付閑叟・副島見込書」にも

（前略）

副島

一、国体を快弘にして独立不羈爰ニ後世ニ及ふ
一、外侮に備
一、国内一致
一、公議を立る
一、四民の生活ヲ捗す
一、国内安寧

同人

演説

一、条約第四条内外刑罰ノコト
一、横浜へ外国兵ヲ置クノコト
一、支那朝鮮好ヲ脩ムルノミノコト
一、魯西亜云々ノコト
一、宋ノ亡ルヤ小人ニ非ス、君子ニアリ、君子少キニ非ス、多キニアリ
一、残忍殺伐
一、冥頑固陋
一、讒詐帽忌

とあり、副島が外交問題にも並々ならぬ関心を抱いていたことが知られる。[42] 故に、「神道典乃大意」及び「外国交際」の箇所の方は副島の考えを相当に反映していると見てよいであろう。

以上のほか、副島が起草したものとして知られている今ひとつの史料は、明治三年九月頃の「副島建国策」である。[43] これは岩倉が「建国ノ体ヲ昭明ニシテ以テ施政ノ基礎ヲ確定スル」ため、参議たちに意見を求めた際に起草されたものであって、[44]『岩倉具視関係文書』中に草稿段階のものと、[45] より完成度の高いものとの二種類存在する。ここでは後者を掲げよう。[46]

一、建国大体之事

茫々タル天地、無極無量、蠢尓タル生民、初テ其間ニ生ス、智其愚ヲ欺キ、強其弱ヲ食フ、生民終ニ其生ヲ遂ルヲ不得、於是乎相共ニ其生ヲ保チ、其命ヲ全フセンヲ欲ス、於是乎相共ニ国ヲ建テ、以テ其身ヲ保タンヲ欲ス、於是乎政府アリ、故ニ政府ノアルハ万民ヲ保安スルノ為ナリ、万民ヲ私スルノ為ニ非ルナリ、然則政府ナルモノハ家政ヲ以テ論スヘカラサルナリ、明矣、是以テ政府万民ヲ私スヘカラス、万民亦政府ニ私スヘカラス、神明之恒典、天地之通義、是ヨリ外ナルナシ、於是乎建国之体建ツ、建国之体、万国或不同、而テ家政ヲ以テ国ヲ建ルカ如キ者、其終リヤ大概国ヲ建ル不能ニ至ル（支那其外印度）我

皇国ノ如キ　天造ノ初メ

神人未タ離レス、コノ

神孫ヲ降シテ、以テ下土ヲ照臨シ、授ルニ神器ヲ以ス、上ミ永ク　天徳ヲ配シ、下博ク人心ニ附稟ス、其細、其大、其上、其下、其幽、其著、其微、其顕、造化ノ妙ニ非ルナク

天嗣ノ徳ニ非サルナシ、是ヲ以テ万民亦天胤ヲ奉戴シ、敢テ無貳心所ノモノ自ラ其本ニ報ヒ、以テ其分

ヲ尽ン事ヲ欲ス、故ニ
天皇ノ天下ニ於ル、恃《ママ》ニ
朝廷ニ私スルニ非ス、偏ク天工ヲ配布シ、俯テ以テ万民ノ依ル所ヲ定ム、万民ノ朝廷ニ於ルモ亦、自ラ責メ自ラ致シ、仰テ以テ保全ナル所以ヲ求ルナリ、苟モヨク此義ヲ審ニス、建国之大体可弁也
（欄外書入）
附箋
「建国ノ体一定ノ上諸官ハ勿論地方官ニ先諭示有之事
　但虚文ニ不渉実功懇諭管要之事」

一、延喜天暦
皇綱紐ヲ解テヨリ以来、武人天下之権ヲトル、頼朝、尊氏、豊臣氏、徳川氏ノ如キ、一時天下之政ヲ為ストイヘトモ、抑一家ヲ営ムノ政タリ、万民ヲ保全セシムルノ政府ニアラサルナリ、苟モ此義ヲ審ニスレハ、建国之体可弁也
（欄外書入）
「家政ヲ以テ国ヲ治ルモノハ、入ルヲ量リテ出ルヲナス、家政ノ根本、政府ヲ以テ国ヲ建ツルモノハ、出ルヲ量リテ入ルヲツトム、建国ノ大本、是家政ト政府ト其極ヤ千里万里ノタカイナル也
然則量入為トハ非乎、曰不然、邦内人民ヲ保護スルノ為、入費惣高ヲ計算スル也、是レ量出為入也、已ニ入テ而后チ一年ノ目的ヲ立ツ、従是後初テ量入為出ス也、故ニ建国ノ体ニ於テ量出為入ハ衆議ノ事、量入為出ハ相国ノ事」

一、苟モ能建国之体ヲ弁知スレハ、英雄ノ手段、今日不可用ル事了然タリ

請フ一端ヲ挙テ之ヲ論セン、我
皇国海外ノ強国ト並立ン今、若シ我レ之カ備ヲ不為、而彼カ豺狼之怒ニ遇、我民必ス粉□（非カ）タラン、我於是憤発シ、彼ト強ヲ競ワント欲ス、智モ可磨ナリ、海陸諸軍モ可興ナリ、如何セン彼所用ノ財幣、英仏米魯ノ如キ一年常ニ二億数千万ニ不可下、而シテ我所用纔ニ壱千六百万ニ不上、収斂苛刻、暴政譎詐ヲ極ムト雖モ、之ガ一培若シクハ二三倍ニ上ル不可ニ、三倍ヲ以テスト雖五六千万ニ不可出、況紙幣之害厂、貳分金ノ患、何ヲ以テ此禍害ヲ除キ、更ニ財路ヲ求メンヤ、戦勝攻取之智、仲尼墨翟之賢ヲ以テスト雖不能如何、然則何以済之、一言以テ之ヲ蔽フ、曰ク至衆力ヲ合スルニアルノミ

果シテ英雄ナラシメハ今日ノ時ニ方リテ必ス詭詐ヲ不用、必ス至衆力ヲ合ルノ方ヲ計ラン

一、今茲ニ建国之体ヲ論ス、畢竟至衆力ヲ合ルノ楷梯タリ

一、建国之体ヲ論シテ而至衆力ヲ合ス、名正ク言順、天下何人カ能ク之ヲ禦カン、可不思乎、可不務乎

一、今至衆力ヲ合セント欲ス、天下之人ヲシテ人人自反セシムヘキニアリ
例ヘハ今日之形勢、因循棄捐セハ朝廷皇国可保也、否自反スレハ則必ス天下之形勢可弁知
皇国不可保レハ人々自ラ保ツヘキ也、否自反スレハ則一身之事可弁知、苟モ之ヲ知ラバ天下ノ藩也士也工也商也農也、今日之姿ヲ以テ終ル不可ル事可弁知

一、天下之四民自反セハ可責之道可立也
所謂ル可責トハ開化也、智芸也、勉励也、租税法也、四民平均之事也、国債之事也、其他数種

一、天下四民之内、頑愚之者十之七ト見ルトモ、如此キ名正言順フ之条理ヲ以テ英断アルヘキ事
此時大有力之処分二三アルヘシ

一、右之目的アルヲ以テ今日預メ

朝廷御自反先務之事

英雄之手段ヲ以テ之ヲ為ス乎、将タ公明正大ヲ以テ之ヲ為ス乎、御目的一途ニ礎定セハ決シテ動揺スヘカラサルヲ要ス、於是断然因循ト姑息トヲ可棄

一、朝廷之大基本ハ信ノ一字ニ止ル事（建国ノ体ヲ詳ニスルハ至衆力ヲ合スルノ体、大信ヲ以テ目的トスルハ至衆力ヲ合スルノ用）

一、信トハ天下万民ノ頼ンテ以テ依ル所ノ者アルヲ云フ、径々然タル小信ニ非ル也

頼ンテ以テ依ル所ノ本ハ、天下ヲシテ疑懼セシメサルニアリ

一、大信之事

人材登用之位置其所ヲ失フ時ハ天下疑之、大信ニ非ス

法令数変ス、天下疑之、大信ニ非ス、不可掩ルモノハ天下之公也、強テ之カ説ヲ為スト雖、天下不信ルモノハ大信ニ非ス

不可禦ルモノハ天下之心也、強テ之レガ説ヲ為スト雖、天下不服ルモノハ大信ニ非ス

賞罰黜陟之道不正時、天下疑之、大信ニ非ス

功罪之分別不明レハ、天下惑之、大信ニ非ス

有賞テ無罰レハ賞不足為賞、有罰テ無賞レハ罰不足為罰、凡此ノ両事大信ヲ害ス尤甚シ、要之ルニ此害ノ起ル専ラ姑息ト鄙吝トニ生ス、鄙吝姑息ノ生民ヲ害ス、鴆毒ヨリモ甚シ

一、大信立而国債ノ法行ワル

一、国債之法行ワル（と）テ而紙幣之害可除、金銀幣可鋳造

此ケ条ニ就テハ詳密ニ手順ヲ立申上奉存候事

先ず冒頭の「建国大体之事」で天皇が日本を統治する所以を述べ、次に天皇親政が行なわれていたといわれる「延喜天暦」を理想とすべきことを指摘しているが、日本の歴史に基づいて議論をする仕方は、恐らく副島の発想から出たものであろう。しかしその後の「至衆力ヲ合」するとか、「大信之事」を述べた箇所は、副島独自というよりも、大久保と相談の上で書かれたものと見た方がよいであろう。何となれば、九月十六日に岩倉が大久保に宛てた手紙の中に「建国始末、実に御大事と存候間、御賢考次第、何も十分に御心附、御内示可給候、但し追々勘考の事も有之候間、添島江は御亭に而得と御談合可給候、条公江も添島へ談しの事は申置可然存候、多分明日中位には御見込附候事に哉と存候」とあって(47)、岩倉が、副島と篤と談合するよう大久保に頼んでいるからであり、またこれより先、正月六日、大久保が大坂から副島に宛てた書翰に「大蔵省之号令、凡而人心ニ相触、迚も居合候丈ニ無御坐候、則大坂府ニおひても御布令ヲ押留候事も有之、実ニ不相済事候へ共、是ハ山口大丞東下之上、委事言上之筈ニ御坐候、如此事件屢有之候而ハ、迚も民部大蔵之信義を得候ものニ無之、信なくして何ヲ以立可申哉、痛却之至也」とあるように、大久保も「信義」が重要であることを指摘しているからである(48)。

全体、明治二年以降、副島と大久保とは絶えず行き来していた。そのことは『大久保利通日記』を一読すれば明らかなことであり、副島自身も「征韓論まで拙者は大久保と一番懇意にあつた」とか(49)、「大久保なんども私と至りて親懇に交り、且つ当時明治二年より六年迄大久保と私の家宅と相隣せしが故に、官衙より退出すると雙方互に相往来せぬことは殆んど一日も無しと云ふ程なりき。主人のみならず雙方両家の家族妻子等も常に互に相往来親交して居りたる」とか語っており(50)、大久保の次男である牧野伸顕も「余の父は伯と親交あり。其の家は一時、伯の附近にありしを以て、常に往来して国事を語るの便ありき。余も子供心に威風凛然たる老伯に敬意を覚えたりき」と回顧している(51)。従って、制度改革の大部分は、両者が意思の疎通を図った上で提案していたとみてよいであろう。明治三年五月二日、大久保が佐佐木高行に宛てた書翰に今日は遅参仕、御多端中甚恐入候得共、内実は藩政御取調の一条御評議の一助に可相成と奉存、今朝来副島氏打寄、個条取捨致居候に付、依時宜候ては不参可仕も難図ニ付、何卒宜敷被仰上置被下度奉願候

とあるのも[52]、その一例である。

四　副島種臣と新律綱領

副島は、令制のみならず、律に関する学殖もまた深かった。そのことを示す史料を一つ挙げよう。慶応四年正月三日、鳥羽伏見の戦いが始まり、新政府は、正月七日に「慶喜反状明白、始終奉欺朝廷候段、大逆無道」云々の徳川慶喜征討大号令を発したが、更に三月二十日にも左の如き御沙汰を発した[53]。

徳川慶喜御処分之儀、於朝廷者諸事御寛容ニ被思食、御沙汰被　仰出候処、旧冬鎮定ヲ名とし、下坂之上軍配ニ及び候次第、始終言行相違、正月三日以来之挙動、叛逆顕然、其罪天下万民之所共知ニ候、故に不被為得止大号令御発表、終ニ御英断を以て御親征被　仰出、勤　王之諸藩私情を捨て公義ニ基き、諸兵大総督に附属し、已に賊城に相臨ミ候折柄、恭順謝罪之実効も更ニ無之、尚先供之行違等を口実といたし、剰江停軍相願候次第、朝廷を奉軽蔑候所為ニて、不届之至ニ候、対天下後世、決而御許容難被遊候儀に可有之、仮令御許容被為在候而も、前条暴入之轍ニ出候哉も難計、御条理上者勿論、彼之情実、万々御採用難相成、却而人心之疑惑を生じ候而者、此御時合、不容易儀ニ付、大義名分、篤と勘弁いたし、以来私ニ文通等之儀、於有之者、逆徒ニ均しき筋ニ候間、屹度御沙汰可有之候事

この御沙汰発布の詳細な経緯は詳らかでないが、『岩倉具視関係文書』の中にこの御沙汰の草稿の一種と思われるものが残されており[54]、それによれば、冒頭部分は当初、

徳川慶喜、当春之至義ニ立至リ候得共、恭順謝罪之実跡顕著スルヲ以テ寛大之典ニ処シ、其下民ヲ撫育サセラレ度思召候処、東方今ニ不大定、脱浪徒輩、動モスレハ党与ヲ結連シ六軍ヲ抗シ、以テ生民ヲ残害ス、夫レ四海之内、誰皇子赤子ニ非サラン、人之父ヲ殺シ人之児ヲ孤ニシ蒼生頻ニ苦シム、深ク歎キ被思召候、然ルニ賊徒、叡念之程ヲ不弁、又慶喜恭順之意ニ戻リ、敢テ暴横ヲ肆ニシ（下略）

となっていたが、副島がこれに朱筆を入れて、

徳川慶喜恭順謝罪之実顕著スルヲ以テ寛典ニ処シ、其家督ヲ定、其封地ヲ賜ト雖モ、其臣民猶未承服セス、動モスレハ党与ヲ結連シ六軍ニ抗シ、以テ生民ヲ残害ス、夫レ七百年来政ヲ武将ニ挓スルハ垂拱ニ近雖トモ、尊王賤覇ハ亦春秋ノ大経、今日朕親執而万機ヲ決スル、誰不可ナリトセン、況正月三日ノ事、於律八虐ノ随一タリ、雖然是レ常習之然ラシムル所、朕児ヲ孤ニスルニ不忍、猶宥而免之候、然ルニ賊徒、朕意ヲ不弁サル而已ナラス、又慶喜恭順之意ニ戻リ、敢テ暴横ヲ肆ニス（下略）

となった。これが更に修正されて、最終的に先の三月二十日の「正月三日以来之挙動、叛逆顕然」云々という文章になったようである。

ここで注目すべきは副島が律の八虐に言及している点である。周知の通り、大宝・養老の名例律には八虐の規定

があって、最初に謀反、謀大逆、謀叛が規定されている。謀反とは天子に危害を加えようとすることであり、謀大逆は山陵及び宮闕を破壊するなどして天子の権威を傷つけることであり、謀叛は敵国や偽政権に寝返ることであって、賊盗律によれば、謀反及び謀大逆は斬、謀叛は絞という刑罰が科されることになっている。恐らく副島は、徳川慶喜の行為はこれらのうちの謀反に相当するものと看做していたのであろう。(55)

奈良平安時代の律令は、武家政権になってもなお朝廷には生き続けていた。官職制度のみならず、刑法である律も細々ながら命脈を保っていたのであって、禁中並公家諸法度にも「罪の軽重は名例律を守らるべし」と規定されていた。従って、王政復古を成し遂げた新政府の現行法は、形式上は飽くまでも律令法であり、徳川慶喜を処分するに当たっても、その処罰の基準は律令法によらなければならないであろう。

副島もそのことを熟知していたので、敢えて「正月三日ノ事、於律八虐ノ随一タリ」と書いたのであろう。かつて兄神陽が、桜田門外の変で暗殺せられた井伊直弼を律令の規定に従って批判し、また水戸の浪士たちの行動を律令の規定に基いて擁護して、「擬水戸浪人獄議」を書いたことがあったけれども、副島は兄神陽のこの精神を忠実に受け継いでいたのである。因みに、正月十一日の御沙汰の「反状明白」「大逆無道」、そして三月二十日の御沙汰の「叛逆顕然」という表現の背後に、副島と同様に律の八虐が意識されていたのかどうか、その点は別途考察されなければならないが、新政府の中に、副島のように律を正確に理解している人物がいたということは留意しておかなければならない。(56)(57)

さて次に、この副島が明治初年の刑法典編纂とどのような関わりを持ったのかを見て行くことにしよう。副島が上京する以前の慶応四年二月三日、新政府は従来の三職七科を改めて八局とし、刑法事務科を刑法事務局と改称して、庁舎を京都の宜秋門外、日野資宗邸に開いたが、刑法事務局では「七百余年、武断専制の後を承け、刑獄の事、濫酷に勝へ」なかったために、仮に刑名を定めて「仮刑律」を作った。しかしこの「仮刑律」は飽くまでも

「問擬の準則」であって、一般に周知したものではなかった。その後、慶応四年閏四月二十一日の政体書発布に伴って刑法官と改称し、七月に下立売門内閑院宮に、十月には西殿町賀陽宮に移転した。他方、明治元年十月十三日には刑法官支庁を東京駿河台（旧幕府安藤与十郎邸）に仮設した。(58)

副島はこの「仮刑律」起草には関与していないけれども、閏四月二十二日に刑法官判事になった中島錫胤が、「此刑法の条例は何を其基拠として処決すべき乎」と太政官に稟問して来た際、副島は太政官の一同に代わって

維新政府の刑法は徳川の旧法を用ひられよ、旧法不完全なる所あらば明律を以て折衷して裁判せらるゝが宜しからう、而して死刑以上は悉く奏聞さるゝが宜しからう

と答えたという。(59)この副島の経歴談はなかなか興味深い。それというのも、明治新政府は明治元年十月晦日になって初めて、刑法に関する布達を全国に出したのであるが、その布達は右の副島の言が発端となって出されたものと考えられるからである。今、『法規分類大全』や『太政官日誌』に掲載されている布達を掲げると、

王政復古凡百之事、追々御改正ニ相成、就中刑律ハ兆民生死之所係、速ニ御釐正可被為在之処、春来兵馬倥偬、国事多端、未タ釐正ニ暇アラス、依之新律御布令迄ハ故幕府ヘ御委任之刑律ニ仍リ、其中磔ハ君父ヲ弑スル大逆ニ限リ、其他重罪及焚刑ハ梟首ニ換ヘ、追放所払ハ徒刑ニ換ヘ、流刑ハ蝦夷地ニ限リ、且窃盗百両以下罪不至死候様略御決定ニ相成候、尤死刑ハ勅裁ヲ経候条、府藩県共刑法官ヘ可伺出、且総テ粗忽之刑罪有之間敷事

一、流刑ハ蝦夷地ニ限リ候得共、彼地御制度相立候迄ハ先旧ニ仍リ取計置可申事

一、徒刑ハ土地之便宜ニヨリ各制ヲ可立事ニ付、府藩県共其見込ニ従ヒ、当分取計置可　申、追々御布令可被為在事

右之通被仰出候条、御旨趣堅相守、猶不決之廉有之候ハヽ、刑法官へ可伺出候事

となっており、「新律御布令迄ハ故幕府へ御委任之刑律ニ仍リ」と「死刑ハ勅裁ヲ経候」の両箇所は、まさに副島の談話と符節を合しているのである。副島は、刑法官中島錫胤が稟問した時、「此の時の如きは已むを得ず私が太政官同列一同に代りて之に答へ」云々と言っているが、当時の太政官内には、こと法制度に関して即座に決断を下すことの出来る人物は、副島を措いて他にいなかったのであろう。

否、当の副島自身が誰よりも新律の編纂に熱意を抱いていた。そのことは、後年の回顧談ではあるが、副島が

明治初年、即ち刑部省設置以前に刑法事務局なる者ありしが、予は此局に余程の関係ありたり、当時我政府の方針一に皇威を万国に輝さんとするにあり、然して其目的を達せんとするには、内、制度文物を完整し以て万国対立すべきの実を養はざるべからず、就ては先づ法律を改定せざるべからずと為し、乃ち明律を斟酌折衷して刑律を編纂し之れを仮律と為して施行せんとするの議ありたり、予は之れを難して、仮りの律を以て人の首を斬るは予の同意する能はざる所なりと主張し、因て新律綱領と名けて之を発布せり

と述べていることからも明らかであろう(60)。

それはそれとして、明治二年二月、政府は太政官が東京に移転したのに伴って、東京の刑法官を以て本庁と為し、七月八日の官制改革に伴って刑法官を刑部省と改めた。この新しい刑部省の大輔に就任した佐佐木高行は、そ

の日記の七月二日条に「職員ノ事ニ付、副島へ差出ス」[61]と書き残しているけれども、これは刑部省の人事に関する事柄を指すのであろう。何となれば、佐佐木は刑法官の判事を勤めており、「刑律取調」のために既に着々と人選を進めていたからである。[62]

もちろん、新律編纂の実務は刑部省内の役人が行なったが、副島は絶えず大局的な立場から新律編纂に関心を持ち続けていた。八月二十九日、佐佐木は副島に

過刻御内談御坐候此度死罪御宥恕之義ニ付、自然御参考之万一ニも可相成と存候間、刑律中ヨリ摘出致、差出置候、先者右可得貴意、匆々、頓首

という文面の書翰を送っているが、これもまた副島が新律編纂の大局を把握していることを示す格好の史料となろう。[63]この日、佐佐木が「刑律中ヨリ摘出」して送った実物は残っていないが、その内容は次ぎの史料から明らかである。[64]

（刑部省通達）

謀反、謀大逆　　磔
謀叛　　梟
故殺、謀殺　　梟
父母及夫ヲ殺　　磔
受業師ヲ殺　　梟

放火　梟
強盗財ヲ得ル　斬
窃盗百両以上　斬
強姦男　梟
夫アル婦ヲ姦ス男女共　梟
子女ヲ略売ス　斬
官府ノ印信ヲ偽造ス　梟
謀判　斬
金銀銭鈔ヲ偽造ス　梟

右之外、闘殺、罵詈、受贓、詐欺、断獄及諸律ノ内、死罪アリ。然レ共罪ノ軽重ニ依テ区別ス。依テ今其略ヲ挙ク

右ハ、副島参議へ佐佐木刑部大輔ヨリ及通達候事

右の死罪一覧は「仮刑律」とは聊か内容を異にするから、恐らく編纂途中の新律から拾ったものであろうけれども、これは、副島が佐佐木に対して残虐な死罪は新律では寛恕するようにと命じていたことを受けての調査結果であろう。[65]

この後、九月二日、太政官は集議院に対して、

(前略) 頃者刑部新律ヲ撰定スルノ時、仍テ茲旨ヲ体シ、凡ソ八虐、故殺、強盗、放火等ノ外、異常法ヲ犯ス

ニ非ルヨリハ、大抵寛恕、以テ流以下ノ罰ニ処セシメントス。抑刑ハ無刑ニ期スルニ在リ、宜ク商議シテ以テ
上聞セヨ。

と下問し、これを受けて九月十日、集議院では臨時会議を開催した(66)。
集議院の会議では、「御下問之通リ意義ナシ」とする者十二人、「厳刑ヲ除キ寛恕忠厚ヲ旨トスベシ」とする者七人であったが、大多数は「刑ヲ用ユルノ要、寛猛相済フヲ貴ブ。宜シク偏用スベカラズ」とか「姦猾ノ民ヲ御スルニハ、宜シク厳法ヲ用ユベシ。教化至ルノ後ニ非ザレバ、寛法ヲ用ユベカラズ」とかの意見であった。しかし太政官ではこの集議院での結果を顧慮せず、十月七日、刑部省に対して

今般新律取調被　仰付候ニ付テハ、前日集議院へ御下問ニ相成候通、専ラ寛恕之　御趣旨ニ原キ、凡叛逆人命強盗放火等ヲ除之外、可成丈流刑以下ニ処シ、竟ニ刑無刑ニ期シ候様被遊度　聖旨ヲ奉体シ、撰定可致旨　御沙汰候事

との御沙汰を下した(67)。佐佐木はこの日の日記に

右ハ御一新ヨリ京都刑法官ニテ仮律ト唱へ、急々刑法ヲ創シ候得共、不十分ニ付、専ラ旧幕府ト明律トヲ以テ、可成寛大ノ処置ニ実際ハ致シ来リ候得共、何分旧幕律ハ死罪多ク、依ツテ其辺ニハ常ニ心配致候事ナリ。依ツテ本文ノ如キ御沙汰ヲ以テ、新律編成ノ基本ト相立為メナリ。刑法改正ノ件ハ、維新ニ依リ早ク著手ノ御趣旨ナレドモ、急速ニ整頓セズ。西京ニ於テ横井平四郎（小楠）等関係ニテ仮律出来タルヲ以テ執行セルモ、

一体仮律ハ甚ダ不都合ナルコトナレバ、色々議論アリ。自分ドモノ考ニハ、一日モ仮律ヲ以テ執行スルコトハ不条理ナルコトニテ、仮律ナレハ、他日定律出来ノ上ハ、仮律ニテ処置スルモノハ定律ニテ更ニ処断セザルベカラザル訳ナレバ、実際行ハレザルコトナリ。死罪ノモノハ如何スベキヤ。依ツテ如何程不整頓ニテモ仮律ノ名義不可然ト。然レドモ旧幕律ハ死罪多ク、明律ヲ参考トシ成丈寛大ノ処断セルモ、拠ナク何分不都合多シ。就テハ新律制定ヲ差急グモ、其間差閊ヲ生ジ候ヨリ、刑法官ヨリ申立、本文ノ御沙汰書出デタリ。依ツテ仮律ハ用ヰズ、幕律・明律ニ依リ、御沙汰書ヲ奉ジ処断セリ。仮律ニテ首ヲ切ラレテタマルモノニアラザルモ、騒擾ノ際ナレバ格別ノ議論モナカリシト見ヘタレドモ、最早如此不名義ノコトハ出来ズ、又スベカラザルナリ。

と書いているが、(68)これは決して佐佐木個人の意見ではなく、文中の「自分ドモ」には副島も含まれていると見なければならない。何となれば、右の文の「仮律ニテ首ヲ切ラレテタマルモノニアラザルモ」と、先に引用した副島談話の「仮りの律を以て人の首を斬るは予の同意する能はざる所なり」とは、その主張が符号するからである。従って、集議院会議の結果に反して、敢えて「専ラ寛恕之御趣旨ニ原キ」新律を起草するよう太政官内で主張したのも、副島であったと看做してよかろう。

こうして、まず明治二年十一月、刑部省が

新律ノ撰、専ラ寛恕ヲ主トシ、務メテ死ヲ出シ、流以下ニ降セト、向ニ已ニ聖旨ヲ奉ス。現時囹圄ノ囚、人命、強盗、放火等ノ立決ス可キ者ヲ除クノ外、罪死ニ該ル者ハ、新律頒布ノ日ニ至ルマテ、姑ク処断ヲ停メ、流徒以下ハ、乃チ仮律ニ依テ区処シ、其職官ノ公罪、及ヒ失誤ニ係ル者ハ、凡テ本罪ニ二等ヲ減シテ裁断センと奏上し[69]、これが裁可された。この後、刑部省内では着々と新律編纂に邁進し、明治三年六月十四日、新律の草稿六冊が出来上がって、太政官へ提出した。

ところが、一ヶ月過ぎても太政官から沙汰がなかったので、刑部省は七月十八日、太政官に対して「百代ノ準縄不朽ノ成憲ハ、仍ホ漢洋諸律ニ酌量シ、爾後緩ニ撰定致シ度候間、速ニ提綱検査御下ケ有之度」と長文の伺書を出した[70]。この間、太政官で新律の草稿をどのように扱っていたのかは定かでないが、副島の手元に同年七月付で次のような刑部省上申が提出されている[71]。

律ニ虐議ノ条ヲ載スルト削ルト其説二アリ、一ニ曰、此目周官ニ起リ、漢以来律ヲ撰スル、世ニ随ヒ損益斟酌スト雖モ、此目ニ至リテハ敢テ削ラサル者ハ、虐条ノ如キ皆君ヲ無ミシ、親ヲ無ミシ、倫ニ反キ徳ヲ乱リ、天地ノ容サル所、神人ノ共ニ憤ル所、故ニ特ニ之ヲ表シテ世戒ト為ス所以ナリ、議条ノ如キ、天下ノ人ニ其親族故旧ヲ愛シ、徳行道芸ヲ尚ミ、報功ニ厚ク、貴爵ヲ重ンスルヲ教ル所以ニシテ、二者偏廃ス可ラサルヨリ、本朝大宝養老ノ律ヲ編スル亦其目ニ因リ、僅カニ減損スルノミ、程顥曰ク、八議設ケテ後、軽重ノ等宜キヲ得、邱濬曰、八者ハ天下ノ大教、天子親故ニ私シテ其法ヲ撓ムルニ非ス、人倫ノ美、斯ヨリ大ナル莫シト、清ノ雍正主ハ則諭シテ曰、親故賢能等、人未タ過タサルノ先ニ即チ不肖ノ人ヲ以テ之ヲ待ツ、名ハ厚ニ従フテ其実ハ至薄ニ出ツ、且此条ヲ恃ミ或ハ意ニ任セテ非ヲ為シ、漫然顧忌スル無ラシメハ、是又宥寛ノ虚文ヲ以テ之ヲ罪戻ニ陥ル、故ニ律内此条ヲ存スト雖モ、之ヲ用ヒス、其見頗ル公ニ似タレトモ、亦タ言フ可クシテ行フ可ラサルノ論ナリ、故ニ六部則例、清律条例内、康熙ヨリ道光ニ至ノ所断ヲ見ルニ、皆此条ヲ用ユ、況ンヤ虐条ノ如キ、国家ノ政ヲシテ果シテ善ヲ尽シ美ヲ尽シ、倫ニ反キ徳ヲ乱ルノ徒無ラシメスンハ、寧ロ之ヲ削ルヨリ之ヲ存シテ戒トナスニ如カス、議条ノ如キ、縦令之ヲ削ルトモ、親王華族ヲ視ル士卒ト差等ナク、待遇一ナルノ日ニ至ラスンハ、名ハ除クトモ実ノ行ル、亦満清ノ虚諭ニ斉シカラン、之ヲ存シテ厚ヲ示スニ如カス、其一ニ曰、天下ヲシテ悪ナカラシムルハ政ニ在テ律ニ在ラス、教ニ在テ刑ニアラス、虐条存スルト否ルトニシテ、罪ノ権衡軽重ニ異同アラハ存スル可ナリ、否スハ虚文ノミ、何ソ戒ト為スニ足ラン、世ノ虚文ヲ尚ム、古ヨリ然リ、一事ナリトモ此弊ヲ除カント欲ス、況ンヤ議条ヲ設クトモ賢人君子、豈敢テ法ヲ犯シ罪ヲ得ル者アランヤ、万一之レアリ、其罪減免ス可ンハ、主上ノ特恩ニ出ル可ナリ、何ソ此条ヲ待タン、満清ノ初年、此条ヲ用ヒサルハ至公ノ論ナリ、惜哉其文ヲ存ス、故ニ復用ユルニ至ル、故ニ亦タ果シテ罪ノ権衡軽重ニ係ラサレハ、両条共ニ削除シ、痛ク虚文仮飾ノ根ヲ断ント欲ス、省ニ此二説未タ適従スル所ヲ知ラス、敢テ朝廷ノ採択ヲ仰ク

庚午七月　　　　　　　　　　　　　　刑部省

この上申は、八虐六議の条文を記載するか削除するか、刑部省内で議論が二分し、いずれとも決め難いので判断を仰いだものである。この八虐六議をめぐる議論は既に二月ころから存在し、またこの後の九月にも大略同様の文面で上裁を請うている。そうして虐議の項目を削除すべしとの指令が出たのは九月十九日であった(72)。

周知のように、この上申のうち八虐に関しては、村田保の

同年八九月頃、新律ノ草案完成スルヤ、参議副島種臣之ヲ閲読シテ、草案賊盗律中ニ謀反大逆ノ箇条アルコトヲ見、一喝シテ曰ク、本邦ニ於テハ、皇統連綿トシテ、古来社稷ヲ危クシタル者ナシ、是レ不祥ナレハ速カニ削除スヘシト、依テ草案中ヨリ之レニ関スル条目ハ悉ク除去シタリ。

という談話が残されている。[73] いったい副島がいつの時点で「一喝」したのか定かではないが、右の上申書が副島の手元に残されていたところからすると、おそくとも七月の時点で、副島は虐条の問題点を知っていたのであろう。
　また新律の草案が完成した日もはっきりとしないが、副島は

　其新律綱領草案の成りたる日は丁度大風の日であつた。起草委員たる司法省の諸官人か太政官に伺に来られて、即日該新律案審査委員長の任務を私に命ぜられたから、其翌日より毎日私自宅に於て該新律綱領審査会を開き、各一個条毎に其司法省の主任官人と討論をして、或は之を刪り或は之を修正したることも沢山あつた。

と回顧している。[74]
　かくして十月五日朝、刑部省の大丞・大判事らが副島邸を訪れた。副島の参議宛書翰に

　今朝より刑部大丞・大判事等、刑律之事ニ付而示談被参候ニ付、出仕之義、可遂御断候云々

とある。[75] 恐らく新律提綱の最終打ち合わせに来たのであろう、同日、刑部省は「新律提綱」を太政官に進達した。そして九日と十日、天皇の御前で読み上げられた後、十二日に刑部省に新律の上木を許可した。これを受けて刑部省では名称を「新律綱領」と改め、旁訓や句読点を付すなどして刊行の準備作業を行ない、十二月二十日、新律綱領六冊の頒布が許可されたのであった。[76]

五　副島種臣と江藤新平

以上縷述した如く、副島は新律綱領の編纂にも、絶えず大所高所から関与していた。しかも副島は、更にフランスのナポレオン法典にも多大の関心を抱いていた。そのことは村田保が

其後同氏ハ箕作麟祥ニ命シテナポレオン、コードヲ翻訳セシメ、之ヲ編修局ニ持参シ、自ラ漢儒ナルニモ関ハラス、仏国刑律ニハ刑ニ長短範囲アルコトヲ賞賛シ、明清律ノ如キ一定ノ刑ヲ設クルノ不可ナルコトヲ大ニ論弁シタリ、局員モ其翻訳ヲ読ミテ、従来清律ノミニ偏スルノ思想ヲ改メタル者アリ

と証言しており(77)、副島自身もまた

其後益々進んで文明の法律を求めんとするの精神なりしが、予は横浜に於いてナポレオン、コードを得て其翻訳を箕作麟祥氏に嘱し以て法典編纂を開きたり、時に明治三年なり

とか(78)、

去る明治二三年の頃なりしと覚ゆ、予は我邦に於ても早晩西洋風の法律を作らざるべからずと思ひ、箕作麟祥氏に命じて奈破列翁法律を始め、仏国の法律は大概飜訳せしめたる事ありて、其当時予ハ開化党の発頭人なり

しが、世ハ漸々と移り換り、今日に至りては予ハ又保守党の仲間入を致す様に相成りたり、世ハ実に不思議なる者にあらずや、アハ……

とか、[79]

「コード、ナポレオン」即ち仏国那翁法典の原書を求めたるに、之を横浜から中野健明と云ふ者が持つて来て私に呉れた。それで私は直ちに其事を政府に上申して、箕作麟祥氏に該「ナポレオンコード」の飜訳を命じた。此一事は明治二年の事であつた。而して半ケ年程経て後其飜訳悉皆成功したるを以て私は同本成稿を太政官に進呈した（中略）

（問）仏蘭西法典原書の飜訳を箕作に命ぜられたのは、江藤新平君の発意の如く是迄世間にては流伝せられてありますが。

否、さうでない。それは箕作が悉く覚えて居つた筈で有る。当時右仏文法典原書の飜訳に対し、其報酬として政府より箕作氏に向て金百円を遣はされたることも、私の手を経たるとであつた。近年枢密院の会議の時にも、恰かも箕作が同院に出て親しく其事を語られたることが有つた。

とか回顧している[80]。

ここに名の見える中野健明（一八四四～一八九八）は佐賀藩出身で、副島らが作った致遠館で学んだ人物であり、副島とは親しい関係にあった。中野は、明治二年八月大学校中助教兼中寮長に任じられた後、同大寮長、外務少丞を経て、明治二年九月に太政官から神奈川県出張を命じられ、同十一月に神奈川県大参事となり、明治三年十一月まで横浜に滞在していたから、ナポレオン・コードを入手することも比較的容易であったのであろう[81]。

また箕作麟祥が翻訳の報酬として金百円下賜されたことは、『勅奏判任官履歴書』に

仏蘭西法律書飜訳被仰付候処、日夜勉励、速ニ卒業候段、苦労之至ニ候、依之別紙目録之通下賜候事
　一　金百両
明治二年十二月二十七日

とあって、副島の言っている通りである[82]。

このように副島が新律綱領の編纂に熱心で、しかもフランス法にも目を向けていたのは、副島の次の回顧にもあるように、刑法制定が維新政府の命運に関する重要事件であると同時に、また条約改正のためにも必要であったからである[83]。


之を要するに、此新律なるものは実に維新政府の命運に関すべき重要事件にして、其中に聊かも惨酷らしき事のあつてはならぬと私は深く慮はかりたるが故に、且は前途に於て我帝国は条約改正を為すが為めには、其刑法も亦徒づらに明清律に沿襲するを得ずして必ず之を大に革新せなければならす、是は彼近年対外硬派諸氏をして後日より評せしめたらむには、法律の改良は明治政府が諸外国に対する修飾のためだの何のと論ずるかも分らぬ。然れども維新の革政は其様な毀誉を顧みず、勇往直進して国運を一新することを謀るのみにして、即ち趙の武霊王胡服の謀も亦此際最も之を学ぶべきことであると云ふので（下略）

然り而して副島は、刑法典のみならず、他の法典も整備して、一大法典国を建設しようと考えていた。「副島伯の法典談」[84]と題する記事の中で、

予は爾来継続して我国に一大法典を編纂せんとするの考なりしも、政務多端の為め予自ら之に任ずる能はざりしを以て、法律編纂のことを江藤新平氏に依頼したり。是れより法律編纂の業は江藤氏の監督に移りたり。

と語っているが、副島の意気込みを窺うに足る文章である。

ここに「政務多端」とあるように、当時の副島はまことに多忙であって、新律綱領頒布後の明治四年五月九日には外務省御用専務となり、樺太国境交渉のため北海道へ出かけ、帰京するや十一月四日には外務卿に任じられて、外務の仕事に没頭することになった[85]。そのために副島は法典編纂の事業を江藤新平に依頼し、その後は江藤が法典整備に邁進することになった。ただ、副島が別の文章で

箕作麟祥氏に該「ナポレオンコード」の飜訳を命じた、此一事は明治二年の事であつた。而して半ケ年程経て後、其飜訳悉皆成功したるを以て、私は同本成稿を太政官に進呈したる処が、其頃の参議即ち私と同列なる江藤新平が其飜訳原稿を懇切に所望して三条岩倉諸公に請ひ、此事丈けは自分にさせて呉れと言つて、司法省の組立の為めに此訳書の原稿を終に貰ひ受け、之を持つて行かれた。是れ此事が日本に於て西洋法律を参酌採用するの始まりであつた。

と語っているように[86]、江藤の方もまた法律制度の整備には積極的であった。

もともと江藤は、副島と共に枝吉神陽の薫陶を受け、幕末に古代法制の勉強をした仲間であるが、その江藤を見出したのは、実は、副島であった。副島はそのことを

江藤新平といふ男は一寸見ると鈍いやうな人であつた。そこで人が知らなかつた。矢張人は鈍いと思つて居つた。夫れを中野方蔵が見出して拙者に余程奇抜な所がございますと告げられた。そこで江藤を呼んで話をして見た所が、成程見る所が頗る卓越して居る。それで矢張後輩中にも先輩が余計に喜んで懇意にすると云ふが、引立つると云ふては失礼であらうが、矢張私が能く仕立つて、それからずつと此人は現はれて来られた。

と語っている。[87] これによって明治三年以降、江藤新平が法制度改革に従事することになった事情も明らかとなるであろう。

（1）「蒼海閑話」、島善高編『副島種臣全集』第二巻（平成十六年、慧文社）三一六頁。
（2）岩松要輔「佐賀藩の洋学―致遠館をめぐって―」（平成十三年七月二十八日、梧陰文庫研究会主催、公開学術シンポジウム「佐賀藩と明治国家―幕末維新期佐賀藩のエネルギー―」配布レジュメ）。
（3）拙稿「近代皇室制度の形成―副島種臣を手がかりとして―」（『明治聖徳記念学会紀要』第四一号）参照。
（4）「副島伯経歴偶談」（『副島種臣全集』第二巻四〇九頁）、坪谷善四郎『五十家訪問録』（明治三十二年十一月、博文館）一二九頁。
（5）『岩倉具視関係文書』（マイクロフィルム版、国立国会図書館憲政資料室所蔵Ⅲ、一二一-五-一一）。
（6）東京大学史料編纂所所蔵特別図書Ⅱほ-一四。
（7）昭和七年、妻木忠太編、木戸侯爵家蔵版、七頁。
（8）中巻（昭和四十三年、原書房、四三三頁）。
（9）維新史料編纂会写本福岡孝弟談話筆記、稲田正次『明治憲法成立史』上巻二四頁。

(10) 東京大学史料編纂所、維新史料本IIい-5。
(11) 上巻（昭和二年、侯爵大久保家蔵版）四五七頁。
(12) 『明治憲法成立史』上巻（昭和三十五年四月、有斐閣）二二頁以下
(13) 『早稲田大学百年史』第一巻（昭和五十三年三月、早稲田大学出版部）二〇〇頁。
(14) 「副島伯経歴偶談」『副島種臣全集』第二巻四二六頁。
(15) アーネスト・サトウ（坂田精一訳）『一外交官の見た明治維新』下巻（昭和三十五年十月、岩波文庫）二〇七頁。
(16) 「副島伯経歴偶談」『副島種臣全集』第二巻四一一頁。
(17) 『太政官沿革志』一（昭和六十一年十二月覆刻、東京大学出版会）一〇四頁以下。笠原英彦『明治国家と官僚制』（一九九一年十一月、芦書房）四三頁以下。
(18) 阪本是丸『明治維新と国学者』（平成五年三月、大明堂）八六頁以下。
(19) 『岩倉公実記』中巻六八六頁。
(20) 『太政官日誌』第六十七号同日条、『岩倉公実記』中巻七五四頁。職員令草案は国立国会図書館副島種臣関係文書中のものによった。
(21) 『内務省史』第一巻（昭和四十六年三月、大霞会）三四頁。
(22) 『木戸孝允日記』第一（昭和六年、日本書籍協会）二三三頁。
(23) 『広沢真臣日記』（昭和六年、日本書籍協会）二一六頁。
(24) 『岩倉具視関係文書』第四（昭和五年、日本書籍協会）二七九頁。
(25) 『大久保利通日記』下巻（昭和二年四月、侯爵大久保家蔵版）四六頁。
(26) 『大久保利通日記』下巻四五頁以下。
(27) 昭和六年、日本書籍協会、二一九頁。
(28) 国立国会図書館憲政資料室所蔵宍戸璣文書五一-二三。
(29) 民部大蔵の問題については、松尾正人「明治初年の政情と地方支配—『民蔵分離』問題前後—」（『土地制度史學』第九一号）及び同氏『廃藩置県の研究』（平成十三年一月、吉川弘文館）一〇二頁。
(30) この間の経緯については稲田前掲書六四頁以下参照。
(31) 前掲『内務省史』第三巻九〇〇頁、勝田政治『内務省と明治国家形成』（平成十四年二月、吉川弘文館）九頁。

(32)『岩倉具視関係文書』（マイクロフィルム版、国立国会図書館憲政資料室所蔵Ⅲ、一八-二）、及び『大久保利通関係文書』第三巻（昭和三年三月、侯爵大久保家蔵版）二七四頁以下。
(33)『保古飛呂比』第四巻（一九七三年三月、東京大学出版会）一一九頁以下。
(34)笠原英彦『明治国家と官僚制』（一九九一年十二月、芦書房）四〇頁。
(35)丸山幹治『副島種臣伯』（昭和十一年、大日社）一〇三頁。
(36)明治二年六月十七日の版籍奉還の頃のものであろう。『岩倉具視関係文書』（国立国会図書館憲政資料室所蔵Ⅲ、一五-二）。
(37)詳細は、松尾正人『廃藩置県の研究』七一頁以下参照。
(38)書類の部、二〇-一五。
(39)『副島種臣全集』第二巻七七頁以下。
(40)『副島種臣全集』第三巻二四三頁以下。
(41)明治二年五月十二日に教導局御用掛兼勤を命じられたが、同月十五日には兼勤を免じられた（『百官履歴』上巻、昭和二年十月、日本史籍協会、五〇頁）。教導局の動きについては、阪本是丸『明治維新と国学者』（平成五年三月、大明堂）一三一頁以下参照。
(42)『岩倉具視関係文書』国立国会図書館憲政資料室所蔵Ⅲ、一七-三-（14）。
(43)松尾前掲『廃藩置県の研究』一六四頁。『岩倉具視関係文書』国立国会図書館憲政資料室所蔵Ⅲ、一八-三。
(44)『岩倉公実記』中巻（昭和四十三年五月、原書房）八二六頁以下。松尾前掲『廃藩置県の研究』一六四頁。
(45)国立国会図書館憲政資料室所蔵Ⅲ、一八-三。
(46)国立国会図書館憲政資料室所蔵Ⅲ、一八-五。
(47)『岩倉具視関係文書』第四、四四〇頁以下。
(48)『大久保利通関係文書』第三、三七六頁。
(49)「蒼海閑話」『副島種臣全集』第二巻二六〇頁。
(50)「副島伯経歴偶談」『副島種臣全集』第二巻四七三頁以下。
(51)丸山幹治『副島種臣伯』序、昭和十一年二月、大日社。
(52)『保古飛呂比』第四巻三三四頁。
(53)『太政官日誌』第一巻（昭和五十五年三月、東京堂出版）二六頁以下。

(54) 国立国会図書館憲政資料室所蔵Ⅲリール1-四-四八。
(55) 律令研究会編『訳註日本律令』第五巻（滋賀秀三氏執筆、東京堂出版）三四頁参照。
(56) 本書第一章参照。
(57) なおこの時代の律の理解に関して、小林宏「越後長岡藩における法学の系譜」、梧陰文庫研究会編『井上毅とその周辺』（木鐸社、二〇〇〇年刊所収）参照。
(58) 十月十八日に呉服橋内、旧幕府北町奉行邸に移転。以上の叙述は『大政紀要』法令編巻六七による。
(59) 「副島伯経歴偶談」『副島種臣全集』第二巻四二二頁以下。
(60) 『毎日新聞』、明治二十五年五月二十六日。
(61) 『保古飛呂比』第四巻一一三頁。
(62) 高塩博「新出の『刑法新律草稿』について―「仮刑律」修正の刑法典―」（日本立法資料全集別巻2『増補　刑法沿革総覧』信山社刊所収）及び藤田弘道『新律綱領・改定律例編纂史』（二〇〇一年四月、慶應義塾大学出版会）など参照。
(63) 国立国会図書館憲政資料室所蔵副島種臣関係文書。
(64) 『公文録』刑部省之部、己巳自七月至九月、五二。
(65) 藤田弘道前掲書一三八頁以下参照。
(66) 「集議院日誌」、『明治文化全集』第一巻憲政篇一六七頁以下参照。
(67) 『太政官日誌』第三巻（昭和五十五年九月、東京堂出版）五七九頁以下。
(68) 『保古飛呂比』第四巻一七三頁以下。
(69) 『大政紀要』法令編巻六七。
(70) 『法規分類大全』第五十四巻、一九四頁。また藤田弘道前掲書参照。
(71) 国立国会図書館憲政資料室所蔵副島種臣関係文書。
(72) 『法規分類大全』第五十四巻、藤田弘道前掲書、霞信彦「仮刑律『八虐六議』条の削除について」『明治初期刑事法の基礎的研究』（慶応通信、平成二年）参照。
(73) 「法制実歴談」『法学協会雑誌』第三十二巻第四号。
(74) 「副島伯経歴偶談」『副島種臣全集』第二巻四二三頁。
(75) 早稲田大学図書館所蔵「大隈重信文書」イ一四-B〇一〇九-〇九。

(76) 詳細な経緯については藤田弘道前掲書参照。
(77) 前掲「法制実歴談」。
(78) 『毎日新聞』、明治二十五年五月二十六日。
(79) 『佐賀新聞』、明治二十三年十二月二十八日。
(80) 「副島伯経歴偶談」『副島種臣全集』第二巻四二四頁以下。
(81) 東京大学史料編纂所所蔵中野健明履歴書。
(82) 手塚豊「フランス法典の移入」(手塚豊著作集第八巻『明治民法史の研究』)六頁以下参照。
(83) 「副島伯経歴偶談」『副島種臣全集』第二巻四二三頁以下。
(84) 『毎日新聞』、明治二十五年五月二十六日。
(85) 『百官履歴』第一(昭和二年十月、日本史籍協会)五一頁。
(86) 「副島伯経歴偶談」『副島種臣全集』第二巻四二四頁。
(87) 「蒼海閑話」『副島種臣全集』第二巻二四八頁。

第三章　江藤新平の国法論

一　はじめに―江藤と律令

江藤新平（一八三四～七四）については、既に江藤新作『南白江藤新平遺稿』（前集・後集）(1)、鹿島櫻巷『江藤新平』(2)、的野半介『江藤南白』上・下を始めとして(3)、杉谷昭『江藤新平』(4)、園田日吉『江藤新平伝』(5)、毛利敏彦『江藤新平』(6)、鈴木鶴子『江藤新平』(7)、江藤冬雄『南白江藤新平実伝』(8)等々の伝記があって、その経歴や業績も大略明らかとなっており、とりわけ菊山正明『明治国家の形成と司法制度』によって、江藤が司法制度確立のために果たした役割もかなり解明されている。(9)しかし、江藤が明治初期の法体系をどのように構想していたのかについては、まだ十分には解明されていないので、本章ではその点に絞って考察してみたい。

本論に入る前に、江藤が佐賀藩時代、律令を学んでいたことを示す史料を挙げておこう。本書第一章で筆者は江藤が枝吉神陽の下で古代律令の研究をしていたことを指摘したが(10)、いま一つ、江藤の父親である胤光（通称、助右衛門）の影響も考慮しなければならないだろう。父胤光が士族の下の手明鑓という家格に属し、郡目付や貿品方を勤めていたことは知られているが、その胤光が実は元治元（一八六四）年八月頃、徒罪方に勤務していたことはあまり知られていない。次にその史料を掲げておこう。

子八月十九日、志摩殿御聞届、請役所相達候様

右、徒罪方手元役より番宅詰被　仰付候様之事

手明鑓
江藤助右衛門

これは、鍋島文庫の中の「元治元年、手明鑓以下諸役相達、御仕組所」という史料中の記事である。(11)徒罪方とは、佐賀藩が熊本藩に倣って導入した徒刑制度に基づくもので、徒罪囚を管理する役所であった。役頭（侍一人）、手許役（手明鑓一人）、番宅詰（手許役よりこれを兼ぬ）、下役（足軽七人、内下番詰一人を兼ぬ）、小奉行（下役よりこれを兼ぬ）、手男二人がいた。(12)佐賀城本丸歴史館所蔵の江藤家資料中には、助右衛門が徒罪方に勤務していた元治元年十月から慶応元年七月までの覚書も残っている。(13)胤光が何時から徒罪方に勤務していたのか定かでないが、徒罪方は法律知識、殊に刑法の知識を必要とする部署である。このことが息子の新平に何らかの影響を与えたことは確かであろう。

江藤新平は、安政六年（二十六歳）に御火術方目付、万延元年（二十七歳）に上佐賀代官所手許、文久二年（二十九歳）に貿品方、慶応三年（三十四歳）に郡目付と、父助右衛門とほぼ類似の職歴を履んでいるから、(14)いずれ父と同様、徒罪方勤務を仰せつかる可能性も十分にあった。故に江藤が刑法に関心を持ったのも、実務の上で必要性があったからではなかろうか。

他方、財団法人鍋島報效会所蔵の「江藤先生遺墨」には、副島種臣と同庚の野副勤有が、明治六年十二月下旬に江藤から揮毫してもらった漢詩が収められており、その巻頭に

先考嘗語不肖曰、江藤君幼時為人粗模、年十八九来学句読於余、爾後大発憤力学、年二十三四、既凌駕先輩、殊精覈明律、余一日訪君于麹町邸、引余于其書斎、饗応太慇懃、談往時語韻事、而不及時事、輒取机上翰紙、染筆見示、紙尾任手裂之、不必用剪刀、君平生所慣行、実見君性格矣、勿漫除去

昭和二年至日　　　　　　　　　　　　野副本太郎識

とある。これは野副勤有の嗣子本太郎が書いたものであるけれども、これによれば、江藤は十八、九歳頃に先輩である野副に漢文の句読を教わり、二十三、四歳頃には既に先輩を凌駕する実力を身につけ、殊に明律を詳しく覈べていたという。明律とは言うまでもなく明の刑法典である。さらに野副本太郎は、別の史料で父勤有について

先考初称彌三郎、晩年号布川、出自松村氏、嗣野副家、与副島蒼海先生同庚、戊辰之役従軍羽州、後任判事、明治四十三年歿、寿八十三、先考私淑草場珮川先生、師武富圯南先生、勤有之諱、実圯南先生所選也、兄事神陽先生、又就福田東洛先生講明律

昭和二年至日　　　　　　　　　　　　野副本太郎識

と書き残しており(15)、勤有が福田東洛から明律を習ったこと、枝吉神陽に兄事したこと、明治政府で判事となったことが知られる(16)。従って江藤の明律の素養は、野副勤有を通じて授けられたものと解されるが、的野半介の『江藤南白』に

南白又東洛に就て経史を学びしことあり。東洛名は大介、字は公亮又は長翁と号す。東洛嘗て藩に仕へ、国境

監察と為り、才幹を以て鳴る。一日東洛、南白の論議を聞き、機鋒の当る可らざるものあるを見、之を評して曰く「後世畏るべし、彼が論鋒を以てすれば、異日謀叛するの外なかるべし」と。

云々とあるから、(17)江藤は或いは福田東洛から直接明律を学んだのかもしれない。

この福田東洛（大介、寛十、公亮）は『鍋島直正公伝』にもしばしば登場する人物である。もともと手明鑓の家格であったが、境目方（国境事務担当）の大塚桂山（頼母）が実務のみならず学問も仕込み、「眼を過ぐれば誦をなし、筆を援けば文を成す」、博学多識、公事文にも長じ、夙に境目方にありて四境の隣交に慣熟し」、「清朝官府語」にも精通していたので士籍に抜擢され、終生実務に従事したという。(18)

いずれにせよ江藤は、佐賀藩時代に明律を学んでおり、そのために新政府に出仕した後、その素養が活かされたのであった。既に前章で触れたように、新律綱領の起草には副島種臣が関与し、新律綱領は明律に依拠して作られたが、(19)そのことに関して、荒木博臣（一八三七～一九一四）が次のように語っている。(20)

日本デハ最初今ノ刑法ガ出来ナイ前ニ新律綱領ト云フテ支那ノ刑法ヲ根拠トシタ法律ガアツタ、コノ刑法編纂ノ時、副島ハ清律ニ拠ルガ宜敷イト云フト、江藤新平ハイヤ明律ニ拠ルノガ宜敷ト云フタ、ソコテトウ〱明律ニ拠ル事ニナツタ

荒木博臣は佐賀藩士で、初名山口権六。弘道館を経て昌平黌に学んだが、佐賀では江藤と共に、枝吉神陽の義祭同盟に参加、戊辰戦争に従軍後、明治二年に上京、江藤の斡旋で明治政府に官を得た。江藤との関係で特筆すべきは、明治二年十二月二十日夜、江藤が虎ノ門外で刺客に襲われた際、実は直前まで赤坂葵町佐賀藩邸内の阪部長照

の舎宅で、江藤は阪部、西岡逾明そして荒木らと歓談していたことである。江藤は居館が九段坂上の遠路にあるので、先に邸門を出たところ、刺客に襲われた。門外騒擾の音を聞いて阪部、西岡、荒木の三人が飛び出し、荒木が背後から江藤を抱え、拇指で瘡口を防いで出血を止め医師の来るのを待ったという。荒木はこの後、宮谷県、長野県、筑摩県の参事を経、明治五年十月に司法省七等出仕、明治八年五月に大審院判事になった人物であるから、右の談話にも信憑性がある。当時の中国は清朝政府の時代であるが、清律は明律を基本的に踏襲しているから、江戸時代以来、わが国では明律が専ら学ばれた。勿論、新たな判例などを知るために清律が参照されることはあったが、法典としては明律が重んじられていた(21)。江藤も明律を学んでいたから、そのことを副島に進言し、副島もその提言を採用したのではあるまいか。

全体、律は人命に関する法律であって、その解釈・運用には相当の習練が必要で、また一字一句も疎かにしない思考の緻密さ、論理整合性が求められる。江藤が新政府で数々の官制草案を起草し、また司法卿として司法制度の確立に邁進することが出来た背景には、明律の素養があったからであると言っても過言ではなかろう。

二　江藤の五権論

慶応四年正月、郡目付であった江藤は、藩主鍋島直大が京都警衛を命じられたのに供奉、暫く京都にいたが、三月八日、東征諸軍及び賊徒の情実を偵察するために、三条実美の命で小笠原唯八と共に江戸へ派遣された。そして江戸城接受などに立会い、四月に帰京すると、閏四月五日、徴士・軍監に任命され、今度は朝臣として江戸に下り、五月十九日に江戸鎮台判事、十月二十三日に東京府判事兼会計官判事となった。

かくて暫く江戸に滞在していた江藤は、明治二年正月、至急上京すべしとの命を受けて京都に戻り(22)、一ヶ月ほど京都に滞在、二月一日に岩倉から下問を受けたので、二月三日、早急に確定すべき事項十数条を答申した(23)。この答申書には、

①太政官は京都と東京のいずれに置くか、②海内一致、同心協力して地球上に独立するため、爵位を定め、官職を明らかにすべし、③ロシア、イギリス、フランス、アメリカなどと対峙するために、神祇官の職掌を高大にし、学校を建て、教法を明らかにし、道芸二学を講明し、神聖の道を修明すべし、④議事院の制、⑤外国交際の規則、⑥行政官と議政官の権限を明確に区分すべきこと、⑦富国強兵のための海外通商、兵制、⑧官制の潤色、⑨公卿の人情折合い、⑩物産の振興、器械の精巧、⑪会計の道、貨幣の鋳造、⑫刑法の道、四方同一

等々、江藤がこの後、精力的に取り組む主要課題が列挙されている。

その後、江藤は明治二年二月末、鍋島閑叟の求めに応じて一旦佐賀に戻って藩政改革を行ない、十一月七日に中弁に任じられて上京、明治三年二月には太政官制度局で制度取調専務を命じられた(24)。佐賀城本丸歴史館所蔵江藤家資料の「親政改革等意見(25)」（全文漢文）は、「請速増補兵備」「請速権定民法」「請召各藩知事輦下」「請罷弾正台置内外検非違使」「請大学中置選挙官」「請諸官員平常服宜用非常服」「請減神祇官々員」「請宿直官員宜増其人」の各項目からなるが、この頃のものであろう。

そして六月六日、岩倉から「是迄被　仰出候御誓文始メ大綱目モ御調ヘニて御配慮被下度存候」と、五箇条の御誓文や政体書などを基にして草案を起草するよう依頼された(26)。そこで六月十三日に、建国の体裁、職官の制以下、四十項目余りに及ぶ事項を列挙して提出(27)、さらに、起草の年月日は不明であるが、天皇の大権事項以下四十七箇条からなる「法度案(28)」、慶応四年閏四月の政体書を若干修正した「政体案」も起草した(29)。

このように江藤が岩倉の命を受けて精力的に制度案を起草したのは、岩倉が「建国ノ体ヲ昭明ニシテ施政ノ基礎ヲ確定スルノ議」を廟議に附するためであった。江藤以外に、副島種臣、大久保利通、大木喬任らも意見を出し、恐らくこれらを勘案して岩倉は、明治三年八月、十五項目からなる意見書を提出した[30]。いずれも当時の重要課題ばかりが列挙されており、第一番目の「建国ノ体ヲ明カニス可キ事」では「自今以後制度ヲ建テ法令ヲ定ムルニ当テ、始終有司ハ建国ノ体ニ違ハサランコトニ著眼スヘシ」と注意を喚起している。

江藤はこの後もなお数多くの制度草案[31]を起草した。江藤が執筆した草案を一見すると、そのいずれにも行法・立法・司法の三権分立を貫徹させようとの意向が容易に読み取れる。たとえば明治三年閏十月二十六日に大久保利通同伴で三条に出した草案でも[32]、左のように、中央政府のみならず、地方末端にまで三権分立を徹底させていた。

数郡ヲ合セシモノ及ヒ数郡数坊ヲ合セシモノヲ藩県トシ、十坊以上ヲ合セシモノヲ府トス

右ノ如クスレハ凡ソ府藩県合テ百余ノ地方官トナル、其一地方ヲ分テ三官トス

一、庁所

一、裁判所

一、議院

　但守護兵アル地方ハ其庁ニテ管ス

右三官以下ニ又郡坊ノ三司アリ

一、郡坊ノ令所

一、郡坊ノ裁判所

一、郡坊ノ議院

右三司ノ下ニ又三役員アリ
一、町村ノ惣代
一、町村ノ裁判人
一、町村ノ評議員

しかも江藤は、

右地方郡県ノ体裁ハ、亜墨利加ニ効ラヒ、各府各県其管轄中ノ事ハ一切御任セ有之、且知事ハ朝命ニシテ、其以下ノ官員ハ、其地ノ人ニ限リ、人選可有之、且不得已他ノ管内ノ人ヲ挙ル時ハ、其管内ノ人ナスベシ、只庁所裁判所議院ノ三官ヲ置キ、庁所ハ行法、議院ハ立法、裁判所ハ司法ノ事ハ同一轍ナルヘシ、故ニ地方モ其管轄丈ノ立法ハ、其地方ニ御任セノ事

と述べ、地方郡県の体裁はアメリカに倣うとしていた。この当時の江藤のメモに「仏ハ州郡邑ト分割シ、立法行法司法ノ旨モ明カナリ、唯如亜各州各郡委任ニ非ス」とあるごとく、フランスよりもアメリカの方が、各州各郡への権限委任が徹底していると認識していたからである(33)。

そして江藤は、「酉春」つまり明治六年の春までには上下両院を開設したいと考えていた。そのことは「国法草案」と題した草稿(34)に

一、立法ノ事、此後ノ酉春迄ハ太政官ニテ議定シ、夫迄ニ上下両院ヲ建テ、規則ヲ定メ、議員ヲ撰ヒ充テ、酉

ノ四月朔日ヨリハ其両院ニテ議セシム、但シ決ハ可在上ナリ、但シ西春迄上院ハ太政官ニ建テ刑律ノ未立モノ等ヲ議セシメ可議ナリ

一、行法ノ事、此後ノ西春迄ハ立法ト同シク太政官ニテ行フ、其四月朔日ヨリハ両議院ニテ議セシモノ奏問決定ノ上行之ナリ、其時ハ太政官立法ノ評議ハ不得預ナリ

とか

一、国政ノ事、此後西春諸法一定ノ上ハ、海内ノ州郡市邑共通シテ可遵奉ナリ、其上ニテ定ムヘキ条者両院ニテ議シ、太政官ニテ決シ施行スヘシ

とか書いていることで知られる。

このように江藤は、三権分立制の導入に熱心で、いずれの草案にもそのことを力説していた。(35) しかし注意しなければならないのは、江藤が構想していた三権とは飽くまでも太政官政治下の三権であるということである。そもそも江藤は、日本の国体は五権であると考えていた。明治三年前半のものと思われる草稿には

夫惟

皇国ノ御国体や

至尊自ラ握スル五権アリ、一云教化ノ権ナリ、二云執法ノ権ナリ、三云行法ノ権ナリ、四云訴獄ノ権ナリ、五云兵馬ノ権ナリ、而シ只兵馬ノ権ノミ自ラ振シテ百官ノ分職トセス、其残リ四権ハ分テ二トス、所謂教化ノ権

ハ神祇官ニ分付シ、立法行法訴獄ノ権ハ太政官ニ分付ス、而此四権モ其要機ハ　至尊自決ス、潜考ルニ是　先皇ノ微意、而古昔我　皇国ノ大ニ盛ナル所也

とあって(36)、天皇は教化の権、執法の権、行法の権、訴獄の権、兵馬の権の五権を掌握するとし、そのうち兵馬の権のみを天皇自ら握り、教化の権は神祇官に、立法・行法・訴獄の三権は太政官に分付するとしていたのである。実際、この草稿と同じ頃に江藤が執筆した官制草案の一つにも

執教化之権
一、神祇官　（乍恐常々潜考ルニ、至尊恭敬事　神祇ハ何用伯、因而不立伯事可ナラン歟）
副祐吏
○学校　○諸寮司
道学　○喪儀司
天文窮理
執立法行法折獄権
一、太政官
（以下、略）

とあり、教化の権を執るのは神祇官、立法・行法・折獄の権を執るのは太政官と明確に分けていた(37)。

江藤は幕末佐賀藩時代、枝吉神陽主宰の義祭同盟に参加して楠正成の尊皇精神を学び、後年に至るまで楠正成を

信奉していた。そのことは江藤が明治六年九月、湊川神社に石燈籠を寄進していることでも知られる。当然、江藤は敬神の念が篤く、明治三年六月、岩倉に宛てた答申書の末尾に

陰祠ヲ廃シ、仏ヲ廃シ、儒ヲ廃シ、海内ノ人皆　神道一方ニ奉崇スル事ニナス

と述べたほどであった(38)。従って江藤は神祇行政にも熱心で、既に慶応四年四月二十六日に岩倉に宛てた建言書の中でも

神祇官之事、一刻も速に十分之御方略相立不申候はては不相済と奉存候儀、（中略）実に同官之儀は大道之所在に而、其功も一朝にして立兼候付、能々用心無之而は不相済と奉存候。

と述べ、神祇官は「大道之所在」とまで言い切っていた(39)。

その一方で江藤は、後述するように、国法を「天下ヲ治ルノ大道ナリ」とも表現していた(40)。そうすると江藤は、この国法と、「大道之所在」である神祇官の「教化」とを、一体どのような関係として捉えていたのであろうか。そのことを窺う上で興味深いのは、明治三年九月四日附「日記覚書(41)」の次の文章である。

或云、国法民法立ハ国家自然興隆、兆民富強、自然文明ニ進ヘシ、余答云、左ニアラス、此ニ教化ト云モノアリ、此ニ法ヲ建テ之ニ法ラシメ、之加ニ教化ヲ以シ、然ル後ニ富強文明ノ域ニ至ヘシ、此法教二ツノ謂レ、尚試ニ戦ヲ以言ハン、夫隊ヲ合テ哨トナシ、哨ヲ合テ陣トナシ、軍トナシ、長ヲ置、助ヲ置、夫々番号ヲ定メ、

駟□（判読不能）軍正其他ノ職員ヲ置、旌旗楽卒ノ用、縦横方円ノ規、分合離聚、進退動止ノ規、軽重散歩駅騣三兵等迄、夫々約束ヲ預定スル、是ハ即チ法律ヲ立ル也、其将帥士官ハ夫々戦略戦術ヲ習練シ、兵卒ハ兵器ノ運用、進退歩候動止ノ習熟ヲナス、是ハ即チ教化ヲ施ス也、故ニ余嘗云、法律ハ節制ノ具也、教化ハ習練ノ道也、是不可偏廃也、是故ニ将略術アリ、卒能百中ノ銃術アリトモ、節制ナケレハ外敵ニ尚不可当也、人民皆文明多能ナルトモ、国ニ法律ナクンハ、人民保護安堵シテ其文明ヲ進ムル不能ナリ、必一時ニシテ後ニ衰微ス、彼ヘルシア、支那ノ如キハ其証ナリ、且法ト教トノ事、人身ヲ以言ハン、法ハ筋骨ナリ、教ハ血脈ナリ、人其筋骨病ミ疲ル、時ハ、血脈十分アリトモ其脈不遠病テ其人必死ス、故ニ余嘗云、法律ハ体ナリ、教化ハ用ナリ、今未タ法律不立、然ルニ是文明ヲ開カント欲、所謂公戦ニ拙シテ私闘ニ勇ナルモノ出ン、又其脈不遠病ムノ患ヒアリ、於是思、法律ヲ立固メ、海内ヲ一陣営ノ如クナシ、進退死生、大将一麾ノ所指ニ従テ至ル通リニナシ、然後ニ戦術ヲ教ヘテ、絶代ノ名将ノ帥ル軍ノ如ク、若シ傍観スル時ハ其色黒シテ見ル程ニナサント欲ス、是余ノ志ナリ、識者ノ願ヒ也、故ニ先ツ政体ヲ立、経綸法ヲ立、漸々教ヲ施サ（ン）ト欲ス、教ヲ施ノ論ハ別ニアリ

詠不切乎建法律、却切乎開文教人

漁者退結網、徒手焉得魚、有事必有則、徴得古人書

江藤は、まず法と教化との関係を軍隊になぞらえ、軍陣・軍規を法律に、将帥士官による戦略・戦術の習練を教化に匹敵させ、法律は節制の具、教化は習練の道であるという。次に江藤は法と教化との関係を人体になぞらえ、法は筋骨、教化は血脈であるとした。更に江藤は、法と教化との関係を朱子学でよく言う体と用との関係になぞらえ、法は体、教化は用であるという。かくて江藤にとっては、法と教化は両々相俟つべきものであるから、「先ツ

政体ヲ立、経綸法ヲ立、漸々教ヲ施サ（ン）ト欲ス」ということになる。つまり、江藤の論理からすると、法は「大道」の体であり、教化は「大道」の用であった。

故に江藤にとっては、法制度の整備と同時に、「教化」も忽せに出来ない問題であって、既に明治二年二月三日の岩倉具視宛答申書でも、神祇官の職掌を高大にし、学校を建て、教法を明らかにし、道芸二学を講明し、神聖の道を修明すべしと言っていたし、(42)明治四年には「我人民ヲ教導シ、善ヲ奨メ悪ヲ戒メ、心ヲ正クシ、意ヲ誠ニセシメテ、人ノ人タル道ヲ行カシム」るために教部省の設置を建議した。(43)このような考えに基づいて、明治五年三月十四日に教部省が設置され、江藤自ら教部省御用掛となったのである。(44)

他方、「兵馬ノ権」つまり軍事権については、「法度案」の中で

軍事ノ大権ハ　上一人ニ帰ス、因テ兵部省及ヒ地方三官トモ勅許ノ外ハ新ニ兵隊ヲ募リ或ハ編制操練シ、殊ニ管轄外ノ地ハ勿論、其内ト雖モ妄リニ兵隊ヲ以動揺スル事ヲ得ス

と書いている。(45)年代はやや下るが、江藤が明治六年五月十二日から十三日にかけて書いた草稿(46)は、江藤が法制度の整備とともに、軍事制度の完備にも並々ならぬ意気込みを持っていたことを窺う格好の文章である。

并立ノ目的何等ノ方略ヲ以テ之ヲ達スルヤ、将幾年ヲ期シテ之ヲ成スヤ、試ニ看ヨ、荷蘭瑞士白耳義ノ如キ小弱ノ国ノ并立スルハ、法律ノ精シク行ルレハナリ、鄂羅ノ如キ法律精シク行レスト雖モ、強国ノ一ニ居ル者ハ兵力ノ盛ナレハナリ、然則兵ト法トハ並立ノ要務ナル事明ナリ、所謂法ナル者ハ国法民法商法訴訟法治罪法刑法ニシテ　御国モ其会議是迄ノ如ク相運ハ、自今満二年ヲ経ハ之ヲ施行シ了リ、満五年ヲ経ハ吏民大概熟スヘ

シ、所謂兵ナル者ハ陸軍ノ如キハ既ニ兵制御施行ナリシナレハ、満五年ヲ経ハ士卒共ニ相熟スヘシ、唯海軍ニ至リテ未タ全ク備ラサルニ似タリ、如何トナレハ、仮令軍艦アルモ、是ニ属スル人寡ク、因テ人ヲ増サン歟、新入ノ人必海軍ノ風波ニモ且ツ苦ミ、迚モ物ノ用ニ立ツヘカラス、夫我国ハ四面海ナリ、海国ノ海軍ニ於ル、其要用ナル事、陸軍国ノ騎兵ニ於ルヨリモ甚シ、因テ考ルニ、海軍省ト開拓使ト合併シ、而シテ内部安寧取締ノ権ノ及ヒ難キ北海道対州琉球八丈無人島ノ如キ皆同省ノ管轄トシ、海軍ヲ以テ之ヲ保護セハ、右諸地方ハ真ノ保護ヲ得テ、而テ海軍ハ航海ニ習熟シ、凡ソ満五年ヲ経ハ海軍又我全国ヲ保護スルニ足ラン歟、故如何トナレハ西人云、属国ナケレハ海軍ヲ盛ニスル能ス、是属国保護ノ為メノ往来ニ因テ、自然海軍整熟ノ人民モ自然往来シ、商船往来モ自然稠シクナリテ、兵モ民モ海中ノ業ニ熟スル故ナリ、各国ニテ海軍局属国事務ヲ兼ルモ是ノ為メナリ、右兵法両条ノ務メ五年ヲ期シテ定ラハ、仮令兵力ノ盛ハ罸羅ニ到ラストモ、又法律ノ精キ蘭白瑞ニ至ラストモ、我ハ法兵二ツノ者ヲ并成ス訳ナレハ、並立ノ目的初テ達スルヲ可得歟、夫兵ト法トハ一度相整ラハ、是迄約定ヲ以テ制セラル外国交際通商ノ事、皆各国同様ニ改正セント欲ス、而彼無理ニ我改正ヲ承諾セスンハ、理ノ曲直ヲ相分テ戦ト決シテ談判ヲスヘキナリ、而談判苟モ整リ定約改正ニ至ラハ、我初テ外人ノ御国中ニ在ル者、皆我国法ヲ奉セシメ違ハサラシム、左モ無之此侭打過、法ト兵トノ要務ヲ不張スンハ、我国ノ弱且貧ナル、一年ハ一年ヨリ甚シキ事、不待智者シテ可知也、故ニ前文ニ云、我戦ヲ決シテ談判シ、而彼無理ヲ云テ不承諾ハ、我全国ノ智ヲ尽シ全国ノ力ヲ尽シ、戦ヒ百敗挫ス、幾年掛ルモ相戦ヒ、終ニ勝サルベカラス、若又前文兵法ヲ張リ、五年ヲ期シテ百官同心尽力、終ニ約定改正ニ至ラハ、裁判通商収税ノ道初テ中ヲ得テ、富国ノ手段モ初テ生シ、御国ノ威権モ初テ相揚リ可申、然後土地ヲ并セ宇内ニ冠タル方略モ相達スルト奉存候国法・民法・商法・訴訟法・治罪法・刑法などの法律は満二年で施行、満五年で国民に習熟させ、陸海軍も同様に五年で習熟させ、法と兵とを完備して条約改正を成し遂げ、西欧列強と並立したいというのである。

三　江藤の国法観

江藤が勤務していた太政官制度局では、明治三年六月二十二日、①兵制、②民法、③商法、④農法、⑤工法、⑥租税法、⑦華族ノ式、⑧在官式、⑨礼、⑩大礼、⑪楽、⑫刑法の十一項目を「制度取調名目」と定め、この中の民法を江藤が担当することになった。そして明治三年九月以降、民法会議が開催されたが、しかし、「開巻第一民権ノ字義ニ於テハ、吾邦開闢以来夢想シ得サル所ノ事ニシテ、父子夫婦ノ権義ニ至ルマデ、一トシテ奇怪ノ事タラザルハ無ク、且訳字ノ雅馴ナラザルヲ咎メ、議論峑涌、徒ニ片言隻字ヲ論スルカ為メニ、数月ノ会議ヲ費シ」ていた。(47) しかも江藤が同年閏四月に書いた「国法ノ議案」の冒頭で

謹而考量仕候処、国法ノケ条未夕御確定無之、是迄ハ時々触来ル処ノ一事ツ、御施行有之候様相窺、左候テハ此後前令後令牟楯ノ患ヒモ相見、一体各国トモ政府ト政府トノ交際ハ公法ヲ以テ整へ、政府ト其国民トノ交際ハ国法ヲ以テ相整へ、民ト民トノ交際ハ民法ヲ以テ相整へ候次第、各国ノ通儀ノ様相成居、総テ国家富強盛衰ノ根元モ専ラ国法民法施行ノ厳否ニ管係致シ候趣、其上国法ハ所謂国人ト交テ信ニ止ルノ規則ニテ、則又民法ノ根本ニ相当リ候故、既ニ民法会議モ箇条ニヨリ国法御確定無之テハ纒リ兼候事モ有之、且先般政体法度ノ草案差上置候得共、是ハ武家法度ヲ元トシテ此後十年計リノ目的ヲ以テ取認メ置候処、前断ノ通速ニ永世国法御確定無之テハ不都合ノ儀モ可有之候間、更ニ条理ヲ立、右政体法度ノ条タモ引合セモノトシ、式日ヲ以テ国法

御会議被相整度奉存候、因テ各国々法ノ旨ト只今海内ノ事情ヲ酌テ国法ケ条ノ目録ヲ立ル如左ニ御座候

云々と言っているように、(48) 民法も国法が定まっていないと決められない個条もあった。

江藤が具体的にどのような問題を念頭においていたのか定かでないが、例えば、民法会議の頃の草案と思われるものに

一、皇統御受禅者親王様ニ限る、内親王践祚御廃止
一、天下一般女子ハ血統ニ不相成候事
一、智養子御停止之事
一、三等迄者家督御免被仰付度事
一、家督之儀
　右、一家ノ産畜積等、兼而官へ届出置候得者、官・其家畜を以、其利益を収メ、是を以其祭を致呉候事
一、遺財支配ノ事

とあり、(49)「皇統御受禅」と同時に、天下一般の婿養子、家督、遺財の問題を挙げている。なるほど相続という点からみれば、皇統も天下一般の婿養子なども同じ範疇に入るが、しかし国法と民法との観点からすれば、「皇統御受禅」は国法に属させるべき問題であって、天下一般の相続法とは区別すべきであろう。おそらくこのような事例が多々出てきたので、江藤は民法と同時に国法も制定する必要があると考えたのであろう。

かくて民法会議と並んで国法会議も開催することとなり、江藤は「国法ノ議案」を作成した。これは、既に指摘

されているように、神田孝平訳の『和蘭政典』に倣ったものであるが(50)、確認のために『和蘭政典』の目次と、「国法ノ議案」の草稿(51)とを比較してみよう。

（『和蘭政典』目次）

第一編　国土并に人民の事

第二編　国王の事

　第一段　継統の事

　第二段　国王歳俸の事

　第三段　国王後見の事

　第四段　摂政職の事

　第五段　国王即位礼式の事

　第六段　国王威権の事

　第七段　特進評議官并に諸事務局の事

（「国法ノ議案」草稿）

第一章　土地人民之事

　府藩県坊街郡村ノ事

　皇族花族士族卒民ノ事

　家禄ノ事

第二章

　継嗣の事

　宮内御入費

　~~国王後見~~

　~~摂政ノ事~~

　~~御即位礼式~~

　~~皇室威権之事~~

　~~特進評議官并に諸事務局之事~~

　太政官官員職掌ノ事

　諸官省ノ事

　府藩県郡邑坊街ノ長官職掌

第三編　国会の事

第一段　国会紳士聚会の事

第二段　下院紳士の事

第三段　上院紳士の事

第四段　両院惣体心得の事

第五段　立法の権の事

第六段　歳費見積の事

第四編　州会并に邑会の事

第一段　州会紳士の事

第二段　州会権威の事

第三段　邑会の事

第五編　刑法事務の事

第一段　刑法総則の事

第二段　大裁判所及ひ刑法官の事

第三　国~~会~~（議院）之事

立法行法の権の事

歳費見積之事

一、国~~会~~（議院）之紳士聚会の事

二、下院紳士の事并ニ職掌の事

三、上院紳士の事并に職掌の事

~~四、両院惣体心得の事~~

~~五、立法の権の事~~

~~六、歳費見積の事~~

第四　州会并ニ邑会の事

一、~~州会~~（府藩県議院）紳士の事并其職掌

二、州会権威の事　坊郡会の事

三、街邑会の事并職掌

第五　刑法の事

一、刑法総則の事

二、大裁判所及刑法官の事

所々出張所

中裁判所の事

府藩県

第六編　教法の事
第七編　会計の事
第八編　兵備の事
第九編　水利の事
第十編　教育并に済貧の事
第十一編　政典変革の事

小裁判所の事
郡裁判所の事
第六　教法《化》の事
神道ノ事
儒道ノ事
仏ノ事
第七　会計の事
第八　兵備の事
第九　水利堤防の事
駅逓の事
工部の事
第十　教育并済貧の事
第十一　政典変革の事

右のように両者を比較してみると、「国法ノ議案」は『和蘭政典』を下敷きにし、それを適宜修正加筆したものであることが一目瞭然である。江藤が新たに書き加えた箇所は、第一章の府藩県坊街郡村ノ事、皇族花族士族卒民ノ事、家禄ノ事、第二章の太政官官員職掌ノ事、諸官省ノ事、府藩県郡邑坊街ノ長官職掌、第五章の中裁判所の事、小裁判所の事、郡裁判所の事、第六章の神道ノ事、儒道ノ事、仏ノ事、そして第九章の駅逓の事、工部の事であるが、これによって江藤が裁判所の問題に特に留意していること、立法行法の権の事を第三章の冒頭に配列している点から、三権分立にも拘っていたことが容易に看て取れよう。

さて、江藤の建議に基づき、明治三年十一月二十七日、天皇親臨の下、三条実美、嵯峨実愛、木戸孝允、大久保利通、後藤象二郎、江藤新平、加藤弘之、楠田英世、長炗が出席して第一回の国法会議が開かれ、続いて十二月二日、十二月七日、明治四年一月二十七日、一月二十八日にも同会議が開催された。佐賀県立図書館の『江藤家資料』には、国法会議の際のレジュメと覚しき次の史料が残されている。(52)

国法　庚午十一月廿七日十二月二日七日会議

天皇独裁

君権

一、法ヲ制シ政ヲ行ヒ法ヲ司ラシムル事

一、旧法ヲ改メ或ハ廃スル事

一、百官ヲ進退黜陟シ位階ヲ升降与奪スル事

一、全国兵馬ノ事

一、海陸軍官ハ特　主上ヨリ命スル事

一、外国ト和ヲ結ヒ戦ヲ宣ル事

一、公使ヲ外国ニ出シ外国公使ヲ引受ル事

一、全国臣民ノ権利ヲ保護スル事

一、危急ニ当リ兵ヲ徴シ財ヲ収ムル事

一、教法ヲ守ラシムル事

一、貨幣ヲ製造改変スル事
一、国郡府県ヲ改更廃置スル事
一、罪犯ヲ特赦停問スル事
一、議院ヲ開閉罷散スル事
一、議院ノ議事ヲ取捨スル事
一、主上過失アリトモ其責ニ任セサル事
制法ノ権
　此権　主上ニアリ
　制法ノ権細分シテ三トス
一、議ヲ起スノ権　主上及三職ニアリ
一、議スルノ権議院ニ在リ
一、議ヲ決スルノ権　主上ニアリ
行政ノ権
　此権　主上及太政官ニアリ
司法ノ権
　此権　主上及法官ニアリ

この史料にある通り、国法会議では天皇独裁を大前提として、天皇の大権事項や三権分立制が協議されていることがわかる。しかもその三権のうち、制法の権は天皇にあり、行政・司法の二権もそれぞれ天皇と太政官、天皇と法官にあるとされていた。「全国兵馬ノ事」や「教法ヲ守ラシムル事」を君権に属せしめているのは、江藤案を基にしている証左である。

この会議は「国法」の会議であるが、一体、江藤はこの当時、「国法」の内容をどのようなものと考えていたのか、必ずしも明確ではない。何となれば、この国法会議に際して江藤が書いたと思われる「国法私議[53]」には

政治ノ大典国家ノ品序名分ノ総律法制立ス、所謂国法民法ニシテ、国法ノ関渉スル所ハ根本律法経綸律法刑法治罪法租税法雑法等ナリ、民法ノ関渉スル所ハ人権物権約束訟法等ナリ、(中略) 其根本律法経綸律法等ノ条例ハ別ニ之ヲ具論スヘシ

とあって、「総律法」を国法と民法とに分け、国法を更に根本律法・経綸律法・刑法・治罪法・租税法・雑法等に、民法を人権・物権・約束・訟法等に分類しているが、根本律法や経綸律法については「別ニ之ヲ具論スヘシ」というのみで、具体的内容には論及していないからである。

この頃、江藤がオランダの法学者フィッセリングの『泰西国法論』を通じて西洋法の知識を得ていたことは、「日記覚書」の中に『泰西国法論』第十二章、第十四章、第十六章[54]の文章をそのままを書き抜いた

一、国法
一、民法
一、国法ノ目如左
一、所謂根本律法、朝綱又国憲ニシテ、国家経綸ノ基礎也

二、経綸律法　此は国家緊要事務の条規にして、猶人身に脈絡諸機あるが如し
三、刑法及治罪法
四、税法
五、雑法　時勢景況ニ準シテ国家特ニ心ヲ留ム可き要件種々アリ、其条例ヲ定ムルヲ云フ
民法ノ関渉スル所如左
一、人権　衆庶同生彼是相対して互に其権アリ、之ヲ人権と云フ
二、物権　人各物アリ、之ヲ有ス、須ラク其権アル可し、之ヲ物権と云ふ
三、約束　得心の議定并に人の行事と景況に因テ律法上に定て違背す可らスとする事を云ふ
四、各人其人権物権を防護し、又約束の遵行を責る方法、之を詞訟法と云ふ

という文章があることによって明らかである[55]。故に江藤は、これに依拠して法体系を国法と民法とに分け、国法には根本律法、経綸律法、刑法及治罪法、税法、雑法などが、民法には人権、物権、約束、詞訟法などがあると認識していたことは窺えるが、ただし、『泰西国法論』の記述は右の通り簡潔で、詳しい説明はないから、江藤もその詳細な内容を把握するのに苦慮していたようである。同じ「日記覚書」に

或一日来問余以国法之事ヲ、因草案ヲ建ル
時ニ九月四日夜認ム、庚午年
国法ニ三法アリ、古来国家ノ習俗ニヨリ可行ヲ目的トシテ永世ノ法ヲ立ル、是ヲ政体ト云、又根本律法ト云、一也、国内ノ地勢時情ニヨリ区別ヲ建、官ヲ設ケ職ヲ置、或ハ外国交際ノ上ニヨリ億兆ヲ維持保護スルノ方法

ヲ建ル、是ヲ経綸律法ト云、一也、時勢ノ景況ニヨリ臨時ニ施行ス、是ヲ雑法ト云、一也、此三法各別アリ、不可混、今所欲建ノ国法ハ先ツ政体、次ニ経綸律法ヲ云ナリ、雑法ノ如キハ、預メ不可定ム、当年立テ明年廃スル事アリ、一事止テ一法止ミ、日々万機皆無非法也（下略）

と書いているかと思えば、別の箇所では

謹而考ルニ弾正ハ国法及民法ニ違フモノヲ糺弾スルモノ也、国法トハ何ソ、天下ヲ治ルノ大道ナリ、大道トハ何ソヤ、一云五倫ノ道、二云経綸ノ道、三云刑典及治罪ノ式、四云租税ノ法、五云雑法（時勢ノ景況ニヨリ臨時ノ規及ヒ一時ノ□（判読不能）□法）、此五ツノモノヲ国法ト云、民法トハ何ソヤ、人権物権約束詞訟、此四ツノモノヲ云ナリ、右国法民法相定り、然後ニ非違と云うモノ有之候訳ニ而、只今ハ未夕国法民法ノ規則取調中ニ而、余り不相立ニ候得者、弾例のミ相立候義出来不申候、但国法民法相立候共、其非違の条と云モノハ、尚又熟慮精思、勧懲ノ浅深等ヲ能々見留候上、弾例ハ相立候義ニ奉存候事

とも書いているからである。

右の記述にあるように、江藤は根本律法を「政体」と言ったり、「五倫ノ道」と言ったりしている。「政体」と言うときには恐らく慶応四年の政体書を念頭に置いているのであろうが、「五倫ノ道」と言うときには一体、どのような内容を想定していたのであろうか。五倫とは、儒教に於ける五種類の徳目、すなわち親、義、別、序、信を指すが、江藤は必ずしも儒教的な徳目に限定しているのではなく、「人として踏み行なうべき道」という位の意味で

「五倫ノ道」と言っているのかもしれない。そうとすれば、江藤にとっての根本律法は、倫理的乃至は宗教的価値観をも包含したものであって、現代の我々が考える憲法とは聊か趣を異にしたものであったということになろう。

四　江藤の根本律法観

江藤の根本律法観を窺う史料の一つとして、「亡祖父上様に関する書類」と題する和綴冊子がある。これは江藤の制度取調専務時代、国法会議開催前のもので、

①「謹テ神典ヲ考ルニ」云々で始まる一文
②敵国外患に関する刑法の条文十箇条の草稿
③皇族は親王と諸王、諸臣は花族、上下太夫、上下士、卒と記載した一文
④花族以下諸臣についての詳細な草稿
⑤上議院の構成や職掌に関する草稿
⑥太政官下の下議院についての草稿
⑦神祇官、刑務・外務・大蔵・大学の諸省、驛逓・工部の二外寮、式部・治部・監察の三内寮についての草稿
⑧「上下臣民大小僧尼たりとも、神祇ヲ可崇敬事」以下、宗教制度、衣服制度、婚姻制度、対外関係等々に関する十三箇条の草稿
⑨「国法ノ議案」の草稿

が書き連ねられている(56)。
　この和綴冊子は中橋玉林堂製の既成の冊子であるから、江藤が①から⑨まで順を追って書いたものであることがわかる。いずれも草稿ではあるが、当時の江藤が如何なる事柄を重要問題として考えていたかは十分に窺うことが出来る。そこで、順を追って内容を点検してみると、先ず①は次の通りである(57)。

謹テ神典ヲ考ルニ
諸冊両尊初テ日月星辰地球ヲ生シ、而シテ先皇国ヲ生シ、次ニ諸島ヲ生シテ皇国ヲ保護セシム、而シテ禽獣魚虫草木八百万神ヲ生ス、当是時ニ
天照大神ヲ生シテ宇内ニ君臨セシム、是ヨリ
皇統一系終古不絶、天壌ト共ニ極リナシ、且
皇国ノ地形タルヤ海水四方ヲ環リ、海浜凹凸、処トシテ港アラサルナク、舟楫ノ便利甚宜シキニヨリ、内地ノ産物ヲ運輸スルニ其労費少シ、殊ニ位置宇内ノ中央ニ当リテ、諸国ニ航海スルニ甚キ迂程ナク、四時ノ季候中和ヲ得テ酷暑ナク厳寒ナシ
此地形ヲ見テモ両尊ノ皇国ニ於ル、豈ニ意ヲ用ルノ深厚ナラスヤ、宜ナリ神孫此国ニ降臨マシマスヤ
神孫降臨ノ時ヨリ
神武ノ前ニ至マテ宇内所奉ハ蓋シ我神孫君ナリ、故後世　天皇ヲ称シテ天カ下シロシメス天皇ト云、天カ下ハ宇内ナリ、宇内万国ノ人民ハ皆　天皇ノ赤子ナリ、赤子ニシテ孝ヲ不知時ハ父ニシテ憂サルモノアランヤ、此赤子ヲシテ其方向ヲ定メ、其父ニ孝ヲ尽シ、子道ヲ全クセシムルモノハ、其大父タル天皇ノ大志ニシテ、神ノ厚旨ナリ、故ニ世々　先皇ノ海外ニ於ルヤ或ハ征之、或ハ服之シ、更ニ残忍不仁ノ挙ナク、来ルモノハ化之撫

之、挙之官之、以テ其才能ヲ尽シム、而テ　神意ヲ奉ス、是ヲ以テ　神意ヲ奉スルハ、中古以来ノ器模トナレリ、神意トハ何ソヤ、詳ニ言之ハ我　天皇ヲシテ宇内ニ君臨セシメ、皇沢ヲシテ宇内ニ洋溢セシメ、我正朔ヲシテ宇内ニ奉セシメ、永世宇内ノ人ヲシテ皆我天皇ニ忠ヲ尽シ、誠ヲ尽シ、人臣ノ道ヲ尽サシメ、所謂宇内所奉ハ我天皇一君ナラシムルヲ云ナリ、夫此神意ヲ奉ス、是　皇国ノ御国体ナリ、此国体ヲ益光明正大ニス、是皇国ノ御国是ナリ、今ヤ維新ノ時、海内干戈モ全ク止ミ、大権全ク太政官ニ帰セリ、当今之時確然御国是ヲ定メ、其方略ヲ施サスンハ、何時ヲカ待タン、且其方略ヲ施スニ於テハ、即今ノ内外情勢ヲ詳ニシ、深慮リ遠計リ、其情勢相応〳〵ノ事業ヲ漸々運ハスンハ、却テ万事進メンヲ欲シテ退クノ患アルヘキナリ、慎サルベケンヤ、因其方略ヲ論スル如左

イザナギ、イザナミ両尊の国産み神話、天照大神の天壌無窮の神勅、天孫降臨等々から説き始めて、天皇統治の正統性を述べ、また天皇と人民との関係を父子の関係になぞらえ、「宇内万国ノ人民ハ皆　天皇ノ赤子ナリ、赤子ニシテ孝ヲ不知時ハ父ニシテ憂サルモノアランヤ、此赤子ヲシテ其方向ヲ定メ、其父ニ孝ヲ尽シ、子道ヲ全クセシムルモノハ、其大父タル天皇ノ大志ニシテ、神ノ厚旨ナリ」と言い、子が親に孝を尽くすと同様、人民は天皇に誠を尽くし、忠を尽くすべきであって、それが「人臣ノ道」、「皇国ノ国体」であると述べている。

前節で見たように、江藤は根本律法を「五倫ノ道」と言い換えていたが、その内容は、この文章でいう「人臣ノ道」と同内容と解して差し支えあるまい。そうとすれば、江藤は根本律法に天孫降臨以来の由来を記した国体論を明記しようと考えていたということになろう。

さて、②の敵国外患に関する条文は

一、対
　朝廷ニ兵器ヲ弄スル者
一、外国政府又ハ其官吏ヲシテ日本ノ拒敵トナサシメ、又ハ戦ヲ講セシメ、又ハ外敵ト姦謀ヲ講ヘ、或ハ交通ヲ為シタル者、縦令其事不成、或ハ事平穏ニ治ルト雖モ、交通ヲ為シタル者
一、透敵及ヒ敵ニ民人金銀食料器械等ヲ給与スル者
一、臣民ノ対
　朝廷ニ忠誠ノ心アルヲ蠱惑スル者
一、兵事及ヒ政事ノ害トナルヘキ報知ヲ敵へ報告スル者
一、百官ノ人政府ニテ商議ノ事及ヒ出兵等ノ密事ノ委任ヲ得、又ハ其事ニ参知セシ人、若シ其機密ヲ外敵及ヒ内賊ニテモ漏洩スル者
一、百官ノ人及ヒ其任ヲ受テ、其職ニヨツテ其地ニ赴ク人、寸地ニテモ外敵ノ官吏等へ或ハ売却シ或ハ付与シタル者
一、城塞兵器制造所港口等ノ絵図ヲ敵国へ付与スルモノ
（筆者注、以上八項目の欄外には「死刑」と書かれている）
一、敵国ノ間諜又ハ兵卒等ヲ匿シ置キ、或ハ他人ノ家ニ匿シ置カシメシ者ハ死刑
一、政府ノ許シヲ不受、外国へ対シ私ニ敵ヲ拒ク同様ノ所行ヲナシ、是ニ因テ外国ヲシテ我ト構兵ノ事ヲ公告スルニ至ラシムレハ其者ハ流刑
一、政府未タ許サル所行ヲ為スニ因テ外国ヲシテ其報復ヲ行フニ至ラシムル者ハ流刑

となっている。右の条文は、実は箕作麟祥訳『仏蘭西法律書』下巻第三篇第一章第一款「国ノ外部ノ安寧ヲ害スル重罪及ヒ軽罪」の第七十五条から第八十五条までを抜粋し、それに適宜、手を入れたものにほかならない。何故にこの箇所にこのような刑法の条文が置かれているのか、一見した限りでは判然としないが、しかし前節で取り上げた明治三年九月四日附「日記覚書」の経綸律法の説明に

国内ノ地勢時情ニヨリ区別ヲ建、官ヲ設ケ職ヲ置、或ハ外国交際ノ上ニヨリ億兆ヲ維持保護スルノ方法ヲ建ル、是ヲ経綸律法ト云

とあったのを思い起こすと、その理由が明らかとなろう。つまり江藤は、経綸律法には「外国交際ノ上ニヨリ億兆ヲ維持保護スルノ方法」を含めていたのであって、そのような国防上の観点から、右の敵国外患に関する条文を抜き出したのであろう。

このように見てくると、官職制度について記した③から⑦の草稿も、これを経綸律法の範疇に入れることが出来る。さらに⑧の文章は

一、上下臣民大小僧尼たりとも、神祇ヲ可崇敬事
一、神祇官ニ而御施行之大教者上下臣民者勿論、諸宗門僧尼たりとも可奉其旨事
一、諸仏寺諸宗門可為従前之通り事
一、諸国之臣民太政官之許シヲ不受シテ宗門ヲ不可改事
一、諸宗門僧尼、私ニ他之宗門之人ヲ甘言厚利ヲ以己ノ宗門ニ不可引入事

右五条宗門ニ懸る事
一、府藩県士民とも其知事之不受免許、其姓名を不可変事
一、衣服之制ヲ不可乱事
一、華族ハ一妻二妾、士民ハ一妻一妾ニ不可過事
一、嫁娶之事、華族ハ太政官へ、士民ハ府藩県ノ庁へ届出受許置、所抱ノ妾ハ届ニ而可相済事、其礼ヲ可整事
一、一旦妾ト相定り候もの、妻となルべからさる事
一、太政官之許シヲ不受、外国へ不可出事
一、太政官ノ許ヲ不受、外国人ノ雇人となるべからざる事
一、外国ニ関係スル諸公事者細事たりとも、百官諸有司いつれも不受　勅裁ハ不可行事

となっており、宗教、姓名、衣服、婚姻、対外関係等々と雑多ではあるが、いずれも社会秩序の基本に関する事柄で、やはり経綸律法に含めようと考えていたのではあるまいか。

以上を要するに、「亡祖父上様に関する書類」と題された冊子は、江藤が「国法ノ議案」を提出する直前、国法の根幹となる事柄―すなわち根本律法や経綸律法―を書き出したものと看做すことができよう。

五　その後の国法論議

江藤は民法会議や国法会議と併行して、官制草案も起草し続けた。明治四年四月頃の「官制艸案」と題する「政府規則」(58)には、神祇官、太政官、中務省、民部省、大蔵省、海軍省、陸軍省、外務省、工部省、文部省、駅逓省、

開拓使、司法台、上議院代、集議院、海軍府、陸軍府が列挙されており、太政官は左右大臣、准大臣、諸卿輔で構成することとなっていた。岩倉や大久保も江藤案に依拠しつつ、官制改革を行なおうとした。ところが、明治四年六月、木戸孝允がその改革案に反対を表明した。よく知られているように、木戸は「大納言参議を一体と為し、之を帝室の枢機官とし、以て立法を司らしめ、行政と両立して政治をなすの議[59]」によって、納言・参議に権力を集中させて、諸省の卿を太政官から外すことを建議したからである。しかも、木戸は「下院の挙は我国民の時勢を知り、事理を弁するの後を待て之を創立すへし、今日の実際に於ては軽忽に之を開くは政途を一にするの策に非す」と述べ、下院創設も時期尚早と断言した。

六月二十一日、大久保が岩倉に宛てた書翰に「御評議之上内定相成、只木戸一人未承不申丈之事ニ御坐候間、爰ハ両公ノ御任ニ可有之事と奉存候」「尚々今日ハ江東モ参、何故ニ御延引相成候ヤ、是非速ニ御評決被為在候様ニと頻ニ承候[60]」とあるので、江藤は自分が関与している改革が延引することにかなり憤っている模様が窺える。しかし、六月二十四日、大久保が岩倉に「今晩よりにても江東江御含メ被成候方可然と奉存候[61]」と手紙を出しているので、江藤は結局、言い含められたのであろう。

かくて六月二十九日、木戸案を主体とする改革案が決定し、大久保・大隈・佐佐木・井上馨・山県・副羽・寺島・後藤・江藤らが制度調査に従事することになり、後に宍戸璣・吉井友実・渋沢栄一・杉浦譲らも加わって、七月五日から制度調査の議事が始まった[62]。七月八日には、「今我国体ヲ建ル、先ヅ其基礎ヲ審ニセズンバアルベカラズ、現今宇内各国ノ体裁ヲ参考シテ、我ガ適正ノ体ヲ創立スル左ノ三項中ニ就テ之ヲ撰定スベシ」との国体論議があり、「会議定律」「定律中独裁ノ旨ヲ有スルモノ」「独裁中定律ノ旨ナルモノ」の三項目の撰定について議論されたという。

右の「会議定律」とは会議で根本律法を定めること、「定律中独裁ノ旨ヲ有スルモノ」とは定律を大前提として、そのうちの幾分かを天皇大権に譲ること、「独裁中定律ノ旨ナルモノ」とは天皇独裁を大前提として、そのうちの幾分かを定律に譲ることをいうのであろうか。

国法会議の再開かとも思われたが、しかし結論には至らなかった(63)。三条の岩倉宛書翰によれば、制度取調も「段々洪大之事に相成、国法迄も溯り評議仕候事に評決」したが、「何分評議も所詮至急には六ケ敷と存候付」、とりあえず「司法台発表、来九日御達之手筈に取極」めた(64)。

かくて七月九日、従来の弾正台と刑部省とを廃止して新たに司法省を設置、佐佐木高行が司法大輔、宍戸璣が同少輔となった。司法省は、七月十四日の廃藩置県、七月二十九日の正院・左院・右院設置の後、八月になって正院に「御改革ノ大旨ニ基キ欧州各国ノ政体ニ依リ諸法条例本省ニ於テ編録致シ候儀伺」を上申した(65)。

司法ノ要務ハ欧州各国ノ政体ニ依レハ、民法也詞訟法也刑法也、是等数法ハ事務中最一ノ目的ニテ、片時モ不可欠ノ処、右御政体上ニテハ議院ニ於テ諸法議定ノ上、当省ニ於テ執行致ス可ク筈候ヘ共、律法書ハ誠ニ数千万ノ条例ニテ、両三年ヲ経サレハ卒業ノ目的モ無之、当省ニ於テ夫迄安然相待候テハ、滞訟如山事務旦夕ニ差支ヘ候ニ付、右諸法条例ノ儀ハ新律編纂ノ例ニ倣ヒ、本省ニ於テ早急翻訳致、彼我ノ風土人情ヲ酌シ、一書編録、尤差懸リ候事件ハ見込ニヨリ、条ヲ追テ即今ヨリ施行ニ及ヒ候様被仰付度

すなわち西洋の法治国家には民法、詞訟法、刑法が不可欠であるが、その編纂のためには議院で議定する必要がある。しかし、我国にはまだ議院が存在せず、条件が整うのを待っていたら更に二、三年を要するので、とりあえず司法省で西洋の法律を翻訳し、彼我の風土人情を斟酌した上で編纂をしたいと述べている。

この上申は正院に認められ、九月二十七日には法律家を養成する明法寮も設置され(66)、いよいよ司法制度改革に取

り組む運びとなったが、しかし司法省での改革は思うように進展しなかった。「佐々木トカ宍戸トカニテハ埒明ヌ」、「兎角佐々木抔ノ因循ニテハ行カヌ」との声もあったようで、明治五年四月二十五日に、左院副議長・教部省御用掛であった江藤が司法卿に任じられた(67)。

こうして江藤司法卿の下、八月三日に「司法職務定制」が制定され、その第七条で「新法ノ議案及条例ヲ起ス」ことが明記され、また明法寮職制に関する第七十九条でも「新法ヲ議草ス」ることが規定され、司法省では鋭意、新法制定に取り組んだ(68)。明治六年一月二十四日、江藤が大蔵省に抗議して出した辞表(69)には、

①民法草案……御雇仏人ブスケ、ヂブスケの助けを得て、福岡大輔、松本権大判事、玉乃権大判事、細川中議官、楠田明法権頭、島本警保頭、得能権大検事らが担当し、既に民生証書の草案が出来る運び
②各区裁判所章程規則……見込書も出来、一月二十日より玉乃権大判事、楠田明法権頭、及びブスケ、ヂブスケらと会議、あと三四回で終了の予定
③訴訟法……鷲津権大法官、河村権中法官、荒木七等出仕らが会議
④訴訟法略則……玉野権大判事、西権中判事、米人ヒールらによる草案が成稿となり、目下、見廻中
⑤治罪法・刑法……松本権大判事、津田大法官、水本権大法官らが会議中
⑥国法……維新以降の日誌中から、諸御布告の国法に属する分を抜粋し、楠田明法権頭らが調整し、既に成稿
⑦番人ノ規則巡査ノ章程等……島本警保頭、坂本警保助、早川警保権助等ニ而既ニ相調伺済ニ付、施行中
⑧監獄懲役ノ規則……小原中法官、其他ノ人々ニ而取調、已ニ伺済
⑨検事検部夫々出張ノ儀……渡邊少丞ニ而受持取調中
⑩地方官及諸裁判所より納来ル贓贖其他ノ金、且諸費用会計ニ懸ル諸規則……丹羽少丞、松岡七等出仕ニ而請

持取調、本省丈ハ既ニ施行
⑪各区裁判所等ノ設ケ方……渡邊少丞、丹羽少丞ニ而請持取調中
⑫府県裁判所設ケ方……大少丞総受持

等々の仕事をしてきたと述べている。

右に列挙された法令は、いずれも司法行政にとって必要不可欠なものばかりであるが、注目すべきは、第六番目に「国法」についての記述があることである。司法省では楠田明法権頭らが中心となって、明治維新以来の布告の中から国法に属する分を抜粋し、既に成稿となっていると述べているが、これは「司法職務定制」明法寮職制の第八十二条「維新以来布令法章ニ渉ル者ヲ編纂シテ考証ニ備フ」に基づく作業である。そしてこの成稿を出版したのが、『憲法類編』（明治六年六月、明法寮編、京都、村上勘兵衛他刊、二十八冊）に他ならない。本書は「国法部」の他に「民法部」も含められており、その編目は次の通りである。

第一編国法部
第一巻詔勅条制　第二巻官制、第三巻会計、第四巻租税、第五巻貨幣、第六巻国郡府県、第七巻郵駅津港（上・下）、第八巻学制、第九巻祭典、第十巻教法、第十一巻外国交際、第十二巻兵制、第十三巻刑法（上・下）、第十四巻治罪法、第十五巻規制（上・中・下）、第十六巻褒賞賑恤、第十七巻営造

第二編民法部
第一巻人事、第二巻財産、第三巻財産所有諸法、第四巻商法、第五巻雑則、第六巻訴訟法

本書冒頭には

往昔大宝養老ノ　二朝。修定スル所ノ法典。廃弛スル既ニ久シ。中葉而降。豪族政ヲ為シ。家其俗ヲ殊ニシ。国其風ヲ異ニシ。概子皆慣習ヲ以テ法ト為ス。之ヲ無法ト謂テ可ナラン歟。今ヤ　王室中興。宇内ヲ混一シ。嚮ノ豪族ナルモノ。悉ク郡県ニ帰シ。政令一途ニ出ツ。是ニ於テ。凡百ノ法度。内ハ則チ大宝養老ノ旧ニ溯リ。外ハ則チ西洋諸国ノ粋ヲ采リ。頗ル裁定スル所アリ。抑西洋諸国。法ヲ設クルノ体。其別六アリ。曰国。曰刑。曰治罪。曰民。曰商。曰訴訟。而シテ其帰ヲ要スルニ。国民ノ二者ニ出テス。今　朝廷裁定スル所ノモノ。端緒多シト雖トモ。亦タ此ノ二者ヨリ外ナル者莫シ。然レトモ公文ニ散在シ。未タ裒彙シテ一部ノ書ト為スモノ有ラス。因テ国民ノ二綱ヲ立テ。門類ヲ分テ而シテ之ヲ匯集シ。慶応三年十月ヨリ明治五年十二月ニ迄ル。名テ憲法類編ト曰ヒ。之ヲ明法寮ニ備ヘテ。以テ法官ノ査考ニ便ニス。若シ夫国運ニ漸次有リ。民智ニ遅速有リ。法ハ則チ時ニ因リテ宜キヲ制シ。情ニ適シテ義ヲ起コス。一朝ノ能ク全備ス可キモノニ非ス。必ヤ積ムニ歳月ヲ以シ。未タ完カラサル者ハ之ヲ補ヒ。未タ精カラサル者ハ之ヲ覈ニシ。然ル後不刊ノ大典始テ成ルハ。古今ノ同キ所ナリ。然レトモ　王政維新ヨリ未タ五歳ヲ出テスシテ。而シテ憲ヲ創メ法ヲ立ルノ端。粲然トシテ条欵ニ具スル。業已ニ斯ノ如トキハ。則チ其文質ノ変ヲ観テ。以テ国運ト民智ト。日ニ開明ニ進ミ。而シテ大典ノ成ルヲ告クル。亦タ遠キニ非ルヲ徴ス可シ。

明治六年三月

司法卿　江藤新平
司法大補　福岡孝弟
明法寮権頭　楠田英世

という序文があって、本書出版の理由が述べられている。

これによれば、江藤率いる司法省では、絶えず大宝・養老の律令を念頭に置き、それに匹敵する新たな「不刊ノ大典」を創り上げようとしていた。「不刊ノ大典」とは「不磨の大典」と同義である。具体的には、西洋諸国の例に倣って国法、刑法、治罪法、民法、商法、訴訟法の六法を制定しようとしているが、しかし一挙に法典を編纂するには年月を要するから、取り敢えず、明治維新以降の布告を「国民」つまり「国」に属するものと「民」に属するものの二つに大別し、それぞれを更に部門分けして集成、法典編纂の一助にしようとしていた。

この序文を一読して直ちに想起されるのが、平安時代の貞観格序である。すなわち、『日本三代実録』貞観十一年四月十三日条[70]には貞観格の撰定が畢った記事があり、そこに格を編纂する理由が書かれているが、その中に

簡旧史之凡要、抄新制之大綱、推民意而分規、量時宜而立範、不刊之典、遵行眇焉（中略）蓋取義於随時、匪期於相反、如今、時歴五代、年及六旬、文質暗遷、沿革自至、詔草盈於台閣、文案溢於緗嚢、非所以法止滋章、令除頻変

（旧史の凡要を簡び、新制の大綱を抄し、民意を推して規を分ち、時の宜しきを量りて範を立つれば、不刊の大典、遵行して眇焉たり。（中略）蓋し義を時に従って取るは、相反を期せんと欲するにあらず。如今、時は五代を経、年は六旬に及び、文質暗遷、沿革自ずから至る。詔草は台閣に盈ち、文案は緗嚢に溢る。法は滋章に止むる所以にあらず。頻りに変ずるを除かしめん）

という文章がある。『憲法類編』の序文と比べてみると、用語のみならず、文意も頗る似ていることに気づく。従って、『憲法類編』の序文を書くに当たっては、貞観格序を参照した可能性が高い。そうすると、『憲法類編』は、

平安時代の類聚三代格に匹敵するものとして編纂されたと見て大過なかろう。

それはそれとして、『憲法類編』には、江藤も相当の思い入れがあったらしい。明治七年三月、江藤が土佐の甲浦で捕縛される直前、戸長の浦正胤と話をした際、革嚢より『憲法類編』を取り出し、「之を研究せば大に啓発する所あらん」と一読を勧めたという(71)。確かにこの書物は、維新以来の国法・民法を通覧するには非常に便利な書物であって、司法省ではこれ以降も、法令を国法と民法との二つに大別して類聚する作業を続行、明治七年六月には、明治六年分の法令を集めた『第二憲法類編』を出版した（二十七冊）。その編目は、第一篇国法部に新たに第十六巻「褒賞賑恤」、第十七巻「営造」の二巻を加えた以外、変わりがない。

この間、江藤は四月十九日に参議となり、正院のメンバーとなった。正院の職制については五月二日に定められた新しい太政官正院事務章程に

凡ソ立法ノ事務ハ本院ノ特権ニシテ総テ内閣議官ノ談判ニヨリテ其特質緩急ヲ審案シ、行政実際ニ付スヘキモノハ奉書ニ允裁ノ鈐印ヲナシ、然ル後主任ニ下達シテ之ヲ処分セシム

とあり、さらに専掌事務第二款にも

諸制度諸法律及諸規律ヲ草案シ之ヲ議決スル事

とあって、法令の起草、議決を専管事項とした。この時、江藤は、司法省で行なっている『憲法類編』に言及し、法令を発布する当初から国法と民法とに分けることの便利さ、或いは必要性を訴えたのではあるまいか。そしてそ

の意見が採用されて作成されたのが、「御批国憲」と「御批民法」ではないだろうか[72]。

この「御批国憲」（原案では御批国法）と「御批民法」は明治六年五月に作成されたもので、永続的効力をもつ新規の太政官布告のうち、国憲が十五、民法が三つ掲載されている。そのいずれにも太政大臣、右大臣、参議、少内史の捺印、天皇の「裁」印が捺されることになっていた。しかし、「御批国憲」は一番目の「陸海軍官等改定」と二番目の「太政官代下乗規則」の二つ、「御批民法」は最初の「士民伺願届等郵便ヲ以交附ノ儀伺」にだけ全ての捺印があるが、それ以降は「裁」印及び三条太政大臣印は全くなく、参議の印も次第に減少、「御批国憲」の十一番目以降は誰の捺印もない。そして六月以降は、「御批国憲」「御批民法」という簿冊が作られた形跡もない。その理由として、川越美穂氏は、当時、参議と卿は分離していたから、参議の合議後に各省から異論が差し挟まれるケースがあったとして、実際に「御批民法」第二号「夫婦不和離別ノ儀ニ付伺」が布告された後、司法大輔福岡孝弟が異議を唱えた事例などを挙げ、御批録廃止の理由を示唆しておられる[73]。傾聴に値する見解である。

国立公文書館所蔵『官符原案』副本七「国憲民法編纂ニ付建言」には

臣正邨臣勝之等
御批国憲民法考本ヲ編纂ス、其事タル至重、其物タル至要、臣等ノ敢テ専任スル所ニ非スト雖モ、苟クモ職ヲ内史本課ニ奉シ、此編纂ノ挙ニ従事ス、是臣等ノ魯鈍ヲ顧ミス、奮励力ヲ致ス所以ナリ、然ルニ外史記録課ニ於テ太政類典ヲ編輯スルニ会シ、事或ハ重複ニ帰シ、物或ハ贅疣ニ属スルノ恐レアルヲ以テ、俄然此ヲ廃シ、専ラ力ヲ彼ニ合セントス、其説簡便ナラサルニ非ス、臣等固ヨリ唯命是従ハント欲ス、然而シテ熟ラ之ヲ考フルニ、私ニ以テ然ルヘカラスト為ル者アリ、何トナレハ則チ物自ラ本末アリ、事自ラ原委アリ、原委本末合セ存シテ始テ具体ヲ見ルヘキナリ、今外史ノ編輯スル太政類典ナル者ヲ観ルニ、体裁井然、整頓ノ美ナル遺憾ナキ者ノ如シ、然レトモ之ヲ要スルニ、最初各衙門ヨリ上ル所ノ申牒、最後朝廷ヨリ下ス所ノ詔制ヲ浄写スルニ過サルノミ、若シ夫ノ中コロ内史所管ノ該課ニ於テ草スル所ノ考案及ヒ本局大少内史ノ勘査奏聞ト鈐印記署等ノ事ノコトキニ至ツテハ、一モ之ヲ記載スルナシ、蓋シ外史行政上ニ在テ編輯スル所ノ典籍、其体裁固リ当サニ然ルヘシ、而シテ其記載セサル所ノ者、適々内史議政上ニ在テハ尤モ必要ノモノアリ、又文献ヲ公文録ニ採ルカ若トキ、恐ラクハ錯雑ニシテ検閲ニ便ナラス、抑内史本課ノ如トキハ議政ノ本局ナリ、而シテ其審案スル所ノ考本ヲ備ヘサル、豈一大欠典ニアラスヤ、是臣等ノ然ルヘカラストスル所以ノ一ナリ、謹テ按スルニ客歳五月制定スル所ノ太政官職制章程ニ曰、凡ソ立法ノ事務ハ本院ノ特権ニシテ総テ内閣議官ノ議判ニヨリテ其得失緩急ヲ審案シ、行政実際ニ附スヘキ者ハ奏書ニ允裁ノ鈐印ヲナシ、然ル後主任ニ下達シテ之ヲ処分セシム、又曰、凡ソ允裁ヲ乞フ奏書ハ内閣議官議判ノ上内史其部類ヲ分チ、之ヲ本帖及副本ニ写シ、本帖ニハ議官之ニ連印シ、内史之ニ記名シ、之ヲ太政大臣ニ出ス、太政大臣之ニ鈐印シ

御批允裁ヲ受ケ、之ヲ外史ニ附シテ奉行セシム、又曰、議政行政ニ属スル諸文書法案等ハ内史ニ附シテ司掌セシム等ノ明文アルニ拠レハ、内史局中亦一記録課ヲ設立シ、憲法ノ如トキハ論ヲ俟タス、公文録ト雖モ亦一部ヲ備ヘサルヘカラサルニ似タリ、是臣等ノ然ルヘカラストスル所以ノ二ナリ、伏シテ惟フニ憲法ノ至重至要トスル他ナシ、天地ノ久キ気運ノ会世道ノ隆替人事ノ得失、其幾変革ヲ経ンヲ知ラス、而シテ百世ノ下、今日ノ庶蹟ヲ講明シ、之ニ刑シ之ニ則スル所以ノ者、亦此憲法考本ニ藉ラサルヘカラス、然則本課編纂ノ事業特ニ其鄭重ナラサルヲ憂フルノミ、是臣等ノ然ルヘカラストスル所以ナリ、右三不然ノ論、臣等敢テ異ヲ立テ外史ノ説ト抗抵軼軋スルニ非ス、即職分ノ在ル所其議ヲ尽サ、ルヘカラス、具陳シテ以テ高諭ヲ仰ク

明治七年三月

貫名正祁
矢土勝之

とあって、「御批国憲」「御批民法」の作成に関与していた内史が、明治七年三月頃までは「御批国憲民法考本」の編纂に従事していたことが知られる。しかし、外史記録課に於て「太政類典」が編輯されることになったため、仕事が重複する懼れがあるので、不承不承、内史での編纂作業を廃止した模様である。

六　おわりに―宮島誠一郎の立国憲議

江藤が司法卿となる直前、まだ左院の副議長であった頃の明治五年四月、左院小議官儀制課長の宮島誠一郎が次の「立国憲議(74)」を江藤に提出した。

至尊ハ天下人民ノ父母ナリ。父母タル権利アレハ人民ヲ保護スルノ義務アリ。朝廷之カ為メニ官ヲ設ケテ之ヲ支配セシム。即チ政府ナリ。政府已ニ此権利ト義務トヲ有スレハ人民亦之ニ対スル権利義務アルヘキコト勿論ニテ、之ヲ定ムルハ先ツ其国憲ヲ立ルニ在リ、其国憲ニ準シテ民法ヲ定メ、人民相互ノ義務ヲ行ハシム。而シテ其国憲民法ニ違フ者ハ刑法ヲ設ケテ之ヲ律ス。此ニ於テ政府始メテ人民保護ノ道定ルナリ。故ニ国憲立チ民法随テ定リ、国憲民法定テ然ル後ニ刑法始メテ設クヘシ。是方今国憲ヲ立ルノ議尤急務タル所以ナリ。

抑

皇国古来固有ノ国体ハ君主独裁ニシテ、百般ノ政事唯在上ノ施為ニアリ、人民素ヨリ権利ノ何物タルヲ知ラス、併セテ義務ノ何事タルヲ不知ナリ。今ヤ外国交際日ニ開ケ月ニ盛ナルノ時ニ当ル。然ルニ無智蒙昧ノ人民漸々外国ノ国体ヲ窺ヒ、自主自由ヲ名トシテ徒ラニ自己ノ権利ヲ誇張シ却テ其義務ヲ勤メス、甚キニ至リテハ共和政治ノ論ヲ為スモノアルニ至ル。宜シク先ツ至当ノ国憲ヲ立テ君権ヲ確定シテ皇国固有ノ君権如何、国権如何ヲ邦内人民ニ告知スヘシ。而シテ其君権国権ニ則リテ適宜相当ナル民法ヲ定メ人民ニ権利ヲ与ヘ従テ義務ヲ行ハシム。之ヲ違フ者アル即チ刑法ヲ以テ之ヲ罰シ、民法ハ令ナリ刑法ハ律ナリ、律令ヲ定ムルハ我天皇陛下ノ権ナリ。其国憲ヲ定ムル如何、古来固有ノ君主独裁ヲ以テ定ムルトキハ、或ハ人民ヲ抑遏シ開化ノ進歩ヲ妨クルノ弊害アルヲ免レス。君民同治ノ法ヲ取テ之ヲ定ムルヲ尤モ宜シトス。雖然文明ノ化未タ下民ニ及ハス、教育ノ道未タ成ラス、今假令ヒ民選議院ヲ設クルトモ、国是ノ論ヲ取ルヘキモノ、万人中ニ恐ラクハ一人ヲ得ルコト難ク却テ紛擾ヲ招クニ至ヘシ。然ラハ則君主独裁ノ体ヘ君民定律ノ中ヲ取テ国憲ヲ定メ、万機憲法ニ徴シテ之ヲ行フヲ可トス。其憲法ヲ定ルハ左院之ヲ論定シテ之ヲ正院ニ致シ、右院及ヒ諸省ノ長官同一スルニ至テ採決ヲ
至尊ニ仰キ以テ之ヲ天下ニ布告スヘシ。左院ハ国議院ノ如ク、正院ハ元老院ノ如ク、右院諸省長次官ノ会議所ト府県トノ官員ヲ以テ姑ク民選議院ト看做スヘキナリ。然シテ此国憲ニ準據シテ政務ヲ施行シ漸々開化ノ進度ヲ待テ真ノ民選議院ヲ設クルナリ。仍テ君主独裁ニ君民同治ノ中ヲ参酌シテ至当ノ国憲ヲ定ムルヲ至当ノ順序トス。

右上申至急御評決被下度奉願候也。

その要旨は、君民共治の国憲を制定すべし、民撰議院は時期尚早、暫く右院と府県の官員とを以て民撰議院と看做すべしというものであるが、これに対して江藤は「国憲ハ右等国体論ノ如キモノニアラス。即チ仏国ノ五法ニ過ギズ」(75)、「所謂国憲ナル者仏蘭西ノ五法ノ如ク広ク人民ニ関渉セシモノニシテ、其性質帝王自家ノ憲法ニ非ス」(76)と言って反対したという。一体、何故に江藤は反対したのか、この問題については従来いろいろ見解が出されてい

るが[77]、未だに定説はない。関連する史料は、宮島が書き記した片言隻句のみだからである。

宮島の「立国憲議」は明治四年十二月頃から構想されていたようであって、同年十二月四日の「覚書[78]」に

退朝後、板垣、高崎同行
国体ハ独裁江定律ヲ加ヘ
天照宮ハ神祇ヨリ外シ、政府ノ本尊ヘ安置シ尊敬シ、万民万世不易ノ法ト為シ、神祇省ハ教法局ト為スベシ
海陸軍ハ親シク御引被遊、八省ヨリ兵部ヲ御抜キナサレ度
文部ハ教ノ出ル処、仍テ益国体ヲ固クスルノ根元ナレハ程ヨク御裁制
政府ハ民ト共ニ進歩ヲ要ス

と見えている。しかし直接には、明治五年四月一日、東京府参事の三島通庸から「過日来御内話之国憲民法御創立之儀、速に左院に於而御取運被成下度」と勧められたことによる。宮島は早速、翌二日、自宅に左院中議生の横山由清を招いて「国憲民法之建白草案」を起草した。「壬申日誌より公事ノミ抄出」と記した『栗香漫筆』の四月二日条に

中議生横山由清を招き国憲民法之建白草案相調候事、右ハ国憲不立、民法も亦不立、仍テ民法を立るニは根元之国憲を立ツベシ、君主独裁之固有江君民同治之定律を参酌、其中を取て定むべし云々

とあり、翌三日条に

一、参朝前垣崎掌記を招き、建白書草案代写、且内務創立之草案も代写為致候事
一、左院退下後、三島通庸宅江西郷信吾、高崎五六、吉原彌次郎、湯地某相会し、国憲并大蔵分権之事件を談す、深更迄論じ且酌、相別（中略）此日後藤ニ内務創立之草案を内見ニ入れて然る後に三島ニ到る
此日吉原彌次郎ニ托し而、建白之草案を大久保大蔵卿ニ内見ニ入れ呉候様相願候事、吉原仏国ニ八年留学すと言フ

とある。[79] 四月二日条に名の見える横山由清は法制史に造詣が深く、明治二年八月十三日には太政官制度局員となって江藤新平主宰の民法会議にも名を連ね、[80] 後々元老院国憲按の編纂に深く関与する人物である。[81]「立国憲議」に「民法ハ令ナリ、刑法ハ律ナリ、律令ヲ定ムルハ我天皇陛下ノ権ナリ」という一文があるが、刑法民法を律令に擬えるという発想は、横山によるものに違いない。

『栗香漫筆』の四月七日条には更に

左院退下、直ニ板垣参議江参り、内務新設、国憲新立之両冊持参、一見せしめ候処、板垣眉を開て唱快候事、此上ハ伊地知議官ニ謀而根本を固むる専要云々

とあるので、「立国憲議」の起草には三島、板垣、高崎、西郷、横山らが関与し、洋行から一時帰朝していた大久保利通にも見せていたことが知られる。

さて、江藤がこの「立国憲議」を何時見たのか定かでないが、四月上旬には目にしたのであろう。江藤の構想からすれば、西洋立憲制を導入するには、三権分立が大前提であり、民撰議院の存在は憲法制定と不可分のものであ

った。ところが、明治四年六、七月、木戸が下院議院は時期尚早であると主張して以降、江藤は、根本律法制定は暫く棚上げし、その他の法律制度の整備が急務であると考えるようになった。江藤だけではない。明治四年十一月、岩倉具視が欧米に出発するに際して三条太政大臣が岩倉に渡した諮問書でも、条約改正のために第一にすべきことは「我国律中、民律、貿易律、刑法律等」の改正であるとしている(82)。このような考えの下、既に見たように、司法省では民法、商法、刑法などの編纂に取り組んでいた。宮島の建議よりも少々後であるが、司法卿となった江藤は、六月十四日、司法省の司法制度調査団をフランスに派遣した。その一員井上毅が、六月二四日、友人の早川景矩に宛てて

夫レ条約切替へに付ては、西洋立憲之政体ニ倣ヒ、国体ヲ建立スル事、廟堂之目標なり、立憲之政体ハ立法・行政・司法ノ三権鼎立分峙、互ニ相均勢維持して相干冐をせざる事、其基本たり、然ル上は司法省ハ八省ノ一にして行政権ニ属し、各裁判所ハ即チ司法権ニして独立して、行政権ノ管束ヲ受ざる事当然とす、然らざれハ三権分立之体にあらずして立憲之実挙らざるなり、（中略）抑々条約改正ニ付キ、新法ヲ創立し、各地裁判所ヲ設置し、立法行政二権と並立ツハ、従前未曾有ノ事ニて改革にはあらず、即チ創業なり

と述べ(83)、「立憲之政体ハ立法・行政・司法ノ三権鼎立分峙、互ニ相均勢維持して相干冐をせざる事、其基本」「(三権分立制は)従前未曾有ノ事ニて改革にはあらず、即チ創業なり」と意気込んでいる。この意気込みは一人井上のみならず、江藤の意気込みでもあったろう。このように見てくると、「国憲立チ民法随テ定リ、国憲民法定テ、然ル後ニ刑法始メテ設クヘシ」という宮島の主張は、採用し難いであろう。故に江藤は、宮島の「立国憲議」を見て、先ず制定すべきはフランスの五法のようなものだといったのであろう。

それと同時に江藤は、宮島の言うような国憲を制定するためには先ず議会制度が整っていなければならないということ、既に明治五年正月、西岡逾明ほか五名の左院議官をフランスに派遣して議会制度を調査させているから、[84]左院で行なうとすれば議院創設の準備（そして建議）であるということも言ったに相違ない。そして宮島も江藤の意見を聞き入れたに違いない。何となれば、これ以降、宮島の日記類には「国憲」のことが書き記されていないからである。友田昌宏氏は

明治五年四月二五日に江藤が司法卿に転任し、後任の副議長に宮島に近い国憲論を持していた伊地知正治がつくと、宮島は「立国憲議」の進達に向けて動き出す。まず、吉原重俊に建白草案の添削を依頼し、五月一三日には自らの国憲論を大久保に開陳、同意を得て翌日に「立国憲議」を正院に進達したのであった。しかし、その後も左院における国憲編纂事業はまったく進捗を見せなかった。議長の後藤が江藤と同様五法先置論者であったため、国憲をめぐる対立は解消されなかったのである。その対立の存在を無言の裡に物語っているのが、五月一九日に議長・副議長の名で正院に提出された「下議院ヲ設クルノ議」である。

と書かれている。[85]しかし、これは史料の読み違いであろう。友田氏は宮島の「国憲編纂起原」の

其後江藤ハ司法卿ニ転任シテ伊地知氏副長ヲ命セラル、此時大久保大蔵卿米国ヨリ御用有之、中途帰朝ニ相成シニ依リ此建白草案ヲ送附シ、猶随行帰朝ノ吉原彌次郎（重俊）ニ相示シ、英仏等ノ立法行法等ノ組織方法ヲ尋問シ、五月十三日大久保卿ヲ弊宅ニ招請シ、篤ト建言始末ヲ陳述ス、因テ翌十四日正院ヘ進奏ス。

という記述に依拠しているのであろうが、①宮島が大久保に「立国憲議」を送ったのは、先に引用した日記でも明らかな通り、四月三日であること、②吉原彌次郎と話をしたのも四月三日、③吉原彌次郎が「立国憲議」について「右院を以而暫く民選議院と看做すべしとの御趣意ハ如何やと奉存候」と返事を出したのは、四月五日（『壬申日記抜萃』）、④五月十三日に大久保を自宅に招いたのは事実であるが、『壬申日記抜萃』には、大久保が来たのは三時、囲碁から始まり、新橋から芸妓を呼び、参議大隈重信、西郷陸軍少輔、河村海軍少輔、吉井宮内少輔、由利東京府知事、高崎中議官、中井大議生、吉原敬次郎、五代才助、三島東京府参事などが列席、夜半まで「大ニ歓飲」、両親も加わって謡など発声したとあるだけ、⑤友田氏は、十四日に正院に「立国憲議」を進達したというが、正院に進達したのは「下議院ヲ設クルノ議」[86]で、五月十五日のことである。

これを要するに、宮島の「国憲編纂起原」は、自分の日記などをもとに、明治十四年になって纏めたもので、その記述には若干の誤りを含んでいる。従って、それに依拠した友田氏の叙述も誤りであると断ぜざるを得ない。

宮島は恐らく、江藤の話を真摯に受け止め、「右院ト府県トノ官員ヲ以テ姑ク民選議院ト看做ス」という「立国憲議」の考えを修正して、「広ク下ノ衆議ヲ採」るために「全国ノ代議士ヲ集メ人民ニ代テ事ヲ議セシメ」る下議院の設置に尽力することにしたのである。宮島は「下議院ヲ設クルノ議」を出した十五日、江藤に「下議書類者御取集置被下度奉願上候」と下議院関係資料の提供を頼んでいるし[87]、また六月四日に江藤を訪ねた際にも、江藤から議院についていろいろ知恵を授けられた模様で、

○民撰議院何等之権力を与フヘキ歟、先第一
下議員ハ年限中不可揺　一年カ二年カ其年ヲ可考
下議長ハ左院より可遣

決議ハ正院ニ論すべし
○国議院ハ諸省之訴訟ヲ聞之権アルモノトス
○下院ニ者租税ヲ立ル権あり、上之暴斂を防く為ナリ

等々の他、イギリスやフランスの下議院の事などを「江藤曰ク」として記録している(88)。江藤と宮島を殊更に「対立」的に捉えるのは、一考を要しよう。

宮島は、日記欄外に「江藤先年桜田ニ而同藩人ニ被斬掛タル節」「いそがずバ　ぬれじと言ひし　人もあれど　いそがでぬるゝ　時もありけり」と書き留めているが、これは、江藤の制度改革に対する情熱をよく伝えているとともに、宮島もまた江藤の姿勢に共鳴するところがあったためであろう。

(1) 明治三十三年九月、吉川半七。
(2) 明治四十四年九月、実業之日本社。
(3) 大正三年十一月、民友社。
(4) 昭和三十七年四月、吉川弘文館。
(5) 昭和四十三年六月、大光社。
(6) 昭和六十二年五月、中公新書。
(7) 昭和六十二年十二月、朝日出版サービス。
(8) 平成十二年四月、佐賀新聞社。
(9) 一九九三年二月、御茶の水書房。
(10) 本書第一章。
(11) 佐賀県立図書館所蔵鍋島文庫三三二―二六。なお鍋島文庫三三二―二七「元治二年、手明鑓已下諸役相達、御仕組所」にも「丑九月十二日、志摩殿御聞届、（中略）手明鑓、江藤助右衛門、右者徒罪方手許役より番宅詰」なる記事がある。いずれが是か、今、決し難い。

(12)『佐賀市史』第二巻（昭和五十二年七月、佐賀市）一六五頁。また天保頃の徒罪制の一斑については島善高「史料翻刻・佐賀藩『律例』」（深谷克己編『藩世界の意識と権威―西日本地域の場合―』科学研究費補助金研究成果報告書、課題番号一三四一〇一〇三、二〇〇四年五月）

(13)『江藤新平関係文書』R一‐三二‐一（佐賀城門丸歴史館蔵、架蔵番号八三）。

(14)前掲『江藤南白』上巻の「江藤南白年譜」によった。

(15)財団法人鍋島報效会所蔵『昭和三年如月調　佐賀先賢詩文遺墨　野副氏蔵』。

(16)野副は枝吉神陽の義祭同盟の一員であった（楠公義祭同盟結成百五十年記念顕彰碑建立期成会編『楠公義祭同盟』平成十五年五月刊参照）。またアジア歴史資料センターや国立公文書館のデジタルアーカイブによれば、野副勤有は明治十年十二月に京都裁判所大津支庁長、明治二十年三月に山口県始審裁判所判事であった。

(17)上巻六七頁。

(18)『鍋島直正公伝』第二編（大正九年八月、侯爵鍋島家編纂所）二一一頁、三九八頁、同書第三編五八五頁。『佐賀先哲叢話』（昭和十六年五月、佐賀郷友社、三五六頁以下）にも伝記あり。

(19)本書第二章。

(20)「荒木博臣殿御談話拝聴筆記」（明治三十四年一月十一日訪問、同年二月六日筆記）、国立国会図書館憲政資料室所蔵「大木喬任文書（書類）」六九「談話筆記他四冊」所収。荒木については、田中艸太郎「鷗外岳父・荒木博臣のこと（一）～（四）」（『西日本文化』第八三号～八六号、昭和四十七年三月～十一月）、園田日吉「江藤新平と荒木博臣」（『佐賀この地この人』昭和六十年三月、夕刊佐賀新聞社）、三浦茂一『房総地域史の諸問題』（平成三年六月、国書刊行会）二〇七頁以下を参照のこと。

(21)高塩博「江戸時代享保期の明律研究とその影響」（池田温・劉俊文編『法律制度』日中文化交流史叢書2、一九九七年一月、大修館書店）、高塩博「『大明律例譯義』について」、小林宏「熊本藩と『大明律例譯義』」（ともに高瀬喜朴『大明律例譯義』平成元年二月、創文社所収）参照。

(22)星原大輔「江藤新平の明治維新」（『ソシオサイエンス』第十二号、二〇〇六年三月）、同「江戸鎮台判事時代の江藤新平」（『社学研論集』第七号、二〇〇六年三月）。

(23)マイクロフィルム版『岩倉具視関係文書』（国立国会図書館憲政資料室所蔵Ⅲ、一七‐四‐八）。この草稿が『江藤新平関係文書』にある。マイクロフィルム版『江藤新平関係文書』（一九八九年十二月、杉谷昭・毛利敏彦監修、広瀬順皓編修、北泉社）の番号はR九‐二五七、佐賀県立図書館『江藤家資料目録』（昭和五十八年十二月、佐賀県立図書館）の番号では江〇二九‐一。『江藤新平文書』については、以下、番号のみを記す。
(24)『百官履歴』第一、八八頁以下。この太政官の制度局は、副島種臣も一時期その主管であった制度取調所に由来し、明治二年八月十五日に制度局と改称され、明治三年六月頃には①兵制（海陸常額）、②民法（内、商法、農法、工法、租税法）、③花族ノ式、④士卒ノ規則、⑤在官式、⑥禮（冠婚喪祭）、⑦大禮（御即位、朝勤、参賀）、⑧楽（音楽、舞楽）、⑨刑法等々を取り調べていた。手塚豊『明治民法史の研究』上巻（平成二年一月、慶応通信株式会社）一四七頁以下参照。
(25)『江藤新平関係文書』R一-三二-四（佐賀城門丸歴史館架蔵番号八六）。
(26)『江藤新平関係文書』R四-一八-四（江〇一三-四三）。江藤新平関係文書研究会編「史料翻刻　江藤新平関係文書―書翰の部（一）―」（『早稲田社会科学総合研究』第四巻第一号）に全文翻刻あり。
(27)『江藤新平関係文書』R一一-二七九-一七（江九一三-二）、『岩倉具視関係文書』（国立国会図書館憲政資料室所蔵III-一八-一〇）。
(28)『江藤新平関係文書』R一一-二八〇-五、六（江九二〇-五、六）。R九-二五七-九〇コマ以下（江〇二九-一）はその草稿。
(29)『江藤新平関係文書』R一〇-二七九-六（江九一〇-七）。
(30)『岩倉公実記』中巻、八二六頁以下。
(31)とりあえず菊山正明『明治国家の形成と司法制度』（一九九三年二月、御茶の水書房刊、九二頁以下）や西川誠「廃藩置県後の太政官制改革―渋沢栄一と江藤新平―」（鳥海靖・三谷博・西川誠・矢野信幸編『日本立憲政治の形成と変質』平成十七年二月、吉川弘文館、四三頁以下）などを参照されたい。
(32)『江藤新平関係文書』R一三-二八一-一（江九三〇-一）。
(33)江藤新平自筆「仏裁判制度断簡」、島善高「真木なお子氏所蔵　江藤新平関係文書」（『早稲田社会科学総合研究』第七巻第二号）。
(34)『江藤新平関係文書』R九-二五七の一六二コマ以下（江〇二九-一）。
(35)三権分立の考えは、江藤のみならず、当時の為政者の多くが信奉していたことであった。そのことは、明治四年十一月から明治六年九月まで、岩倉具視使節団の一員として米欧に派遣された久米邦武が、後年

回顧するに、政治の三権は、基督教師が布教の副業として上海・香港邊で米国流の地誌や歴史を講述した中に此の事を略述し、之を我が邦の書生が慣読し、又近年は郵船の往復頻繁なるに連れて彼我の交通も多くなり、一知半解の政治論を闘はし、英佛に進航するに及んでも臆面もなく三権分立を金科玉条として説いた

と回想していることで知られる（久米邦武『久米博士九十年回顧録』下巻、昭和九年十月、早稲田大学出版部、四四〇頁）。ところが、実際に西洋に出掛けてみると、聊か事情が違った。明治五年三月十一日、久米邦武がワシントンから西岡及び江藤に宛てた書翰に

（前略）西洋を米国にて類推するに実異国なり、異国とハ山水風土の異なるのミにあらす、其習俗政治善悪に至るまて尽く異ならさるハなく、書籍上にてハ我の情理を以て彼の情理を考へて、蓋し以て一なりとせり、其現地をミるに大に非なり、其所謂文明開化なるものハ器巧械具之便を除くの外ハ只軽薄競利を以て文明開化とす（中略）所謂自主任意と云、人民の権利と云ハ、本来君民互に利を争ひ、多民を以て寡政府を壓圧して、其権利を自ら快とする而已、初より国を建つの本領ハ如此なるをよしとすると、公正の義をして立たる制に非す、故に其風たる只君と政府とを視る、仇敵と同し、少しく威権を生するの機あれハ、即聚て之を挫しく、蓋君君たらす臣々たらさるの餘弊に属す（中略）僕御国に在るとき、自主を唱へ、権利を論し、文明を主張したるに、近来甚後悔せる事もあり、西洋現地の様子、所謂聞て百文看て一文を免れす、必共甚畏るに足さるなり、其法則に密なるハ其治安の難き所以にて、網密なりとも漏る魚ハ必多し、議事院にて娼婦の藝を論す、而て回楼上にハ娼婦群集、帰途を要して舌侃侃、正言の人相携へて帰る、表面の論と裏面の実ハ雲泥相隔る

と書いており（島善高「史料翻刻　真木なお子氏所蔵江藤新平関係文書」『早稲田社会科学総合研究』第七巻第二号）、パリで「政治辭書を著した統計学に精通の高名な博士」モーリス・ブロックに教えを受けていた西岡も、ブロックが

日本は開初から一系の帝統を奉ずるを誇る珍しい国柄なるに、吾人に接した日本人は皆政治の三権分立説を把持するは何故か、奇怪に思ふ

と言ったのに驚いた。西岡が

然らば政治は三権ではないのか

と尋ねると、ブロックは

無論行政・立法の二権が通議であるが、民主共和の政治には論理上に三権分立を主張して居る。然し、司法権が独立すると、裁判官は公選せねばならぬが、米国でも夫はまだ不可能

と答え、さらに西岡からこの話しを聞かされた木戸孝允も

政治の三権は西洋の通議と思うた處、米国民主主義の主張であつたのか、浮つかりすれば、皇政復興の初に国体を誤る處であつた。文明開化も、独立自由も、能く能く勘弁して論ぜねばならぬ

と一驚を喫したという（『久米博士九十年回顧録』下巻、昭和九年十月、早稲田大学出版部四三八頁以下、松尾正人「明治初年に

おける左院の西欧視察団」『国際政治』八一号、昭和六十一年三月、有斐閣、富田仁『岩倉使節団のパリ』一九九七年七月、翰林書房二二七頁）。

他方、フランス及びドイツで見聞を広めた井上毅も、明治六年五月二十三日、楠田英世及び江藤に、ドイツも漸く司法・行政の二権をはっきりと分けるようになったことを紹介しているが、しかし

其実現今之体制を成せるは、甚夕日浅キ事ニ而、僅ニ二十年来ニ泝るに過キざる而已（中略）是レ皆千八百八年来、四十年間之論議試験を経て始て之を施行せり、其ノ改革ノ容易ならざりし事、於是知るべし

と、改革の困難なことを指摘した。そして、フランスが何故、全国一律の法制度を施行することが速やかで、ドイツが何故遅かったのか、その理由を

蓋シ「フランス」は流血百万ノ日ニ行ヒ、且ツ那破倫ありて兵馬会計之二権、全ク一人之手ニ在リ、其ノ上、フランス之改革は本ト人民之望ミに起る故に、法ヲ行ふ事易して且ツ速なり、独乙及英国ノ如キは、優游薫養、以漸而進ムを以て如此緩慢なり

と述べ、更に

佛人は、一挙革命、血ヲ以て旧を洗へり、其ノ民俗軽剽にして新奇ヲ好ム是レ欧人ノ公論、故に皇邦現今之進歩を称して、喈々美を挙ク、独乙人ハ是に反して皇邦無類之進歩は、即チ無類之危難とす、是レ伯耳林人一般之評論にして、一人一家之私見にあらず、已ニ大使一行ニも伯耳林人忠言ヲ献するものありて、木戸公憮然タリと云品川弥次郎話ニ据ル

と言い、日本もドイツに倣って漸進主義を採用するよう勧めた（『江藤新平関係文書』R一一-二七九-二〇。『井上毅傳』史料篇第四、昭和四十六年九月、国学院大学図書館、八四頁以下に全文翻刻あり）。しかし、これらの報告が江藤の手元に届く以前、明治五年四月二十五日、江藤は既に司法卿に任じられ、司法権確立のために邁進していたのであった。

(36)『江藤新平関係文書』R二-三五-一六（佐賀城本丸歴史館所蔵「江藤新平関係資料」一-一五）。R二-三五-一〇（佐賀城本丸歴史館所蔵「江藤新平関係資料」一-二三）、R二-三五-一八（佐賀城本丸歴史館所蔵「江藤新平関係資料」一-三一）にも同様の文章がある。

(37) 島善高・星原大輔「江藤兵部氏所蔵　江藤新平関係文書」（『早稲田社会科学総合研究』第五巻第三号）。なお『江藤新平関係文書』R一三-一八一-一二（江九三一-一五）にも類似の草案がある。

(38)『江藤新平関係文書』R一一-二七九-一七（江九一三-二）。

(39)『岩倉具視関係文書』第三二、四七三頁。

(40)「日記覚書」『江藤新平関係文書』R九‐二五七‐一（江〇二九‐一）。
(41)『江藤新平関係文書』R九‐二五七‐一（江〇二九‐一）。
(42)『岩倉具視関係文書』国立国会図書館憲政資料室所蔵Ⅲ、一七‐四‐八。なお江藤の道芸二学論については、大間敏行「江藤新平の教育構想―「道芸二学ヲ開ク」の展開と帰結―」（教育史学会紀要『日本の教育史学』第四九集）参照。
(43)前掲「教部云々之議」（『江藤新平関係文書』R一五‐二八二‐六）。
(44)前掲『江藤南白』上巻五八八頁以下。また狐塚裕子「教部省の設立と江藤新平」（『明治日本の政治家群像』平成五年四月、吉川弘文館所収）参照。
(45)『江藤新平関係文書』R一一‐二八〇‐五（江九二〇‐五）。
(46)『江藤新平関係文書』R一三‐二八一‐一八（江九三一‐一一）。R一一‐二八〇‐四（江九二〇‐四）はその草案。R二一‐三五‐一四（佐賀城本丸歴史館所蔵「江藤新平関係資料」一二七）は原案。
(47)前掲手塚豊『明治民法史の研究』上巻一四八頁。
(48)「国法会議ノ議案」『江藤新平関係文書』R一一‐二七九‐一六（江九一三‐一）。
(49)前掲「史料翻刻　真木なお子氏所蔵江藤新平関係文書」（『早稲田社会科学総合研究』第七巻第二号）。
(50)稲田正次『明治憲法成立史』上巻八九頁以下、松尾正人「明治初年の国法会議」（『日本歴史』四一二号、昭和五十七年九月）、毛利敏彦『江藤新平』九三頁。
(51)『江藤新平関係文書』R二一‐三五‐二（佐賀城本丸歴史館所蔵「江藤新平関係資料」一三四）。
(52)『江藤新平関係文書』R一一‐二七九‐一八（江九一三‐二）。国法会議の経緯の詳細については松尾正人「明治初年の国法会議」参照。
(53)国立国会図書館憲政資料室所蔵副島種臣関係文書。
(54)明治文化全集第十三巻『法律篇』七四、七五頁。
(55)『江藤新平関係文書』R九‐二五七‐一（江〇二九‐一）。
(56)『江藤新平関係文書』R二一‐三五‐二（佐賀城本丸歴史館所蔵「江藤新平関係資料」一三四）。
(57)この草稿が『江藤新平関係文書』R九‐二五七‐一（江〇二九‐一）の中にある。
(58)『江藤新平関係文書』R一三‐二八一‐二（江九三一‐一四）。なお年代推定は菊山正明『明治国家の形成と司法制度』一一九頁に従う。

(59)『木戸孝允文書』第八、五三頁以下。なお、木戸と江藤の見解の相違については、菊山正明『明治国家の形成と司法制度』や西川誠「廃藩置県後の太政官制改革—渋沢栄一と江藤新平—」、また松尾正人『木戸孝允』(吉川弘文館、平成十九年二月)などを参照されたい。
(60)『大久保利通文書』第四、三〇六頁。
(61)『大久保利通文書』第四、三〇九頁。
(62)『木戸孝允日記』第二、六二、六四頁。また佐佐木高行『保古飛呂比』第五、一四五頁以下参照。
(63)『世外井上公伝』第一巻(昭和八年十一月、内外書籍株式会社)、五〇二頁以下。『木戸孝允日記』第二、六六頁。
(64)『岩倉具視関係文書』第五、八五頁以下。
(65)国立公文書館蔵「公文録」司法省之部、辛未七月至八月、(二四)「諸法条例編纂ノ儀伺」。菊山正明『明治国家の形成と司法制度』一六四頁。
(66)明法寮については、手塚豊「司法省法学校小史」(『明治法学教育史の研究』昭和六十三年三月、慶應通信株式会社刊所収)参照。
(67)佐佐木高行『保古飛呂比』第五、三〇七頁。
(68)司法省の法改革の詳細については、菊山正明『明治国家の形成と司法制度』参照。
(69)島善高・星原大輔「江藤兵部氏所蔵　江藤新平関係文書」(『早稲田社会科学総合研究』第五巻第三号)。
(70)経済雑誌社版『国史大系』第十二巻、二八六頁。
(71)的野半介『江藤南白』下巻、五四〇頁。
(72)国立公文書館所蔵。永井和「太政官文書にみる天皇万機親裁の成立—統帥権独立制度成立の理由をめぐって—」(『京都大学文学部研究紀要』第四十一号)、川越美穂「『天皇親裁』形式の確立と挫折—明治四年から六年における天皇の文書裁可の試み—」(『史学雑誌』第一一六編第二号)。
(73)川越美穂前掲論文「『天皇親裁』形式の確立と挫折—明治四年から六年における天皇の文書裁可の試み—」。
(74)宮島誠一郎「国憲編纂起原」『明治文化全集』第一巻憲政篇(昭和三十年七月改版、日本評論社)三四五頁以下。
(75)同右書三四三頁。
(76)同右書三四六頁。
(77)稲田正次『明治憲法成立史』上巻一〇七頁、原口清『日本近代国家の形成』(一九六八年二月、岩波書店、一四〇頁以下)、毛利敏彦『江藤新平』（昭和六十二年五月、中公新書、一三三頁）、梅森直之「『国憲編纂起原』再読―憲法革命としての明治維新―」（由井正臣編『幕末維新期の情報活動と政事構想―宮島誠一郎研究―』二〇〇四年三月、梓出版社、一五四頁以下）、奥田晴樹『立憲政体成立史の研究』（二〇〇四年三月、岩田書院、一六二頁）、友田昌宏「明治初期の政局と宮島誠一郎の立憲政体構想」（『史学雑誌』第一一四編第八号、平成十七年八月）など。

(78) 早稲田大学図書館蔵「宮島誠一郎文書」B一九。

(79) 早稲田大学図書館蔵「宮島誠一郎文書」A四〇。よく引用される『壬申日記抜萃』A三九では、横山由清の名前のところが闕字になっている。

(80) 藤田大誠『近代国学の研究』（平成十九年十二月、弘文堂）六四頁以下。

(81) 島善高編『元老院国憲按編纂史料』（平成十二年十一月、国書刊行会）解題三五頁以下。

(82) 国立公文書館所蔵「遣使全書」［請求番号］本館-二A-〇三三-〇五・単〇〇二四六一〇〇。外務省監修、日本学術振興会編『条約経過概要』（昭和二十五年六月、日本国債連合協会刊）九九頁以下。

(83) 星原大輔「明治初年の井上毅―伊東氏所蔵の新史料紹介―」（早稲田大学日本地域文化研究所編『肥後の歴史と文化』二〇〇八年一月、行人社）。

(84) 松尾正人「明治初年における左院の西欧視察団」（『国際政治』第八十一号）。

(85) 前掲、友田昌宏「明治初期の政局と宮島誠一郎の立憲政体構想」。

(86) 色川大吉・我部政男監修『明治建白書集成』第一巻（一九九〇年六月、筑摩書房）二五頁。

(87) 江藤新平関係文書研究会「江藤新平関係文書―書翰の部（十二）―」（『早稲田社会科学総合研究』第九巻第一号）。

(88) 『壬申日記』早稲田大学図書館蔵「宮島誠一郎文書」A三八。

第四章　井上毅のシラス論註解―帝国憲法第一条成立の沿革―

一　はじめに―小中村義象の回顧

明治十九（一八八六）年秋冬の間、内閣総理大臣伊藤博文から憲法起草を委嘱された宮内省図書頭井上毅は、[1]同年末から翌年初頭にかけて、安房・上総・相模と思索の旅に出かけた。そして、鹿野山（千葉県君津市）に登る途中で、井上は、伴として連れていた小中村義象から大国主神の国譲の故事にある「シラス」と「ウシハク」の話を示唆されたのであった。[2]後年、小中村はそのときの模様を回想して次のように述べている。[3]

鹿野山にのほるほとなりき、車にてはゆきかたきところ多かりしかは、先生は右の手に仕込杖をもち、左の手にかの書類を握りなから歩きたまひしか、ふきおろす風いみしくて、手も凍るはかりなれは、之をかばんに納めたまひ、いさ話せむとて問ひおこされしは、大国主神の国譲の故事なりき。かれはいかに、これはいかにと問ひたまふ中に、かのしろしめすとうしはくとの事に及ひしかは、そはいともいとも貴きことなりとて、欧洲各国建国のこと、さては支那立国の本なとくらへかたらひ、かへりなは直に取調へよとのたまふ、山に上りつきたるころは夕くれにて、いと寒きに、霙さへふりしきれは、蒲柳の質におはします身いかにしてと、独こゝろつかひせらるゝに、先生は洋服をもときたまはす、火鉢をいたきて宿のあるしをよひ、硯とりよせて書きたまふは、かの道すからかたりまつりしことのあらまし也、さてこれにてよきか、このことは調へてよなとのたまふ、その事にあたりてつとめたまひしことかくのことし、鎌倉の雪の下に遊ひしころはかりの事は、大宝令にはいかゝありしかとのたまふに、をほく答へまつりしかと、暗記の疎漏もやあらむ、かへるまてまたせたまへといひしに、大事なり、さらは一日はやめてこの旅をはらむとのたまふ、時に雪ふり風さへふきあれて車もめくりかむるを、いさ是より藤沢まてはしらむとて、畔道つたひに出立たまふ、例の杖を肩にして、たゝ走りにはしりたまふに、おのれもまけしと走る、雪はいよいよ降りまさりて、目鼻にみたれいり、顔は針もてさゝるやうなるに、遥に旅人の一行見ゆ、かの連おひこさはやとて、わさと溝をこえ川をわたりて近道をすゝむ、先生はこの日臘帋の帽子を深くかふりたまふに、雪つもりて、今は坊主のことくになりたまへは、恠しき御さまかなといへは、何にてもあれ、かの連追ひこしたるか愉快ならすやとわらはせたまふ。藤沢につきしは昼過るころなりしか、是より車をやとひて神奈川まていそかせつ

井上の歓喜の様を彷彿とさせる名文章である。旅行の日程を一日繰り上げて詳しい調査のために戻るというのであるから、井上は「シラス」と「ウシハク」の別に余程重要な意味を認めたに相違ない。そしてこの旅行の直後に、帝国憲法の最初の草案たる「憲法初案説明草稿」を起草し(4)、その第一条に「日本帝国ハ万世一系ノ天皇ノ治《しら》ス所ナリ」と規定したのであった。

一見したところ、この規定は明治九年十月の元老院国憲按第一条「日本帝国ハ万世一系ノ皇統ヲ以テ之ヲ治ム」や、明治十三年に元田永孚が起草した「国憲大綱」の「大日本国ハ天孫一系ノ皇統万世ニ君臨ス」、或いは井上毅が明治十五年頃に起草した「憲法試草」第二十二条「日本国ハ万世一系ノ皇統ヲ以テ之ヲ治ム」等を踏襲したもの

と見ることができるかもしれない。また「シラス」も既に私擬憲法において使用せられていた。例えば、明治十四年一月頃に沢辺正修の手になったと推定されている「古巻意平手控」の「大日本国憲法」第一条に「大日本ハ立憲君主政体ニシテ天照大御神ノ皇統ノ知シ召ス国ナリ皇統ニアラザレバ天ツ日嗣ヲ継カセ給フ可カラス」とあり、明治十四年三月に『東京日々新聞』に福地源一郎が発表した「国権意見」第一章帝室に「皇統ハ神種ナリ我日本国ノ帝位ハ天照大御神ノ御子孫ノミ天日継ニ立セ給フベキ事　是レ我ガ建国ノ体ニ於テ尤モ貴重スベキノ第一義ナリトス此ノ葦原ノ中国ハ我御子ノ所知国ト言依シ賜ヘル国ナリ万世一系ノ皇統ヲ天壌ト共ニ不窮ニ継承シ奉ランコト臣子ノ本分ナレバ苟モ国約憲法ヲ制定スルニ当テハ開巻第一ニ此条ヲ明記シテ以テ帝位ハ人民ノ覬覦スベキ所ニアラザルヲ知ラシメ若シ大逆不軌ヲ企ルノ賊アラバ啻ニ朝敵タルノミナラズ憲法ノ国勢タルコトヲ知ラシメザル可カラズ」とあり、明治十五年秋頃に西周が執筆した「憲法草案」第二篇帝室第一章大統に「大日本国ノ帝位ハ　今上ノ知ラシ給フ所ニシテ以下各条ノ定規ニ循ヒ遠永其正統後嗣ノ知ラスヘキ所トス」とあるが如きである。(5)故に、「シラス」もこれら草案を踏襲したものと見ることもできるかもしれない。しかし井上にとって、「シラス」は特別の意味をもっていた。いったい井上は、この「シラス」にどのような意味を読みとったのであろうか。幸い井上は、憲法起草と同時にその説明文を書いており、さらに憲法発布後に『言霊』と題する文章を書いて「シラス」論を展開しているので、(6)本稿ではこれらの文章を手がかりに、井上の考えを探ってみたいと思う。

ところで、これまで井上の「シラス」論がまったく検討されなかったという訳ではない。それどころか、明治憲法制定史に関心を持つ人は、多かれ少なかれこれに着目しているのであって、井上が小中村の示唆によって「シラス」と「ウシハク」の区別に気づき、天皇の統治様式を「シラス」、中国や西洋の皇帝の統治様式を「ウシハク」というように対立させて、「シラス」型統治様式に我が国の独自性を見い出したことを指摘してはいる。(7)けれども、井上がこの「シラス」型統治様式のどのようなところに我が国の独自性を見出したのかという点になると、先学の所説はどうも要領を得ず、隔靴掻痒の感なきにしもあらずである。たとえば、井上は「憲法初案説明草稿」で「シラス」を説明するにあたって最初

謂フ所ノ国ヲ治ストハ既ニ以テ全国王土ノ義ヲ明ニシ、君治ノ徳ヲ示シ一人ニ私奉スルノ意ニ非サルコトヲ顕シタリ

と説明し、後にこれを

謂ハユル国ヲ治ストハ以テ全国王土ノ義ヲ明ニセラルルノミナラズ、又君治ノ徳ハ全国ニ照臨スルニ在テ、一人一家ニ享奉スルノ私事ニ非サルコトヲ示サレタリ

と修正し、更に「君治ノ徳ハ全国ニ照臨スルニ在テ」の箇所を「君治ノ徳ハ国民ヲ統知スルニ在テ」と改めるなど、僅かな表現に相当注意を払っており、何とかしてシラス論の精髄をここに込めようとしていることが知られる。従って、ここで井上が言っている「全国王土ノ義」とか「一人一家ニ享奉スルノ私事ニ非サルコト」などの意味するところをよくよく吟味しないかぎり、井上のシラス論の核心に迫ることは出来ないであろう。しかるに従来の研究でこの箇所に言及したもののあるを聞かないのである。

そこで、これからこの一文を解釈しようと思うけれども、これだけの文章から井上の真意を詮索するには余りにも短い。恐らく、井上自身もそのことを悟って、『言霊』なる文章を公にしたものと思われる。だがこの『言霊』とて、我々にとっては簡に過ぎる憾みがあるので、私は、『言霊』に註を付けるという仕方で、井上の思考の脈絡

を忠実に辿るという仕方で、井上の考えに迫ろうと思う。これ、本稿を題するに「シラス論註解」を以てした所以である。註解の性格上、周知の事実を殊更に列挙し、行論がくどくなることが予想されるが、御寛恕を乞いたい。猶、史料の引用に際しては、異体字は適宜通行の字体に改め、適宜句読点を施した。

（附記）平成元年（一九八九）八月二十九・三十日、國學院大學梧陰文庫研究会では、井上毅の明治十九年末から二十年初頭にかけての旅行を追体験するために、井上毅が辿ったのとは逆の道順で、すなわちまず金沢八景・野島・夏島・観音崎・久里浜と見学、そしてフェリーで東京湾を渡り、浜金谷・崖の下観音・那古観音・安房国分寺・安房神社・鏡忍寺・誕生寺・鯛の浦・勝浦・大多喜城を巡って、鹿野山神野寺・上総国分寺と調査旅行をした。本稿は、その折の報告をもとにしたものであるが、更に平成二年九月二十九日の法制史学会中部部会（於中京大学）でも報告し、若干加筆したものである。報告に際して、参加者からさまざまの貴重な助言を戴いたことを附記しておく。

二　「シラス」と「ウシハク」

『言霊』は先ず

古言を吟味することは一の歴史学なり、何れの国にても太古の歴史は事蒙昧に属し、当時の風気意想は筆の跡に遺りたる伝記のみにて知りかたきことそ多かるに、古き詞は古の人の風気意想をさなからに後の世に伝へて数千歳の古に遡りて当時の様を想像せしむへし、されは古言を取調ふることは歴史学の一として数ふるの価値

あるなり、抑々言霊の幸はふ国と称ふる御国の古言には様々尊きことのある中に、余は一の上なきめてたき詞を得たり

なる導入の文章で始まり、次いで、中国において「国を支配する所作」を何と称し、また人民に対してどのような「作用言」を用いていたかを考察する以下の文章が続いている。

土地と人民との二の原質を備へたる国を支配する所作を称へたる詞に付いて国々にて種々なるが、支那にては国を有つといへり、有つとは我か物にし我か領分にして手に入る丶心にて、俗に一の屋敷を手に入れた或は一の山を我かものにしたといふと同し意なり、詩経に奄有天下とあり、奄有すとは奄ひかふせて手に入る丶心にして、天下は広大なるものなりしかはかく称へしものとそおほゆる、これ国土国民を物質様に一の私産と見たるものにして、中庸には富有天下ともいへり、一人にして天下を私有すとは穏ならぬ詞なれは、彼支那の聖人は此の詞を脩飾するために有天下而不与といへれと、不与といふこと丶有つといふことは一句の言語の中に意義の矛盾ありともいふへし、其の後政治の思想稍進みては治国又経国なといふ詞を用ゐるにいたれり、この治むといひ経すといふは乱れたる糸の筋々を揃ふる心にして稍精緻なる文字なれとも、猶専ら物質上の意想に成立ちたるものなり

又人民に対しては如何なる作用言を用ゐたるかといふに、民を御すといひ又は民を牧すといへり、御すとは馬を使ひ牧すとは羊を畜ふことにして、これ人民を馬羊に喩へたる太古未開の時のおほらかなりし思想を其のま丶画きたるものなり

井上は、詩経や中庸の文句を手がかりに、中国では始め国を「有つ」と言っており、その後「治国」や「経国」という詞が使用されるに至ったことを指摘し、また人民に対しては「民を御す」とか「民を牧す」と言っていたと述べている。ただ、井上は、詩経に「奄有天下」、中庸には「冨有天下」とあると言っているけれども、これは正確ではない。詩経の「奄有天下」は多分、大雅・文王之什・皇矣や、周頌・清廟之什・執競に「奄有四方」とあるものの誤りであろう。また中庸には「富有天下」ではなく「富有四海」とあって、「富有天下」なる語は孟子にしか見えない。さらに「彼支那の聖人は此の詞を脩飾するために有天下而不与といへれと」云々と言っているが、これ恐らく『論語』泰伯第八の「子曰、巍巍乎、舜禹之有天下也、而不与焉(8)」を念頭に置いたものであろう。井上の中国古典への言及は、いずれも原文を正確に引用したものではなく、多分記憶に頼って書き記したものであろうが、いずれにしろ、井上の主張の要点は、中国の支配様式が「国土国民を物質様に一の私産とみたるもの」であることにある。

次いで今度はヨーロッパの方に目を転じて、

欧羅巴にて国土を手に入れたることを何といひしかと問ふに国を占領すといへり、占領といふ詞は（オキュパイド）やがて奪ふといふ意味をも含めり、又人民に対しては（ゴーウルメ）船の舵を執る意味の詞を用ゐたり、即支那にて御すといひ牧すといひしと同しく、人民を一つ物質に見なしたるより転用したるものなり、支那も西洋も昔の人の国土人民に対せし作用言はいと疎かなる語を用ゐたるものにして、国土を縄張して己れの領分にすといふことを目的とし、人民を一の品物と見て、手綱を付け舵を取りて乗り治むといふあしらひをもて称へたるものと覚えたり、是は古の人は今の世の人の如く政治学の精密なる思想無かりし故にそあるへきと述べ、中国同様にヨーロッパでも「国土を縄張して己れの領分にすといふことを目的とし、人民を一の品物と見て」いると言う。「オキュパイド」は英語の occupy、「ゴーウルメ」というのは英語の gouvern である。両者とも、意味は井上の言うとおり、占領・奪う・船の舵をとるなどであるが、井上がこのように論断したのは、ロエスレルの「独逸貴族所有地沿革概略」に「土地所有ノ事ハ、当時戦勝者カ其侵略セル地ヲ分テ之ヲ領セシヨリ始マレリ」云々とあったからであろう(9)。

このように、中国とヨーロッパの例を示してから、井上は日本のことに言及し、以下のように述べている。

諸御国にては古来此の国土人民を支配することの思想を何と称へたるか、古事記に健御雷神を下したまひて大国主神に問はしめられし条に汝之宇志波祁流葦原中国者我子之所知国言依賜とあり、うしはぐといひしらすといふ、この二つの詞そ太古に人主の国土人民に対する働きを名けたるものなりき、はて一はうしはぐといひ他の一はしらすと称へたまひたるには二つの間に差めなくてやあるへき、大国主神には汝がうしはげると宣ひ、御子のためにはしらすと宣ひたるは、此の二つの詞の間に雲泥水火の意味の違ふこと、そ覚ゆる、うしはぐといふ詞は本居氏の解釈に従へば即ち領すといふことにして、欧羅巴人の「オキュパイト」と称へ、支那人の富有奄有と称へたる意義と全く同し、こは一の土豪の所作にして、土地人民を我か私産として取入れたる大国主神のしわざを画いたるあ(な)るへし、正統の皇孫として御国に照し臨み玉ふ大御業は、うしはぐにあらすしてしらすと称へ給ひたり、其の後神日本磐余彦尊の御称名を始馭国天皇と称へ奉り、又世々の大御詔に大八洲国知ろしめす天皇と称へ奉るをは公文式とは為されたり、されはかしこくも皇祖伝来の御家法は国をしらすといふ言葉に存すといふも誣ひたりとせすここで初めて、井上が冒頭で仄かしている「一の上なきめてたき詞」即ち「シラス」とそれと相対する「ウシハク」が現れる。井上が「うしはぐといふ詞は本居氏の解釈に従へば即ち領すといふことにして」と言っているのは、言うまでもなく、宣長の『古事記伝』に拠ったものであって[10]、梧陰文庫にも該当箇所を抜粋した史料が残っている[11]。また「公文式」というのは、恐らく養老公式令の「明神御大八州天皇詔旨」を念頭においているのであろう。井上は、『古事記』の大国主神の国譲の段に「シラス」と「ウシハク」が対置して用いられ、以後天皇に関しては「ハツクニシラススメラミコト」「大八洲国シロシメス天皇」「アキツカミトアメノシタシロシメス天皇」のごとく「シラス」ないしは「シロシメス」の語が使用される例となっていることを指摘し、そしてヨーロッパや中国の支配様式は我が国の「ウシハク」と類似し、いずれも国土国民を私有物とみなす支配様式であるが、天皇の支配様式たる「シラス」はこれらと雲泥の違いがあるというのである。

ここで想起されるのは、加藤弘之『国体新論』の次のような文章である[12]。

凡ソ文明開化未全ノ国々ニテハ、未タ曾テ国家君民ノ真理ヲ悟ラサルカ故ニ、天下ノ国土ハ悉皆一君主ノ私有物ニシテ、其内ニ住スル億兆ノ人民ハ悉皆一君主ノ臣僕タル者ト思ヒ、君主ハ固ヨリ此臣僕ヲ牧養スルノ任アレトモ又之ヲ己レカ意ニ随テ制馭スルヲ得ヘク、臣僕ハ只管君命是レ聴テ一心之ニ奉事スルヲ其当然ノ務ナリト思ヒ、且ツ是等ノ姿ヲ以テ其国体ノ正シキ所以トナス、豈野鄙陋劣ノ風俗ト云ハサル可ケンヤ、（中略）然ルニ和漢等開化未全ノ国々ニテハ古来未タ曾テ国家君民ノ真理明カナラサリシ故ニ、此ノ如キ野鄙陋劣ノ国体ヲ以テ実ニ道理ニ協ハサル者ト思ヒシ輩ハ絶エテナキノミナラス、却テ之ヲ是トシテ益之ヲ養成スルニ至リシハ実ニ歎スヘキコトト云フヘシ、詩経ニ普天率土王土王臣ト云ヒ、又孟子カ富有天下ト云ヒシ抔ハ、全ク国土ヲ以テ君主ノ私有トシ人民ヲ以テ君主ノ臣僕トセシ者ナルコト明カナレトモ、古来未タ曾テ此語ヲ以テ非理ト為セシ者アルヲ聞カス、（中略）欧羅巴ト雖モ近古ノ初メ迄ハ天下国土億兆人民ヲ一君主ノ私有臣僕トセル国体ナリシカ、輓近人文知識漸ク開クルニ随ヒ、国家君民ノ真理始メテ瞭然トナルニ至リ、旧来ノ陋劣野鄙ナル国体次第ニ廃滅シテ、方今ノ公明正大ナル国体トハナリシナリ

加藤は、ヨーロッパ中古や中国と同様に、わが国も天皇が国土を私有する国体であると言い、国体が「野鄙陋劣」であるか、それとも「公明正大」であるかの基準を、君主が国土人民を私有するか否かにおいている。井上も亦、加藤と同様の分析方法を用いているのではあるが、日本を「野鄙陋劣」とは見なさず、かえって加藤の言う「公明正大」の国体と見ている点が大いに異なる。そしてその際の基準として、「シラス」「ウシハク」なる概念を使用しているのである。加藤の『国体新論』は明治八年に出版されたが、「皇学者または勤王家」から国体を蔑視するものであると反対され、政府内でもこれを是として絶版を勧告、のち明治十四年に加藤自身の手でこれを絶版とした。(13)

一方、井上が絶えず敵対視していた福沢諭吉も『文明論之概略』第九章「日本文明の由来」の中で

全国の土地、人民の身体までも、王室の私有に非ざるはなし。此有様を見れば被治者は治者の奴隷に異ならず。後世に至るまでも御国、御田地、御百姓等の称あり。此御の字は政府を尊敬したる語にて、日本国中の田地も人民の身体も皆政府の私有品と云ふ義なり。仁徳天皇民家に炊煙の起るを見て朕既に富めりと云ひしも、必竟愛人の本心より出て、民の富むは猶我富むが如しとの趣意にて、如何にも虚心平気なる仁君と称す可しと雖ども、天下を一家の如く視做して之を私有するの気象は窺ひ見る可し。

と述べているが、井上のシラス論は、おそらく加藤の『国体新論』や福沢の『文明論之概略』のごとき考え方を念頭に置いた上で、これらを論破することを意図して生み出されたものであろう。

井上は、ヨーロッパや中国の支配様式はわが国では土豪の「ウシハク」に相当するものであって、天皇の支配様式とは異なると主張するのであるから、「シラス」というのは、土地人民を私有物とはしない支配様式ということになる。『言霊』には続けて

国を知り国を知らすといへるは、各国に比較を取るへき詞なし、今国をしらすといふことを本語のまゝに意訳を用ゐすして支那の人西洋の人に聞かせたらは、其の意味を了解するに困むへし、そは支那の人西洋の人には国を知り国を知らすといふことの意想は固よりその脳髄の中に存せされはなり、知るといふことは今の人の普通に用ゐる詞の如く心にて物を知るの意にして、中の心と外の物との関係をあらはし、さて中の心は外の物に臨みて鏡の物を照すことく知り明むる意なり、西洋人の論理法に従ひて解釈するときは、主観様に無形の高尚なる性霊心識の働きをあらはしたるものにして、奄有といひ占領といひうしはくといへるは専ら客観様に有形の物質上の関係をあらはしたるものなり、古書にしらすといふ言葉に御の字を当てたるは、当時の歴史を編む人適当なる漢字なきに苦しみ是を借用ゐたるにて、固より言語の意味には適はぬ文字なりかくいへは人は難していはむ、太古の人にさはかり高尚なる思想あるへきにあらす、今の人の考へを以て附会したるならむと、否々然らす、諺に論より証拠といへるごとく、古典にうしはくといふこと、知らすといふことゝ、二の言葉を両々向き合せて用ゐ、又其うしはくといひ知らすといふ作用言の主格に玉と石との差めあるを見れは、猶争ふことのあるへきやは、若し其の差別なかりせは、此の一条の文章をは何と解釈し得へき故に支那欧羅巴にては一人の豪傑ありて起り、多くの土地を占領し、一の政府を立てゝ支配したる征服の結果

といふを以て、国家の釈義となるべきも、御国の天日嗣の大御業の源は皇祖の御心の鏡もて天が下の民草をしろしめすといふ意義より成立たるものなり、かかれば御国の国家成立の原理は君民の約束にあらずして、一の君徳なり、国家の始は君徳に基づくといふ一句は日本国家学の開巻第一に説くべき定論にこそあるなれ

とある。井上は「正統の皇孫として御国に照し臨み玉ふ大御業」である「シラス」の本義について考察を進め、「シラス」というのは「鏡の物を照すごとく知り明むる意」であるといい、その源は「皇祖の御心の鏡もて天か下の民草をしろしめすといふ意義より成立」したものであり、「一の君徳」であると述べている。宣長の『古事記伝』は「ウシハク」については説明しているけれども、「シラス」そのものについては何も述べていない。そこで、井上の「シラス」についての説明は『古事記伝』以外の何かに依拠したものと考えねばならぬが、その説明に鏡を持ち出している点については、おそらく天照大神が天忍穂耳尊に宝鏡を授けて「吾が児、此の宝鏡を視まさむこと、当に吾を視るがごとくすべし。與に床を同くし殿を共にして、斎鏡とすべし」とのたまったという神話、或いは『神皇正統記』の次の文章等を念頭に置いていることは疑いあるまい[15]。

此鏡の如に分明なるをもて、天下に照臨給へ。（中略）鏡は一物をたくはへず。私の心なくして、万象をてらすに是非善悪のすがたあらはれずといふことなし。そのすがたにしたがひて感応するを徳とす。これ正直の本源なり。玉は柔和善順を徳とす。慈悲の本源也。剣は剛利決断を徳とす。智恵の本源也。此三徳を翕《あわせうけ》受ずしては、天下のおさまらんことはまことにかたかるべし。（中略）中にも鏡［を］本とし、宗廟の正体とあふがれ給。鏡は明をかたちとせり。心性あきらかなれば、慈悲決断は其中にあり。又正く御影をうつし給しかば、ふかき御心をとゞめ給けむかし。天にある物、日月よりあきらかなるはなし。仍文字を制するにも「日月を明

とす。」といへり。我神、大日の霊にましませば、明徳をもて照臨し給こと陰陽にをきてはかりがたし。冥顕につきてたのみあり。君も臣も神明の光胤をうけ、或はまさしく勅をうけし神達の苗裔なり。誰か是をあふぎたてまつらざるべき。

そもそも皇位の象徴たる玉・鏡・剣の三種の神器に天皇の徳性を付与したのは、『日本書紀』仲哀天皇紀八年の条で五十迹手が「天皇、八尺瓊の勾れるが如くにして、曲妙に御宇せ、且、白銅鏡の如くにして、分明に山川海原を看行せ、乃ち是の十握剣を提げて、天下を平けたまへ」云々と奏言したのに始まる。その後、鎌倉時代になって種々の解釈が行われるようになったが、特に北畠親房は、度会神道の影響を受つつ、鏡を以て最高のものとし、他の二つの徳も包摂すると考えた。親房の説は後世に甚大な影響を与えており、会沢安の『新論』や『迪彝篇』もこれを祖述している。井上が「シラス」を説明するに当たって鏡を持ち出したのは、この北畠親房や会沢安の思想の系譜に連なるものと考えてよかろう。そうとするならば、井上が「鏡の物を照すことく知り明むる」というとき、「鏡は一物をたくはへず、私の心なくして、万象をてらす」というような理解を前提としており、また「皇祖の御心の鏡もて天か下の民草をしろしめす」というとき、先の所謂同床共殿の神勅や『神皇正統記』の「正く御影をうつし給しかば、ふかき御心をとゞめ給けむかし」という一文を前提としていると見てよいであろう。

そして、『言霊』の基になった「古言」と題する講演原稿に「しらすといふことは、理を以て物を兼ねたる完全な言葉である、有つといひ、占領といひ、うしはくといふは、物に偏したる不完全の辞であると見なければならぬ」とか、「御国にては、兵力を以て征服するよりも、先第一着に天日嗣の大御業の源は、皇祖の御心の鏡で、天下の青人草を知ろしめして、力でない心で御支配遊ばして、御心にかけられて、御世話を遊ばしたといふことが、御国の国の成立の初めである、即、御間城入彦五十瓊殖天皇の大御宣に、我皇祖天皇光臨宸極者、豈為一身乎、蓋所以司牧人神、経綸天下と仰せられたるが、取りも直さず国を知らすといふことの正しき解釈である、故に御国に於ける国家成立の原理は、君民の約束でない、兵力の征服でない、一ツの君徳である」とかあったのを加味して考えると、[16]「シラス」はすなわち、「一身の為でなく」「私の心によってではなく皇祖の心に従い」、しかも「力によるのではなく君徳に基づいて」天下を治めるということであって、「欧羅巴人のオキュパイトと称へ、支那人の富奄有と称へたる」兵力による征服や、「土地人民を我か私産として取入れたる大国主神のしわざ」とは「雲泥水火」の違いがあることになる。ここにおいて、井上は、加藤弘之の『国体新論』、福沢諭吉の『文明論之概略』のごとき考えを乗り越え、積極的に日本の国体の独自性を打ち出すことが出来ると考えたのである。

このように井上は、「シラス」こそは諸外国に類例のない我が国独特の支配様式であると確信し、明治二十年二月ごろまでに起草した所謂「憲法初案説明草稿」で、第一条を「日本帝国ハ万世一系ノ天皇ノ治ス所ナリ」とするわけである。この「治ス」の条項は、同年三月の憲法「初稿」及び四・五月の乙案・甲案までは維持されていたが、八月のいわゆる夏島憲法草案の段階で、「統治ス」の表現に改められた。しかし、既に述べたように説明文の方は、表現に若干の修正・増補がありはするものの、井上の考えが最後まで採用されており、次の様な内容で公表されたのである。

恭テ按スルニ神祖開国以来時ニ盛衰アリト雖、世ニ治乱アリト雖、皇統一系、宝祚ノ隆ハ天地ト与ニ窮ナシ、本条首メニ立国ノ大義ヲ掲ゲ、我カ日本帝国ハ万世一系ノ皇統ト相依テ終始シ、古今永遠ニ亘リ一アリテ二ナク常アリテ変ナキコトヲ示シ、以テ君民ノ関係ヲ万世ニ昭カニス

統治ハ大位ニ居リ大権ヲ統ヘテ国土及臣民ヲ治ムルナリ、古典ニ天祖ノ勅ヲ挙ケテ瑞穂国是吾子孫可王之地、宜爾皇孫就而治焉ト云ヘリ、又神祖ヲ称ヘタテマツリテ治御国天皇ト謂ヘリ、日本武尊ノ言ニ吾者纏向ノ日代

宮ニ坐シテ大八島国知ロシメス大帯日子淤斯呂和気天皇ノ御子トアリ、文武天皇即位ノ詔ニ天皇カ御子ノアレマサム弥継継ニ大八島国知ラサム次トノタマヒ、又天下ヲ調ヘタマヒ平ケタマヒ公民ヲ恵ミタマヒ撫テタマハムトノタマヘリ、世々ノ天皇皆此ノ義ヲ以テ伝国ノ大訓トシタマハザルハナク、其ノ後御大八洲天皇ト謂フヲ以テ詔書ノ例式トハナサレタリ、所謂「シラス」トハ即チ統治ノ義ニ外ナラス、蓋祖宗ノ天職ヲ重ンシ、君主ノ徳ハ八洲臣民ヲ統治スルニ在テ、一人一家ニ享奉スルノ私事ニ非サルコトヲ示サレタリ、此レ乃憲法ノ拠テ以テ其ノ基礎ト為ス所ナリ（下略）

因みに、第一条条文の「シラス」を何故「統治ス」に改めたのかについて、清水伸氏は

「シラス」では、漢文調で一貫している全体の文体において不調和を感じさせるので、その意味を表現する字として「統治」が採用されたものと思われる。「統治」はさきの交詢社の憲法草案にも見えているが、当時の新語であったといっていい。

と言われているが[17]、首肯すべきであろう。「統治」が新語であり、思案の末の造語であることは、憲法説明初案の中の「君治ノ徳ハ国民ヲ統知スルニ在テ」なる一文を、井上が別の説明草案では「知スル」を削って「ヘ治シメス」と傍書し「君治ノ徳トシ玉フ所ハ国民ヲ統ヘ治シメスニ在テ」と書き改めていることからも知られるし[18]、また明治二十一年五月上旬の枢密院会議直後の修正で「夫所謂『シラス』トハ即統治ノ義ニシテ領有ノ意ニ非ス」と書き加えたとき、最初「統治」ではなく「統知」としていたことからも窺える。さらに、憲法が制定された後の明治二十二年二月十六日から三月二日まで、憲法義解稿本の共同審査が行われたが、その会議で「統治ハ大位ニ居リ大

権ヲ統ヘテ国土及臣民ヲ治ムルナリ」の一文が加えられたのも、[19]「統治」の語が解りにくい単語であったからに他ならない。

三　シラスと皇位継承

前章で検討した部分は、『言霊』の前半部分であって、これまで憲法第一条の成立過程を論じ、井上のシラス論に言及している人々も一応の注意を払っているところであるけれども、どういうわけか、これに続く文章には殆ど注意が向けられていない。しかし、実は、後半部分にこそ重要な指摘があるのである。井上は、

御国の肇国の原理は国知らすといふこと、其の原理よりして種々のめでたき結果を生したり

として、「シラス」のめでたき結果を二つ挙げているので、本章と次章とで、それぞれを丹念に考察してみることにしよう。

第一は欧羅巴の国々の歴史上の状を尋ぬるに、大かた国は一の豪族の人の占領したるものにして大なる財産なり、故に国を支配することを民法上の思想により、一の財産のあしらひもて処分し、其の人々の世を去るときには民法上の相続を行ひ、子三人あれは其の国を三つに分ち与へたり、彼の歴史上に名高きシャーレマン帝は其の広大なる版図を三人の子に分ちて、一は独乙となり他の一は仏蘭機となり又他の一は西班牙となり、此の相続よりして欧羅巴大陸の大乱の種を蒔きたりしにあらすや、蒙古の相続法も同様にして元の大祖は広大なる

亜細亜の土地を四人の子に分ちて、支那の一部蒙古の一部印度の一部波斯の一部ときれきれにしたる事、其史に見えたり、此は欧羅巴には珍しからぬことにして二百年前まて行はれたりしに、二百年前の墺地利亜帝の聯邦各国との条約に、一国の相続は一統の子孫に伝ふへきものにして数多の子孫に分割すへきものにあらすといふことを始めて約定したり、是を彼の国の学者ハ学理様に説き明して、古は私法と公法との差めを知らず、国と家との別ちを知らず、一家の財産相続法を以て国土の相続に混雑したるものなどいへり、御国にては公法私法なとの学理論の有無に拘らす、神随のおのづからの道に於て天日嗣の一筋なることは自然に定り居て、二千五百年前より此の大義をあやまりしことなし、神武天皇の御子は四柱坐ましたれど、嫡出の綏靖天皇御位に即かせ給ひて他の三柱の皇子等には国土をわかち与へ給ひしこともなし、欧羅巴人が二百年前に辛うして発明したる公法の差別は、御国には太古より明かに定りて皇道の本となり居れり、是は何故ぞといへば、即ち御国をしらすといふ大御業は国土を占領すること丶おのづから公私の差別ありしによるなり

一読して明らかな如く、ここには「シラス」と「ウシハク」の別が具体的に指摘されており、『言霊』の前半部分を「シラス」と「ウシハク」の総論とすれば、後半部分はその各論とも言うことができる。

井上は、カール大帝の王国分割や元の分割相続の例を引いて、ヨーロッパや蒙古では長子相続法がなく国土を私有財産と見なしていたから（即ち「ウシハク」）、王位継承の度に国土が分割されて大乱を招いたのだと言い、我が国でかかることが生じなかったのは「シラス」というヨーロッパや蒙古とは違った原理（ヨーロッパ人が二百年前に辛うじて発明した公法・私法のうちの公法に相当）があったからだと主張している。今日の研究水準からすれば、このように一般化してしまうには批判もあるかもしれない[20]。けれども、特に古いゲルマン社会で分割相続が古来の伝統であり、広大な国家も王位継承の度に弱小国家に分断されることがあったことはしばしば指摘されるところで

あり、[21] 蒙古についても同様のことが論じられているので、[22] 井上の説は決して荒唐無稽ではない。なお井上が、ヨーロッパでは二百年前のオーストリア帝の聯邦各国との条約で初めて分割相続が否定せられたと言っているのは、一七一三年四月十九日発布のハプスブルク家の基本的家法 Pragmatische Sanktion（国事詔書）のことであって、皇帝カール六世がこれにより領土の永久不分割と長子相続制とを定めた。[23]

ところで井上は、かかる歴史認識を何によって取得したのであろうか。今のところ、蒙古の事例については典拠を明らかにしないが（漢籍に造詣の深い井上のことであるから、正史その他で早くから知識を得ていたであろう）、ヨーロッパについては、井上が憲法起草に当たって好んで閲読した加藤弘之訳のブルンチュリ『国法汎論』を大いに参考にした形跡があって、井上の書き入れがある国立公文書館所蔵井上旧蔵『国法汎論』には左の如き文章がある。

中古ノ世ハ宝祚ヲ以テ君主ノ私有トナシ、且ツ常ニ国法ト私法ヲ混淆シテ、未タ其別ヲ立ルヲ知ラサリケレハ、此継位ノ事ニ就テモ亦、人々ノ所見全ク今世ト異ナリキ（『国法汎論』巻六中、八頁）

中古仏朗哥国、及ヒ其他ノ各国ニテ、版図ヲ分割シテ之ヲ許多ノ嗣君ニ与ヘシコト、譬ヘハ猶尋常遺物ヲ数子ニ分与スルカ如クナリシカ、是レ全ク国家ヲ以テ、君主ノ私有ト為スノ習俗ヨリ起リシナリ（同右、九頁）

これらによって、井上が「彼の国の学者ハ学理様に説き明して古は私法と公法との差めを知らず」云々と言っている「彼の国の学者」とは、ブルンチュリのことであると断じてほぼ間違いあるまい。『国法汎論』には、オーストリアの Pragmatische Sanktion についても

世普ク知ル如ク、墺地利国ニテ、嘗テハブスブルグ氏ニ、男子全ク缺ケシ時、最後ノ君主ニ最モ親近ナル女

子、宜シク継位スヘキヤ、若クハ昔時男子ニ先キタ、レテ、王位ヲ継カサリシ女子、及ヒ其子孫ハ、往時ノ王ニ親近ナルヲ以テ、今宜シク継位スヘキヤノ疑義起リ、容易ニ決セサリシカトモ、遂ニ第一論ニ決シ、最後ノ君主ニ親近ナル女子ヲ以テ、王位ヲ継カシメタリ（巻六中、一二頁）

と記述しているが、井上の「二十一年三月十日見」なる識語のある「欧羅巴家門法歴史上ノ沿革及其法制ノ系統第一」にも(24)

此皇ノ家門法ハ固トヨリ後年ニ於テ漸ク成立チタルモノニシテ即チ屢々改正ヲ経テ終ニ彼ノ「保安《プラクマチセ、》法規《サンクチオン》」ナルモノニ依テ初テ其体裁ヲ保全スルヲ得タリ［千七百十三年］

とあり、更には梧陰文庫に特にこれを調査した次の内容の史料が存在する。(25)

墺国「フラグマチセ、サンクチオン」トハ帝室ニ属スル皇族ノ間及皇帝ト豪族ノ間ニ締結セル条約ヲ一括シタルモノヲ謂フナリ

（中略）

以上条約ノ主旨ハ左ノ三点ヲ確定シタルニ外ナラス

（一）帝国ニ属スル各邦ハ総テ之ヲ分割スルコトナク帝室男統ノ長幼順次ニ依テ相続スル事

（二）男統ノ絶エタル場合ニ於テハ均シク長幼順次ニ従ヒ正当婚姻ヨリ出産シタル皇女ニ相続セシムル事

（三）今帝ノ皇女ナキトキハ先帝ノ皇女及其子孫ニ相続セシムル事

さて、井上が主としてブルンチュリの『国法汎論』を参考にしながら「シラス」論を展開していることは注目すべきことであって、従来の研究者が殆ど見過ごしていた点である。そもそも、ブルンチュリの「中古ノ世ハ宝祚ヲ以テ君主ノ私有トナシ」云々や「中古仏朗哥国、及ヒ其他ノ各国ニテ、版図ヲ分割シ」云々の文章は、いずれも『国法汎論』巻六中の「世襲法」と題する箇所にあって、厳密なる王位継承法の制定、そしてそれによる国土の不分割を主張せんがための例示なのであった。即ち、前者の直前には

［第一］世襲法ハ、国法上ニ於テ必ス預定スルコト緊要ナリ、然ル所以ハ、此事殊ニ、国家ノ安危ニ関スル甚タ大イナレハナリ、(中古ハ国法上ニ於テ、預メ世襲法ヲ確定スルコト無カリシカ故ニ、王族等動モスレハ、此事ヨリ争論ヲ開キタリ) ○是故ニ世襲法ハ、必ス憲法ヲ以テ確定スヘシ、決シテ君主ノ意ヲ以テ之ヲ変改セシム可ラス、是レ即通則ナリ (中略)

［第二］是故ニ嗣君位ヲ継クノ権利ハ、先君没シテ然後ニ始メテ得ル者ニアラス、必ス預メ確定スル所ノ者ニシテ、実ニ至重ノ権利ナルカ故ニ、厳ニ国法ヲ以テ保護スヘシ、君主ノ権ト雖トモ、決シテ与奪ヲ恣ニスル能ハサルナリ (中略)

［第三］継位法ハ、方今必ス国憲 (スターツヘルハッスング) ニ載セテ、確定スル所ニシテ、国憲諸条中ニ於テ、重大ナル者ノ一ナリ

継位ノ事ハ右ノ如ク至重至大ナルヲ以テ、君主ト雖トモ私意ヲ以テ軽軽シク動ス能ハサル者ナリ、是故ニ君主遺言、或ハ婚媾条約 (エーヘルタラグ、［按］婚媾ノ時ニ方リテ、将来ノ事ニ就テ互ヒニ結フ所ノ条約ナリ)、又ハ王室ノ一家憲法 (ハウスゲセッツ) 等ニ依テ、国憲ヲ犯シテ継位法ヲ変更スルコトハ、万々得可ラサル者ト為ス

とあり、後者の直前には

国家ハ専ラ一致和同ヲ要ス、故ニ決シテ其版図ヲ分割スルヲ許サス、故ニ又数人同時ニ王位ヲ継クヲ許サス

とある。特に前者の「厳ニ国法ヲ以テ保護スヘシ、君主ノ権ト雖トモ、決シテ与奪ヲ恣ニスル能ハサルナリ」及び「国憲諸条中ニ於テ、重大ナル者ノ一ナリ」には、井上も圏点を施している。

嘗て、皇位継承法の成立過程を詳細に考証された小林宏氏は、明治十年代の井上が、皇嗣は天皇の生前の意思によって決定され、その決定なき場合にのみ皇室法規定の皇位継承法が適用されるべきであると考えていたこと、それが後にブルンチュリ等の影響を受けて皇位の継承は天皇の意思によらず皇室法によって確定するという考えに変わったこと、そしてその時期は明治十九年末から同二十年初めにかけてであろうと思われること等を指摘された(26)。この小林説は全く正鵠を射たものであり、何の疑点もないけれども、何故井上がそのように考えを変えたのか、その経緯については「今後の検討に俟つ」とせられた。しかし、井上の「シラス」論をここまで見てきた我々にとっては、その理由もほぼ明らかになったであろう。即ち、第一には、小林氏も指摘されているように、井上が天皇の意思に左右されない万世一系の皇位継承法の制定を決心したのは、皇位継承法が明定されていないと、ヨーロッパ中古や蒙古のように国土が分裂して禍乱を招く恐れがないとも限らないと考えたからである。そのことは、皇位継承について規定した皇室典範第一条「大日本国皇位ハ祖宗ノ皇統ニシテ男系ノ男子之ヲ継承ス」の説明文に公表直前まで

之ヲ欧州ニ参考スルニ、中古以前彼ノ「フランク」及独逸諸国ノ家法ハ公法ヲ以テ私法ト相混シ、君位ノ継承

ヲ以テ財産ノ相続ニ同視シ、一君ニシテ二三子アレハ其ノ国土ヲ二三分裂シテ、以テ禍乱ノ原因ヲ為シタルハ史乗ニ屢々見ル所ナリ、近世ニ至リ始メテ君位ノ公法ニ属スヘクシテ私法ニ属スヘカラサルコトヲ発見シ、此ヲ以テ国法上ノ一大進歩トシ、其ノ憲法又ハ国約ニ於テ特ニ国土ノ分裂スヘカラサルコトヲ掲ケ、以テ分割継承ノ謬ヲ匡正スルノ方法ヲ取リタリ（墺国ノ第十八世紀ノ初ニ於テ訂約セル「プラグマチセ、サンクチオン」ニ、帝国ニ属スル各邦ハ総テ分割スルコトナク、帝室男統ノ長宗順序ニ依テ相続スヘキコトヲ定メタリ）、我カ国ハ肇国ノ初ニ於テ既ニ統一ノ公義ニ従ヒ、分割領有ノ私法ニ依ラス、而シテ後世学理上ノ発見推論ヲ仮ラサル者ナリ

なる一文が付属していたことでも知られよう。[26] また領土不分割に関しても、「憲法初案説明草稿」第二条に

日本帝国ヲ組立テタル現在ノ彊土及附属ノ島嶼ハ統一ノ版図タリ

とあり、これを「憲法初稿」では若干表現を改めて第四条に

日本帝国ヲ組立テタル現在ノ彊土及附属ノ島嶼ハ統一ノ版図ニシテ永遠分割スヘカラズ

と規定していた。[27]

そして第二に、皇位継承法が公法（国法）に属することを認識したこと、これである。井上は『国法汎論』を精読し多くの事柄を学んでいるが、既に述べた所からもわかるように、公私未分離の家産国家であった中世とは違って近代国家は国法私法を峻別すべきであるという所論には、とりわけ強い影響を受けている。それでは、いったい

何故「国法」は「君主ノ権ト雖トモ、決シテ与奪ヲ恣ニスル」ことができないのか。『国法汎論』首巻第二款には

国法ハ、其根拠ヲ国家ニ資ルモノニシテ、即チ公権ヲ定ムル規律ナリ、私法ハ、其基礎ヲ民人ニ藉ルモノニシテ、民人ノ私権ヲ定ムル規律ナリ、（中略）国法ハ、基礎ヲ国家ニ資リ、定立スル所ニシテ、素ト国家全体ノ為メニ設ルモノナル故、民人決シテ毫モ恣マヽニ取捨スル能ハサルモノナリ○私法ハ之ニ反シテ、其基礎ヲ民人ノ稟性情体、或ハ其意思ニ資リテ定立スル所ニシテ、素ト民人ノ為メニ設ルモノナル故、民人相議シテ、雙方一致スルトキハ、其権利ヲ取捨変革スルコトヲ得ヘシ（中略）国法ニ於テ定ムル所ノ権利ハ、啻ニ公権利タルノミナラス、又兼テ公義務タリ、故ニ都テ其公権利ヲ有シテ、之ヲ行フノ権アル者ハ、亦必ス之ヲ行フノ公義務アリト云フヘシ、譬ヘハ国君ハ、啻ニ其臣民ヲ統御スルノ権利アルノミナラス、亦共ニ之ヲ統御スルノ義務アリ、法官ハ、啻ニ獄訟ノ事ヲ掌ルノ権利アルノミナラス、亦共ニ此事ヲ掌ルノ義務アルカ如シ、但シ私法ニ於テ定ムル所ノ権利ニ至テハ、然ラス、此権利ヲ行フト、否トノ如キハ、之ヲ有スル者ノ意ニ任シテ可ナリ、本来此二権利ノ規律、此ノ如ク相異ナル所以ハ、殊ニ之ヲ定ムルノ意、相反スルヲ以テナリ、私権利ハ、唯民人ノ為ニ立ル所ニシテ、民人ニ属シ、公権利ハ、国家全体ノ為メニ立ル所ニシテ、専ラ国家全体ニ属ス、是即相異ノ因テ生スル所以ナリ（中略）公権利ハ啻ニ権利タルノミナラス、亦兼テ公義務タリ、故ニ公権利ヲ有スル者ハ、一人ニシテ必ス権利義務ノ二事ヲ兼ヌル者ナリ、去レトモ此二事ヲ兼ヌルヲ以テ、決シテ公権利ヲ私権利ニ及ハサル者ト為スヘカラス、是ニ因テ却テ公権利ノ私権利ニ優ル所ヲ知ルヘシ、何者公権利ノ啻ニ権利タルノミナラス、亦兼テ公義務タル所、自ラ其中ニ道義ノ存スルモノアリテ、私有権利ノ独リ之ヲ有スル者ノ、利トナルカ如キニ非サレハナリ○公権利ノ品階愈高ケレハ、之ヲ行フノ公義務、亦愈之レト密合シテ、決シテ相離レス、国君ノ権利ヲ以テ、其

私有ナリトシテ、其行廃、国君ノ随意ニアリト思フハ、大ニ国法ヲ汚辱スルモノト云フヘシ、国君ノ権利ハ、決シテ自己ノ権利ニアラス、国家ニ対シテ必然行フヘキ、義務タルコトヲ、苟モ忘ルヘカラス

とあって、国法と私法の別、公権利が私権利に勝ること、公権利は公義務を伴うこと、従って国君と雖も権利を随意にしてはならないこと等が記されている。公権利の品階が高ければ高いほど、公義務も高くなり、君主がその権利を私有であるとして随意に行使する事は国法を汚辱することになるというのである。井上は、『国法汎論』のかかる記述に痛く共鳴し、事ごとに公法（国法）と私法の峻別という観点から考察を加えた。明治二十年一月にロエスレルに対して「家憲ハ私権ヲ規定シタル者ナル乎、又ハ公権ヲ規定シタル国法ニ属スヘキ者ナル乎」と質問をし、そこで

若シ果シテ私権ニ属スヘキ者ナラハ、各国ノ現行セル家憲ハ其中ニ政事上ノ公権ヲ混雑シタル個条ヲ見出スニ似タリ。正当ノ法理ニ従フトキハ、此ノ混雑ノ個条ハ之ヲ家憲中ヨリ除キ去ルヘキ者ナル乎。
或ハ又家憲ハ一種特別ノ性質ニシテ、公権ト私権トヲ併セテ之ヲ規定スルヲ以テ其固有ナル本素トナス乎。

と述べ、また同じ頃に女性及び不能力者の王位相続の権について

欧洲各国ノ王位相続法ハ私権上ノ財産法ヨリ進化シ来レル者ニシテ、未タ純粋ナル公権上ノ相続法ニ適当スルニ至ラズトハ、独乙ノ学者中ニモ往々其論ヲ為ス者アリ。若シ此ノ論旨ニシテ大過ナカラシメハ、試ニ私権相続ノ性質ヨリ原因シ来レル一二ノ実例ヲ挙ルコトヲ得ヘシ。即チ左ニ開列ス。

一　英国及其佗ノ国ニ於テ、女性ノ王族ニ或ル場合ニ於テ王位相続ノ権ヲ予ヘタルコト。

一　正当ノ継承者ノ精神又ハ身体上ノ重患ニ由リ不能力ノ有様ナルトキモ、猶継承ノ順序ヲ換ヘズシテ摂政ヲ以テ輔佐スルコト（此事ハ孛国及其他ノ或ル国ヲ除ク外、独乙ノ旧法ニ依レハ継承ノ順序ヲ換フルヲ以テ当然トスルカ如シ）。

夫、国法上ノ相続ハ、文武ノ両大権ヲ統攬シテ之ヲ施行スル為ニ十分ナル能力アルヲ要スルコト当然ナリ。若シ私権上ノ相続ニ依ラズシテ之ヲ論スルトキハ、女性、并ニ重患ノ不能力者ハ国法上ノ相続権利ヨリ除外セラルヘキコト疑ヲ容レザルニ似タリ。右ニ付、貴下ノ精確高尚ナル意見ヲ請フ。

と質問しているのを見てもそのことはわかろう。(28)井上はロエスレルから、家憲は国法と私法の両者に属するが、「王位継承権ノ公権タルコトハ一般ニ是認セラレタル所ナリ」という答議を受けた。井上は、ドイツ学者のかかる所論と「シラス」論とを対応させながら、天皇の意思によらない皇位継承法を予め確定する必要性をいよいよ確信するに至ったものと思われる。(29)

四　シラスと皇室経費

シラスの今一つの結果については、井上は

第二に欧羅巴にては古へ君臨の事業を一の私物私法として見たる故に、君位并に君職に付いての費用は君主の私産の入額を以て支弁したりしが、其の後国費のかさむに従ひて始めて人民に調達金を仰せ、金額を献納させて君家の食邑入額の不足を補ひたり、これぞ欧羅巴の租税の始めなる、今も現に独乙の中の小国には君家の入額の不足なる時に始めて租税を取るといふことを法律に著したる国さへあり、御国の君道は斯るところ狭き道にはあらすして、国しらすといへる一大道理の初めより明かなりし故に、君位君職に付いての経費は全国に割負せて人民の義務として納むること、したり、欧羅巴の租税は元来約束承諾に成立ちたりしものにして、御国の租税は君徳君職の下に沾へる人民の義務なりけり

と簡単にしか触れていない。この僅かの文章から井上の真意を摑むことは聊か困難であるけれども、先ず例によってこの文章の典拠を穿鑿してみよう。「欧羅巴にては……君主の私産の入額を以て支弁したりし」の箇所は、先のブルンチュリ『国法汎論』巻六下に

君主ノ家産ハ、其君職ヲ尽スカ為メニ、必要ナル費ヲ支償スルヲ以テ、足レリト為ス可カラス、其家産ヲ以テ、尚汎ク国民ニ慈恵ヲ施シ且ツ国内ノ学術技芸ヲ勧導奨励シ、以テ人材ヲ育セスンハアル可カラス、（中略）中古羅馬人種、及ヒ日耳曼人種ノ各国（中略）ニテモ、君主巨大ノドメーン（中略）ヲ所有シ、且ツ国家ノ税餉ヲモ、恣ニ用フルノ権ヲ有シタリ、但シ政府ノ定費、及ヒ法院ノ費用等ハ、総テ、其所有ヲ以テ、之ヲ償フノ義務ヲ荷ヒタリキ、然ルニ近今ニ至リテハ大ニ公私ノ分別ヲ明ニシテ、此ノ如キ混同ヲ廃シタリ

とあり、シュルチェの『国権論』（木下周一訳）第四号に

封国ノ主権全ク備ハルニ及ンテ独乙各邦ノ君主ハ土地、山林、租税入額ノ種々ノ名ヲ以テ内廷ニ収入シ之ヲ総

称シテ内廷資産ト呼ヒタリ、独乙普通法ノ興ルニ及ンテ此内廷資産ヲ君主若クハ君家ノ所有物トナシ、君族及ヒ内廷ノ費用ト其他一邦政治ノ費用トヲ問ハス、総テ皆其収入ヨリ之ヲ支出スルノ公任アル者ト定メタリ、爾後内廷資産ハ国ノ主権ト相聯結スル者トシ、其国ト相離ル可ラサルモノトシ、而シテ内廷資産ノ給足セサルニ際シ其欠乏ヲ補フ為ニ貢税ヲ課スルコトハ邦内豪族ノ承諾ヲ要シタリ

とあるのに拠ったものであろう。また「今も現に……国さへあり」の一文は、一八一九年のヴュルテンベルク憲法第百九条の

王室財産の収入にして足らざるときは租税を徴収して国費を支給すべし
Soweit der Ertrag des Kammergutes nicht zureicht, wird der Staatsbedarf durch Steuern bestritten.

なる規定を念頭に置いたものであることは明らかであって、帝国憲法第六十三条「現行ノ租税ハ更ニ法律ヲ以テ之ヲ改メサル限ハ旧ニ依リ之ヲ徴収ス」の義解にも

欧洲中古各国ノ君家ハ家事ヲ以テ国務ト相混シ、家産ヲ以テ国費ニ充テ、私邑ヲ封殖シテ其ノ租入ヲ取リ、以テ文武需要ニ供給シタリシニ、其ノ後常備兵ノ設軍需鉅大ナルト及宮室園囿ノ費トニ因リ内庫缺乏スルニ至リ、国中ノ豪族ヲ召集シ、其ノ貢献ヲ徴シ、以テ歳費ヲ補給スルノ方法ヲ取リタリ、此レ乃欧洲各国ニ於ケル租税ノ起源ハ実ニ人民ノ貢献寄附タルニ過キス、瓦敦堡憲法第百九条ニ王室財産ノ収入ニシテ足ラサルトキハ租税ヲ徴収シテ国費ヲ支給スヘシト云ヘルハ其ノ一証ナリ

とある。

次に「御国の君道は……人民の義務なりけり」の文章についても、同様の記述が帝国憲法第六十三条義解にとある。

彼ノ欧洲各国ノ中古ノ制度ノ如キハ、国家常存ノ資源ハ王室ノ財産ニ在テ租税ニ在ラス、故ニ人民ハ随意ニ納税ノ諾否ヲ毎一年ニ限ルコトヲ得ヘキモ、近世国家ノ原理漸ク論定ヲ得ルニ至テハ、国家ノ経費ハ租税ノ正供ニ資ルヘク、而シテ殊ニ国家ノ存立ニ必要ナル経常税ノ徴収ハ、専ラ国権ニ拠ル者ニシテ、人民ノ随意ナル献饋ニ因ル者ニ非サルコト既ニ疑ヲ容ルヘキノ余地アルコトナキナリ

我カ国上古ヨリ国家ノ経費ハ之ヲ租税ニ取リ、中古三税租庸調ノ法ヲ定メ、国民ヲシテ均ク納税ノ義務アラシメ、正供ノ外ニ徴求ノ路ヲ開クコトヲ仮ラス、現在各種税法皆常経アリテ毎年移動ノ方法ニ由ル者アルコトナシ、今憲法ニ於テ現行税ヲ定メテ経常税トナシ、其ノ将来ニ変更アルヲ除クノ外総テ旧ニ依リ徴収セシムルハ、之ヲ国体ニ原ツケ、之ヲ理勢ニ酌ミ、紛更ヲ容レサル者ナリ

とある。

さてわが国では自由民権家たちが、国会を開設して、英国流に全国人民と共に租税を協議するよう早くから要求していた。たとえば、明治十三年四月に片岡健吉・河野広中らが「国会を開設するの允可を上願する書」で

六年に地租を改正するの令を発し、地券を行へり。亦随て国民に参政の権利を与へざるを得ん哉。何となれば地租を改正し地券を行へるものは、天下は天下の天下にして、政府の私有に非ざるが故にして、既に地券を発行すれば則国土は政府の私有に非ざること甚だ彰著也。国土既に政府の私有に非ざれば、則人民の身命財産も

亦政府の私有に非ざる也。人民の身命財産実に政府の私有に非ず、政府是等に就て租税を徴収するは、人民の私有より徴すると云はざるを得ざる也。将其租税は国家の為めに徴するものなれば、則已に収むる所の租税は必ず之を国〈家〉の共有物と謂はざるを得ざる也。而して今夫私有は其主一人にして之を所置するの権ある可く、共有は〈共〉衆と共謀せざる可からざること、実に理の当然なれば、政府業既に地券を発行して、天下は天下の天下たることを明にすれば、則租税を天下に徴し、及び既に収めて国家の共有物と為れる所の租税金を処置するには、政府一己にして之を為す可き義あることなく、必ずや全国人民と共議せざるを得ざる可く、而して、租税を全国人民と共議するには、国会を開設せざるを得ざる可ければ也。

と主張しているごときである。(30)これに対して井上は、明治十四年六月、ロエスレルからプロイセンの前年度予算制の示唆を受け、徴税権を民議に委ねるべきではない旨を岩倉具視と伊藤博文とに建議した。井上はその理由を、「我国民議之習未熟、徴之府県会、有徒争細故、曠日延閣、或自解散、不及税期者焉、有一意軽賦、以悦小民、不問政務如何者焉、設使国会一起、亦倣於府県会所為、国費不給、歳計無出、而国事既去矣」と述べ、伊藤も「民会ヲ許候とて当初ヨリ宰執之進退や徴税之権等迄附与シテ勝手我儘ヲサセル様之議会ヲ興候而ハ不相済儀至極御同案ニ御座候」と、これに同意した。(31)「たとえ国会を開設しても、我が国の民議が未熟であるから、租税を軽くすることばかり議論して政務如何を問わないであろう」という説明の仕方は、岩倉・伊藤を始めとしてごく少数の為政者には妥当するであろうが、具体的な憲法条文の説明としては如何にも不向きであって、説得力にも欠けている。そこで井上は、租税の成り立ち方がもともとヨーロッパと日本とでは異なり、国家の経常費を租税で賄うことは我が国古来の伝統であることを説明すれば、大方を納得させることが出来ると考えたのであろう。そして、その説明として「井上得意の解説」であるシラス論を展開するのである。(32)

それはそれとして、皇室経費、皇室財産をどのように規定するかについては、明治初年以来活発な議論があり、井上もその渦中にあって調査立案に従事していた。その概略を述べると(33)、周知のように、江戸時代の武家屋敷地、城郭地、幕藩有山林や所持不明の土地は、明治になって漠然と官地・官山・官林などと称していた。また、維新初頭には於ては皇室財産は政府の経済と区別されず、国庫の経理に属しており、大蔵卿が稽査するところであった。明治二年七月に宮内省が設置され、同年十月以降、毎年常額の金穀を宮内省の主管に供するに及んで初めて、皇室経費と一般国政経費の分化をみるようになった。しかしなお、宮内省常額中に宮内官吏の俸給や皇族経費は包含されていなかった。明治五年になって漸く、宮内省は財政上、行政経費から分立し、宮内省官吏の俸給旅費等は、一般行政より分かれて宮内省の管理下に入るようになった。

ところで、明治五年二月に地券が発行されて、全国の人民に土地所有が認められるようになったが、これによって全国の土地を把握する必要が生じ、明治六年三月二十五日の太政官布告第一一四号で初めて地所の名称を区別した。すなわち、皇宮地、神地、官庁地、官用地、官有地、公有地、私有地、除税地とした。皇宮地とは皇居・離宮・皇族の邸宅等、官有地とは公園地、山林、野沢、湖沼の類で、これらのうち皇宮地と神地には地券は発行されなかった。この年、皇族経費も宮内省常額に編入されるようになったが、しかし宮内省費と皇室諸費とはなお未分化のままで、皇室の歳出入はすべて大蔵卿の監察下にあった。

明治七年十一月七日の太政官布告第一二〇号で、前年の地所名称区別の全文を改正し、土地を官有地と民有地にわけ、官有地を四種、民有地を三種とし、皇宮地は官有地第一種、皇族賜邸は第二種とした。しかし、これでもなお、皇室有と官有の区別は明確ではなかった。そこで、明治九年に木戸孝允が皇室財産の確立を頻りに建議、明治十三年五月頃には大隈重信の「御領ヲ定ムルノ議」があり、明治十五年二月には太政大臣・左右大臣は立憲政体に関する諮問に対する答書を天皇に提出、その中で、皇有財産を国庫と区別し、国会の毎年議定するところの外にあらしめることを要望した。このとき、岩倉具視も「皇有財産設置」を建議、国民の財産と皇室の財産と大差なからしめ、陸海軍の経費はすべて皇室財産の歳入で支弁するようにし、今の官有地を一括して皇室財産として、このなかから政府維持の費用を支出すべきであると提案した。『明治天皇紀』によれば、参事院議官の井上はこのとき岩倉に書を呈して「皇室自ら陸海軍を養ふが如きは、外国にも其の例なく、斯かる巨額の帝室財産を有するは、却って百年の長計にあらず、又山林には上中下の等級あり、中下の如きは出支相償はず、採伐禁制のために徒らに地方の民怨を買ふに過ぎざるべし」と論じて、省察を求めたという。同月、参議伊藤博文は「地所所有権区別ノ議」を閣議に上せて、地所の名称を皇宮地、国有地、民有地の三に大別する案を、三月には参議山県有朋が「皇有地名称ノ儀ニ付布告并達案」を、四月にはまた山県が「皇有地取調局設置ノ議」を提出した。

これに対して、岩倉の「地所名称更定等ニ関スル意見書」[34]は、国土はすべて皇室の所有であると批判したが、閣議では伊藤の議を容れた。しかし、その方法や順序については尚考究する必要があるというので、参事院にこれを付議した。そこで同年七月十日、参事院議長山県有朋は参事院総会議を開催して、官有地の名称を廃し、これを御有地、官有地に分別せんとする「御有地布告案」を出した。[35]これに対し、参事院二十番議官井上毅は「御有地ト官有地トヲ区別スルハ得策ニアラス（中略）立憲政体タルニ於テハ（中略）御有地官有地均ク是レ帝室御有地タリ（中略）立憲議院政体ノ国ニ在テハ之ヲ立テサルヲ得サル必然ノ理由アリト雖、我邦ノ如キニ於テハ今日之ヲ立ツルモ将又何等ノ益アランヤ（中略）仮令ヘ之ヲ区別スルノ必須ノ理由アリトスルモ、抑亦何等ノ目安ニ依リ之カ区別ヲ立テ、何レノ種類ノ地ヲ以テ御有地トシ、何レノ地ヲ種類ノ地ヲ以テ官有ト定メントスルカ（中略）若シ御有ノ分ニシテ少キニ失セシムルコトアランカ、入額ハ以テ宮中費ヲ償フニ足ラス、供御或ハ乏キヲ告クルコト有ルニ至ラン、事若シ爰ニ至ラハ不忠不臣ノ甚キ何モノカ之ニ過キン、若シ又御有ノ分ヲシテ多キニ過クサシムルコト有ランカ、或ハ恐ル後日国会開設アルノ日ニ至リ其ノ議及権アル官有地ノ僅少ニ失セルカ為メ却テ反動力ヲ生シ、百方策ヲ回ラシテ以テ御有地ヲ減削スルニ至ルコト有ラン」云々と論じ、議長田中不二麿その可否を全議員に問うた結果、「御有地布告案」を廃棄すべしとする井上の意見が採用された。(36)

井上はこの直後の十月、ロエスレルに帝室費用に供する方法に「帝室経費ヲ設クベシ」「帝位ノ尊栄ヲ保持センカ為ニ憲法ヲ以テ国有入額ノ一分ヲ割テ供給スルヲ優レリ」「国有財産ト帝王私有財産トヲ分割シ帝王私有財産ヲ以テ帝室ノ費用ニ供セン」という三種の説があるが何れが最も当を得ているかと質問して、これら三種を単用するのではなく併用することが必要不可欠であるとの回答を得た。(37)また井上は、この年の五月に独逸学協会から出版されたシュルチェの『国権論』第四号に、内廷私有地からの収益で国政の費用も賄っていたプロイセンが、一七一三年に官有地と内廷私有地とを統合するようになった経緯が記載されていることを知った。これらによって、井上は「孛国ニ倣ヒ現今之官有地ニ就キ其入額ヲ以テ宮内省経費ニ当テ、其定数ハ憲法ニ制定之日ニ確定公布せらる丶事至当ニして、別ニ皇有御有之名ヲ設ケらる丶を要せずと思ふ」に至り、(38)更に宮中府中一体・太政官即政府というわが国の政体は「皇室ノ外ニ政府ナシ即チ皇ノ外ニ官ナキ」ものであって、「此ノ政体ハ暗ニ独逸各国ノ憲法ト符節ヲ合セタルモノニテ、永遠不抜ノ制トイフモ可ナラン」と確信するに至った。(39)

その後、天皇は国土を私有しないという「シラス」の原理に気づいた井上は、皇室経費についての考えを

君主政ノ主義ニ従テ解釈ヲ下ストキハ、君主ハ一国ノ元首ナルカ故ニ、君主ノ奉養ハ当然ニ国庫即チ一国ノ租税又ハ官有物ノ入額ヨリ供給スヘク、憲法又ハ法律ヲ以テ之ヲ確定スルコト尤立憲国ノ意義ニ称フモノナリ。欧州各国ノ君主ハ其初ハ封建ノ一大豪族ニシテ、自ラ其私有ノ領地ヲ占メ、其入額ニ依テ一家ノ奉養ト並ニ政務ノ公費ヲ支弁シタリ。此レ乃当時政治上ノ主義未タ発達セズシテ、国法ヲ以テ私法ト混淆シタルナリトハ、独逸諸大家ノ通論ナルカ如シ。

我国ハ上代ヨリ帝室及政府ノ費要ハ均ク全国ヨリ徴収スル所ノ租税ヲ以テ之ヲ支弁シ、更ニ帝室ノ費用ニ充ツル為ノ帝室ノ財産ヲ置カザリシハ、全ク至尊ノ位ヲ公法上ノ元首トナシ、一個ノ私事トナサヾル立憲ノ主義ニ符合スルモノニシテ、彼ノ孛国ノ先主カ千七百年代ニ於テ従前ノ領地ヲ挙テ之ヲ官有ニ帰シ、其中ノ入額ヲ以テ王室費ヲ定メタルト、其精神ヲ同クスル者ナリ。此事ハ、我国ノ憲法ヲ立ルニ於テ第一ニ貴重スヘキ国体ノ基礎ナリト信ス。

というように纏め上げ、念のために是非をロエスレルに問うた。(40) 井上は右の質問に対するロエスレルからの回答を得て、論点を次のように纏め、この問題の最終的決断を伊藤博文に仰いだのであった。

一　帝室経費ハ国法上ノ必要ニシテ国庫ノ最重義務ナリ（官有地入額ト租税トニ拘ラス）
一　憲法又ハ他ノ法律ヲ以テ定メラレタル帝室経費額ハ、会議ノ結果ヲ以テ之ヲ左右スルコトヲ得ス、又決算ヲ勘査セス
一　現在ノ官有地ハ即チ皇有地ニシテ、官有ト皇有トノ分割ヲ為サス、但シ大蔵省ノ管理ニ属シ（又ハ農商務省又ハ内務省）宮内省ニ属セス
一　帝室ノ儲蓄ヨリ生シタル私法上ノ財産ハ、御料局ニ於テ管理ス
一　御料局管理スル所ノ財産ハ、官有地ト全ク之ヲ区別ス

これに対して、伊藤は「現今ノ官有地ハ即皇有地ノ性質トシ大蔵省ニ管理セシム、但シ皇室常産ヲ置ク」と裁定を下した。(41)

かくて自己の主張が採用された井上は、憲法第六十六条「皇室経費ハ現在ノ定額ニ依リ毎年国庫ヨリ支出シ、将来増額ヲ要スル場合ヲ除ク外帝国議会ノ協賛ヲ要セズ」の説明文に

之ヲ欧州ニ参考スルニ、彼ノ各帝王ハ其ノ初皆私邑ヲ封殖シ私産ヲ経営シ、以テ宮廷及軍団ノ費ニ供給シタリシニ、中古国庫ヲ以テ内庫ト分離スルニ及テ、或ハ遺産ヲ挙ケテ之ヲ国庫ニ帰シ、而シテ其ノ入額ノ幾分ヲ定メテ帝室ノ経費ニ属スルアリ普、或ハ遺産ヲ以テ世伝ノ宮費トシ相関聯セサラシムルアリ独逸各邦、或ハ遺産足ラサルヲ以テ内廷ノ経費ヲ国庫ノ補給ニ仰クアリ英墺等、而シテ其ノ之ヲ国庫ニ仰ク者、君主ノ一世間ヲ期シ議会ノ議ヲ取ルハ英国是ナリ、経費ノ定額ヲ増ストキハ議会ノ承認ヲ要シ、之ヲ減スルトキハ君主ノ承認ヲ要スルハ、墺国是ナリ

我カ国祖宗ノ国ニ臨ミタマフハ統治ノ公道ニ従ヒ、領有ノ私義ニ依ラス古事記ニ大国主神ノ為ニハ領（ウシハグ）ト云ヒ、皇孫ノ為ニハ知（シラス）ト云、領トハ酋長トシテ領有スルノ義、知トハ君臨統知ノ義ナリ故ニ内外官府ノ費亦租税ノ公入ニ取リ、而シテ私田世産ヲ以テ自ラ営ムコトヲ仮ラス、屯倉御荘ノ事史籍ニ散見スト雖、孝徳天皇ノ新政ニ於テ又之ヲ廃除シテ遺スコト無シ、今憲法ニ帝室費ヲ掲ケ、以テ国庫最先ノ義務トシ、而シテ議会ノ承認ヲ要セサルハ、我カ国体ニ於テ固ヨリ宜シク然ルヘキナリ

と書き(42)、また皇室典範第四十五条「土地物件ノ世伝御料ト定メタルモノハ分割譲与スルコトヲ得ス」の説明にも

恭テ按スルニ世伝御料ハ皇室ニ係属ス、天皇ハ之ヲ後嗣ニ伝ヘ皇統ノ遺物トシ随意ニ分割シ又ハ譲与セラルヽコトヲ得ス、故ニ後嵯峨天皇、後深草天皇ヲシテ亀山天皇ニ位ヲ伝ヘシメ、遺命ヲ以テ長講堂領二百八十所ヲ後深草天皇ノ子孫ニ譲与アリタルカ如キハ、一時ノ変例ニシテ将来ニ依ルヘキノ典憲ニ非サルナリ

上代ニ屯家ヲ置カル又ハ御田ト呼フ御田ノ穀ヲ収ムルノ処ヲ屯倉ト謂フ、垂仁天皇紀ニ屯倉此云弥夜気ト註セル是ナリ、仁徳天皇紀ニ倭屯田者、毎御宇帝皇之屯田也、其雖帝皇之子、非御宇者、不得掌矣トアリ、是レ上古既ニ世伝御料ノ制アリテ、継体ノ天皇之ヲ掌有シタマヒシナリ、其ノ他ノ屯田ハ賜予又遺命ヲ以テ分割譲与セラル、コト総テ勅旨ニ随フ者アリ、即チ天皇ノ私法上ノ財産トシテ皇室ニ係属セサル者ナリ、安閑天皇紀ニ為皇后次妃建立屯倉之地、使留後代、令顕前迹トアルカ如キ、是レ世伝御料ト其ノ類ヲ異ニスルコト知ルヘキナリ

我カ肇国ノ初夙ニ一国統治ノ公義ニ依リ豪族ノ徒ヲ斥ケテ其ノ私ニ邦土ヲ領有スルヲ許サス古事記建御雷神大国主命ニ問ヘラクノ条ニ汝カウシハケル葦原ノ中ツ国ハ我カ御子ノ知ラサム国ナリ云々而シテ皇室ノ経費ハ全国ノ租税ヲ以テ之ヲ供奉シ、更ニ内庫ノ私産ヲ用ヰテ供給スルヲ仮ラサリシハ全ク立憲ノ主義ニ符合スル者ニシテ善美ナル国体ノ基礎ナリト謂フヘシ、故ニ本条ハ上代ノ所謂屯倉屯家御田ノ類専ラ一部ノ御料ニ属スル者ヲ指ス、而シテ皇室経費ハ別ニ憲法ヲ以テ之ヲ定メタリ

と書いて、シラス・ウシハク論を展開したのである。

なおこの義解にも公布直前まで「我カ肇国ノ初夙ニ一国統治ノ公義ニ依リ豪族ノ徒ヲ斥ケテ」の前に次のような「附記」があった(43)。

（附記）之ヲ欧洲ニ参照スルニ、中古独逸各国未タ公法私法ノ別ヲ為サス千八百十三年侯国「クール、ヘッセン」ニ於テ六千萬フロレンノ価値アル財産ノ処分ニ関シ、君主ト豪族トノ間ニ紛争ヲ生シタリ独リ普国ハ夙ニ君主ハ一国ノ元首ニシテ公権ニ属シテ私権ニ属セス、故ニ君主ノ奉養ハ当然ニ国庫ヨリ供給スヘクシテ私産ヲ以テ供給スヘキニ非サルノ主義ヲ発見シ、「フリドリヒ、ウヰルヘルム」一世王ハ千七百十三年ニ於テ従前ノ王領地ヲ挙ケテ総テ国有物ニ帰スヘキコトヲ明言シ、同時ニ其ノ入額ノ中ニ百五十萬

「ターレル」ヲ以テ王室ノ経費《シビルリスト》ニ当テタリ、其ノ後普国普通法典ハ千七百九十四年公布特ニ一条ヲ掲ケタリ、曰、王領地及王室財産ハ国家ノ所有不動産ナリト、故ニ普国ニ於テハ王領地ハ即チ国有財産ニシテ、其ノ入額ノ一部ハ王室ノ需要ニ供シ、他ノ一部ハ国家ノ一般ノ需要ニ供スル者ナリ

五　シラスと王土思想

さて、前節で明治十五年に皇有地国有地の名称区別の是非をめぐる議論があったことをみたが、その頃、王土王民論の立場からこの区別を不可とする意見があった。『明治天皇紀』によれば、同年七月八日、侍講元田永孚は書を岩倉に呈し、「皇有地を設けんと欲せば、宜しく土地の所有権は天皇に在りて、人民は唯其の土地より生産する物を所有するに過ぎずと云ふ義を明かならしむべし、若し此の義を明瞭ならしめずして、漫然皇有地を設定せんか、皇室は皇有地の外一切所有の権なしと解せられ、祖宗開闢の土地を自ら狭くするに至るべし」と主張し、十月には参議佐佐木高行が議を太政官に上せ、「今日皇室の尊栄をして永く赫赫たらしめんと欲して、皇室の財産を定め其の名称を新設することは、即今の急務なりと雖も、其の之れを設くるの如何により、或は普天王土の原則を毀傷し、天皇は皇有地の外全国の土地を所有したまふことなしと云ふが如き結果を生ずるに至るも測り難し、此れ等の議は異日制定する憲法に大なる影響を及ぼし、天皇の国土を所有したまふの尊威をして狭小ならしむるの虞あり、故に皇有地の名称を設くるに於ては、深く此の点に注意せざるべからず」と論じたという[44]。岩倉具視もまた「国土ハ則チ皇室ノ国土、臣民ハ則チ皇室ノ臣民」との立場から「従来用ウル所ノ官有地民有地ノ名称ヲ廃シ、民有地ハ永業地ト称シ（中略）国土所有主権ノ所在ヲ明瞭ニス可キナリ」と述べていた[45]。言うまでもなく「普天の下、王土王民にあらざるはなし」というのは王政復古の指導理念であり、明治政府の為政者たちの脳裏にも深く刻

印されていた。たとえば明治十七年十一月十八日に大蔵卿松方正義が「普天率浜王臣王土ニ非ルナシト雖モ、国家ノ経済ヲ整理スルニ至テハ必ス帝室ノ内帑ニ属スル者ト国政ニ関スル者トノ境界ヲ分明ナラシメサルヘカラス」云々と述べ、「帝室財産設備ノ議」を主張しているのを見ても、(46)そのことは知られよう。

ところで、前節で指摘したように、井上毅も「御有地官有地均ク是レ帝室御有地タリ（中略）立憲議院政体ノ国ニ在テハ之ヲ立テサルヲ得サル必然ノ理由アリト雖、我邦ノ如キニ於テハ今日之ヲ立ツルモ将又何等ノ益アランヤ」云々と述べており、何よりも「憲法初案説明草稿」第一条自体に

謂ハユル国ヲ治ストハ以テ全国王土ノ義ヲ明ニセラルノミナラズ、又君治ノ徳ハ国民ヲ統知スルニ在テ、一人一家ニ享奉スルノ私事ニ非サルコトヲ示サレタリ

と記していたから、井上が全国王土論を主張していたことは事実である。けれども、一見したところ元田・佐佐木・岩倉と同様であるかのように見える井上の王土論も、やや詳しく検討してみると、かなり相違があることがわかる。

すなわち、井上は明治十六年四月に「土地所有考」と題する意見案を書いており、(47)その中で元田・佐佐木等の王土論を「国土ノ義ニ暗キノ説」と一蹴しているのである。曰く、

明治五年ニ至リ地券ヲ発行シ、六年ニ至リ地租改正ヲ布告シ、嗣テ八年ニ地券ノ券面ニ所有ノ明文ヲ記載シ、又地所名称区別ヲ公布シタルヲ以テ名実共ニ之ヲ得ルニ至レリ、然ルニ近来議者ノ説ニ曰ク、日本ノ国土ハ天皇ノ御所有ナレバ人民ニ土地私有権ヲ与フ可カラズ、人民ニ土地私有権ヲ与フル時ハ皇室ノ日本国土ヲ管領シ

玉フノ大権ヲ損スルナリト、其言固ヨリ愛国忠義ノ至情ニ出レハ其意ハ深ク嘉スヘシト雖トモ、是其一ヲ知テ未タ其二ヲ知ラス、所謂国土ノ義ニ暗キノ説ナリ、抑人民ニ土地所有権ヲ与フルカタメニ、天皇ノ国土ヲ管領シ玉フ大権ニ於テ毫モ損スル所ナキハ、我国ノ典範ニ於テ既ニ明カナルノミナラス、理論ヲ以テスルモ外国ノ例ニ拠ルモ又万国公法ノ例ニ依ルモ、決シテ争フ可ラザルノ事タリ

と。井上はこの問題を解決するに当たって多くの史料に目を通しているが、その中で特に示唆を受けたのは「ブルンチュリ氏国法汎論第二十四款版図管領ノ権即チ国家所有権ノ条目」であった(48)。ブルンチュリは、これまでしばしば言及したのと同じ論法で、国土管領権を国家の所有権とみなすのは公私未分離の中古封建時代の産物であって、公私二法を峻別するようになった近代国家にはふさわしくないと論じ、版図管領権は国法に、土地所有権は私法に属するとする。井上はこの説に依拠して、全国王土も国法に属するとみなし、「天皇ノ国土ヲ管領シ玉フ大権」と言ったのである。そして「恵頓氏万国公法第四巻交戦条規第二章」の

奉教ノ文明国中戦争ニ因テ他国ノ土地ヲ取ルモノ、其後和約ヲ定メ其割与ヲ受クト雖トモ、未タ嘗テ一般ニ其土地ノ所有権ヲ転換シ、又ハ其所有権ノ幾分ヲ転換セシコトアラズ、敗服国政府ニ属スル官有物ハ勝者ノ有ニ帰シ、勝者ハ更ニ猶私有地ノ統轄権ニ就キ敗服国政府ノ位置ニ代ルト雖トモ、其他人民ノ権利ハ之カ為ニ変更スル所ナシ

なる文章をも引いて、

国土ヲ以テ人民ノ私有トナスヲ非トスルノ説ハ全ク田産ト国土トヲ混同シ、普通所有権ノ外ニ管轄権アリテ其理相悖ラサルコトヲ知ラサルニ原因スルモノトス、故ニ我国ニ於テ人民ニ土地所有権ヲ与ヘタルハ理ニ於テ不可ナルコトナク、又決シテ是カ為ニ天皇陛下ノ国土ヲ管領シ玉フ大権ニ損スル所ナシ

と言っている。

これに対して元田や佐佐木の主張は、先の引用からもわかるように、所有権の観点から王土論を展開していた。佐佐木の日記である『保古飛呂比』には

熟々英国ノ憲法ヲ観察スルニ、普天王土ノ原則ハ、彼ノ国諸般ノ制度ノ基礎トナリテ、今日ニ至テモ、尚ホ且ツ、動カス可カラザルモノナリ、（中略）英国ノ制度タル憲法ニ於テ、普天王土ノ原則ヲ明示シ、又、直隷地、功臣ノ賞与地、人民ノ所有地等ノ区別ヲ為シ、而シテ後チ、国事犯或ハ血統断絶ノ場合ニ際会スレバ、直チニ其土地ヲ直隷地ニ編入スルノ制規ヲ確定セリ、是レ蓋シ英国ノ王家万古不易ノ地位ヲ保チ、欧米各国ニ冠タル所以ナリ

云々とあって、英国の制度をその理論的根拠としていたことが知られる。つまり一筆の土地に上級下級複数の所有権の存在を認め、その最上級の所有権を国王が有するという理論構成である。井上もかかる「最上所有権説」を、ロエスレルから教示された「米人ボービヤル法律字類第二巻第五百廿四丁」を読むことによって知っていたけれども、この説には与しなかった。井上はプフタの説を引いて次のように言っている。

論者又上段挙クル所ノ英国最上所有権ノ説ヲ畜縁シテ以テ我国人民ノ土地所有権ハ仮権ニ属シテ直権ニ属セストナシ、彼ノ所謂普天率土ノ説ヲ文飾スル者アリ、然レトモ是亦一ノ誤解タルニ過キズ、ポクタ氏羅馬律第百四十六節ニ掲クル（ドミニオム、エミネス）即チ最上所有権ナル語ノ弁ヲ見テ明カナリ、曰ク

所有権ノ直体ハ原ト一物上ニ就キ無限ノ権力ヲ与フル一私権タルニ在リ、然ルヲ法学ノ不完全ナル発明ニ依リ終ニ之ニ参スルニ公権ヲ以テシ、即チ国ノ其土地上ニ有スル権利ヲ以テシ、且ツ是ヲ以テ一ノ所有権トシテ論スルニ至レリ、是レ固有ノ所有権ノ傍ニ国ノ最上所有権ノ意思ヲ生シタルモノナリ、所有権ノ此ノ如キ区分（ドミニオムチヴィゾム）ハ封建ノ時代ニ淵源シタルモノニシテ、其際君主ノ権ヲ認メテ最上所有権（ドミニオム、ヂレクトーム）ト為シ、臣属ノ権ヲ享受所有権《プリプリエテー・ド、ジユイサンス》（ドミニオム、ユチーレ）ト為シタルニ由リ、遂ニ之ヲ推シテ以テ人民ノ所有権即チ田産ノ所有権ニ及ホスニ至リタルナリ

従って、同じく王土という言葉を使用していても、井上と元田・佐佐木とは、かなり理論構成が異なるのである。

ところで、この明治十六年に井上はロエスレルの「独逸貴族所有地沿革概略」という答議を読み、(49) そこにたびたび「原有権」（オーベルアイゲンツーム）という言葉が出てくるのを目にした。これは右に言及した「最上所有権」と同内容の言葉であるが、「最上所有権説」を否定してブルンチュリ流の国土管領権説に与している井上としてはこれを看過できず、ロエスレルに

独逸ノ旧慣ニ従ヘハ、土地所有権ノ外ニ又、原有権ナル者アリ。羅馬法ニ従ヘハ、所有権ノ外ハ、国土管轄主権アルモ原有権アルコトヲ認メサルカ如シ。如何。

と質問した。これに対してロエスレルは「原有権」説が法律学上排斥されつつあること認めながらも、なお「専裁無限ノ私有権ナル主義ハ、当理ト謂フ可ラス」「所有権ノ起源ハ、国家ニ在ルモノトス。所有権ヲ全ク国家ヨリ分離セザルハ、則チ之ヲ鞏固ニスル所以ナリ」「主権ヲ以テ国権ノミニ限局スルノ謂レナシ」「国家ニ原有権アルハ、則チ其財産権利ヲ拡充スル理ニシテ、国家ハ即チ之ヲ以テ貸与賞典等ヲ為スコトヲ得ベク、又人民ニ対シ、倍々其権威ヲ施スコトヲ得ベシ。又人民ニシテ不忠ナルトキハ、其収利所有権ヲ剝奪スルヲ得ヘシ」「貴族ニ土地所有上ノ特権ヲ賜与セント欲スルトキハ、原有権ノ主義ニ拠テ容易ニ之ヲ断行シ、之ニ依テ皇室ト貴族トノ間柄ヲ親密ニスルコトヲ得ベシ」等の理由を挙げて、「原有権」説を支持した。[50]

そこで井上としては国土管領権説と原有権説のいずれが是か、もし原有権説をとるとすれば、ブルンチュリから学んだ公法と私法の峻別という理論と果たして調和的に説明できるのか、おそらく悩んだに相違ない。そうこうするうちに、井上は「シラス」と「ウシハク」の別を知った。すなわち国土を私有しない天皇の「シラス」と、国土を私有する豪族の「ウシハク」である。そして、原有権説を採用すれば天皇が国土を私有することになり、「ウシハク」になってしまうから、国土管領説を是とするに至ったのであろう。従って井上が「憲法初案説明草稿」第一条説明に「謂ハユル国ヲ治ストハ以テ全国王土ノ義ヲ明ニセラル」云々と書いたときには、「全国王土ノ義」を国法上の国土管領権として理解していたと推測されるのである。

その後、井上は所有権に関する条文を起草する段になって、国家が公益のために国民の所有地を取り上げる根拠について改めて考察せざるを得なくなり、明治二十年五月十九日、モッセに次のような質問をした。[51]

独逸ノ古伝・法律ノ原則ニ従ヘハ、国土ハ国君ノ原有《オリヂナル・プロパチー》権ノ下ニ在リテ、各個人ノ所有ハ、其収入権ニ止マリ、決シテ専有《アブソリュト・ライト》権アルニ非サルコトヲ認メタリ。羅馬法ハ是ニ反シテ、土地所有権ヲ以テ専ラ各個人ニ帰シ、一国ノ君主ハ其国土ニ対シ、主権ヲ有スルノミニシテ、二重ノ所有権アルニ非サルノ論理ヲ取レリ。独乙ニ於テ、近時ノ法学者、殊ニ「ブロンチュリー」氏ノ如キハ、断シテ国土主権《サブレンチー・オフ・ランド》ノ説ニ左袒シ、原有権ノ説ハ、僅ニ英国ニ其痕跡ヲ遺セルノミニシテ、幾ト大陸上ニ於テハ消滅ニ帰シ、此ヲ以テ法学ノ一大進歩ト称フルニ至レルカ如シ。然ルニ或ル学者ハ、又、此ノ説ヲ排斥シテ「ルースー」ノ余派ニ出ル者トセリ。抑々東洋ニ於テハ、西洋ノ往古ニ於ケルト均シク、従来、全国王土ノ主義ヲ是認シタリ。而シテ今ヲ距ルコト十四年前ニ、我カ維新政府ハ、各個人民ノ所有権ヲ附予シ、其所有証券ヲ交付シタレハ、土地ニ就テノ解釈ハ、既ニ古今ノ変遷ヲ経タル者ト謂ハザルヲ得ス。

此ノ一大疑問ハ、欧洲ニ於テ、未タ十分ナル判決ヲ経ズ。之ヲ東洋ノ憲法上ノ解釈ニ適用スルニ当テ、何等ノ説ヲ採用スルコト、尤穏当ナルヤ。貴下ノ意見ヲ請フ。

井上は既に憲法第一条を起草する時点で原有権説と国土管領（＝主権）説の是非について考えを巡らし、井上なりの結論を得ていたのであるが、井上が信頼していたロエスレルが原有権説であるということもあって、まだ不安が解消されず、念のためにモッセの考えも聞いてみたのであろう。

モッセは、ボアソナード起草の民法が各個人に完全なる所有権を与えたのは正当であるとしつつも、所有権と社会の利益が衝突する場合には所有権が一歩を譲らなければならないという。各個人は全体の一部をなし、社会の利益は各個人の利益に他ならないから、社会が各個人の所有権を制限するのは、自己のためにすると同時に、各個人の利益のためにするからである。ただしモッセは、「古来、日本ノ法律ニ従ヘハ、皇帝ハ全国ノ所有者」であるけれども、民法中に「国家、又ハ其他ノ無形人、又ハ天然人ノ所有ニ属セサル不動産ハ、皇帝ノ所有ニ帰ス」という原則を明言しないかぎり、皇帝は所有権を失うことになるとも述べている。何となれば、「国家ハ各個人ノ所有ニ属セサル一切ノ土地ヲ管理スルカ故ニ、其土地ノ所有モ亦、国家ニ帰ス」からであり、「君主ハ国権ノ掌握者タル点ニ於テノミ官有地ノ所有者」であるが、「実際、其所有権ハ国家ニ帰スル」からである。

このモッセの答申は、井上の意には必ずしも満たなかったであろうが、しかし、モッセが社会の利益と所有権、管理と所有、国権の掌握者と官有地の所有者というように対比させて論じている点は、公法と私法との別を絶えず念頭においていた井上にとっては、何がしかのヒントになったであろう。

さらに井上は、同年、所有権を公益のために譲与せしめるのは、不可侵の権利を侵すことになるのか、それとも権利は不可侵の地位を保つのかという問いをロエスレルに発した。ロエスレルは、十一月十一日付けで長文の答申をした。ロエスレルは、土地所有権の起源・沿革は原有権であるとしつつも、その中で

> 今日ニ於テ私有権ハ、政府ノ随意ニ左右シ得ルモノニアラズ。唯、土地所有権ハ無限ノ権利ニアラスシテ、若シ公益ノ為ニスル必要アルトキハ其私用ヲ廃セサルヘカラストノ原則ヲ存スルノミ。而シテ所有権侵犯ノ異議ヲ避ケンカ為メ、予メ其所有ニ相当スル賠償ヲ与フルニアラサレハ譲与セシメストナス。是レ、一般ノ認定スル所ナリ。
>
> 故ニ予ハ所有権ナルモノハ、私権ト公益トノ二点ヲ根拠トシテ、之カ法律ヲ制定セサルヘカラサルモノト思惟ス。

と述べている。井上は、この一文の「予ハ所有権ナルモノハ、私権ト公益トノ二点ヲ根拠トシテ、之カ法律ヲ制定セサルヘカラサルモノト思惟ス」に圏点を付しているから、恐らく、私権と公益とを私法と公法とに対比させて考えを整理し、憲法第二十七条「日本臣民ハ其ノ所有権ヲ侵サル、コトナシ、公益ノ為必要ナル処分ハ法律ノ定ムル

所ニ依ル」の説明に

各個人ノ所有ハ各個ノ身体ト同シク王土王民トシテ一国ノ王権ニ対シ服従ノ義務ヲ負フ者ナルコトヲ認知スルニ足ル者ナリ、世ノ学説ヲ為ス者或ハ所有ノ権ヲ以テ無限権トナスアリ、而シテ反対ノ論者ヲシテ所有権ハ全国王土ノ大義ト相矛盾スルノ疑アルニ至ラシメタリ、抑々所有権ハ私法上ノ権利ニシテ全国統治ノ大権ハ専ラ公法ニ属シ、二ツノ者分毫抵触スル所アルニ非サルナリ

と記したものと思われる。すなわち、公益の為の私産収用の根拠を「全国統治ノ大権」(＝全国王土ノ大義)に求めたのである。

なお、国土管領権、国土管轄権はブルンチュリの原語では Gebietshoheit（imperium）で、国土高権、主権、支配権、統治権と訳すべき言葉であって、井上も明治十六年頃にロエスレルに質問したとき、最初「国土管轄権」と書いていたものを「国土主権」と改めており、右のモッセに対する質問では最初から「国土主権」の語を使用している。つまり「全国王土の大義」は、主権とか統治権というのと同じになってしまう。そこで井上は、御諮詢案作成に当たって憲法第一条の説明文から「全国王土ノ義」の一文を削除し、「統治ノ義」という文字を加えたのである。(52)

一方、井上は明治二十一年にシュルチェの『孛漏生国法論』第十二巻を読むに及んで、最上所有権も国権に属するとのグロティウスの説を知る。即ち

「ヒューゴ、グロチュス」氏(万国公法ノ開祖)ニ至リ初メテ買上権ヲ以テ最上所有権(当世ノ主義ニシテ国権ヲ

視テ個々所有権ノ上ニ在ル所有権ニ擬シタリ、今日之ヲ云ヘハ国権ト云フニ同シ）ニ帰セシメタリ、是レ名称其当ヲ得スト雖トモ其旨義ニ至テハ当レリ、何トナレハ氏ハ此最上所有権ヲ以テ私法上ノ再所有権トセス、即チ国ノ主治権トシ、之ニ依拠シテ公益ノ為メ賠償ヲ以テ私民ノ所有権ヲ徴取スルノ権ヲ国ニ与ヘタレハナリ

とあって、井上はこの箇所に傍線を引いている。井上は原有権（最上所有権）と国土管領権（国土主権）と対置して、何れが是であるかあれこれ悩み、既に明治二十年十一月の時点で、土地所有の問題を私法と公法の両面から捉えるべきことに想到していたが、シュルチェのこの記述を読んで、ますます意を強くしたに相違ない。そこで井上は、このシュルチェの文章を

欧洲ニ於テ「グロシュス」氏始メテ其ノ公法ニ於テ最高所有権ノ説ヲ唱ヘタリ、近時ノ国法学者ハ其ノ意ヲ取リ而シテ国土統治権ノ義ヲ以テ最高所有権ノ名ニ換ヘタリ

と要約して憲法第二十七条の説明に書き加え(53)、更に説明文中に「全国統治ノ大権ハ専ラ公法ニ属シ」とあったものを「全国統治ノ最高権ハ専ラ公法ニ属ス」と改めて、原有権（最上所有権）と国土管領権（国土主権）の両語を「全国統治ノ最高権」なる言葉に止揚した。そしてその後の修正で、第一条説明と同じく、第二十七条説明文の「王土王民」の語句を削除し、「全国王土ノ大義」も「全国統治ノ大義」と改め、右の「国土統治権」を更に「国土主権」としたのである(54)。

かくして、井上の王土論は国土主権論に帰したのであった。

六　おわりに―その後のシラス論

以上見てきた井上のシラス論は、次の文章を以て終わる。

右に述へたる東西の間の差別は何物か然らしめたるといふに、此は偶然の事にはあらす、何れの国の歴史も千年の後の変遷は千年の昔に孕まさるはなし、余は太古の史にかこちて附会の説をなすことを好むものにはあらす、さはいへ此の国をうしはぐといひ知らすといふことの差別に至りては誣ふべからざるの明文并事実にして、又二千五百年来の歴史上の結果に証するも他の国と全く雲泥の違ひあるは、誰人も否み得さるへし、そもそも御国の万世一系は恐らくも学問様に論すへきにあらされとも、其の初に必一の原因あること疑なし、今多言を憚るまゝに終りに一言の結論を為すに止むへし、曰く恐くも我か国の憲法は欧羅巴の憲法の写しにあらすして、即遠つ御祖の不文憲法の今日に発達したるものなり

もはやここには註釈は必要ではあるまい。本稿は井上がシラスという言葉で何を主張しようとしたのかを検討したものであって、井上の説そのものの是非を検討しようとしたものではないからである。

ただし、井上のシラス論の是非について検討したものとして、大正八年の『明治聖徳記念学会紀要』(第十二巻)に、国語学者や哲学者たちの講演が掲載されている事実は紹介しておかなければならない。この講演集は、現在の研究水準から見ると如何にも稚拙な議論が多いけれども、しかしなお考慮さるべき重要な指摘もある。例えば、加藤玄智「『しらす』と『うしはく』てふ言葉の異同に関する研究に就きて」においては、大正七年に明治聖徳記念

学会で「しらす」と「うしはく」についていろいろ研究した結果、

①「しらす」と「うしはく」を対照的に使ったのは古事記の大国主命の国譲の段ただ一箇所だけで、その同じところを日本書紀では大国主にも天孫にも「しらす」と使ってある。

②祝詞には神様にも「しらす」が使ってある。そうすると、「しらす」と「うしはく」との間に絶対的な違いがあるというわけにはいかないであろう。古事記のたった一箇所から推論して「うしはく」と「しらす」とそれほど違っていると言うことができるのか疑問である。

③ただ天皇に「うしはく」という言葉は使ってない。それがないから疑問になる。

④平安時代になると、臣下が治める場合にも「しらす」という言葉が使ってある。藤原道長にも「しろしめす」という言葉が使ってある。こうなると「しらす」は天皇に限った言葉であるという基礎が薄弱になってくる。

というような疑問が出てきたことを述べ、従って井上の説明の基礎が薄弱になってくるから、そのようなものに基づいて国民道徳を説いても土崩瓦解に陥るであろう。だからこの言葉の根本的研究が必要である、と問題提起をしている。

いずれも一見尤もと思われる疑問ではある。しかし、反論は可能である。まず、「シラス」と「ウシハク」を対照的に使っているのは古事記だけであるというけれども、「遷却祟神」の祝詞でも「シラス」と「ウシハク」とが区別されている。確かに、これは古事記の国譲神話の中の「シラス」「ウシハク」を踏襲したものではあるが、古事記と全く同じ文章と言うわけでもなく、意識して両語が使い分けられたものであるから、その区別の意図を詮索する意味は充分にあるものと思われる。

また「シラス」の語は天皇に限らず、神や臣下にも使われているという点については、安藤正次「国語史上より見たる『シラス』と『ウシハク』」が、「是は、意義の変遷の結果であって、言葉の歴史の上から見れば、敢て怪しむに及ばない」と言っていることを指摘しておこう。さらに日本書紀には「ウシハク」の語が使われていないことについても、安藤論文で「シルといふ言葉は生命を有つて益々発達する傾向を有つて居つたものであり、ウシハクといふ言葉は、前代に栄えて居た言葉であつて、奈良時代には纔かに余命を保つに過ぎなかつたものではないか（中略）而かも、其の意味が余り明かでなかつた」と言っていることが参考になる。

周知のように、日本書紀は中国の史書に比肩し得るよう、しかも中国人が読んでも判るように純粋の漢文で書かれている。[55] このような性格の書物であってみれば、編纂当時あまり用いられず、しかも意味が明らかでないような言葉は、極力使用を避けるのは当然である。故に、加藤論文が提出した疑問点のうち、今でも意味があるのは、何故天皇に「ウシハク」の語を使用しないのかということ、これのみということになる。この他にも同紀要には河野省三「古典の用例より観たるシラスとウシハク」、白鳥庫吉「言語学上より見たる『シラス』と『ウシハク』」、三矢重松「『シラス』と『ウシハク』との語義」等が収録されているが、ここでは省略に従う。

次に、昭和の時代になって、「シラス」「ウシハク」に論及したものを二例挙げておこう。その一つは、昭和十年二月二十五日、第六十七回帝国議会（貴族院）に於いて、美濃部達吉が自説の天皇機関説について弁明したものである。周知のように、貴族院議員菊池武夫は、昭和九年および昭和十年の帝国議会に於いて、美濃部の学説が国体に背くものだと批判した。これに対して美濃部は「日本臣民に取りまして反逆者であり謀反人であると言はれますのは侮辱此上もない」と反論、自説の根幹は第一に「天皇の統治の大権は法律上の観念としては権利と見るべきものではなくて、権能であるとなすもの」、第二に「天皇の大権は万能無制限の権力ではなく、憲法の条規によつて

行はせられる権能であるとなすもの」であると主張した。そしてその際に、

西洋の古い思想には国王が国を支配する事を以て恰も国王の一家の財産の如くに考へて、一個人が自分の権利として財産を所有して居りまする如くに、国王は自分の一家の財産として国土国民を領有し支配して、之を子孫に伝へるものであるとして居る時代があるのであります。普通に斯くの如き思想を家産国思想、「パトリモニアル、セオリイ」家産説、家の財産であります、家産説と申して居ります。国家を以て国王の一身一家に属する権利であると云ふに帰するのであります。

斯くの如き西洋中世の思想は、日本の古来の歴史に於て曾て現れなかつた思想でありまして、固より我国体の容認する所ではないのであります。伊藤公の憲法義解の第一条の註には「統治は大位に居り大権を統へて国土及臣民を治むるなり」（中略）「蓋祖宗其の天職を重んじ君主の徳は八洲臣民を統治するに在つて一人一家に享奉するの私事にあらざる事を示されたり、是れ即ち憲法の依て以て基礎をなす所以なり」とありますのも、是も同じ趣旨を示して居るのでありまして、統治が決して天皇の御一身の為に存する力ではなく、従つて法律上の観念と致しまして、天皇の御一身上の私利として見るべきものではない事を示して居るのであります。

古事記には天照大神が出雲の大国主命に問はせられました言葉といたしまして「汝カウシハケル葦原ノ中ツ国ハ我カ御子ノシラサム国」云々とありまして、「ウシハク」と云ふ言葉と書き別けしてあります。或国学者の説に依りますと、「ウシハク」と云ふのは私領と云ふ意味で、「シラス」は統治の意味で即ち天下の為に土地人民を統べ治める事を意味すると云ふ事を唱へて居る人があります。此説が正しいかどうか私は能く承知しないのでありますが、若し仮りにそれが正当であると致しまするならば、天皇の御一身の権利として統治権を保有し給ふものと解しまするのは即ち、天皇は国を「シラシ」給ふのではなくして、国を「ウシハク」ものとす

るに帰するのであります。それが我が国体に適する所以でない事は明白であらうと思ひます。（中略）
　而して、天皇が天の下しろしまするのは、天下国家の為であり、其の目的の帰属する所は永遠恆久の国体たる国家であると観念いたしまして、天皇は国の元首として、言換れば、国の最高機関として此国家の一切の権利を総覧し給ひ、国家の一切の活動は立法も司法も総て、天皇に其最高の源を発するものと観念するのであります。
　所謂機関説と申しまするのは、国家それ自身で一つの生命あり、それ自身に目的を有する恆久的の団体、即ち法律学上の言葉を以てせば一つの法人と観念いたしまして、天皇は此法人たる国家の元首たる地位に在しまし、国家を代表して国家の一切の権利を総覧し給ひ、天皇が憲法に従つて行はせられまする行為が、即ち国家の行為たる効力を生ずると云ふことを云ひ表はすものであります。

と述べている。(56) 当時、誰しも反論することの出来ない、帝国憲法第一条の正統な解釈を根拠にして、弁明を試みたものである。
　今一つは、昭和十四年十二月十二日に興亜院が発表した「東亜新秩序答申案要旨」である。例えば「東京朝日新聞」夕刊の一面トップには「近代的独立国家へ、新支那の発展を支援、興亜院会議の答申案」という大見出しがあって、そこに次のように書かれている。

　支那事変遂行に因る尨大なる犠牲に於いて日本の求めるところは、領土や賠償ではなく実に東亜新秩序の建設に在るが、之が所以は他民族の征服と強力支配の方途は我が日本民族の胸奥に内在する皇道的至上命令に適合しないからである、蓋し「うしはく」に非ずして「しらす」ことを以て本義とすることは我が皇道の根本原則であり同時に支那王道の理想でもあるからである、且八紘一宇の皇謨よりする時東亜の地に一民族のみを対象として事功を急ぐは決して上乗の経綸でなく、民族主義発達以後の近代世界に於いて民族意識を軽視するは危険多き世界政策なるを以て、我が日本の世界経綸は必然諸民族の自主的聯合の指導者たるべき方向に択ばるべきであり、かくて日満支三国の融合合作に依る東亜新秩序の建設こそ実に我が肇国の理想精神を恢弘して、これを先づ東亜大陸に奉行する所以に外ならない、右の如き東亜新秩序確立の基本思想を明徴ならしむるため、政府は宜しく文武諸官に訓令し国内教育言論機関、学術思想文化団体の活動、並に各種国民的行事を通じ、国民各層に浸透透徹せしむべきであり、対外的にも諸種の方法を講じてこれを闡明し、究極に於いて日満支三国の国民運動たらしむるが如くするを要する

多大の犠牲を払いながら、泥沼化し、和平の糸口が見えない日中関係を何とか打開しよう、国民に厭戦気分を出させないようにしようと、「シラス」に言及してこのような理想を掲げたのであろう。

なお、この「東亜新秩序答申案要旨」に関しては、昭和十五年二月二日の第七十五帝国議会に於いて、斎藤隆夫が質問をし、

ここに昨年十二月十一日付をもって発表せられたる「東亜新秩序答申案要旨」というものがある。これは興亜院において委員会を設けて審議せられたるところのその答申案であります。これをみまするというと、我々にはなかなか難しくて分からない文句が大分並べてある。即ち皇道的至上命令、「うしはく」に非らずして「しらす」ことをもって本義とすることは、我が皇道の根本原則、支那王道の理想、八紘一宇の皇謨、なかなかこれは難しくて精神講話のように聞こえるのでありまして、私ども実際政治に頭を突っ込んでいる者にはなかなかこ

か理解し難いのであります。

と述べていることも付け加えておこう。(57)

（1）稲田正次『明治憲法成立史』下巻（有斐閣、昭和三十七年）二頁以下。

（2）小中村義象（よしかた）は熊本藩士池辺軍次の次男、藤園・知且と号す。明治十年の乱後、神宮教院に学び、十五年東京大学古典講習科に入学、東京大学教授小中村清矩の養子となり、十九年卒業。それと同時に図書寮に入り、井上の膝下で井上の憲法・皇室典範起草作業を助ける。二十一年第一高等中学校嘱託、二十三年同校教授、二十七年女子高等師範学校教授兼任。三十年池辺家に復姓、三十一年辞職しパリに遊学。三十四年帰朝し、三十六年京都帝国大学講師、大正三年臨時編修局編修、同六年御歌所寄人、同七年六月臨時帝室編修局編修官等を歴任。明治二十二年以来国学院大学講師を勤めた。大正十二年三月六日、六十三歳で没（吉川弘文館『国史大辞典』、平凡社『大日本人名辞典』などによる）。

小中村清矩が池辺を養子とした経緯については、『歌舞音楽略史』巻頭に若干の記載がある。また古典講習科というのは、明治十五年に新設されたが、国書課・漢書課各二回の募集で打ち切られ、それぞれ四年の修業年限で卒業となり、以後廃止された。国書課一回生には、池辺の他、今泉定介・落合直文・関根正直・萩野由之・松本愛重・丸山正彦らが、漢書課には、市村攅次郎・岡田正之・滝川亀太郎・西村時彦・林泰輔らがた。第二回国書課には赤堀又次郎・井上甲子次郎・黒川真道・佐々木信綱・和田英松らが、漢書課には児島献吉郎・島田鈞一・菅沼貞風・長尾雨山らがいた。

（3）「梧陰存稿の奥にかきつく」『井上毅伝史料篇』第三（國學院大学図書館、昭和四十四年）七〇三頁以下。

（4）梧陰文庫A一〇五。稲田正次『明治憲法成立史』下巻四三頁。梧陰文庫研究会編『梧陰文庫影印―明治皇室典範制定本史―』（國學院大学、昭和六十一年）六九頁以下に第一条と説明の箇所の写真を掲載。同書は以後『梧陰文庫影印本史』として引用する。

（5）以上の私擬憲法草案の引用は家永三郎・松永昌三・江村栄一編『明治前期の憲法構想（増補第二版）』（福村出版、一九八七年）による。

（6）もと「古言」と題して明治二十二年出版の『皇典講究所講演録』第二巻に掲載。後補筆改題して明治二十八年に『梧陰存稿』に掲載。前者は『井上毅伝史料篇』第五、三九五頁以下に、後者は『井上毅伝史料篇』第三、六四二頁以下に収録されている。

（7）稲田正次『明治憲法成立史』下巻、清水伸『明治憲法制定史』中巻（原書房、昭和四十九年刊）、高橋康昌『近代日本の政治

思想と体制』（雄山閣、昭和五十二年）、大原康男「シラス考―近代化と天皇制序説」（『国学院大学大学院紀要』第八輯、昭和五十二年、後に「『シラス』考―帝国憲法第一条をめぐって」と改題して、『現御神考試論』暁書房、昭和五十三年刊に所収）、深瀬忠一「明治憲法制定をめぐる法思想」（『近代日本法思想史』昭和五十四年、有斐閣）、根本純一「井上毅における近代国家の追求―『うしはく』と『しらす』―」（富田信夫編著『明治国家の苦悩と変容』所収、昭和五十四年十一月、北樹出版）、明治神宮編『大日本帝国憲法制定史』（サンケイ新聞社、昭和五十五年刊）、大石真「憲法初案説明草稿・解題」（『梧陰文庫影印本史』）、石井紫郎「西欧近代的所有権概念継受の一齣―明治憲法第二七条成立過程を中心として―」（『季刊日本思想史』創刊号、一九七六）、小林昭三『明治憲法史論・序説』（成文堂）、山室信一『近代日本の知と政治―井上毅から大衆演芸まで―』（木鐸社、一九八一）などを参照。

（8） 吉川幸次郎氏は、この一文について「二人の英雄は、いずれも、世界の王として、世界を保有したが、その保有の仕方は、高く大きく、正正堂堂と、立派であった。そうして『而うして与らず』とは、その立派さの構成に、独裁的には関与せず、多くの賢明な人たちに委任して、その立派さを完成した、それが、舜と禹の、真実のえらさであるというのが、最もはやい漢時代の読み方であったこと、劉宝楠の「正義」に引く清の毛奇齢の説が、いろいろ証拠をあげて説くごとくであり、それが一番よいであろう」と述べておられる（朝日新聞社、中国古典選『論語』上、二七四頁以下、昭和五十三年）。

（9） 『近代日本法制史料集』第四巻、一〇九頁。

（10） 筑摩書房版『本居宣長全集』第十巻からその部分を引用しておこう。「○宇志波祁流は、主として其処を我物と領居るを云、但天皇の天下所知食ことなどを、宇志波伎坐と申せる例は、さらに無ければ、似たることながら、所知食などと云とは、差別あることと聞えたり、言の意は、【師は、主張なり、古言に振を布久とも云る如く、流を久と云ことあれば、張を波久と云なりと云れき、是もさることなれど、猶張を波久と云る例なければいかゞ、】波久は佩刀着沓などの波久と同くて、身に着て持意ならむか、【取とは、もと手に持ことなるに、今世に、国所を領ずるを、某処を取る、幾万石取など云も、此の波久と意通へり、】猶考ふべし、さて此言、万葉五【三十一丁】に、宇奈原能辺爾母奥爾母神豆麻利、宇志幡吉伊麻須諸能大御神等、六【三十六丁】に、住吉乃荒人神、船舳爾牛吐賜、九【二十三丁】に、此山乎牛掃神之、【此山は筑波山なり、】十七【三十九丁】に、須売加未能宇之波伎伊麻須、爾比可波能曾能多知夜麻爾、十九【三十六丁】に墨吉之吾大御神、船乃倍爾宇之波伎座などもあり、【此万葉の牛吐牛掃などの字に付て云説どもは、云に足ぬ強言なり、】遷却祟神祝詞に、山川能清地爾遷出坐氏、吾地止宇須波伎坐世止云々とあるも、須と志と通音にて同言なり」。宣長が「師」といっているのは加茂真淵のことで、「ウシハク」とは「主張」であるという文章は、真淵の『祝詞考』（加茂真淵全集第七巻、続群書類従完成会、昭和五十九年刊、三二五頁以下）に、「この言は、古事記に、問大国主神、云々、汝宇志波祁流、葦原中国者、云々、万葉に、宇志播吉伊麻須、諸能、大御神等、また字を借ては、牛掃神、牛吐なども書たり、こゝに宇須と有と、音かよへり、かくて言の意は、丹波道主王と申を、美知宇斯王とも書たるをむかへて、宇志は、主の意なるを知、波伎は、張也、万葉に、山吹を、山振と書、芽子を、波利ともよめる如く、伎と利を通しいふ事、常也、然らばこゝは、山川を、主張坐ちふこと也」とあるのに拠ったものである。真淵のこの文章は、延喜式に載せられている祝詞「遷却祟神」の中にある「宇須波伎坐世止」という文句に対する註釈である。そして「遷却祟神」というのは、延喜式に見える祝詞にあって、同書巻八、神祇八、祝詞に掲載されている。これは、宮城の内に潜んでいて荒れ健ぶ祟る神を祭り、帝都以外の山川の清い土地に遷して、鎮まり給うようにと祈り、幣帛を奉る旨奏上する祝詞である。臨時祭たる種々の祟神を祭る幾つかの場合にも読まれたもので、天孫降臨の神話から説き起こして、祟神の荒れび健び給うのは、天つ神の御心に副わない旨を語っているものである。

(11) 梧陰文庫Ｂ一八。
(12) 大久保利謙・田畑忍監修『加藤弘之文書』第一巻（同朋舎出版、一九九〇年）一三九頁以下。
(13) 加藤弘之『経歴談』。日本の名著三四『西周・加藤弘之』中央公論社、昭和五十九年、四八八頁以下。
(14) 岩波文庫本一八七頁。
(15) 岩波文庫、三十七頁。
(16)『井上毅伝史料篇』第五、三九八頁以下。
(17)『明治憲法制定史』中巻（原書房、昭和四十九年）二一三頁。
(18) 梧陰文庫Ａ六十四。
(19) 表紙に「会議本」「井上」「穂積末岡富井斯波」とある史料の上欄鉛筆書き。
(20) ヨーロッパ中世を所謂家産国家とみる説に対して、近時 Dietmar Willoweit が Rezeption und Staatsbildung im Mittelalter, 1986 なる書物で批判している由、黒田忠史氏が平成三年十月四日の近畿大学での法制史学会で報告された。
(21) ロベール・フォルツ著、大島誠編訳『シャルルマーニュの戴冠』（白水社、一九八六）の一四頁に「メロヴィング国家は拡大する一方で、絶えず解体していった。『王国』が家産と見なされたこと。長子相続法が存在しなかったこと。王の息子はすべて王に固有のカリスマに与っており、それ故、皆同じように支配能力を持つとするゲルマン古来の信念。こうしたことから、クローヴィス以来、王国は分割相続され、クローヴィスの死後一世紀（五一一年―六一三年）のうち、王国が統一を味わったのは、クロータル一世の治世の最後のわずか三年（五五八年―五六一年）しかなかった」と書かれており、またヘルベルト・ヘルビック著、石川・成瀬訳『ヨーロッパの形成』（岩波書店、一九七〇年）一〇二―三頁にも「カールがみずからの死に際しておこなわれるべきことを決めたかれの息子たちのあいだでのカロリンガー王国の分割、すなわち八〇六年の『王国分割令』（Divisio regnorum）は、キリスト教的一体性という考えを捨て、兄弟の連帯による統一の確保という古フランク的慣行を採ったことを意味している。この計画はしかし、年長の息子たちがカールの存命中に死んでしまったため実現されなかった。もっともそれはのちになって再び形を変えてとり上げられるが、そのときには王国の分割がまもなくカールの王国の解体をもたらすことになった。カールの没後、特別の部分王国として存続したのはイタリアだけで、ルートヴィヒが全体王国の後継者となった。このカロリンガーの国王はしかし、その地域的・民族的構造においてきわめて多様な王国をしっかりとまとめてゆく天稟をもっていなかった」とある。

(22) 宮崎市定『宋と元』（中央公論社世界の歴史六、一九六八年、三八〇頁以下）には「征服した土地と人民は、いちおうは大ハーンの私有財産と見なされたらしい。だからチンギス＝ハーンは、その土地を逐次に子供のあいだに分配していった。この領土の分配というかたちの上から見ると、これは封建制度とよく似た点がある。しかし、じつは彼ら自身の社会組織は、まだ封建制度の段階にさえも達していなかった。封建制度だと、土地を貰った諸侯はそれを子孫代々につたえ、相続者を指名しておくことができる。ところがモンゴルの場合、上は大ハーンから、つぎの四ハーン国の君長まで、すべて主君という地位は、有力な族長らが集まって推薦すべきもので、先代が指名しておくべきものではないと考える」と記されている。

(23) しかし一七一六年唯一の息子レオポルドの死後、カールは男系相続の慣習を破って長女マリア・テレジアの相続を実現しようと努力、オーストリア諸地方の身分制議会は二〇—二三年これを承認、また慣習に基づく相続権を持つザクセン選帝侯フリードリヒ・アウグスト、バイエルン選帝侯カール・アルプレヒトも権利放棄を誓ったが、諸外国の承認は延引。二六年プロイセン、三一年イギリス、オランダの承認をえたが、その代償として東インド貿易参加をオーストリアは放棄。三八年には最大の敵対者フランスの保障をえたが、四〇年カールの死後、オーストリア継承戦争を惹起。四〇年フュッセン、四八年アーヘンの再和約によりはじめてこの法は完全に認められた（東京創元社、『西洋史辞典』）。

(24) 梧陰文庫A五三。

(25) 梧陰文庫A二五。

(26) 小林宏「皇位継承をめぐる井上毅の書簡について—明治皇室典範過程の一齣—」（『國學院法学』第十九巻第四号）。

(26) 梧陰文庫A四二、但し最終的には、この欧州の事例は股野琢の意見によって添除された。拙稿「明治皇室典範制定史の基礎的考察」（『國學院大學紀要』第二十二巻）及び『梧陰文庫影印本史』五六〇頁参照。

(27) 井上のシラス論とこの彊土不分割の条文との関連に触れているのは、明治神宮編『大日本帝国憲法制定史』のみ。彊土に関する条文もロエスレルの意見に従って削除されたが、のち最終審査の段階で憲法第一条義解に次の文章が加えられた。「我カ帝国ノ版図、古ニ大八島ト謂ヘルハ淡路島（即今ノ淡路）・秋津島（即本島）・伊予ノ二名島（即四国）・筑紫島（即九州）・壱岐島・津島（津島即対馬）・佐渡島ヲ謂ヘルコト古典ニ載セタリ、景行天皇東蝦夷ヲ征シ、西熊襲ヲ平ケ、彊土大ニ定マル、推古天皇ノ時、百八十余ノ国造アリ、延喜式ニ至リ六十六国及二島ノ区画ヲ載セタリ、明治元年陸奥出羽ノ二国ヲ分チ七国トス、二年北海道ニ十一国ヲ置ク、是ニ於テ全国合セテ八十四国トス、現在ノ彊土ハ実ニ古ノ所謂大八島・延喜式六十六国及各島・并ニ北海道・沖縄諸島及小笠原諸島トス、蓋土地ト人民トハ国ノ以テ成立スル所ノ元質ニシテ、一定ノ彊土ハ以テ一定ノ邦国ヲ為シ、而シテ一定ノ憲章其ノ間ニ行ハル、故ニ一国ハ一個人ノ如ク、一国ノ彊土ハ一個人ノ体軀ノ如ク、以テ統一完全ノ版図ヲ成ス」。

(28)　國學院大學日本文化研究所編『近代日本法制史料集』第六（東京大学出版社会、昭和五十八年）三一頁以下参照。

(29)　なお、井上の国法私法の理解の仕方については、前掲の石井紫郎論文「西欧近代的所有権概念継受の一齣—明治憲法第二七条成立過程を中心として—」や坂井雄吉「井上毅における法の認識—その『国法』『私法』観念を手がかりとして—」（『井上毅と明治国家』東京大学出版会、一九八三年）、それに石井氏による『井上毅と明治国家』の書評（『日本人の国家生活』東京大学出版会、一九八六年所収）などでも触れられているが、筆者の能力不足から、これらの説を十分には理解できなかったので、本稿では全く取り上げないこととした。関心のある方は本稿と併せ読まれたい。

(30)　岩波文庫本『自由党史』上巻二八七頁。

(31)　稲田上巻五六九頁以下、『梧陰文庫影印前史』一八五頁以下。なお伊藤が明治十五年に憲法調査のために渡欧した際、グナイストやドイツ皇帝から、たとえ国会を設立しても兵権や会計等に喙を容れさせることのないようにと示唆されたことは有名な事実である。

(32)　稲田正次『明治憲法成立史』下巻八八五頁。

(33)　小早川欣吾『明治法制史論　公法之部　上巻』昭和十五年、『明治天皇紀』、大蔵省『明治大正財政史』、日本近代思想大系『天皇と華族』（岩波書店、一九八八年）などの記述による。

(34)　『岩倉公実記』下巻（原書房、昭和四十三年）八二一頁。

(35)　『井上毅伝史料篇』第一、三二三頁及び国立国会図書館憲政資料室所蔵宮内省関係文書一一三九-四二。

(36)　『岩倉公実記』下巻八二六頁以下。

(37)　『近代日本法制史料集』第三、二八九頁以下。

(38)　「帝室財産意見案」（『井上毅伝史料篇』第一、三一八頁以下）。

(39)　「皇室財産意見案」（同右、三三一頁）。

(40)「君主ノ奉養ハ国庫ニ取ルヘキノ問」明治二十年一月中の問、一月二十八日答。『近代日本法制史料案』第六、四四頁以下。
(41)「皇室典憲ニ付疑題乞裁定件々」（『井上毅傳。史料篇』第一、五〇八頁以下）。
(42)公表される直前に消除された。たとえば梧陰文庫Ｂ一二一参照。
(43)梧陰文庫Ａ四二。
(44)佐々木の言は『保古飛呂比　佐々木高行日記　十一』（東京大学出版会、一九七九年）三六八頁に詳細に記されている。
(45)『岩倉公実記』下巻八三九頁以下。
(46)大内兵衛・土屋喬雄編『明治前期財政史料集成』（昭和三十七年、明治文献資料刊行会発行）一五三五頁。
(47)『井上毅伝史料篇』第一、三四八頁以下。
(48)これは加藤訳『国法汎論』では訳されていない。『井上毅伝史料篇』第一、三四九頁以下に翻刻あり。
(49)注9参照。
(50)『近代日本法制史料集』第四巻、一四一頁以下。
(51)『近代日本法制史料集』第一巻、一五〇頁以下。但し「抑々東洋ニ於テハ…変遷ヲ経タル者ト謂ハザルヲ得ス」の箇所はミセケチになっている。
(52)梧陰文庫Ａ九〇及び『梧陰文庫影印本史』四四六頁以下参照。
(53)梧陰文庫Ａ九〇。
(54)梧陰文庫Ｂ一二四「帝国憲法義解草案（正本）」。
(55)山田英雄『日本書紀』教育社歴史新書、一九七九年。
(56)なお、大原康男「明治憲法と天皇制」『近代天皇制と宗教的権威』（同朋社、一九九二年四月刊所収）参照。
(57)斎藤隆夫『回顧七十年』（中古文庫、昭和六十二年七月、二八〇頁）、木村時夫『昭和史を語る　III』（昭和六十三年二月、早稲田大学出版部刊、一〇頁）。

第五章　天佑とGottesgnadentum

一　はじめに

第一次世界大戦勃発に際してドイツに宣戦布告したイギリスは、膠州湾を根拠とするドイツ艦隊を駆逐してもらうべく日本に善処を依頼してきた。そこでその受け入れの可否を巡って、大正三（一九一四）年八月八日、早稲田の大隈重信邸で元老会議が開催されたのであるが、その場に出席できなかった元老の一人井上馨は後日、以下のような内容の文書を山県有朋と大隈のもとに伝達した。(1)

一、今回欧州の大禍乱は、日本国運の発展に対する大正新時代の天佑にして、日本国はただちに挙国一致の団結をもって、この天佑を享受せざるべからず。

一、この天佑を全うせんがために、内においては比年囂々たりし廃減税等の党論を中止し、財政の基礎を強固にし、一切の党争を排し、国論を世界の大勢に随伴せしむるよう指導し、もって外交の方針を確立せざるべからず。

一、この戦局とともに、英・仏・露の団結一致はさらに強固になるとともに、日本は右三国と一致団結して、ここに東洋にたいする日本の利権を確立せざるべからず。

江口圭一氏によれば、井上が「今回欧州の大禍乱」を「大正新時代の天佑」と捉えたのは、日露戦争以来増加していた対外債務（大正二年末で十二億二千万円の債務超過）とそれに伴う経済界の不振及び廃税運動などの苦境を脱却することができると考えたからであった。この井上の意見に同意した山県と大隈は、八月十五日の御前会議における正式決定を経て、イギリスに参戦する旨を通告し、八月二十三日、次のような文言で始まる宣戦詔書を発して、ドイツに宣戦布告をした。

天佑ヲ保有シ万世一系ノ皇祚ヲ践メル大日本国皇帝ハ忠実勇武ナル汝有衆ニ示ス。朕茲ニ独逸国ニ対シテ戦ヲ宣ス。

そして江口氏が

井上が期待したとおり、「挙国一致」を名目として廃税運動が中止されたのをはじめ、日本は天佑を存分に享有した。（中略）空前の大戦景気を通じて日本はアジア最大の工業国に躍進し、中国大陸への支配をいちじるしくつよめ、名実ともに大日本帝国の地歩を築きあげ、一等国の仲間入りを遂げる。

と指摘しておられるごとく、第一次世界大戦に参戦したことは、近代日本にとってまさに「天佑」であった。

ところで本章は、第一次世界大戦について何か論じようと企図するものではなく、井上馨や宣戦詔書が使用している「天佑」の語がいったい何時頃からわが国で使われるようになったのかという、極めて些細な問題を究明しようとするものである。言うまでもなく「天佑」とは漢語であって、『尚書』咸有一徳第八に

惟尹躬暨湯、咸有一徳、克享天心、受天明命、以有九有之師、爰革夏正、非天私我有商、惟天佑于一徳
（惟れ尹が躬、湯に暨び、みな一徳を有つ。克く天心を享け、天の明命を受け、以て九有の師を有ち、爰に夏の正を革む。天が我が有商を私するに非ず。惟れ天が一徳を佑くるなり）

と見えているように、[2]天命思想を奉じた旧中国にあっては古くから使用されている用語であり、王朝の存在根拠自体も「天佑」に求められていた。しかし、革命思想を受け入れず、天照大神の子孫が代々皇位を継承するという伝統のわが国では、天皇は血統によって天皇となったのであって、天の助けを受けたものではない。故に「天佑ヲ保有シ万世一系ノ皇祚ヲ践メル大日本国皇帝」なる表現は、伝統的な考え方からすれば、やや奇異な感じを受けるのである。実際、奈良時代以来の詔勅を見ても、[3]「天佑」なる語は見当たらない。そこでいくつかの史料を穿鑿して「天佑」使用の経緯をたどってみたところ、どうも西洋の外交文書の形式を模倣してわが国でも「天佑」の語を多用するようになったのではないかと思うようになった。果たして当を得ているかどうかわからないが、以下に卑見を開陳して識者の御批判を仰ぎたいと思う。

二　外交文書の表現

フリッツ・ケルンの古典的名著である Gottesgnadentum und Widerstandsrecht, Leipzig, 1914によれば、代々

血統権 Gebluetsrecht によって王位を継承していたゲルマン古代の君主は、キリスト教の影響を受けて、王位継承に際してキリスト教会から聖別を受けるようになった。それによって従来の君主の権威をいっそう引き立てたのであるが、西暦七五四年にカール大帝が塗油を受けたとき、初めて皇帝名義に gratia Dei（神の恩寵により）という名称を加え、これが皇帝の称号の恒久的な修飾語となった。そしてフランク帝国の皇帝たちが王位継承と同時に塗油を受ける儀式を行うことによって、聖別は皇帝権の単なる権威づけではなく、皇帝権がまさに神に由来することを証するものだという観念が次第に流布した。この観念が中世において理論化されていわゆる神授王権 Gottesgnadentum となり、西欧各国の君主たちにも採用されるようになって、近代に至るまで西洋の君主たちの名義を飾ったのである。(4)

ヨーロッパの君主たちは、自分の名前の後に、この「神の恩寵により」という表現を誇らしげにつけ加え、内外の公式文書にも記載した。例えば、オランダの国王が一八六二年十二月九日に「兵庫開港延期并竹内抔携帯ノ国書ニ答礼」としてわが国に送った国書の冒頭に

Willem III, bÿ de gratie Gods, Koning der Nederlanden, Prins van Oranje-Nassau, Groot Hertog van Luxemburg,……

とあるごとき、その一例である。(5) ところが、これを受け取った幕府側は by de gratie Gods なる表現をどのように翻訳してよいか相当に迷った模様で、当初これを

因天恩　阿蘭国王兼テナッサウオラニエリュクセンジュルク微列謨三世ヨリ……

と訳していたが、後に

天ノ命助ニ叶ヒ和蘭国王プリンスファンオランニー嫡子ノ尊称兼コロートヘルトグファンリュクセムビュルク官名等ノ第三世ウイルレム……

と改めている。オランダに関して言えば、その後この箇所の訳は「神ノ恵ヲ受ケタル」（明治元年十一月二十二日、和蘭国代理公使参朝捧呈国書）とか「皇天上帝ノ洪恩ヲ蒙リ」（明治六年七月九日、荷蘭国弁理公使フォン、ウエックヘルリン参朝捧呈国書）とか「皇天上帝ノ恩沢ニ浴シ」（明治六年三月九日、岩倉具視持参の国書への返書）とかと変遷し、明治十二年七月十六日の「弁理公使ファン、ストウトウエーゲン参朝捧呈国書」で「天祐ニ依リ」と訳し、明治十四年二月二日の「事務代理スツルウエ氏参朝捧呈国書」で「天佑ヲ保有シ」と訳して以降は、大体「天佑ニ因リ」とか「天佑ヲ保有シ」とか訳されるようになった。

オランダ以外の他の王国についても事情はほぼ同様であって、イギリスについては慶応元年三月二十八日の「全権公使ルゼンホルドアルコック解任并パルリー、パークス后任トスル旨」の国書の

Victoria, by the grace of God, Queen of the United Kingdom of Great Britain and Ireland, Defender of the Faith &c. &c. &c.
To the most High, Mighty and glorious Prince, His Imperial and Royal Majesty the Tycoon of Japan, ours good Brother and Cousin, Greeting!

で始まる部分を

神恵ヲ受テ大不列顛及阿爾蘭連合王国ノ女王教法ノ保護者等々々タルヒクトリア」我等ノ善キ兄弟及従兄弟ニシテ且最高威賢明ナル君主タル日本大君帝王マイエステヘ謹呈ス

と訳し、慶応四年閏四月朔「英国特派全権公使ハルリー、パークス大坂東本願寺掛所へ参上捧呈」の国書ではby the grace of Godを「上帝ノ恵ニ依テ」とし、明治六年三月八日「英国代理公使アージーワトサン参朝捧呈」せる国書では「神恵ヲ受ケ天道正理ヲ守護スル」とし、明治八年六月十日「英国公使サーハルリーハアクス参朝捧呈」の国書では「天帝ノ恵ヲ受ケ天道ヲ守護スル」とし、明治十三年五月十三日、特命全権公使が上野景範から森有礼に代わったことに対して英国公使が送付した国書では「神佑ヲ保有シ」と改めている。

ロシアについては、たとえば明治八年四月二十五日の「魯国弁理公使スツルウエ参朝捧呈」国書に「天恩ヲ蒙ムリ赫々タル全日本国皇帝睦仁陛下へ全露西亜皇帝ヨリ伯仲友誼ノ礼辞ヲ白ス」云々とあり、わが天皇に対して「天恩ヲ蒙リ」とし、明治九年十月十日の「魯国公使スツウエ参朝捧呈」では「天佑ニ由リ露国諸都ノ全権皇帝タル亜歴山徳第二世」とし、明治十四年五月二十四日の「露国公使スツルウエ氏参朝捧呈国書訳文写」では「天恵ヲ保有シ朕全露西亜国モスクワ、キエフ、ウラジミル、ノウゴロド、ノ皇帝」としている。

ドイツについては、明治四年三月十二日の「公使エム、フォン、ブラント持参」国書に

Wilhelm, von Gottes Gnaden, Deutscher Kaizer, König von Preussen……

とあった箇所を

神恵ニ因テ独逸皇帝兼孛漏生皇帝タルウイルヘム

と訳し、その後 von Gottes Gnaden を「神ノ恵ニ依テ」（明治五年二月二十二日国書）と訳したりもしたが、明治八年四月二十五日の国書で「天佑ヲ保有シタル」と訳して以降は、大体「天佑ヲ保有シタル」とか「天佑ニ依テ」とするようになった。

そしてイタリアについては、慶応二年三月二十二日の

Victor Emmanuel II par la grâce Dieu et par la volonté nationale Roi　d'Italie

云々で始まる国書以降、暫くはフランス語が使用されているが、その冒頭を

天帝ノ慈恵及ビ国民ノ望ニ依リ意太利亜国王ウイクトル、エマヌエル第二世

と訳し、以後「天恵民望之伊太利王」（明治元年十二月二十二日国書）、「神恵ヲ受ケ国民ノ尊敬ヲ得タル伊太利亜国第二世ウヰクトル、エムマニエル」（明治三年三月十五日国書）、「神恵人望ニ因テ伊太利亜国皇帝」（明治三年十月十五日国書）、「神恵ヲ受ケ人望ヲ得タル伊太利国王」（明治七年九月八日国書）、「天帝ノ恵ヲ受人望ヲ得タル伊太利国王」（同年）、「天佑ニ由リ民意ニ応シ伊国皇帝タル」（明治十年七月二十一日）などと訳し、そして明治十一年四月二

十六日のイタリア語の国書の

> Unberto I per Graqia di Dioepes volonta della Nazione Re d'Italia

を「天佑ヲ保有シ国民ノ冀望ニ因テ伊太利皇帝タルウンベルト第一世」と翻訳[6]して以降は、「天佑ヲ保有シ国民ノ冀望ニ依リ」とか「天佑ニ由リ民意ニ応シ」とか「神恵ヲ享受シ臣民ノ希望ニ依リ」とかとするようになった。

以上のような外国国書に対して、わが国からの国書には、どのような表現を用いたのであろうか。慶応四年正月七日に徳川慶喜追討令を出した新政府が、仏英伊孛荷米魯の領事に示した

> 日本国天皇、告各国帝王及其臣人、嚮者将軍徳川慶喜、請帰政権、制允之、内外政事親裁之、乃曰、従前条約用大君名称、自今而後、当換以　天皇称、而各国交接之職、専命有司等、各国公使諒知斯旨
>
> 慶応四年戊辰正月十日　御名印

なる文書[7]では、単に「日本国天皇」とあるだけで、天皇の修飾語としては何もない。また明治二年十月十七日のアメリカへの復書にも

> 日本天皇米利堅大統領ニ復ス
> The Tenno of Japan
> To the President of the United States of America

とあり、明治四年四月二十二日の復書にも

大日本天皇米利堅合衆国大統領ニ復ス
From the Tenno of Japan
To president of the United States of America

とあるだけである。ところが、明治四年十一月四日に同盟各国へ宛てた国書では

大日本国天皇睦仁敬テ威望隆盛友誼親密ナル　英吉利　伊太利　荷蘭　魯西亜　瑞典　独逸　澳地利　白耳義　葡萄牙　西班牙　丁抹　布哇　皇帝陛下　米利堅合衆国　仏蘭西　瑞西聯邦　大統領ニ白ス、朕天佑ヲ保有シ万世一系ナル皇祚ヲ践ミシヨリ以来、未タ和親ノ各国ニ聘問ノ礼ヲ修メサルヲ以テ、茲ニ朕カ信任貴重ノ大臣右大臣正二位岩倉具視ヲ特命全権大使トシ、参議従三位木戸孝允大蔵卿従三位大久保利通工部大輔従四位伊藤博文外務少輔従四位山口尚芳ヲ特命全権副使トシ、共ニ全権ヲ委任シ貴国及ヒ各国ニ派出シ、聘問ノ礼ヲ修メ、益親好ノ情誼ヲ厚クセント欲ス、且貴国ト結ヒタル条約ヲ改正スルノ期近ク来歳ニアルヲ以テ、朕カ期望予図スル所ハ、開明各国ニ比シテ人民ヲシテ其公権ト公利トヲ保有セシメン為メニ従来ノ定約ヲ釐正セント欲スト雖トモ、我国ノ開化未タ浹カラス政律モ亦従テ異レハ、多少ノ時月ヲ費スニ非レハ其期望ヲ達スル能ハス、故ニ勉メテ開明各国ニ行ハル、諸方法ヲ択ヒ、之レヲ我国ニ施スニ適宜妥当ナルヲ采リ、漸次ニ政俗ヲ革メ同一致ナラシメンコトヲ欲ス、於是我国ノ事情ヲ貴国政府ニ詢リ、其考案ヲ得テ以テ現今将来施設スヘキ方略ヲ商量セシメ、使臣帰国ノ上条約改正ノ議ニ及ヒ、朕カ期望予図スル所ヲ達セント欲ス、此使臣ハ朕カ貴重

信任スル所ナレハ陛下大統領能ク其言ヲ信聴シ、之ヲ寵待栄遇セラレンコトヲ望ミ、且切ニ陛下大統領ノ康福貴国ノ安寧ヲ祈ル

明治四年辛未十一月四日東京宮城ニ於テ親ラ名ヲ記シ璽ヲ鈐ス

御名　国璽

奉勅　太政大臣従一位三条実美

とあって、文中に「天佑ヲ保有シ」という表現が用いられており、イギリスに対しては

Mutsu-Hito, by divine appointment, Emperor of Japan, placed upon the Imperial throne occupied by a dynasty unchanged from time immemorial.

To Her Majesty Victoria, Queen of the United Kingdom of Great Britain and Ireland, &c. &c. &c.

云々と翻訳され、「睦仁」に by divine appointment という修飾語が加えられた。これ明らかに西洋諸国の by the grace of God などの表現にならったものであろう。ただ、右の同じ国書がアメリカに対しては

Mutsu-Hito, The Emperor of Japan &c. &c. &c.

To the President of the United States of America, Our Good Brother and Faithful Friend, Greeting!

Mr President

Whereas, since Our accession by the blessing of Heaven, to the saved throne on which Our Ancesters reigned from time immemorial, ……

云々とあるだけで、「天佑」に相当するthe blessing of Heavenがかなり後退している。これ恐らく、アメリカが君主国ではなく、選挙で選ばれる大統領が元首であることを顧慮したものであろう。けれども翌五年四月十八日の少弁務使森有礼を中弁務使に昇格して奉職せしむることをアメリカに知らせた勅書には

天佑ヲ保有シ万世一系ノ皇祚ヲ承ル大日本国天皇睦仁敬テ
米利幹合衆国大統領閣下ニ白ス

と書き、日本文にも「天佑ヲ保有シ」という表現を加えて、君主国との区別を設けなくなった。(8)
なお、同年五月十四日に条約改正に関して締盟各国に贈った国書に

天ノ命ニ則リ万世一系ノ帝祚ヲ践ミタル日本国天皇

とあり、また同年五月十四日の遣外使節岩倉具視に対する委任状にも

天ノ命ニ則リ万世一系ノ帝祚ヲ践ミタル日本国天皇、此詔書ヲ見ル人人ニ宣示ス

とあり、「天ノ命ニ則リ」と書いているように、この頃はまだ、「天佑」とするか「天ノ命ニ則リ」とするか、考え

が定まっていなかったようである。外交当事者たちは、どのような表現にしようか種々考え、当然ながら中国の文書も参照したであろう。先に紹介したように、『尚書』には「天佑」の語もあれば「天命」の語もある。しかも中国からわが国にもたらされた国書には、後者の「天命」がよく使われている。今、中国からの国書を多く登載している『善隣国宝記』によって一二の例を挙げると、文永二年の蒙古皇帝の国書に「祖宗受天明命、奄有区夏」とあり、文明元年の足利義政への明皇帝の国書に「朕恭承天命、嗣登大宝、主宰夏夷」とあるごときである。多分、この中国古来の表現を参考にして、「天ノ命」云々と記したのであろう。

それはそれとして、明治六年一月五日の伊国駐在惣領事中山譲治の委任状に

天佑ヲ保有シ、万世一系ノ帝祚ヲ践ミタル日本国天皇御名、ヨク此書ヲ見ル有衆ニ宣示ス

とあり、明治六年一月二十三日の清国駐在領事品川忠道の委任状に

天佑ヲ保有シ、万世一系ノ帝祚ヲ践ミタル日本国皇帝、此書ヲ見ル有衆ニ宣示ス

とあり、明治七年三月五日の「露国皇帝へ榎本特命全権公使新任之親書」に

天佑ヲ保有シ万世一系ノ帝祚ヲ践ミタル日本国皇帝□□敬テ威望隆盛ナル良友魯西亜国皇帝アレキサンドル、ニコラエウイチ陛下ニ白ス

とあるように、明治六年以降は「天佑」の語が定着するようになった。これらがどのように外国語に訳されていたのかはまだ調査していないが、明治七年十月七日の「米国特命全権公使吉田清成後任之親書」には

天佑ヲ保有シ万世一系ノ帝祚ヲ践タル日本国皇帝□□敬テ威望隆盛ナル良友米利堅合衆国大統領グラント閣下ニ白ス

Mutsuhito, by the Grace of Heaven, and seated on a throne occupied by the same dynasty for a time immemorial, To Ulysses S. Grant, His Excellency the President of the United States of America, Greeting!

とあり、同日の寺島宗則外務卿解任通知のイギリス宛国書にも

天佑ヲ保有シ万世一系ノ帝祚ヲ践タル日本国皇帝□□敬テ威望隆盛ナル良友大貌列顛兼愛倫皇帝ウヰクトリア陛下ニ白ス

Mutsuhito, by the Grace of Heaven, Emperor of Japan and seated on a throne occupied by the same dynasty for a time immemorial,
To Victoria the most High Mighty and Glorious Queen of the United Kingdom of Great Britain and Ireland, and our Great and Good friend, Greeting!

とあり、そして明治八年八月二十三日のロシア宛国書にも

天佑ヲ保有シ万世一系ノ帝祚ヲ践タル日本国皇帝御名敬テ書ヲ威望隆盛ナル良友大兄全露亜細亜皇帝陛下ニ致ス

Mutsuhito, by the Grace of Heaven, Emperor of Japan and seated on a throne occupied by the same dynasty from time immemorial,

To His Majesty The Emperor of all the Russians, Greeting!

とあるように、Mutsuhito の次に by the Grace of Heaven と加えている。先のイギリス宛国書の by divine appointment と表現は異なるけれども、わが国はキリスト教国でないから divine という表現が不適当と判断されて Heaven とされたのであろう。

以上引用した事例によって知られるように、わが国が外国に出す国書に「天佑」の語を使用するようになったのは明治四年の岩倉遣外使節団持参の国書あたりからであり、他方、外国からの国書の bÿ de gratie Gods, by the grace of God, von Gottes Gnaden, par la grâce Dieu, per Grazia di Dio などの翻訳が「天佑」と定着するようになったのは明治十年代である。明治十四年九月の山田顕義の『憲法草案』冒頭の「天ノ保佑ヲ以テ万世一系ノ帝祚ヲ践メル大日本国天皇」という条文や、明治十五年の西周の『憲法草案』第三篇第五章立法権の「天佑ニ頼リ万世一系ノ宝祚ヲ践メル」云々という条文に「天佑」の語が使用されているのも[9]、かかる外交文書の表現に倣ったものと考えられる。

三　井上毅の考え

外交文書に「天佑」の表現が定着するまでには、外務官僚の間でしかるべき議論があったものと推測されるが、現在のところ、それに相当する関連史料に遭遇していない。ただ、明治憲法及び皇室典範を制定するに当たって、草案起草に従事した井上毅が、この表現をどう考えていたのかを知りうる若干の史料が存在するので、ここでそれを紹介しておこう。

井上は憲法や皇室典範の草案を起草するに当たって、西洋のことを実によく調査しているが、明治二十年一月十七日、ドイツ人ヘルマン・ロエスレルに

　欧洲ノ帝王国ニ於テ、王位継承ノ後、更ニ儀式上ノ即位ノ礼ヲ行フハ登極ノ祭祀ニシテ、専ラ宗旨上ノ朝儀ナルカ如シ。此即位ノ礼ハ国法上ノ関係ニ於テ如何ナルヤ。或国ニ於テ、憲法ニ掲載シタル即位ノ宣誓ノ外、此儀式ハ何等ノ価格ヲ付スヘキヤ。憲法又ハ家憲ニ於テ之ヲ掲載スルノ要用ヲ見ルヤ。

と質問した(10)。この井上の「即位ノ礼」の法的性格如何についての質問に対する答えの中でロエスレルは

　即位ハ天帝ヨリ王位ヲ受ルコトヲ表証スル所ノ祭儀ナリ。天祐ヲ保有スト言フハ、即チ此ニ基クモノナリ。

と「天祐」に言及している。

次いで井上は、明治二十一年三月に『欧羅巴家門法歴史上ノ沿革及其法制ノ系統』第一、第二[11]という史料を読んでいるが、その中に、次のような記述がある。

①（第一、四葉）ピッピンハ当時ノ法王羅馬加督利基宗教ノ総長即チ人界ニ於ケル天神ノ代表人ヲシテ、自己ノ王位ヲ公認セシメ且「天佑ヲ享有スル君主」ノ称ヲ允サシメテ、以テ正統王家タルニ至リタリ

②（第一、一三・一四葉）抑君主カ民意ニ対シテ主張シ得ル君冕上ノ権ハ、即チ正統君主ノ資格ナリ而シテ其民意ニ対シ主張スルニ付キ以テ根基ト為スヘキ正当ノ口実ハ、即チ天意ヲ奉シテ君位ニ立ツト云フ所是ナリ、此天意ハ国民モ亦之ニ遵ハサル可ラサルモノナリ、如此ナルヲ以テ現ニ二種ノ君主権ヲ為セリ

［甲］古来ノ歴史上ノ権利ニ因拠シテ「天佑享受」ノ冠詞ヲ冒スモノ、即澳国英国等是ナリ

［乙］輓今憲法制定後ニ於テ建創セシ者、法朗西帝朝独逸帝伊多利西班牙葡土牙等「天佑ヲ享受シ及民意ヲ体シ」ノ冠詞ヲ冒ス君主、即チ是ナリ

③（第一、一六葉）天佑享受ノ正統資格ノ君主ヲ戴クモノ、此邦国ニ於テハ君主ハ国民ノ為メニ憲法ヲ欽定シ之ヲ与フ、即チ君主自ラ立法権ヲ握有シ、此立法権ノ認否如何ニ従テ国法ノ能力上ニ影響ヲ与フルナリ、而シテ如此キ邦国ニテハ其君主ノ家門法ハ憲法ノ上ニ位ス

④（第二、四葉）所謂天佑ヲ享有スル君統ハ、内乱或ハ民意ノ為メニ決シテ毀傷セラルルヘキモノニアラス、此ノ如キ君統ハ歴史上其国ト共ニ成立チタルモノナルカ故ニ、其国ト存亡ヲ共ニスルモノトス

⑤（第二、八葉）羅馬加特力教ノ首領ハ地球上万国ノ政権及君主ノ上ニ位シ、地上ニアル天帝ノ代理者ニシテ、所謂ユル天佑ヲ享有スル君統ヲ授与スルコトヲ得ルモノトス

⑥（第二、九葉）天佑ヲ享有スルナル尊称ニ代エルニ、国民ノ意ニ由リテ某国王タル云々ト称スルコト、伊多

利西班牙及白耳義国王ノ如シ

井上がこれらの史料に拠って「天佑」の意味を真剣に考えたことは紛う方なき事実であって、井上は右の③をもとにして皇室典範の前文を起草していたのである。すなわち井上はこの文章の「天佑享受ノ正統資格ノ君主ヲ戴クモノ」及び「而シテ如此キ邦国ニテハ其君主ノ家門法ハ憲法ノ上ニ位ス」の箇所に点線を附しており、その直後に「皇室典範説明」（梧陰文庫A四三）に

恭テ按スルニ、皇室ノ典範アルハ立憲ノ国ニ於ケル要義ニシテ、典範ハ又憲法ノ上ニ位スル者ナリ、何トナレハ皇室ハ憲法ノ上ニ立チ、皇室アリテ而シテ憲法アレハナリ

と書いたのであった。明治二十二年二月十一日に制定された皇室典範の上諭にはこの部分は省略されて

天佑ヲ享有シタル我カ日本帝国ノ宝祚ハ、万世一系歴代継承シ以テ朕カ躬ニ至ル、惟フニ祖宗肇国ノ初大憲一タヒ定マリ、昭ナルコト日星ノ如シ、今ノ時ニ当リ宜ク遺訓ヲ明徴ニシ皇家ノ成典ヲ制立シ、以テ丕基ヲ永遠ニ鞏固ニスヘシ、茲ニ枢密顧問ノ諮詢ヲ経皇室典範ヲ裁定シ、朕カ後嗣及子孫ヲシテ遵守スル所アラシム
The Imperial Throne of Japan, enjoying the Grace of Heaven and everlasting from ages eternal in an unbroken linen of succession, has been transmitted to Us through successuie reigns.

となっているので[12]、これだけを読んでも井上の思考の細部を窺うことはできない。或いは井上が明治十五年に起草

した「憲法試草」の前文に「天ノ明命ヲ受ケ万世一系ノ帝位ヲ践ミ朕明治　年　月　日ヲ以テ憲法ヲ裁定シ立国ノ大典トシ並ニ憲法ノ限閾内ニ於テ国民ノ権利ヲ賜与スルコト左ノ如シ」と書いて[13]、儒教的色彩の濃い「天ノ明命ヲ受ケ」なる表現を採用していたことを以て、井上の思想的立場が儒教にあったとする論者があるかもしれない。けれども、右に見たような井上の勉強の跡を知れば、井上が「天」に言及しているからと言って、井上の思想基盤が儒教にあったなどと軽々にいうことはできないであろう。井上は、ロエスレルの教示や『欧羅巴家門法歴史上ノ沿革及其法制ノ系統』などから、西洋における「天佑享受」使用の意味を学んでいるのであって、皇室典範前文を「天佑ヲ享有シタル」云々なる文句から書き始めるに当たっては、必ずや西洋の用例を意識していたに相違ない。もとより井上が儒教的教養を常人以上に身につけていたことは事実であるが、井上は儒教的な思想をそのまま明治国家で開花させようとしていたので決してなくて、儒教的な思想と西洋の思想とを融合させ、そして如何に新たな制度を作るかということに心血を注いだのであった。

四　日露戦争の影響

明治初年以降、外交文書で「天佑」の語が使用され、皇室典範前文にもまたこの語が用いられ、更には明治二十七年八月一日の清国に対する宣戦の詔勅にも「天佑ヲ保全シ、万世一系ノ皇祚ヲ践メル大日本帝国皇帝」と書かれるなど、「天佑」の語は公文書に多用されるようになったが、この語が民間で広く用いられるようになったのは日露戦争を通じてであった。日露戦争の宣戦詔書もまた日清戦争の宣戦詔書と同様に

天佑ヲ保有シ万世一系ノ皇祚ヲ践メル大日本国皇帝ハ忠実勇武ナル汝有衆ニ示ス

で始まっているが、「天佑」は宣戦詔書だけではなく、新聞でも度々取り上げられた。例えば明治三十七年四月十八日の「東京朝日新聞」には

旅順の敵艦殆ど全滅　我が艦隊は一兵も損ずる事なし　東郷司令長官曰く「これ天佑也」

との見出しで、「旅順大海戦公報（東郷司令長官報告）」が載っており、その記事の終わりに

此連続せる作戦に於て、聯合艦隊が一兵をも失はずして多少の戦果を挙げ得たるものは、一に大元帥陛下の御威徳に依るものにして麾下将卒は終始勇往敢為、其の任務を遂行するに忠実なるも、其の奏効成果に至ては人力の及ばざる所多し、特に多数の艦艇が昼夜を問はず敵の機械水雷の浮流せる洋中を縦横に航行し、然かも今日に至るまで一の危害を受けたることなきが如きは、只天佑と確信するの外あらざるなり。（四月十六日午後五時着電）

とあり、また同年五月三日の「日本」に「運命の馳せ場は哀し矣　天乎命乎＝上村第二艦隊　濃霧は常に彼の栄光を奪ふ」との見出しで、

吾人が待ちに待ちし日本海方面の快報は、遺憾ながら遂に濃霧の中に葬られたり。吾人は上村司令官の報告を見る毎に、実に彼れが不幸を悲しまずんばあらず。報告に拠れば、同艦隊は実に二十三日を以て元山を発したりしなり。爾来三昼三夜彼れは濃霧のために鎖されつゝ、僅に其艦々相失はんことを恐るゝ、航海の苦心中に、

敵は恰も元山方面に遊弋して偶然にも金州丸に会し、而かも掩護の艇隊が天候の険悪を避けんが為に遮湖浦に留まりしが此の世の別れと知るや知らずや、金州丸が別れを告げて独り帰港の途中に於て世にも稀なる一場の悲劇を演ずるの已むを得ざるに到りしなり。（中略）嗚呼濃霧濃霧、天は汝に幸せざりしか。

とあり、更に同年六月十一日の「東京日日新聞」には、五月二十六日の金州南山総攻撃の実況報告が載せられており、そこに

翌廿六日午前五時三十分一発の砲声は轟けり、是より先き午前一時十五分突然大暴風起り大雷雨あり、電光雷声閃々轟々として異常の天候を来せり、是れ誠に天佑にして、我砲兵及歩兵は此の雷鳴に乗じて躍進し、工兵は暗夜に乗じて掩堡及肩墻を適宜の地に作り、充分天明戦闘の準備行為を完了したり

とあり、六月十四日の「報知新聞」も右について「三つの天佑」との見出しで、

廿五日夜半の大雷沛雨は我が第一聯隊の行進運動に多少の障礙を与へ、目的の地点に遅着するの止むを得ざらしめしと雖も、仔細に観察すれば、右は我軍に対する天佑にして、我軍は三個の利益を博せり、曰く

（一）第一聯隊は道路の泥濘に行進頗る難みしも天地冥濛、目的地点に達するまで敵をして偵知せしめざりしこと

（二）敵は我が行進の道路に地雷火を埋置せしも、其の位置不明なりしに、雨水洗去りて窪地を生じて、以て我をして其位置を判知せしめたる事

（三）　敵は前夜来廿六日午前二時頃まで南山上より頻りに探照燈を照らし光弾を打揚げ、以て我軍の行動を偵察せしも、大雷猛雨と為るや敵は我軍は行進を停止したるべしと考へ、二時過より総べて此等を照揚せざりし

と書いている有り様である。

ところで、この当時わが国に滞在していたドイツ人医師のエルウィン・ベルツがその日記に次のような興味深いことを書き残している(14)。

東郷の公報によれば、マカロフの坐乗艦ペトロパフロフスクは、日本側の機雷により爆沈したので、ロシア側の機雷ではないとか。この報告中で目立つ点は、東郷がその戦果の由って来るところを、ヨーロッパとシナの形式をちゃんぽんにして表現していることで、すなわち一方ではヨーロッパ式に、日本を守る天佑によるものとし、他方では御稜威にもとづくものとしている。ところで後者の、天皇の美徳によるとする考え方は、国の吉凶を君主の責に帰する完全なシナ思想である。つまり君主がよければ、国がうまくゆき、国がうまくゆかなければ、それは君主が天の不興を招いた証拠であるというのである。

なるほど、ベルツがいうように、右に掲げた東郷司令長官の報告を読めば、一方で「大元帥陛下の御威徳」といい、他方で「只天佑と確信する」というように、「ちゃんぽん」である。流石に Gottesgnadentum の本場の生まれだけあって、ベルツは「天佑」がドイツ語の von Gottes Ganden の模倣であることを見抜いている。

「御威徳」乃至は「御稜威」を使うのは日清戦争の時にもあったことであって、珍しい表現ではなく、例えば

「報知新聞」六月九日号には、南山の攻撃に参加した将校浅野歩兵大尉の実戦談を載せているが、その終わりの方に

南山後面より南山に急撃して是を占領し、異彩陸離たる旭旗を高く翻へしが、之を見て東北にありし軍の各師団も時を移さず一斉に最期の大突貫を起し、飛電迅電の如く南山上に達し是又旭旗を樹立し、軍の上層一斉万歳を三唱したるは将に午後七時、其声為に天地を震撼し、大元帥陛下の御稜威は今や満州の山河に普ねかりし

とある。

また『ベルツの日記』の同年六月二十日条[15]にも

スタケルベルクの報告によると、かれの率いるロシア軍は六月十五日、得利寺附近で、日本軍の優勢な兵力とその迂回作戦により、大損害をこうむって退却を余儀なくされた由。かれは砲十三門の喪失を認めた。日本側の公報は奥大将から出たもので、世間では、大将はその全軍と共に、旅順附近に在るものと信じていたのだ。

その公報たるやまたも、今回の戦果が「御稜威によるもの」との、全くシナ式の辞令で結ばれている。この調子だと、理論上当然の（もっともあまり面白くもない）結果として、スクリードロフの襲撃によってこうむった悲しむべき損害は天皇の不徳に、その責を帰せねばならないわけだが！　地上の出来事に「天」を担ぎ出す風習に反対する運動が、新聞紙上で起こっているのももっともだ。冷静な人間の見解に従えば、ナポレオンも言ったように神は、強い方の軍隊に味方するのだ。

とあって、「御稜威」の使用にもベルツは批判的である。ちなみに、得利寺戦の公報とは奥大将の報告であって、いずれの新聞にも同文が掲載されており、その末尾に

十五日の戦闘は兵力約二師団半、而かも堅固なる陣地に拠るの敵を攻撃し、遂に之を潰走に至らしむるを得たるは、偏に陛下の御稜威に因る

とある。新聞紙上で「天を担ぎ出す風習に反対する運動」が起こっているとベルツが述べている点については、まだ該当する記事を見いだしていないが、いずれにしても、「天佑」を使用する風習はこの後も続き、冒頭に掲げた第一次世界大戦の詔書やその後の第二次世界大戦の宣戦詔書にも使用せられた。

五　おわりに

日露戦争勃発の翌年、明治三十八年の正月から「ホトトギス」に掲載された夏目漱石の『吾輩は猫である』は、周知のように、「到底吾輩猫属の言語を解し得る位に天の恵に浴しておらん動物である」人間を猫の眼から眺めるという面白い手法をとっているが、その中で「天祐」の語が多用されている。すなわち、主人公苦沙弥先生の食べ残した餅に喰らいついて歯が抜けなくなり、四苦八苦している猫の様子が実にコミカルに描写されている箇所に

「危きに臨めば平常なし能わざるところのものを為し能う。之を天祐という」幸に天祐を享けたる吾輩が一生懸命餅の魔と戦っていると、何だか足音がして奥より人が来る様な気合である。ここで人に来られては大変だ

と思って、愈躍起となって台所をかけ廻る。ああ残念だが天祐が少し足りない。とうとう子供に見付けられた。（中略）遂に天祐もどっかへ消え失せて、在来の通り四つ這になって、眼を白黒するの醜態を演ずるまでに閉口した。

とある。(16) 漱石がここで「天祐」という用語を何度も使っているのは、間違いなく日露戦争頃の新聞その他の影響であろう。相愛社発行の雑誌『基督教界』が第三十一号（明治三十八年四月）から題名を『天佑』に改めているのも、当時、天佑という言葉が一般に広く使われていたことを示す証拠となろう。(17)

ところで、漱石が「天佑」よりもやや古めかしい漢語の「天祐」を短い文の中に多用し、しかも「天祐」を享けていると確信した猫が、状況不利になって次第に自分には「天祐」がすこし足りないのだと感じはじめ、仕舞には「天祐」も消え失せたと自覚するというように語っているところからすると、漱石は、日露戦争で新聞その他に「天佑」が乱用されていることに対して、ベルツと同様、これを快く思っていなかったのではあるまいか。更に言えば、漱石は、「天祐」に浮かれている近代日本の行く末を、この僅かな文章の中で暗示していたのではあるまいか。

遮莫、以上の考証によって知られるように、我が国で「天佑」の語が使用されるようになったのは外交文書からであるが、それは西洋の Gottesgnadentum の書式にならったものであった。それが憲法や皇室典範を制定するに際して、改めて西洋の「天佑享受」の意味を学び、今度は東洋の伝統と西洋の伝統との融合という形で、主体的に捉え直されたのである。そして、その語がわが国民に一般的に使用されるようになったのは、日露戦争の時であった。東洋の新興国家がロシア帝国に勝ったのは、まさに「天佑」と考えられたのである。爾来、第一次世界大戦や第二次世界大戦の際の宣戦詔書にも「天佑」の語が用いられた。近代日本の国家形成は好運にも恵まれ、まさに

「天佑」と思われるような勢いを示したが、しかし所詮「天佑」はベルツが見抜いたように西洋からの「借り物」の表現であって、結局、漱石が暗示（?）したように、近代日本は次第に「天佑」が足りなくなり、そしてやがて「天佑」はどこかへ消え失せて、太平洋戦争では敗戦の憂き目を見たのである。吉田裕著『昭和天皇の終戦史』に

　原爆の投下やソ連の参戦は、米内海相が高木惣吉に語ったように、「或る意味では天佑であった」。

とあるのも[18]、「天佑」の盛衰をよく物語っている。そしてこれ以降、現在に至るまで、「天佑」の語を使用することは公的にも私的にも殆どなくなってしまったのである[19]。

(1) 江口圭一著『二つの大戦』（大系日本の歴史十四、一九八九年、小学館）八頁。圏点は島、以下同じ。
(2) 若干の語釈をしておこう。尹とはいうまでもなく、湯の相として夏の桀を征伐し、湯をして天下に王たらしめた殷の賢相である。文中の九有とは九州すなわち中国全土のこと、一徳とは純一の徳という意で君と臣下とが心を合わせて事に当たること、有商の有は助辞で商は殷のことである。なお正とは正朔つまり暦のことであって、古代中国では毎年天子が暦を諸侯に授けて政治を行なわせた。そこから、天子の正朔（暦）を使用することはその天子の統治権に服することを意味し、逆に正朔を革めるといえばその天子の統治を覆すことになる。
(3) 例えば「詔勅集」（『皇室文学大系』第四輯所収、昭和五十四年、名著普及会）参照。
(4) なおGottesganadentumについては、オットー・ブルンナー「神授王権から君主政原理へ―中世中期以降のヨーロッパ君主制のあゆみ」（石井他訳『ヨーロッパ―その歴史と精神―』一九七四年、岩波書店）参照。
(5) 外務省外交史料館所蔵『各国往復国書』による。以下の国書も出典は同じ。
(6) なおこのイタリア語国書のGraqiaはGraziaの誤りであり、Dioepesは恐らくDio e perの誤りであろう。かかる過ちを犯すのであるから、当時の外務省にはイタリア語に堪能な人物が少なかったのであろう。
(7) 『法令全書』による。
(8) 但し英語原文は『各国往復国書』には載せられていない。

（9）家永・松永・江村編『明治前期の憲法構想（増訂版第二版）』（一九八七年、福村出版）による。

（10）『近代日本法制史料集』第六、四三頁。

（11）梧陰文庫A五三、五四。なお『秘書類纂憲法資料』中巻、四〇五頁以下。日本立法資料全集一七『明治皇室典範』下巻、資料九六。

（12）英文は COMMENTARIES ON THE CONSTITUTION OF THE EMPIRE OF JAPAN（昭和六年第三版、中央大学刊）による。

（13）前掲『明治前期の憲法構想（増訂版第二版）』。

（14）『ベルツの日記』の明治三十七年四月二十四日条（岩波文庫、下巻、六六頁）。

（15）同右下巻、一〇六頁。

（16）新潮文庫、三五頁。

（17）明治三十九年九月、第四十九号から『信仰之友』と改めている。

（18）岩波新書、二六頁以下。

（19）本書校正時に、松村謙三『三代回顧録』（昭和三十九年九月、東洋経済新報社）二三九頁に「進駐軍の先発として米軍の飛行機が二十三日に厚木飛行場に着陸することは、河辺四郎中将（砺波市出身）が、フィリピンに行って取りきめた協定事項だ。その協定によって、もし米軍の飛行機が予定どおりやってきていたら、はたしてどんな状態となったか。（中略）連合軍の第一次進駐部隊が、一滴の流血をも見ずに到着したのは二十八日、マッカーサー元帥が厚木飛行場に足を印したのは三十日。もうそこには、一週間前までの不安と混乱とは消えていたのだ。八月二十三日南洋方面に突発した台風こそ、敗戦日本の立ち直りに天佑をもたらした〝神風〟だと思う」という記述があることを知った。本文中に組み入れる暇がないので、ここに附記しておく。

第六章　「万世一系の天皇」について

一　はじめに

本書第四章で筆者は、帝国憲法第一条「大日本帝国ハ万世一系ノ天皇之ヲ統治ス」がどのような意図で、またどのような経緯で立法されたのかについて若干の考察を加えた。その際に、右条文の「万世一系ノ天皇」という言葉が一体いつ頃から使用されるようになったのかが気になって、あれこれと調べてみたけれども、これを専ら研究した論著はまだないように思われる。

たまたま井ケ田良治氏の「皇統連綿・万世一系ということ」なる表題の文章[1]の存在を知り、何か書いてあるかと早速閲読してみたが、これは両統迭立と南北朝の事例を引用して皇統が「二系」であったことを述べ、「万世一系」性を批判することを目的としており、いつから「万世一系の天皇」なる語が使用されるようになったのかについては何の詮索もされてない。また宮地正人氏の『天皇制の政治史的研究』[2]も、「万世一系の天皇制の非歴史性」を明らかにしようと標榜してはいるものの、当の「万世一系の天皇」の語の由来については、井ケ田氏同様、言及していない。

一方、津田左右吉氏の「万世一系の皇室といふ観念の生じまた発達した歴史的事情」という古典的論文[3]は、右両者と違って、「万世一系」性の古いことを強調する目的で書かれたものであるが、これにも「万世一系」の語そのものの由来については触れてない。一方は「万世一系」が非歴史的だといい、他方はそれが古くからあるといい、両者とも「万世一系」を論じているにも関わらず、そもそも「万世一系」ということがいつから言われるようになったのかについては何も触れてないのである。

天皇に関する文献は最近おびただしく公刊されているにもかかわらず、しかも「万世一系の天皇」という言葉を用いていながら、それがいつから使われるようになったのか、まだ究明されていないとは何と不思議なことか。そこで私は、自分の力量が不十分なことは承知の上で、ここに「万世一系の天皇」の由来について考察を加えてみることにした。

二　万世一姓

明治十九（一八八六）年末、帝国憲法の起草を内閣総理大臣伊藤博文から委嘱された宮内省図書頭井上毅は、御雇外国人ヘルマン・ロエスレルに西洋法学的観点からの助言を仰ぐとともに、他方、東京大学古典講習課を卒業した小中村義象を膝下において、日本の古典籍の調査に従事させていたが、ここで問題にしている「万世一系」についても、井上は調査を命じた。はっきりとした年代は比定できないが、多分明治二十年中と思われる次の史料が國學院大学図書館所蔵梧陰文庫B三六に存在する。

拝啓仕候

万世一系之事、其後彼是穿鑿仕候へとも、古書ニハ一向に見え不申候、昨日水戸学者に問合を申候処、水戸ニても一系と云ふ字ハ不用との事ニ候、藤田東湖翁か弘道館述義を記さるゝ時万世一姓ノ天皇とかゝれたるを、門人の石河幹次郎と申す人か日本天皇に姓ある事何の書に有之候やと太く詰問したるを、東湖翁、飼犬に手を喫はれたりとて大に閉口せられしと申ス事、今に学者間の談柄となり候の由、其後系と改められし事ハなかりきとの事ニ候以上ハ内藤耻叟の話されは一系と云ふ事ハ近頃なる事明瞭ニ候、試に佩文韻府を見候ニ一系と申ス熟語ハ無聞候、併し彼土にてハ必用なき故と被存候へハ、御国ニテハ更にさし支ハ無之事と被存候へとも、かの天佑ヲ保有シ万世一系ノ帝祚云々の如きハ、書紀に拠りて天壌無窮ノ宝祚ヲ践ミタルとか、万世無窮ノ宝祚ヲ践ミタルとか有り度事と愚考仕候、但し系の字ハ統の意味ありて、之を除き候てハ如何敷事も可有歟とも被考候、兎角御参考の一つにもとて、如此に御坐候、再拝

小中村義象謹白

小中村は、「一系」の語が古書にも漢籍にも見えず、使用されるようになったのは比較的新しいことであるというので、この語の使用を止めて、『日本書紀』によって「天壌無窮ノ宝祚」とか「万世無窮ノ宝祚」とかの語を用いたらどうかと進言した。

右文中の石河幹次郎は、吉川弘文館の『明治維新人名辞典』に「石河幹二朗」とある人物であろう。同書には

杉山復堂、会沢正志斎らに学び、天保十二年別家取立られ弘道館勤となり、同十四年に訓導、安政四年助教に進んだ。同五年十一月幕府勅書返納を迫るに際し、弘道館総裁会沢正志斎らと共に朝廷へ返納すべきを上書した。元治元年五月波山勢の太平山に拠るや、諸生党の参謀格として画策するところがあった。同年八月南部奉行となる。慶応二年十一月反対党のために禁固に処せられ、明治三年没した。年五十。

とあり、『弘道館記述義評言』なる書物がある由であるが、未だ見る機会を得ていない。

さて、石川幹次郎の批判した通り、確かに天皇に姓氏はない。かえってそのことが皇統の連綿性を示すものだとはしばしば指摘されるところである。たとえば、坂本太郎氏は「日本歴史の特性」(4)の中で古代王朝交替説を批判して

王朝が変われば、氏を名のることが当然だと思います。前の王朝の氏は何某、新しい王朝の氏は何某というように氏を名のると思うのですが、ご承知のように、天皇には氏がないわけです。これも王朝が変わったという仮説の反証になるものと思うのであります。

と述べておられ、また、『広文庫』の姓氏の項目でも「天皇に姓氏なし」の一項目を立て、『日本正語考』の以下のような文章を載せている。

大明一統志巻八十九に、吾が国の事を記す所に、日本の王統を世々にし、百官官を世々にす、王は王を以て姓とすと書けり、是れ亦異国遠境の人、吾が国の天子を知らず、みだりに姓を以てするは誠に笑ふべし、君は天の子にして尊く、万世不易の統道なれば、天子に姓あるものにあらず、姓は臣下の象なり、いかんぞ真天子に、姓を以てする事あらんや、異国西蕃のごときこそ、姓なくんば有るべからず、伏義より今の韃靼王にいたるまで、二十八主を易へたり、然れば姓なくば有るべからず、日本姓の事は姓氏録に委しければ、今爰に略しぬ、すべて日本の人、唐の書計になづみて、日本の国史にうとくして、其の身日本の人とは謂ふべからず

右の『日本正語考』そのものはまだ読んだことはないが、天明二年に京都の寺町三条上ル町の菊屋安兵衛が版行した『本朝要枢』巻四「雑考」にもほぼ同文が載せられているので、両者は同一のものと見てよかろう。そうとすれば、その著者は江州湖南平野社司の和田市正定胤である。

ところで、藤田東湖が皇統を「一姓」と認識し、『大明一統志』が日本の王は「王を以て姓とす」と書き、皇統の連続性を「姓」の観点で捉へてゐることは注目しなければならない。藤田東湖が何を根拠にして「万世一姓」と言ったのか不明であるが、『大明一統志』の記述が『宋史』に基づいていることは疑いない。

そもそも中国人が日本国王を「一姓伝継」であると認識したのは、宋の第二代皇帝の太宗からである。『宋史日本伝』によれば、雍熙元年（我が円融天皇の永観二年、九八四年）に入宋した東大寺僧奝然は、「職員令」と「王年代紀」各一巻を献じて

国王は王を以て姓と為し、伝襲して今王に至るまで六十四世、文武の僚吏は皆世々にす

と言ったという。『宋史日本伝』は、奝然が献じた「年代紀」によって、天御中主以下の神々、神武天皇から円融天皇までの歴代天皇、五畿七道の国名を列挙した後で、

太宗、奝然を召見し、之を存撫すること甚だ厚く、紫衣を賜ひ、太平興国寺に館せしむ、上、其の国王は一姓継を伝へ、臣下も皆官を世々にするを聞き、因て歎息して宰相に謂て曰く、此れ島夷のみ、乃ち世祚遐久にして、其の臣も亦継襲して絶えず、此れ蓋し古の道なり、中国は唐季の乱より宇県分裂し、梁周の五代、歴を享くること尤も促く、大臣の世冑、能く嗣続すること鮮なし、朕、徳は往聖に慙ずと雖も、常に夙夜寅しみ畏

れ、治本を講求し、敢て暇逸せず、無窮の業を建て、可久の範を垂れ、亦以て子孫の計を為し、大臣の後をして世々禄位を襲はしむるは、此れ朕の心なりと（原漢文）

と記している。周知のように中国は易姓革命の国であって、悪政を行なった王朝に対しては天命が改まり、別姓の王朝が取って代わる。唐は李氏、後梁は朱氏、後唐は李氏、後晋は石氏、後漢は劉氏、後周は郭氏、そして宋は趙氏というように。このような国柄の皇帝からみれば、開闢以来同一の「姓」の王朝が継続しているという日本は驚異的な存在であり、羨ましきことこの上もなかったであろう。太宗が「歎息」したというのも宜なる哉である。その後の中国人も、この『宋史』の記事には余程感銘したと見えて、『仏祖統記』、『淵鑑類函』、『元史類編』、そして『大明一統志』などはこれを引用、日本を「国王一姓伝継」の国として認識したのである。

わが国でも、瑞渓周鳳の『善隣国宝記』が『宋史』の当該箇所に依拠して「国王一姓、相伝六十四世」と書き、北畠親房が『神皇正統記』の中で皇統を「一種姓」と表現している。(5) 『実隆公記』の明応五（一四九六）年十二月八日の条に

抑了庵和尚以僧送書状、故安禅寺芳苑春大姉影像賛語事草之、就其日本天子者悉一姓同宗歟、他姓若昇天子之事在之哉否、不審之条被尋之、吾国不交他姓之由答之了

という記事があって、了庵和尚が「其れ日本天子は悉く一姓同宗歟、他姓若し天子に昇るの事これ在るや否や」と問うているが、これ恐らく『善隣国宝記』などを読んでの質問であろう。これに対して実隆は「吾が国は他姓を交えず」と答えた。

実隆が答えたように「他姓を交えない」同一の家系が皇統を継承してきたことは間違いないから、「国王一姓伝継」なる表現は、わが皇統の連綿性を説明する場合、特に易姓革命の国たる中国の人に説明する場合には、極めて説得的である。国威発揚という観点からみれば、奝然は大活躍をしたことになり、虎関師錬の『元亨釈書』巻十九遊も「太宗詔問我皇系暦祚、然答詞詳備、君臣称嘆賜紫衣」とこれを取り上げ、さらに文政九（一八二五）年に版行された岩垣東園（松苗）の『国史略』でも円融天皇の条で

太宗引見問我世紀、奝然対以皇統一系、万世不革、宰輔以下諸臣、亦皆世家等事

と叙述している。藤田東湖は多分これら奝然に関する記事を念頭に於いて、当初「万世一姓」と書いたのであろう。

三　万世一系の由来

右に見たように、我が先人達は、皇統の連綿を「姓」の観点から捉え、これを「一姓」と表現した。けれども、やはり「一姓」は不適当な表現であるから、『国史略』は「皇統一系、万世不革」と表現し直したのであろう。この「一系」とは「一姓」に代わる表現であるから、恐らく「同一の家系」「同一の血筋」というような意味合いで使用されているのであろう。『国史略』は、その「凡例」に

歴正天皇、正統一系、亘万世而不革

と書き、また「高野天皇」の条に

神勅云、我邦開闢以来、皇家一系統、道鏡何者、敢覬覦神器

とも書いている。明治二年一月二十三日の版籍奉還の上表文中の

天祖肇テ国ヲ開キ基ヲ建玉ヒシヨリ、皇統一系万世無窮普天率土其有ニ非サルハナク其臣ニ非サルハナシ

云々なる表現も、これを踏襲したものかもしれない。

さてここまで来れば、もはや「万世一系」なる熟語が編み出されるのは時間の問題であって、慶応三年十月の岩倉具視の「王政復古議」に

皇家ハ連綿トシテ万世一系礼学征伐朝廷ヨリ出テ候

とあるのが管見の初めである。(6) その後、岩倉が明治二年一月二十五日に提出した意見書にも使用されているから、(7) 岩倉辺りが最初に使い始めたのではなかろうか。そして公式には明治四年頃から外交文書において「万世一系」なる成語が使用されるようになる。即ち明治四年十一月四日の国書の冒頭部分に

大日本国天皇睦仁敬テ威望隆盛友誼親密ナル　英吉利　伊太利　荷蘭　魯西亜　瑞典　独逸　澳地利　白耳義

葡萄牙　西班牙　丁抹　布哇　皇帝陛下　米利堅合衆国　仏蘭西　瑞西聯邦　大統領ニ白ス、朕天佑ヲ保有シ万世一系ナル皇祚ヲ践ミシヨリ以来、未タ和親ノ各国ニ聘問ノ礼ヲ修メサルヲ以テ、茲ニ朕カ信任貴重ノ大臣右大臣正二位岩倉具視ヲ特命全権大使トシ、参議従三位木戸孝允大蔵卿従三位大久保利通工部大輔従四位伊藤博文外務少輔従四位山口尚芳ヲ特命全権副使トシ、共ニ全権ヲ委任シ貴国及ヒ各国ニ派出シ、聘問ノ礼ヲ修メ、益親好ノ情誼ヲ厚クセント欲ス

とあり、翌五年四月十八日にアメリカ合衆国大統領に宛てた国書の冒頭にも

天佑ヲ保有シ万世一系ノ皇祚ヲ承ル大日本国天皇睦仁敬テ　米利幹合衆国大統領閣下ニ白ス

とある。前者は岩倉具視以下の使節団が米欧視察に行くに際して作成された「国書」であって、イギリスに対しては

Mutsu-Hito, by divine appointment, Emperor of Japan, placed upon the Imperial throne occupied by a dynasty unchanged from time immemorial.

To Her Majesty Victoria, Queen of the United Kingdom of Great Britain and Ireland, &c. &c. &c.

云々と冒頭部分が翻訳され、アメリカに対しては

Mutsu-Hito,
The Emperor of Japan &c. &c. &c.
to the President of the United States of America, Our Good Brother and Faithful Friend, Greeting!
Mr President
Whereas, since Our accession by the blessing of Heaven, to the saved throne on which Our Ancestors reigned from time immemorial, ……

云々と訳されている。[8] 後者は少弁務使森有礼を中弁務使に昇格して奉職せしむることを知らせた勅書である。これ以降、外交文書には「万世一系」の語が頻繁に使用されるようになった。藤井貞文氏も指摘しているように[9]、同年五月十四日、条約改正に関して締盟各国に贈った国書に「天ノ命ニ則リ万世一系ノ帝祚ヲ践ミタル日本国天皇御名」、五月十四日遣外使節岩倉具視に対する委任状に「天ノ命ニ則リ万世一系ノ帝祚ヲ践ミタル日本国天皇、此詔書ヲ見ル人人ニ宣示ス」、九月十四日琉球藩王冊立の詔に「朕上天ノ景命ニ膺リ万世一系ノ帝祚ヲ紹キ、奄ニ四海ヲ有チ八荒ニ君臨ス」、明治六年一月五日伊国駐在惣領事中山譲治の委任状に「天佑ヲ保有シ、万世一系ノ帝祚ヲ践ミタル日本国天皇御名、ヨク此書ヲ見ル有衆ニ宣示ス」、一月二十三日清国駐在領事品川忠道の委任状に「天佑ヲ保有シ、万世一系ノ帝祚ヲ践ミタル日本国皇帝、此書ヲ見ル有衆ニ宣示ス」、明治八年十一月十日露国との千島と樺太両島の交換条約証認批准の詔書に「天佑ヲ保有シ、万世一系ノ帝祚ヲ践ミタル大日本国皇帝、此書ヲ見ル者ニ宣示ス」などとあるごとくである。

故に、明治九年十月の元老院国憲按第一条で

日本帝国ハ万世一系ノ皇統ヲ以テ之ヲ治ム

と表現したのも、このような外交文書の書式を踏襲したものであろう。

爾来、「万世一系」は皇統を修飾する慣用句となり、明治十三年に元田永孚が起草した「国憲大綱」にも「大日本国ハ天孫一系ノ皇統万世ニ君臨ス」とか「日本国ノ人民ハ万世一系ノ天皇ヲ敬戴ス」とか使用され、明治十四年九月に山田顕義が起草した『憲法草案』の冒頭にも「天ノ保佑ヲ以テ万世一系ノ帝祚ヲ践メル大日本国天皇」とあり、明治十五年の西周の『憲法草案』第三篇第五章立法権にも「天佑ニ頼リ万世一系ノ宝祚ヲ践メル」云々とあり、井上毅もまた明治十五年頃に起草した「憲法試草」の前文に

天ノ明命ヲ受ケ万世一系ノ帝位ヲ践ミ朕明治　年　月　日ヲ以テ憲法ヲ裁定シ云々

と書き、同第二十二条にも

日本国ハ万世一系ノ皇統ヲ以テ之ヲ治ム

と書いたのであった。

四　「一系」の意味

さて、改めて指摘するまでもなく、「万世一系」は、「他姓を交えない同一の家系」「同一の血筋」が皇統を連綿と継承してきたことを表現する熟語であって、前に掲げた国書の a dynasty unchanged from time immemorial とか the saved throne on which Our Ancestors reigned from time immemorial という英訳を見てもそのことはわかる。天照大神の「葦原の千五百秋の瑞穂国は是れ吾が子孫の王たるべき地なり、宜しく爾皇孫就いて治せ、行矣、宝祚の隆えまさんこと、まさに天壌と窮無かるべし」という神勅、和気清麻呂に対する「我が国開闢より以来君臣定まりぬ、臣を以て君となすことは未だこれあらず、天つ日嗣は必ず皇緒を立てよ」という託宣の系譜に連なるものである。

憲法及び皇室典範の起草に当たった井上毅もこのことをよく認識しており、明治二十年五月二十三日に伊藤博文に提出した皇室典範説明草案(10)の第一条では、天照大神の神勅と和気清麻呂の還奏の言を引用し、さらに

女系継承ノ法ハ王家姓ヲ易フルヲ忌マザル者ナリ、独乙ノ学士「ブロンチュリ」氏英人「ブラクストン」氏ノ言ヲ引キ英国ノ相続法ヲ論シテ曰、此法ヲ用ルノ国ハ屢々王室ヲ変代スト、又其証例ヲ挙ケテ曰、英国ハ二百年ノ間王室姓ヲ易フルコト四次ナリ、第一「オラニーン」氏、第二「ブラウンスウイヒ」氏、第三「ハノーウユル」氏ニシテ、第四ニ又「コーブルク」氏ニ移ラントストス 「コーブルク」氏ハ今ノ女王ノ太子ノ父即皇夫ノ姓ナリ

と述べている。この一文は、わが国で女系継承を認めない理由を説明するために書かれたものであるが、これを反

対解釈すれば、わが国では王家即ち皇室が「姓」を変えることを忌むから女系継承を認めないということになる。

ところで井上は、右にも引用されているブルンチュリの『国法汎論』からは多くのことを学んだ。当初、皇位継承は天皇の意思に委ねるべきものと考えていた井上が、予め明確な皇位継承法を規定しておかなくてはならないと考え直すようになったのも、ブルンチュリの書物によって示唆を受けたからであった。すなわち『国法汎論』巻六中の「世襲法」と題する箇所には

［第一］世襲法ハ、国法上ニ於テ必ス預定スルコト緊要ナリ、然ル所以ハ、此事殊ニ、国家ノ安危ニ関スル甚タ大イナレハナリ、（中古ハ国法上ニ於テ、預メ世襲法ヲ確定スルコト無カリシカ故ニ、王族等動モスレハ、此事ヨリ争論ヲ開キタリ）〇是故ニ世襲法ハ、必ス憲法ヲ以テ確定スヘシ、決シテ君主ノ意ヲ以テ之ヲ変改セシム可ラス、是レ即通則ナリ（中略）

［第二］是故ニ嗣君位ヲ継クノ権利ハ、先君没シテ然後ニ始メテ得ル者ニアラス、必ス預メ確定スル所ノ者ニシテ、実ニ至重ノ権利ナルカ故ニ、厳ニ国法ヲ以テ保護スヘシ、君主ノ権ト雖トモ、決シテ与奪ヲ恣ニスル能ハサルナリ（中略）

［第三］継位法ハ、方今必ス国憲（スターツヘルハッスング）ニ載セテ、確定スル所ニシテ、国憲諸条中ニ於テ、重大ナル者ノ一ナリ

継位ノ事ハ右ノ如ク至重至大ナルヲ以テ、君主ト雖トモ私意ヲ以テ軽軽シク動ス能ハサル者ナリ、是故ニ君主遺言、或ハ婚媾条約（エーヘルタラグ、［按］婚媾ノ時ニ方リテ、将来ノ事ニ就テ互ヒニ結フ所ノ条約ナリ）、又ハ王室ノ一家憲法（ハウスゲセッツ）等ニ依テ、国憲ヲ犯シテ継位法ヲ変更スルコトハ、万々得可ラサル者ト為ス

とか、

国家ハ専ラ一致和同ヲ要ス、故ニ決シテ其版図ヲ分割スルヲ許サス、故ニ又数人同時ニ王位ヲ継クヲ許サス

とかの記述がある。(11) 井上は主としてこれによって、国土の分割を来さないためには、皇位が複数に分かれるようなことがあってはならない、先帝の遺跡は唯一人が継承すべきであると考えるようになり、皇室典範説明案に新たに

祖宗ノ皇統トハ一系ノ正統ヲ承クル皇胤ヲ謂フ、即チ正統ノ皇嗣ヲ謂フ、而シテ和気清麻呂ノ所謂皇緒ナル者ト其ノ解義ヲ同クスル者ナリ、皇統ニシテ皇位ヲ継クハ必一系ニ限ル、而シテ二三ニ分割スヘカラザル者ナリ、故ニ後深草天皇以来数世ノ間、両統互ニ代リ及南北二朝アリシハ皇家ノ変局ニシテ、祖宗典憲ノ存スル所ニ非サルナリ、之ヲ欧州ニ参照スルニ、彼ノ独逸諸国ノ家法ハ中古以前公法ヲ以テ私法ト相混シ、君位ノ継承ヲ以テ財産ノ相続ニ同視シ、一君ニシテ二三子アレハ其ノ国土ヲ二三ニ分裂シテ、以テ禍乱ノ原因ヲ為シタルハ史乗ニ屢々見ル所ナリ、輓近ニ至リ君位ノ公法ニ属スヘクシテ私法ニ属スヘカラサルコトヲ発見シ、此ヲ以テ国法上ノ一大進歩トシ、其憲法又ハ国約ニ於テ特ニ国土ノ分裂スヘカラサルコトヲ掲ケ、以テ分割継承ノ謬ヲ匡正スルノ方法ヲ取リタリ、墺国千七百年紀ノ初ニ於テ訂約セル有名ナル「フラグマチック、サンクチオン」ニ、帝国ニ属スル各邦土ハ総テ分割スルコトナク、帝室男統ノ長宗順序ニ依テ相続スヘキコトヲ定メタリ、我カ国ハ肇国ノ初ニ於テ統治ノ公義ニ従ヒ、領有ノ私道ニ依ラズ、皇位一統ノ大義ニ遵由スル者既ニ二千有余年、而シテ学理上ノ発見推論ヲ仮ラザル者ナリ

以上本条ノ意義ヲ約説スルニ、祖宗以来皇祚継承ノ大義炳焉トシテ日星ノ如ク、万世ニ亘リテ誣フヘカラザル

者、蓋左ノ三大則トス
第一　皇祚ヲ践ムハ皇胤ニ限ル
第二　皇祚ヲ践ムハ男系ニ限ル
第三　皇祚ハ一系ニシテ分裂スヘカラズ

という文章を書き加えたのである。[12]この文章の「皇統ニシテ皇位ヲ継クハ必一系ニ限ル、而シテ二三ニ分割スヘカラザル者ナリ」とか「皇祚ハ一系ニシテ分裂スヘカラズ」とかの箇所によれば、井上は「一系」という言葉に、従来からの「同一の家系」「同一の血筋」という意味以外に、さらに「皇位が複数に分裂しないで単一であること」というような意味合いを込めているように見受けられる。井上は憲法第一条の説明にも「我カ日本帝国ハ一系ノ皇統ト相依テ終始シ、古今永遠ニ亙リ、一アリテ二ナク、常アリテ変ナキコトヲ示シ、以テ君民ノ関係ヲ万世ニ昭カニス」と書いており、さらに明治二十二年一月上旬には、右皇室典範第一条説明に「天智天皇ノ言ニ曰、天無双日、国無二王ト」という一文を加えてもいる。

故に、本稿冒頭で紹介した井ケ田氏が

天皇が同時に二人いた南北朝とそれをもたらした両統迭立は変則だとするのであるから、その間は一系でなかったことになる。両統迭立というのは、後深草天皇系の持明院統とその弟の亀山天皇系の大覚寺統とが六代にわたって交互に皇位についたのであり、南北朝もその両統の対立であったから、天皇の地位は約百年にわたって二系だったことになる。（中略）約百年つづいた皇位継承の慣行を例外と見るか見ないかは立場によってかわるであろう。二系を例外と見て万世一系を原則と見るのは、一系を理想とする願望のなせる結果であろう。

つまり、明治の天皇制の安泰をねがう将来政策の目的的歴史解釈であろう。こうしてみると、君主制はあったが、かならずしも一系ではなかったことになる。

と述べているのも一理あるように思われる。なるほど、「皇位が複数に分裂しないで単一であること」が「一系」の要件であるとするならば、両統迭立と南北朝は「変則」で、「二系」であると言ってもいいかもしれない。けれども、「一系」の要件は「他姓を交えない同一の家系」「同一の血筋」であると解すれば、南北朝も同じ皇家内部での分裂であって―「変運」であることには相違ないが―「二系」とまで言う必要はないであろう。

これを要するに、井上毅は『国法汎論』などに依拠して、皇統が二三に分裂することを防ぐために説明文に加筆をしたが、そのために「一系」の意味がやや曖昧になり、かえって要らぬ中傷を招くことになったのである。

五　ペルゾンとイデー

明治五年四月十八日にアメリカ合衆国大統領に宛てた国書に「万世一系ノ皇祚ヲ承ル大日本国天皇睦仁」とあり、明治九年十月の元老院日本国憲法按第一条に「日本帝国ハ万世一系ノ皇統ヲ以テ之ヲ治ム」あったように、「万世一系」は本来「皇祚」ないしは「皇統」を修飾する語であった。「皇祚」とは「天皇の位」即ち皇位を言い、「皇統」とは「天皇の血統」の謂である。

ところが、明治十三年に元田永孚が起草した「国憲大綱」に「大日本国ハ天孫一系ノ皇統万世ニ君臨ス」とあるように、「皇統」が「君臨ス」の主語となり、単に血統というだけではなく、それを受け継いでいる人格をも表象しているようである。このことは、元田が同じ「国憲大綱」の中で「日本国ノ人民ハ万世一系ノ天皇ヲ敬戴ス」なる規定を設けていることからも推察される。すなわち、元田によれば、「皇統」と「天皇」とは同義ということになる。明治十五年十月に佐佐木高行が岩倉具視に宛てた建議にも「万世一系ノ天皇」なる表現が見えるから[13]、元田や佐佐木の間では比較的早くから「万世一系」を天皇の修飾語として使用していたことが知られる。このように、「万世一系」が皇祚や皇統だけでなく、直接に天皇も修飾するようになると、今度は逆に、天皇という語には、ペルゾンとしての天皇以外に別の意味も込められることになる。つまり、いわばイデーとしての天皇である。そこで思い起こすのは、『ベルツの日記』の「明治天皇をしのぶ」の左のごとき指摘である[14]。

こうして二十三年にわたる立憲統治の後、かれが世を去ったとき、天皇を神格化する見方が依然として強く国民の間に生きていたことを示すあらゆる言動を、その葬儀の際に見せつけられて、ヨーロッパは一驚した。ヨーロッパの君主が、その国家と国民に対して占める地位に比べて、恐らく日本の天皇の地位は、簡単に定義すれば、次のようにいえるかも知れない――即ち、天皇は、単なる人格を表すというよりも、むしろ、ある観念の人格化されたものを表すと。従って、日本の天皇は、ドイツの『ウィルヘルム』とか、イギリスの『エドワード』というよりも、むしろ『ゲルマニア』とか、『ブリタニア』というのに近い。

但し、一九一〇年（明治四十三年）にドイツ皇帝にしてプロイセン王たるウィルヘルム二世が五十二歳の誕生日を迎えたとき、ゲッティンゲン大学教授のコンラート・バイアーレが講演を行ない、

祖国の感情が高められた瞬間に、国家と君主とが一つに融合させられるというのは、ドイツの良き法でありま す。それによって君主は、昔からあがめられている祖宗の観念に帰一するのです。

と述べているところから見ると、ドイツにおいても、ベルツが指摘したようなことは皆無ではなかったらしい。(15)

（1）『法の科学』第一七号、一九八九年。
（2）校倉書房、一九八一年。
（3）「日本国家形成の過程と皇室の恒久性に関する思想の由来」の二（『日本上代史の研究』所収、岩波書店、昭和四十八年改版第二刷）四五〇頁以下。
（4）坂本太郎著作集第十巻『歴史教育と文化財』（吉川弘文館、平成元年）三五八頁。
（5）岩波文庫二四頁。
（6）『岩倉具視関係文書』第一、三〇一頁。
（7）『岩倉公実記』中巻。
（8）本書第四章参照。
（9）「欽定憲法第一条成立の沿革」（国学院大学紀要別巻『国体論纂』所収、昭和三十八年）。
（10）国立国会図書館憲政資料室所蔵文書。『憲政史編纂会収集文書目録』番号三〇。
（11）本書第四章参照。
（12）『憲政史編纂会収集文書目録』番号三一及び三二。
（13）『保古飛呂比』第十一（東京大学出版会、一九七九年）三六八頁。
（14）岩波文庫第二部下、昭和三十年、二〇四頁。
（15）Konrad Beyerle; Von der Gnade im Deutschen Recht. Göettingen, 1910

第七章　天皇号と皇帝号

一　はじめに

『隋書倭国伝』には

大業三年、其王多利思比狐、遣使朝貢。使者曰、聞、海西菩薩天子、重興仏法。故遣朝拝、兼沙門数十人、来学仏法。其国書曰、日出処天子、致書日没処天子。無恙云云、帝、覧之不悦。謂鴻臚卿曰、蛮夷書、有無礼者、勿復以聞。

という有名な史料が載せられている。中国人の伝統的な考えによれば、森羅万象の主宰者たる天帝の命を受けて地上を支配するものが天子であり、それは地上に唯一人、中華帝国（華夏）の天子のみであって、周囲の東夷・西戎・南蛮・北狄の支配者は、あたかも不動の北極星を中心に群星が運行する如く、中華帝国の天子と君臣関係を結んで服属すべきものであった。これが中華思想ないしは華夷思想と呼ばれるものであって、華夏と四夷との対等な外交などありえない。わが国もこの世界秩序内に組み込まれており、君主は倭国王と名乗っていた。その王が、自ら「天子」と称して国書をもたらし、対等外交を要求してきたのである。つまり倭国自身が華夏と自負しているのであるから、華夏は隋のみで、天子は自分一人しかありえないと確信していた煬帝にとっては、さぞかし不愉快きわまりないものであったに相違ない。

この後わが国はさらに天皇なる君主号を案出した。この天皇号の由来については、古くからいろいろ議論があり、何時どのような意図で用いられ始めたのか、なお定かではないけれども、津田左右吉氏が明らかにせられたように(1)、中国太古の伝説的帝王たる天皇氏や道教でいう天皇即ち扶桑大帝東王公、或いは緯書に北極星の別称として記載する天皇大帝などを意識して用いられた語であることは間違いなかろう。日本で天皇なる君主号を採用したと知った中国人がどのような反応を示したのか、残念ながら史料がないので不明であるが、恐らく天子号の場合と同様に、すんなりとは受け入れなかったと思われる。というのも、後述するように、明治になって日本が清国と条約を締結しようとした際に、清国側は、天皇は古来中国人にとっては神聖なものであって、外国君主の称号として認めることはできないと、難色を示したことがあるからである。

さて、わが国は大宝養老の儀制令で

天子、祭祀所称
天皇、詔書所称
皇帝、華夷所称
陛下、上表所称
太上天皇、譲位帝所称
乗輿、服御所称

車駕、行幸所称

と各種の尊号を規定した。これらは文書に使用されるべき尊号を規定したものであるが、当初よりこの規定通りに行なわれたのではなく、これら以外にも「スメラミコト」とか「スメミマノミコト」とか唱えた。後世には「至尊」とか「ミカド」なる呼び方も加わり実に様々な尊号があったのであり、『古事類苑』帝王部や日本学士院編纂『帝室制度史』第六巻には多くの用例を掲げてある。

ところで、政権が武門に移って以降、外交の事も武家が担当するようになり、足利義満が「日本国王」と称して明国に国書を出したことは有名である。徳川氏また朝鮮に対して「日本国王」と自称したことがあったが、「大君」なる称号をも編み出し、八代将軍吉宗以降は専らこの「大君」号を用いて諸外国と交際した。然るに徳川氏の実力が乏しくなり、代わって京都の朝廷の存在がクローズアップされるに及んで、再び天皇が外交文書の署名当事者として登場してきた。アーネスト・サトウの『一外交官の見た明治維新』上巻には[2]

一八六六年秋に横浜の領事館から公使館へ転じて来てから、私が新しい長官（訳注ハリー・パークス公使）のお役に立つことができた最初の仕事の一つは、条約文の用語に関するものだった。英文では、大君《タイクーン》の場合は〝His Majesty〟（陛下）の敬称が用いられて、わがイギリスの女王と同格におかれていた。しかし、日本語の訳文では、これは「ハイネス」と同意義の「殿下」となっているので、大君《タイクーン》とイギリスの女王を同格とすれば、イギリスの君主は天皇《ミカド》よりも下位に立つことになるわけだ。のみならず、〝queen〟という言葉は、天皇《ミカド》の曾孫にあたる女性の称号と同じ「女王」という言葉に訳されていた。そこで私は、日本語の新しい訳語をつくることを提案した。そして、その案では、〝Majesty〟にそれ相当のふさわしい日本語の同義語をあて、

〝Queen〟の方はコーテイ（皇帝）という訳語を用いるというのであった。皇帝という語は、すべてのシナ・英語辞典には普通〝Emperor〟と訳されており、実際上「至上の君主」を意味し、男女の両性にあてはまるのである。こうした新しい訳語をつくる仕事が私の手にゆだねられた。私は自分の教師の助けをかりて一か月ばかりでどうやら正確な訳語をつくり上げ、それが採用されて、公式に用いられるようになった。そして、それは、天皇《ミカド》を日本の君主と認め、大君《タイクーン》をその代行者《リューテナント》と認めるという新しい政策の基調となったのである。また、私は書物を読むことによって、大君《タイクーン》という言葉は本来天皇《ミカド》と同義語であることも知ったので、日本政府とわが方との間の通信文には「大君《タイクーン》」という語の使用をやめてしまった。もっとも、混乱をきたさないようにするため、外務省との通信文書においてはそのままにしておいたが、最も重要な成果は、天皇《ミカド》が条約締結の権能を有するという政治理論を、従来よりも一段とはっきりさせたことであった。条約が天皇《ミカド》の承認を得られなかった間は、われわれは公認された地位を有しなかったのであるが、天皇《ミカド》の条約批准を得てからは、諸大名の反対には何らの論拠もなくなったのである。

と、その間の事情が記されている。

徳川幕府が安政年間に諸外国と結んだ条約文において、わが国の外交当事者を日本語では「大君」と表現したが、外国語では区々であった。すなわち安政元年締結の日米和親条約では The August Sovereign of Japan、同年調印の日英約定では His Highness of Japan、日魯通商条約では Zyne Majesteit de Groote Heerscher van geheel Japan、翌安政二年調印の日蘭条約では De Keizer van Groot Japan（Dai Nippon）又は De Keizer van Japan という具合であって、諸外国とも「大君」をどのように外国語に翻訳するか悩んだようである。アーネスト・サトーが述べているように、日本には「大君」よりも地位の高い天皇が存在するから、「大君」を The August Sovereign, His Highness, Zyne Majesteit de Groote Heerscher, De Keizer などと表現するのは、不適当である。そこで安政五年以降は、「大君」をそのまま Tycoon ないしは Tai-koon と表記するようにしたのである。(3)

慶応四年正月七日に徳川慶喜追討令を出した新政府は、正月十五日、兵庫に於いて仏英伊孛荷米六国公使に、五月二十九日には箱館に於いて魯国領事に次のような文書を示した。(4)

日本国天皇、告各国帝王及其臣人、嚮者将軍徳川慶喜、請帰政権、制允之、内外政事親裁之、乃曰、従前条約用大君名称、自今而後、当換以　天皇称、而各国交接之職、専命有司等、各国公使諒知斯旨

慶応四年戊辰正月十日　御名印

これによって外交文書には「天皇」の称号が使用されるようになり、諸外国もこれに応じた。(5) たとえば慶応元年三月二十八日「全権公使ルゼンホルドアルコック解任并パルリー、パークス后任トスル旨」の国書に

Victoria, by the grace of God, Queen of the United Kingdom of Great Britain and Ireland, Defender of the Faith &c. &c. &c.

To the Most High, Mighty and glorious Prince, His Imperial and Royal Majesty the Tycoon of Japan, ours good Brother and Cousin, Greeting!

（神恵ヲ受テ大不列顚及阿爾蘭連合王国ノ女王教法ノ保護者等々タルヒクトリア」我等ノ善キ兄弟及従兄弟ニシテ且最高威賢明ナル君主タル日本大君帝王マイエステヘ謹呈ス）

とあったように、従前はTycoon（大君）が国書の名義人であったのが、これ以降、たとえば慶応四年閏四月朔日の「英国特派全権公使ハルリー、パークス大坂東本願寺掛所へ参上捧呈」の国書に

Victoria, by the grace of God, Queen of the United Kingdom of Great Britain and Ireland, Defender of the Faith &c. &c. &c.

To the Most High Mighty and Glorious Prince, His Imperial and Royal Majesty the Mikado of Japan, ours good Brother and Cousin, Greeting!

（大貌列顛兼意倫之女王ウヰクトリヤ茲ニ上帝ノ恵ニ依テ兄弟ニ同シキ大聖日本天皇ヲ祝シテ……）

云々とあるように、(6) Mikado（天皇）がTycoon（大君）に取って代わった。なお、イギリスから日本への国書には「ミカド」Mikadoが使用されたが、明治元年十一月調印の瑞典国との条約にZiyne Majesteit de Tenno van Japanとあり、西班牙との条約にはSa Majeste l'Empereur（Tenno）du Japonとあり、明治二年二月の独逸北部聯邦との修好通商条約にはSeine Majetaet der Tenno von Japanとあるごとく、「テンノー」Tennoが使用されており、「天皇」は「ミカド」とも「テンノー」とも呼ばれていたことが知られるが、いずれにしろ、明治になって外交文書には概ね「天皇」が使用されるようになったのである。(7)

ところが、いろいろ史料を見ていると、明治六年頃から天皇号と皇帝号が混用されるようになり、その後、明治二十二年に憲法や皇室典範が制定されるが、この時は伊藤博文の裁定で君主号は再び「天皇」に統一すると決まって、憲法及び皇室典範には天皇号しか使用されていない。それにも拘わらず、明治二十七年八月一日の日清戦争の宣戦詔書には「天佑ヲ保全シ万世一系ノ皇祚ヲ践メル大日本帝国皇帝ハ忠実勇武ナル汝有衆ニ示ス。朕茲ニ清国ニ

対シテ戦ヲ宣ス」云々とあり、また明治三十七年二月十日の日露戦争の宣戦詔書には「天佑ヲ保有シ万世一系ノ皇祚ヲ践メル大日本国皇帝ハ忠実勇武ナル汝有衆ニ示ス。朕茲ニ露国ニ対シテ戦ヲ宣ス」云々とあり、そして大正三年八月二十三日のドイツに対する開戦の詔勅には「天佑ヲ保有シ万世一系ノ皇祚ヲ践メル大日本帝国皇帝ハ忠実勇武ナル汝有衆ニ示ス。朕茲ニ独逸国ニ対シテ戦ヲ宣ス」云々とあるように、「皇帝」号が使用されている。けれども昭和十六年十二月八日の大東亜戦争宣戦の詔勅は「天佑ヲ保有シ万世一系ノ皇祚ヲ践メル大日本帝国天皇ハ、昭ニ忠誠勇武ナル汝有衆ニ示ス。朕茲ニ米国及英国ニ対シテ戦ヲ宣ス」云々なる文章で始まっているように、今度は「天皇」が用いられているのである。

これは一体どうしたことか、どのような理由でこのように天皇号と皇帝号が使い分けられているのだろうか。これ本稿執筆の動機であるが、手元の研究書などを繙いても、この問題を論じたものは見あたらない。たぶん天皇皇帝尊号の区別がそれほど大きな政治問題となったことはないので、研究者の注意を惹くことも少なく、そのためこれを正面から考察した論文が発表されるということもなかったのであろう。そこで私は、恐らく外務省外交史料館には何か関連史料が保存されているに相違ないと見当をつけ、同史料館の新見幸彦氏に問い合わせたところ、案の定、同史料館には『本邦国号及元首称呼関係一件』と題する二冊からなる史料が存在していた。そこで早速同史料館に出向いたところ、新見氏から、更に吉村道男氏の「昭和初期における国号称呼問題―国体明徴運動との関連において―」なる論文[8]が存在することも教えていただいた。この論文は右史料に基づいて国号問題を論じたものであるが、併せて君主号の問題についても論及してあり、私の疑問を解決する上で大いに参考になった。但し、その題目にもあるとおり、これは昭和初期の国号称呼問題を中心に論じられたものであって、君主称呼問題は付随的にしか論じられていない。故に私は、右史料及び吉村論文に依拠しながら、なおいくつかの史料を補って、明治初期から昭和初期までの天皇皇帝尊号区別の問題を考察してみることにした次第である。

二　諸外国との間の尊号問題

慶応四（一八六六）年正月十五日に明治政府が、爾後の外交文書には「天皇」を使用すると宣言して以降、同年三月十七日に二品親王が英国公使に宛てた書翰や、同年五月二日に肥前侍従が英・仏・米・蘭・孛・伊の各公使び宛てた書翰などで「皇帝」号が用いられたことはあったが、これら以外の条約・批准書・対外勅書では殆ど「天皇」Mikado, Tenno を使用、諸外国もこれに応じていた。

ところが、明治二年一月三十日、三条右大臣が孛・蘭・伊の「執政」に宛てた書翰中で各国の君主を「国王」殿下と表現したところ、各国公使は「皇帝」としなければだめだといってこれを受理しなかった。これが発端となって、わが国と諸外国との間で尊号使用をめぐる問題が生じた。同年二年十月二十七日、沢宣嘉外務卿が英・仏・孛の各公使宛に、「皇帝」なる称呼は支那の文字であって穏当でないから、各国で使用されている敬称をそのまま用いる方が至当である、故に各国君主号を各国語表記及び日本語の片仮名にて示されたき旨申し送ったところ、ベルギーのみは賛成したが、その他の各公使は不同意の回答をよこした。

他方、これとは別に、英国公使は明治二年一月十日の日独条約に「皇帝」の称呼が使用されているのを知って、従来の「女王陛下」なる称呼に不服を唱えた。また、明治三年三月十五日、英国水師提督参朝の節、勅語に

貴国帝王安全ニシテ公使モ亦壮健無恙職ニ在ル深ク喜悦スル所ナリ

と書き、英国「皇帝」としないで「帝王」なる称呼を使用したので、英国側は玉座前にて論駁を加え、よって沢外

務卿は謹慎させられるという事件があった。

このように外国君主称呼のことは相当煩わしい問題となっていたので、明治三年四月十二日、沢外務卿は、和蘭国王への返書における同国君主の称呼認め方について独公使と応接し、わが国は各国の原音に従い、片仮名にて示すことを提言したが、独公使は不同意の旨を述べた。これに対してわが国は、「皇帝」とするときは弱小国にも之を用いざるを得ないので不穏当である、また尊称は条約に従うべく、これと異なるものを用いるときは物議を醸す虞がある、従って各国と協議を要すると主張したが、独公使は、独立君主は一律同等の交際あるべきこと、又条約の内容に関せざるものであるならば一方的に変改して差し支えなきことを力説して、問題は解決しなかった。(9)

そこで外務省は、明治三年に太政官に、「帝王名義ノ事」について

右ハ各国トモ称シ居リ候皇帝々王国王等ノ称号判然不致ヨリ我国ニ対シ候テモ称号一ナラス、右等曖昧朦朧ニテハ実ニ朝家ノ栄辱ニモ関係候儀ニ付、於我朝ハ天皇《スメラミコト》ト称シ奉ル事百世不朽ノ国語ニ候旨ヲ示シ、譬ハ仏語ニテ帝ヲエンペロール、王号ヲロハト称シ英語ニテハ帝ヲインヘロル王ヲキンク抔其国々ノ尊称ヲ以往復イタシ候テ、各自美目ヲ得候姿ニテ名義分明致シ候様存候間宜御高評被下度候事

と伺い出た(10)がなお決議されなかったので、同年六月十七日、さらに次のように伺いを建てた。

過日伺上候外国人参朝手続之儀御決評之趣ニテ御書下ケ之段正ニ承知イタシ候、就テハ其節一緒ニ取束子相伺候帝王名義之事国書勅語振及参朝之節彼兵隊ヲ召連候儀ハ断然差止ムヘキ事共并ニ参殿之砌大広間及ヒ廊下等惣テ徹《ママ》却イタシ候義抔、縷々書取ヲ以伺候件々ハ、イマタ御決議相成ラス候ヤ、右御確正相成候上ハ参朝規則

ト一時ニ彼方ヘ及応接度存候間早々前件之儀御決極有之様イタシ度此段伺上候也

けれども、政府が結論を出せなかったためであろう、同年六月五日、三条右大臣と沢外務卿との間でこの問題について協議、沢外務卿は左の二段の対策をたてて各国公使との応接に臨んだようである。

第一案　我　天皇ハ主明楽美御徳《スメラミコト》ト書シ、各国君主ニハ其ノ国々ニテ称スル所ノ原語ニ従フコト。

第二案　右行ハレ難キトキハ「天皇」ハ我国ノミ称スベク、外国君主ニハ「皇帝」ヲ用フルコト、但シ「天皇」ハ我国ノミ称スルコトハ含ミオクベキコト、其ノ理由ハ彼モ亦「天皇」ト称スルトキハ我ニ於テ応ジ難ク紛糾起ルベキヲ以テナリ。

しかし右二案とも拒否された場合のことを考えて、外務省は更に左のような第三案をも用意していた。(11)

モシ又彼方ニモ一層御国ノ事情相弁ヘ来、和文御用御座候上ハ総テ御国ノ称呼ニ従度抔申張、彼我トモ天皇ト称度旨申出間敷トモ難申、其場合ニ至リ候テハ平行御交際ノ御趣旨御座候上ハ皇帝　天皇ノ字ヲ争執兼候様成行、終ニ不都合ニモ可相成歟、就テハ大宝令中……ト有之、華夷トハ漢土及諸外国ヲ称候名義ノ趣御座候間、天皇トハ御国内臨馭ノ上ニ奉称候義、外国ヱ被為対候テハ皇帝ト被為唱候本文ニモ有之候間、寧ロ彼我共皇帝ノ称呼ヲ用候事ニ致シ不適当トモ不被存間、前後ノ二案ニテ行届兼候上ハ結末ノ処ニテ談決候様可仕候、可然指揮有之度存候、此段相伺候也つまり、日本があくまでも天皇号使用を貫こうとすれば、諸外国が「平行御交際」という外交上の原則を持ち出して、諸外国の君主にも「天皇」と表記せよと要求する恐れがあるから、外交文書では彼我ともに「皇帝」を使用し、「天皇」は国内向けにのみ用いようというものである。そしてその論拠として前節に掲げた大宝儀制令の「皇帝華夷所称」なる規定を引いているのは興味深い。これ明治の為政者にとって律令が今なお生きており、律令が補充法の役割を果たしていた明証であるからである。明治史を研究する上にも律令の研究が必要な所以である。

ただ、右第三案で儀制令を解釈して「華夷トハ漢土及諸外国ヲ称候名義」「天皇トハ御国内臨馭ノ上ニ奉称候義」云々と言っている点には疑義が存する。右は華夷の「華」すなわち華夏を漢土、「夷」すなわち夷狄を諸外国と理解しているが、これはおかしい。何となれば、華夏とは文化の中心というほどの意であって、特定国を指す言葉ではないからである。なるほど漢民族にとっては華夏とは漢民族の国家を指すであろうが、日本が天子号や天皇号を君主号として採用した以上、日本で華夏といえば、それはこの日本以外にありえない。華夏なる語は儀制令のみならず賦役令辺遠国条にも見え、そこには

　凡辺遠国、有二夷人雑類一之所、応レ輸二調役一者、随レ事斟量、不三必同二之華夏一。

とあって、「華夏」を義解では「謂、中国也」と言っている。この中国も決して漢土を指すのではなく、わが日本国を意味すること、『日本書紀』雄略天皇紀七年八月条「新羅不レ事二中国一」や『続日本紀』養老六年閏四月乙丑条「聖王立レ制、亦務実レ辺者、蓋以レ安二中国一也」に見える「中国」が日本を指すのと同断である。従って、儀制令の「皇帝華夷所称」というのは「皇帝の称号は文化の中心地にもそれ以外の地にも称する」というほどの意味であらねばならない。このように解釈して初めて、右第三案の「彼我共皇帝ノ称呼ヲ用候事ニ致シ不適当トモ不被

存」という結論も無理なく導き出せるのである。

それはそれとして、明治三年六月十八日、右三案を懐にして英・米・仏・独・蘭及び西公使と応接した沢外務卿は、かつて明治二年十月二十七日に英・仏・孛の各公使宛に申し送ったのと大略同じく、「皇帝」なる称呼は支那の文字を以て訳し当てたものであって穏当でないから、わが国は「顕津神天皇」と称し、各国の君主号はその国々で敬称している称呼を用いることにしたい、よって尊称敬語とも各その国々の語を我片仮名で認めてもらいたいと提言した。これに対して各公使は、「旧来用ヒ来レル『皇帝陛下』ナル語ハ仮令支那文字ナリトモ已ニ万国ニ流通セルモノ故改定セザルヲ可トス」と主張し、殊に仏公使は「皇帝」の字に異論あらば両国対等の理を推して仏帝にも「天皇」の称を用いられたいと強く主張した。

よって日本側が

「天皇」ナル御称呼ハ我国皇道ノ関スル所ニシテ固有ノ意味アルコト「羅馬法王《ホーフ》」ノ如シ、仏帝ヲ称スルニ字義異ナレル「法王《ホーフ》」ヲ以テシテ可ナルカ

と駁したところ、仏公使も理ありとしてその主張を止めたが、結局各公使は

(一)　日本語ニトリテ意味モナキ欧洲ノ称呼ヲ片仮名ニテ認メ難シ

(二)　独立国ノ君主ハ一律対等ノ交際、サレバ相手国君主ヲ称呼スルニハ自国ノ君主ヲ尊称スル称呼ヲ以テスベシ

との理由によりわが国の主張を容認せず、結論は出なかった。(12)

その後わが国は、各国公使と一時に応接するときは雑論紛起、条理徹底し難きにつき、公使総代と協議したき旨申し入れたところ、孛はこれに賛成したけれども仏英はこれ以上論議を重ねるを欲せず、書翰にて取り決めたいと主張した。そこで三年七月十三日各公使へ

以手紙致啓上候、然ハ此程横浜於テ閣下及ヒ外御同職方へ御面話致シ候砌、貴国至尊ヲ奉称候ニハ皇帝ノ文字相用候様御望被成候間、逐一政府へ申立候所、右ハ各国原称ノ異ナルニヨリ訳字モ又異同有之候へ共、右御面話ノ節御申聞ノ通リ当今ハ各国御協議ノ上其至尊ハイツレモ上下優劣無之趣御談話有之、就テハ御協議一決被成候約書面并ニ年月等顚末早々承知イタシ度、此段御問合可及如斯御座、候以上

三年七月十三日

外務大輔

外務卿

英仏米孛荷西

公使姓名

閣下

と手紙を出し、各国君主に上下優劣がないとのことであるが、右につき何らか約書あらば承知したき旨を照会したが、これに対して同月二十八日英仏蘭独西公使連名にて

本月十三日附各国公使へ御回答夫々致落手候、然ハ各国君主ノ位階ヲ同様ニ取極候条約書写差進候様被仰越承

知致候、然ルニ右ハ各国之条約ニテ取極候儀ニハ無之、只斯様ノ仕来ニ有之候、依之万国之礼式確法ニ依テ当時ハ欧洲君主ノ位階イツレモ優劣無之様相成居候段無躊躇貴答申入候、以上

庚午七月二十八日

大貎利太尼亜特派全権公使
サアハルリーパークス
仏蘭西全権公使
メキシミオウトレー
荷蘭公使
フアントルフーフエン
独乙北部聯邦公使
フオンブラント
西班牙公使
ルシワルエーロドリケイームノス

沢従三位清原宣嘉
寺島従四位藤原宗則
閣下

と返事し、そのような約書は存在せず、万国の礼式確法に従ってそうなっているのだと回答をよこした(13)。

かくて外務省は、各国との応接を踏まえて、明治三年八月に「外交書法」を伺い出て、「伺之通」との指令を得た。この冒頭には「書翰ノ書法ハ彼我ノ栄辱ニ係ル慎マスハアルヘカラス、因テ平出闕字ヲ分チ又俗称ヲ用ヒ文格

ヲ正シ規則ヲ設クル左ノ如シ」とあり、続いて全十四章にわたって書法が規定されているが、ここで問題にしている君主の尊称については、その第四章に

我

天皇ノ尊称

大日本国大天皇

とあり、また第五章に

我ヨリ各国君主ヲ称スルニ其国敬称ノ尊卑ニ関係セス皆大皇帝ヲ以テ呼ヒ、共和政治即チ米利堅瑞西国等ノ如キハ大統領ヲ以テ呼ヘシ

とある。そして同月、外務省はこれを開港場諸県に達したのである。

因みに、前掲「『天皇』、『皇帝』ナル御称呼ニ関スル資料」には、

而シテ右照復ノ後約三ヶ月即チ明治三年十月二十八日ニ御批准ノ明治元年日瑞諾修好通商航海条約御批准書ニハ既ニ「前ニ朕カ委任全権ノ重臣ト瑞典国　大皇帝ノ委任アラレシ我国在留荷蘭公使ト……」トアリ、右ハ当局ニ於テ前記公文往復ノ結果第二案実行ニ決シタルヲ証スルモノト謂フベシ、尚明治四年七月四日調印並ニ御批准ノ日布修好通商航海条約ニモ「大日本国　天皇陛下ト布哇諸島　皇帝陛下……」トアリ、又同御批准書ニ

モ「今般朕カ委任全権之重臣ト布哇国大皇帝之全権公使ト……」ト記載セラレ、更ニ同年正院ヨリノ問合ニ対シ十月二十五日附ヲ以テ外務省ヨリ「御国書御書体ノ義御問合承知イタシ候、各国帝王ノ敬称陛下ト書候テハ臣下ガ称候義ニ付、大皇帝ト認且朕ハ下エ対シ候語ニ付、矢張リ余ト御認ノ方適当ト被存候、此段及御答候也」ト回答シタル次第アリ、察スルニ当時ニ於ケル我政府ノ意図ハ三条右大臣沢外務卿ノ協議ニ依リ既ニ確定シ居リ、即チ第一案ノ各国原称（我ハ「主明楽美御徳」）ニ依ルコトヲ先方不承諾ノ場合ハ第二案ノ「皇帝」（我ハ「天皇」）ヲ用フルコトニ決定シ居リタルコトナレバ、今ヤ第一案ニ対スル先方ノ意思明瞭ナル上ハ第二案ニ依ルノ外ナカルベク、且第二案ノ「皇帝」ヲ用フルニ就テ政府ガ躊躇シタル主タル理由ハ、弱小国君主ニ之ヲ用フルヲ不穏当ト認メタル点ニアリタル処、已ニ此ノ点ニ付前記各公使連名ノ回答アリタル次第ナレバ、茲ニ外国君主ノ称呼ヲ「皇帝」トスルコトニ決シタルモノナルベシ

と述べているけれども、明治三年八月に外務省達で「外交書法」が決められ、そこに外国君主を「大皇帝」と称すると規定されているのであるから、右の記述はこの決定の史料を見落としたものであろう。いや、この明治三年八月の「外交書法」は、外務省が開港場諸県に達しただけであったから、当時においても周知徹底していなかったようである。そのことは右「『天皇』、『皇帝』ナル御称呼ニ関スル資料」に、明治四年正院から外務省に問い合わせてきたので十月二十五日に「御国書御書体ノ義御問合承知イタシ候、各国帝王ノ敬称陛下ト書候テハ臣下ガ称候義ニ付大皇帝ト認、且朕ハ下エ対シ候語ニ付矢張リ余ト御認ノ方適当ト被存候此段及御答候也」と回答したとあることによっても知られるし、更に四年後の明治七年七月十三日に外務省が

各国君主各種ノ称号和公文ニハ一般皇帝陛下ト可称旨去ル午年中御確定相成、開港場ノ諸県ヘ当省ヨリ其旨相

達置候ヘトモ、院省使各府県ヘモ為心得別紙ノ通御布達相成度此段上申候也
猶以各開港場ノ諸県ヘモ改テ御布達相成度候事

と太政官に上申していることでも明かである。ここに「午年」とあるのは、勿論明治三年である。この上申に対して七月十七日、太政官庶務課が

外務省上申締盟各国君主和文称号御布達相成度旨審案致候処、右ハ既ニ御確定ノ儀ニ候ヘトモ、未タ一般御布令無之候間、上申ノ趣御許可、更ニ院省使府県ヘ御達相成可然、依テ御指令案相伺申候
但御布達案上申ノ通ニテ可然存候

と議案を作り、その通りに七月二十五日太政官第九十八号達書で次の如く院省使府県に布達された。

締盟各国君主ノ称号原語各種有之候処、和公文ニハ語原ニ拘ハラス総テ皇帝ト可称定式ニ候条、此旨可相心得事
但共和政治即チ米利堅仏蘭西西班牙瑞西秘魯等ノ如キハ大統領ト称スヘキ事

以上のような経緯によって、わが国は諸外国の君主に対して「皇帝」なる称号を用いることになったのである。(14)
一方、わが国の天皇を条約にどのように書き表すかについて、明治三年八月の「外交書法」に「大日本国大天皇」と規定したのであったが、これまた周知徹底させるために、明治四年十二月二日附太政官達で「外国条約書体

別紙之通御定相成候条此旨相達候事」とし、別紙に「大日本国天皇」と決めた。これによって、翌日の十二月三日批准した日澳洪（オーストリア・ハンガリー）条約に「大日本天皇」と書き、明治五年五月十四日附英国皇帝宛寺島大弁務使に対する信任状にも「日本国天皇」を使用した。

三　日清修好条規と尊号問題

明治四年七月二十九日、日清両国の間で「修好条規竝ニ通商章程」が締結されたけれども、その締結に当たった伊達宗城大蔵卿と柳原前光外務大丞は沢外務卿と寺島外務大輔に報告書を提出し、その附属書として「修好条規竝ニ通商章程」の写しを送付した。その写しには「下ケ札」があって、その一つに「尊号を掲けさるは別に義解を出す」とある。(15)その「義解」とは、「和清条約義解」と題する文書の冒頭にある「修好条規起首国名ノ下　尊号ヲ掲ケサル解」である。(16)この表題を見ても知られるように、日清修好条規には日本国の天皇号も清国の皇帝号も記載されてない。明治初年以来、わが国が諸外国と締結した条約にはすべて双方の元首号が記載されているのに、何故日清間の条約には元首号の記載がないのか。以下、右史料によってその事情を見ることにしよう。

日清両国側が天津表において条約談判に取り掛ったところ、清国側から差し出された約書下案に尊号すなわち天皇号が書かれていなかったので、わが国がその理由を尋問したところ、清国側は張紙で左のように返答してきた。

粤稽上古、我中国已有天皇氏為首出神聖、後世皆推崇莫敢與並、今査　貴国與西国所立各約、称謂不一、而中国自同治元年以来定約者十余国、皆称君主、即布国亦然、応請另擬尊称以避上古神聖名号、否則唯好僅書両国国号以免物議、天地開闢以来、往古紀載之初有天皇氏地皇氏人皇氏之称、謂之三皇、其次則有五帝、至帝降而王、則夏商周三朝倶称王、亦謂之三王、及周之末造各国争雄雖諸侯亦称王称帝、甚至有所謂東帝西帝者、至秦始王自以為功蓋三皇徳過五帝、遂併称為皇帝、此乃歴代帝王尊称之始、若天皇之称考古之聖帝名王亦未敢與之並称、是以皇帝二字雖易代猶同此称、而天皇則往古未聞沿襲、在身為帝王尚不敢以之自居、而凡在臣民之尊其君者更可知矣、我朝敬天法祖於郊禘之礼祝版尚須擡写天字、則不敢以天皇待鄰邦之君更可想見、則天皇二字之不通行於天下者如此

（粤《ここ》に上古を稽えるに、我が中国には已に天皇氏があり、首めに出して神聖なものとしており、後世皆推崇して敢えて與に並ぶものはない。今、貴国と西国と立てる所の各条約を調べてみると称号が一様ではない。而るに中国は同治元年以来、十余国と条約を締結しているが、皆君主と称しており、国内にもそのように布告している。そこで別の尊称を擬し、以て上古の神聖なる名号を避けるようお願いする。しからざれば、唯だ僅かに両国の国号を書くことで好しとし、以て物議を免れるようにしたい。天地開闢以来、往古紀載の初めに天皇氏地皇氏人皇氏の称があり、これを三皇という。其の次は則ち五帝がある。帝より以降は王で、則ち夏商周三朝、倶に王と称す。亦たこれを三王という。周の末造に及んで各国雄を争い、諸侯も亦た王と称し帝と称し、ひいては所謂東帝西帝に至る。秦始王に至って自から以て功は三皇を蓋い、徳は五帝に過ぐと為す。遂に併称して皇帝となす。此れ乃ち歴代帝王尊称の始めである。天皇の称のごときは古の聖帝名王を考えても、亦た未だ敢えてこれと並称せず。是を以て皇帝の二字は、代が易わってもなお此の称と同じである。而るに天皇は則ち往古沿襲するを未だ聞かず。身帝王たるに在ってもなお敢えて以てこれに自から居らず。而して凡そ臣民の其の君を尊ぶことに在っては更に知るべきなり。我朝は天を敬い祖に法り、郊禘の礼の祝版においても、なお須らく天の字を擡写しなければならない。則ち敢えて天皇を以て鄰邦の君に待たざること、更に想見すべし。則ち天皇の二字の天下に通行せざること此の如し。）

右文中の「祝版」とは神を祭るときに祝文を書く紙、「擡写」とは帝室天地などに関する語が文中に来た場合に行を改め、更に通常よりも字格を高くすることである。さて中国側の言い分は、天皇は中国人が最も尊ぶ神聖な神であり、皇帝と雖もあえてこれを犯さないでいるから、ましてや隣邦の君主号としてこれを認めることなどできないというにある。これに対して、七月四日、伊達大蔵卿・柳原外務大丞・津田真道外務権大丞が長英大学少丞・鄭永寧文書権正は陳欽随同帮弁署直隷津海関道の部署に至り、随同帮弁理日本国通商事務江蘇按察使の応宝時以下、同知銜直隷候補知県の銭逵、長蘆候補塩大使の邱濬恪等と会議し、

我皇国

天皇ノ由来已ニ久シク、今日ニ在テ条約各国皆之ヲ体認ス、所謂日本ノ西国ト立ル所ノ各条約ニ称謂一ナラストハ旧幕府曾テ大君ト称セシ時ノミニシテ、今維新ノ際ニ行フニ非ス

等の旨、並に唐の高宗も天皇と称したことがあること、且つ条約上に天皇号を信用しなくても、図書以下の公文を往復する際には天皇号を用いざるを得ないこと等の意見をも述べ、百方談弁したが、その日は決しなかった。同月八日、五名で会議を行ない、その上で欽差全権大臣協弁大学士直隷総督である李鴻章の部署に至り、応宝時と陳欽も同座、わが方から清国側の条約案に下げ札をして弁論した。すなわち

日本之與西国処立各約有大君之称、此係前幕府自已為称、原非出自天皇者也、而皇国自明治元年朝綱維新以来所有新定数国之約皆提書大号、以此各国来往国書亦均称之、並無称謂不一之処、貴国所証太公二字乃大君之訛、蓋訳者自誤耳、今両

国立約僅書両国国号亦可也、至於来往国書及公文則我国自称曰天皇、貴国回曰天皇或曰皇帝両従其便

（日本が西洋諸国と立てた処の各条約に大君の称があるが、此れは前幕府が自己を称したものであって、もと天皇に出自するものではない。而して皇国は明治元年の朝綱維新より以来、新しく数カ国と条約を締結し、皆大号を提書している。此れを以て各国来往の国書も亦た均しくこれを称している。並に称謂不一の処はない。貴国が証とする処の太公の二字は乃ち大君の訛であって、蓋し訳者が自から誤てるものである。今両国が立てる条約に僅かに両国の国号のみを書くことは亦た可能であろう。けれども来往の国書及び公文に至っては、則ち我が国は自称して天皇と曰う。貴国の返書に天皇と曰い或いは皇帝と曰うも、両つながら其の便に従ってよろしい。）

と。右に「大号」と言っているのはここでは天皇号と解してよいだろう。また「提書」というのは「擡写」と同義である。わが国から清国宛の文書には天皇号を記載するが、清国からわが国宛の文書に天皇と書くか皇帝と書くかは清国に任せる、というのが、わが国の主張したところである。

これに対して李鴻章は

貴国ノ来文ニ
天皇ノ尊称ヲ書スル事素ヨリ議ヲ庸ル事ナシ、但復書ニ於テ天皇ト称スルカ　皇帝ト称スルカ我権ニテ之ヲ定ムル事能ハス、然ト雖トモ我皇上ヨリ復書スル時ニ至テハ敢テ不敬ノ名号ヲ以テ貴国ノ帝ヲ称セサル事ヲ我ハ信セリ

と述べた。そこでわが方は、清人の頑陋さは容易に説服し難く、今わが方から天皇の字を用いても彼は辞を入れないといっているし、清国からの復書に皇帝等の字を用いたとしても、西洋に対してわが国は天皇と書し、彼より「エンペロール」と書しているから、恕して害はないであろうと決し、もし不敬の字を用いたならば復書を返却すべき旨答えて協議を止めた。

ところが、この後、如何なる事情からか不明であるが、わが国も外交文書で皇帝号を使用し、天皇号を用いなくなる。すなわち、明治六年一月五日附伊国皇帝宛中山総領事信任状にはなお「日本国天皇」とあったのが、四日後の一月九日に作成された清国皇帝宛て国書では「大日本大皇帝」とされているのである。(17) 同年一月二十日の伊国皇帝宛慶賀の勅書にもまた「日本国皇帝」とある。更に同年三月八日「英国代理公使アージーワトサン参朝捧呈」せる国書、これは岩倉具視が特命全権大使として国書を持参し、これを受領した旨の返書であるが、その英文冒頭には

Victoria, by the grace of God, Queen of the United Kingdom of Great Britain and Ireland, Defender of the Faith &c. &c. &c.

To the most high, Mighty, and Glorious Prince, His Imperial and Royal Majesty the Mikado of Japan, our good Brother and Cousin, Greeting!

（神恵ヲ受ケ天道正理ヲ守護スル大不列顛兼愛倫ノ皇帝タル「ウヰクトリヤ」謹テ至尊至大我良兄ナル大日本皇帝ニ白フス）

とあって Mikado を用いているにもかかわらず、訳文では「皇帝」としている。

かくて、明治六年一月以降の外交文書では、日本の元首も概ね「皇帝」と称することになり、(18)日清修好条規締結に際しての尊号問題を契機として、かつて外務省で考えられていた第三案（すなわち天皇号は国内のみに使用し外交上は彼我ともに皇帝号を使用する）が実現したのである。前掲「『天皇』、『皇帝』ナル御称呼ニ関スル資料」は

要之……支那以外ノ諸国トノ間ニ於ケル君主称呼ノ問題ハ所謂第二案ヲ以テ一応解決シタルガ如シト雖モ、之ニ従ヒ独リ我方ノミ「天皇」ナル御称呼ヲ用ヒントスルモ、支那ニ於テモ「天皇」ト称シ得ルコトガ右諸外国ノ知ル所トナラバ右第二案主張ノ節論拠トシタル所ハ最早不通ノコトトナルベク、旁々此等諸国トノ関係ヨリスルモ将又同文国タル清韓両国トノ関係ヨリ見ルモ、根本的解決ハ矢張リ我モ亦対外的ニハ「皇帝」ナル御称呼ヲ用フルニアラズンバ期シ難シトノ念、恐ラク前記紛議ニ懲リシ当時ノ政府ノ脳裏ニ強ク印象セラレタル所ナルベシ

とこの間の事情を推測しているが、当を得ていると思う。

ところで、右の三月八日の英国からの国書にMikadoと表記されているように、わが国が元首号を皇帝と変更したということは、まだ外国には伝達されていなかった模様である。このことは、日本と秘露（ペルー）との和親貿易航海条約締結のために来日した秘露国特命全権公使が、明治六年三月一日、信任状捧呈のため謁見を乞うて副島外務卿に宛てた書翰にSu Majestad el Tennoとあり、この書翰に同封していた秘露国大統領の天皇宛信任状の英訳文にHis Imperial and Royal Majesty, the Mikado of Japanとあったことでも知られる。

それでは一体いつ頃から外国語表記もEmperorとされるようになったのだろうか。右日秘間交渉においては、八月十四日、秘露国側条約案でHis Imperial Majesty the Tennoとなっていたものを、外務省において外務卿と秘

露公使とが応接して訂正、英語正文に His Majesty the Emperor of Japan（西文 Su Majestad el Emperador del Japon）、日本文では「日本国大皇帝」とすることによって、Tenno ないしは Mikado の表現が訂正された。この後に諸外国にも同様の訂正を伝達したのかどうかは明かではなく、また条約原文などをすべて精査したわけではないので断言はできないが、これ以降に締結された条約文や各国往復国書には Tenno,Mikado の表記は見えない様である。例えば明治八年五月調印の日露間樺太千島交換条約には Sa Majeste l'Empereur du Japon となっており、同年六月十日「英国公使サーハルリーハアクス参朝捧呈」の国書は、特命全権公使寺島宗則の職を解いて外務卿にしたことに対するものであって、冒頭は明治六年三月八日の前掲国書とほぼ同じであるが、His Imperial and Royal Majesty the Mikado of Japan なる表現が His Majesty the Emperor of Japan と変更されている。

四　憲法・皇室典範制定と尊号問題

明治九年九月七日に元老院に憲法取調を命じる勅諭が出され、この頃から盛んに所謂私擬憲法草案が作られ出すが、それらを見てみると、青木周蔵「大日本政規」（明治六年）・同「帝号大日本国政典」（明治七年）・元老院「日本国憲按」（明治九年～明治十三年）・共存同衆「私擬憲法意見」（明治十二年）など初期のものは大部分が皇帝号を使用している。(19)

ところで元老院の国憲按に反対した岩倉具視は、明治十一年三月、「奉儀局或ハ儀制局開設建議」を太政官に出し、帝室制度調査のための部局を設置する事を建議した。そしてそこで調査すべき事柄を列挙した「奉儀局調査大要」も同時に提出したが、その憲法の部の中に

尊号　天皇、皇帝、天子、寿明楽美御徳

と書き、尊号をどうするか調査すべきであるとしている。[20]この岩倉の建議は井上毅の「奉儀局不可挙行意見」などによって取り上げられなかったけれども、[21]その「調査大要」は明治十二年に宮内省に設けられた宮内省諸規取調所、また明治十五年十二月に設置された内規取調局にも受け継がれた。前者においては伊地知正治一等出仕が従事、伊地知が口頭で喋ったものを明治十五年十二月一日に諸規取調所御用掛の宮島誠一郎が筆記した「伊地知一等出仕口演筆記」なるものがあって、そこには

尊号　天皇又ハ天子ト尊称シ奉リ又ハ各国対等ノ公文式ハ　皇帝ト称謂ヲ定メラルレハ其他ハ無用ナリ

と記されている。つまり岩倉が尊号として掲げていたうちの「寿明楽美御徳」は使用しないというのである。[22]他方、後者の内規取調局での調査と覚しきものは、国立国会図書館憲政資料室所蔵「憲政資料室収集文書」一一三九、宮内省関係書類中の十二番目の「皇族ニ関スル諸例調書」にある。これは「奉儀局調査大要」のうちの重要なものを列挙し、岩倉が掲げた複数の選択肢の中から一つを選んだもので、尊号については

現在帝ハ皇帝ト称ス

とあり、諸規取調所の意見とは違っている。このように、明治十五年頃においてもなお尊号について意見の一致をみていない。

その後、明治二十年初頭に賞勲局総裁柳原前光が伊藤博文の命を受けて「皇室法典初稿」なる皇室典範草案を起草した際、柳原はその第一章に「皇位尊号」をおき、その第二条に

> 皇位ノ尊号ヲ天皇トス、外国ヘ皇帝ト号シ、祭祀ニ天子ト号スルコト、文武帝大宝令ノ制ニ依ル

と規定した(23)。先の伊地知の意見とほぼ同じである。これを修正した井上毅は、草案の名称を「皇室典憲」とするとともに、第二条を第一条におき、文章も「皇位ノ尊号ヲ天皇トス、外国ニ対シ皇帝ト号シ、祭祀ニ天子ト称スルコト、文武天皇大宝令ノ制ニ依ル」と若干改めて、次のような説明文を起草した(24)。

> 推古天皇十六年紀ニ云、東天皇敬白西皇帝ト 日本書紀巻廿七 天皇ノ号ハ蓋此時ニ始マルナリ、太子伝暦ニ云、天皇 推古 召㆓太子以下㆒而議㆓答書之辞㆒、太子執㆑筆書㆑之曰、東天皇敬白㆓西皇帝㆒、謹白不具、此ニ拠レハ此ノ尊号ハ既戸太子ノ議ニ成レルナリ、其後文武天皇大宝令ヲ定ムルニ至リ始メテ天皇ト皇帝ノ称ヲ以テ之ヲ内外ニ分チ用ヒタリ、即チ儀制令ニ天子（祭祀所称）天皇（詔書所称）皇帝（華夷所称）ト云ヘル是ナリ
> 上古ハ「スメラミコト」ノ称即チ皇位ノ尊号タリ、亦儀制令ノ義解ニ見ユル所ノ如シ、而シテ其義実ニ天皇ニ同シ

現代の学問水準からするならば、日本書紀や太子伝暦の記事をそのまま信じて推古天皇の時代に天皇号が始まったとするのは疑問があろう。また既に述べたように、儀制令規定の皇帝号は外国に限るとする解釈も疑義があるけれども、それはさておき、これを受けて柳原は再度草案を練り直し、右条文を第十四条に規定、そして、明治二十年

三月二十日の高輪会議で伊藤の裁定を仰いだのであった。伊藤は柳原草案第十四条「皇位ノ尊号ヲ天皇トス、外国ニ対シ皇帝ト称シ、祭祀ニ天子ト称スルコト、文武天皇大宝令ノ制ニ依ル」に対して、

諸君ハ本条ノ明文ヲ読下シテ如何ソニ観察セラル、乎、天皇ト称シ皇帝ト称シ又天子ト称スルコト、一国ニ君臨シテ三種ノ尊号ヲ帯フルコト各国未タ曾テ其例アルヲ聞カス、但外交上ノ慣例ニ於テ彼我往復ノ公文ニハ互ニ皇帝ノ尊号ヲ用ユト雖モ、其実天皇ノ字ヲ外国語ニ訳スルニ Emperor 即チ皇帝ノ字ヲ以テスルニ過キス、之ヲ以テ皇位ノ尊号ニ二種アリト速了スヘカラス、例ヘハ露国ノ皇位ヲ「ツアール」ト云ヒ、之ヲ英語ニ訳シテ猶ホ Emperor ト言フニ過キサルナリ、天皇ノ字ハ曾テ清国ト交渉ノ案件ヲ商議スルニ当リ本邦ノ使臣ト清廷トノ間ニ弁難ノ端ヲ啓キタルコトアリタルヲ以テ、嚮後ト雖モ清宮ト往復スルニ当リ支牾ヲ免レスト云フノ議アリ、然レトモ是亦毫モ意ニ介スヘキノ事ニ非ス、本朝皇位ノ尊号ノ天皇ト称スヘキ定制アリトセハ、往復ノ原書ニハ天皇ノ字ヲ用ヒ訳書ニ皇帝ト書スルモ妨ケナシ、瑣事ニ拘泥シテ皇位ノ尊号ヲ三種ニ分ツカ如キハ余ノ最モ採ラサル所ナリ、宜ク本条ヲ削除シテ更ニ尊称ノ事ニ渉ラサルヲ善シトス

と述べた(25)。右文中に「天皇ノ字ハ曾テ清国ト交渉ノ案件ヲ商議スルニ当リ本邦ノ使臣ト清廷トノ間ニ弁難ノ端ヲ啓キタルコトアリタルヲ以テ、嚮後ト雖モ清宮ト往復スルニ当リ支牾ヲ免レスト云フノ議アリ」とあるのは、先に紹介した日清修好条規締結に際しての議論をさすこと間違いない。恐らく、嘗ての経験を踏まえて柳原が伊藤に、天皇の称号は清人が嫌っているから、外交文書には皇帝号を使用するようにした方がよいと弁明したのであろう。しかし伊藤は柳原の弁明を容れず、天皇号で統一することに裁決した。これによって、皇位尊号に関する規定は削除され、これ以降、皇室典範や憲法の草案には天皇の語のみが使用されるようになったのである。

伊藤の考えによれば、国内向け文書のみならず外交文書にも天皇号を使用し、外交上もし差し障りがあるならば訳書に皇帝（Emperor）号を用いればよいというのであるから、伊藤の主張を徹底させるとすれば、明治六年以来の外交文書の書法の慣行を改めなければならないことになる。伊藤裁定と従来の慣行とのいずれを是とするか決め難かったからであろうか、明治二十年六月九日、内閣記録局は宮内省に対して「皇帝陛下天皇陛下等尊称区別」についてて問い合わせた。これに対して、宮内省内事課長より内閣記録局長へ

皇帝陛下
天皇陛下等尊称区別ノ儀ニ付御照会ノ趣致承知候、右ハ記録ノ体裁ト場合トニ依リ便宜区別相立候義モ可有之候得共、既ニ令条ニモ天皇（詔書所称）皇帝（華夷所称）等ノ文相見へ候通、古来内外ヲ以テ称呼ヲ異ニセサルノ例ニ有之、現今当省ニ於テハ
天皇陛下ノ尊称ハ専ラ内事ニ相用候得共、　皇帝陛下ノ尊称ハ内外ニ通用致居候次第ニ有之候、此段及御答候也

と回答した文書が残っている。(26) 宮内省が伊藤の裁定を知っていたのかどうかわからないが、内事に天皇号を使用するほか皇帝号も内外に通じて用いる事実を述べ、伊藤裁定とは違った判断を示した。皇帝号を内事にも用いている例としては、例えば明治九年十二月二十九日の三条実美及び岩倉具視を勲一等に叙した勲記があって、いずれも「日本国皇帝」とある。その後、明治二十一年十月九日に賞勲局が稟定した勲記文にも

天佑ヲ保有シ万世一系ノ帝祚ヲ践ミタル日本国皇帝ハ官品勲某親王又ハ官位勲爵某ニ大勲位菊花頸飾章ヲ授与

ス

神武天皇即位紀元　年明治　年　月　日東京帝宮ニ於テ親ラ名ヲ署シ璽ヲ鈐セシム

御名　国璽

賞勲局総裁位勲爵　某

賞勲局副総裁位勲爵　某

とある。因みにこの当時、賞勲局総裁は柳原前光であるから、穿った見方をすれば、皇室典範草案審議に際して伊藤から自説を退けられた柳原が、勲記に皇帝号を残すことで伊藤裁定に対抗したものと考えられなくもない。

さて宮内省見解を受け取った内閣記録局がどのように反応したのか不明であるけれども、明治二十二年二月十一日に制定された憲法及び皇室典範は天皇号で統一されており、尊号に関する規定は存在しない。しかしこれでは外交文書での尊号使用をどうしたらよいのかわからないので、明治二十二年四月二十四日に外務次官の青木周蔵が枢密院書記官長井上毅に

憲法明文中ニ記載アル天皇ノ文字ト他ノ公文ニ記載スル皇帝ノ文字ト差別如何、並ニ皇位皇室ノ皇字ト帝国憲法帝国議会等ノ帝字トノ区分如何ニ係ル解釈承知致度候間、乍御手数御開示相成候様致度、此段及御依頼候也

と質問した。井上は

客月二十四日附送第二八六号貴問ノ趣本院議長ノ指揮ヲ受ケ左ニ開答供参考候

第一問　皇帝ノ称呼ハ大宝令（公式及儀制）ニ天子、天皇、皇帝云々トアリテ、天子祭祀所称、天皇詔書所称、皇帝華夷所称、トアリ、蓋皇帝トハ外国ニ対シテ称ヘラルルノ尊称タルハ中古ノ典例タリシニ、近来ハ他ノ法文中ニモ往々皇帝ノ称ヲ用ヰラレタルコト見エタリ、即チ二十一年勅令第二十四号参軍官制第一条、同年第二十七号師団司令部条例第一条是ナリ

皇室典範及憲法ニ天皇ノ称ヲ用ヰラレタルハ先王ノ遺範ニ因ラレタルモノニシテ、既ニ一定ノ制ヲ成サレタレハ、嗣今法文ニハ総テ天皇ノ尊称ヲ用ヰラルヘキハ当然ナルヘシ（但外国交際ノ文書ヲ除ク）

第二問　皇ノ字ト帝ノ字トハ之ヲ古典及維新以後ノ慣例ニ徴スルニ更ニ区別アルヲ見ス

明治二十二年五月八日　　　　　　枢密院書紀官長　井上　毅

外務次官子爵　青木周蔵殿

と、枢密院議長の指揮を受けて答えている(27)。この時の枢密院議長は言うまでもなく伊藤博文であるから、伊藤自身が先の草案起草段階での裁定を撤回し、外交文書に皇帝号を使用することを認めたのであろう。ただここで、国内文書にも皇帝号を使用している慣行、及びそれを承認している宮内省見解を退ける論拠として儀制令を持ち出しているが、その儀制令解釈には疑義が存すること、既に指摘した通りである。

この枢密院書記官長井上の回答は外務省に対して与えられたのみで、他の省庁には伝達されなかったらしい。そこで国内法たる参軍官制や師団司令部条例にも皇帝号を使っていた陸軍が尊号使用方に疑問を抱き、明治二十三年二月十九日、陸軍次官桂太郎が宮内次官に以下のような質問をした。

送甲第二五七号

聖上御尊称之儀ハ　天皇陛下ト奉称スヘキ儀勿論之義ト存居候処、曩ニ御省ニ於テ右　天皇陛下ト奉称スルハ御歴代ノ　至尊ニ対シ奉ルノ義ニシテ現ニ御宇アラセラレ候　聖上ニハ　皇帝陛下ト奉称スヘキ儀決定相成候趣致承知候付、其後当省ヨリ発布ノ省令等右之趣旨ヲ体シテ起艸致シ、既ニ去ル二十一年制定相成候軍隊内務書ノ如キモ草按中総テ　皇帝陛下之御尊称ヲ用ヰ候処其儘裁可相成候、然ルニ昨年来発布相成候憲法ヲ始メ其他ノ法律勅令等概子皆　天皇ノ御尊称ニ有之、就テハ　皇帝陛下ト称シ奉リ候義ハ将来ニ於テ一切無之義ニヤト相考候処、其後モ　皇帝ノ御尊称ヲ用ヰラレ候公文往々相見候様存候（例セハ墨西哥国ノ条約ノ如キ是ナリ）、右ハ時ト場合トヲ論セス　天皇陛下ト奉称スルモ　皇帝陛下ト奉称スルモ随時適宜ニテ可然義ニ候哉、将又如何ナル場合ニハ　天皇陛下ト称シ奉リ如何ナル場合ニハ　皇帝陛下ト称シ奉ルトノ規定有之候義ニ候哉、当陸軍部内ニ於テハ文書上ニモ言語上ニモ御尊称ヲ称シ奉リ候上ニ付右区別判然不致候テハ差支不尠ノミナラス軍紀上ニモ関係致候義ニ付、右区別決定相成居リ候義ニ候ハヽ、明示相成度及照会候也（閣往）

明治二十三年二月十九日　　　陸軍次官桂太郎

宮内次官

御中

右に「天皇陛下ト奉称スルハ御歴代ノ　至尊ニ対シ奉ルノ義ニシテ現ニ御宇アラセラレ候　聖上ニハ　皇帝陛下ト奉称スヘキ儀決定相成候」といっている宮内省の決定が何時如何なる形で行われたものか詳かにしないが、「墨西哥国ノ条約」といっているのは、明治二十一年十一月調印の日墨修好通商条約のことであって、その日本文には「日本国皇帝陛下」、英語正文には His Majesty the Emperor of Japan とある。

陸軍の質問に対して二月二十七日、宮内省内事課は

別紙陸軍省照会天皇皇帝奉称区別ノ儀ハ去二十年六月内事課長ヨリ内閣記録局長ヘ回答ノ旨趣ヲ以テ左按ノ通
回答可相成哉相伺候也（閣往）

と稟候し、同日決裁して、以下のように「天皇皇帝御称号区分ノ儀」について陸軍省へ回答した。(28)

甲第二〇六号

天皇皇帝奉称区別ノ儀ニ付去十九日送甲第二五七号ヲ以テ御照会ノ趣了承、右ハ当省ニ於テハ従来外国ニ対テハ皇帝陛下ヲ以テ奉称致候得共、国内ニハ天皇皇帝互ニ之ヲ奉称シ、必シモ時ト場合トヲ以テ其称ヲ異ニスルノ例ニハ無之候、此段及御答候也（閣往）

明治二十三年二月二十七日　宮内次官

陸軍次官宛

すなわち宮内省の見解は、外国に対しては皇帝号を、国内には天皇皇帝両号を使用するというものであって、かつて内閣記録局に答えた内容と同じであり、前年に枢密院書記官長井上が伊藤の指揮を仰ぎながら外務省に与えた回答とは、国内でも皇帝号を使用するかどうかの点で異なっている。この後に宮内省と枢密院とで見解の調整が行われたかどうか知らないが、現実には宮内省の路線で進んだ。但し国内で天皇皇帝両号を併用するといっても、実際にはほとんどの場合に天皇号が使用され、皇帝号は日清日露の宣戦詔書や勲記などごく限られた場合にだけ用いられたので、特に問題となるようなことはなかったようである。

五　国体明徴運動と尊号問題

明治中期以降大正時代までは、尊号問題が特に大きく取り上げられることもなかったが、昭和になると再燃した。その発端は国号称呼問題であった[29]。すなわちわが国の国号「日本」は外国語でJapanないしはJaponと表記されてきたが、これをNipponないしはNihonと訂正すべしという運動が起こり、この国号との関連で皇帝号も天皇号に改めよとの要求が起こったのである。外務省外交史料館には、大正末年からの史料が保存されているが、それによれば、大正十五年三月に東京の江川芳光他二名が衆議院に「国号称呼使用ニ関スル請願書」を提出、語源不明の「ジャポン」又は「ジャパン」なる語の使用をやめて「ニホン」又は「ニッポン」と改正せられたしと要求した。若槻首相はこれを外務省主管であるとして幣原外務大臣に回付し、外務省では国号を外国語でどう称するかは便宜の問題であって、適当な称呼を選択してよく、「ジャパン」又は「ジャポン」をわが国号として条約原文や外国郵便スタンプなどに使用してもわが国の威信を損するものではないから、本件請願は採択しないほうがよいと判断、そしてその通り昭和二年二月二日の閣議で決定した[30]。

同様の請願や建議は、昭和二年に数件、その後昭和五年、同六年にもあった。いずれの内容もほぼ同じく、改正の理由として、「ジャパン」が語源不明であること、日本の特産品たる漆器もジャパンであるから、わが国は「漆器国」の名を専らにしており自尊心を傷つけられていること、ジャパンは愚者又は劣等人種を言い表す語詞として用いられていることなどが挙げられているが、その背景に国家意識の昂揚があることはいうまでもない。昭和八年、九年と時代が推移するに連れて国号改正運動は激しくなり、昭和九年には「ジャパン抹消期成会」（大阪市住吉区北田辺六六〇番地）なるものも結成された。外務省外交史料館にはそのパンフレットが保存されているが、それには次のようなことが書かれている。

○吾等は祖国日本を愛す○吾等は祖国日本の名誉の為にジャパン抹消を決議す○ジャパンはニッポンの英訳にあらず○ジャパンは国辱的放言で有ることを認識せよ○吾等が祖国は正しくニッポンと発音すべし○日本全国で使用されて居るＪＡＰＡＮを即時ＮＩＰＰＯＮと訂正すべし（吾等が祖国は皇紀千三百二十九年天智天皇の御名に依り日本（ニッポン）と名附けられたのである。）

当時の雰囲気がいささかでも知られよう。

ところで、昭和八年になると、国号とともに元首号も問題とされるようになる。「一九三三、十、九」と欄外注記のある「『天皇』及『大日本』ナル称呼ヲ外国文ノ条約正文中ニ使用セシムベシトノ主張ニ就テ」なる史料には

帝国ガ「天皇」及「大日本」ナル称呼ヲ外国文ノ条約正文中ニ於テ其ノ儘 Tenno 及 Dainippon トシテ表示スルコトニ変更スベシトノ主張ノ可否ニ付考究スルニ当リテハ、帝国独自ノ立場ヨリ斯ル変更ノ価値ヲ研究スルト共ニ、国際間ニ於ケル実行性ヲ慎重考慮シテ決定スレバ可ナルベシ、抑々本件ハ帝国ノ国号（及元首ノ尊称）自体ヲ如何ニ変更スベキヤノ問題ニ非ズシテ、国際関係ニ於テ免レ難キ外国語ニテ作成セラルル条約正文ニ於テ外国人ヲシテ帝国ノ国号（及元首ノ尊称）ヲ成ル可ク正確且容易ニ了知セシムルニハ如何ナル称呼ヲ使用スルコトガ適当ナリヤノ便宜上ノ問題ナリ、而シテ固有名詞ヲ其ノ儘使用スルコトガ果シテ右目的ニ合致スルヤハ疑問ナリ

とあって、外務省の国際慣例を重視する基本姿勢を表明し、更に

要之、帝国ガ Tenno 及 Dainippon ナル固有名詞ヲ其ノ儘外国文ノ条約正文等ニ於テ使用スルコトハ理論上不可能事ニ非ザルモ、帝国ノ如キ強大国ガ国際慣例ニ対シ斯ル例外的取扱ヲ要求スルコトノ妥当性ニ関シテハ疑問ノ余地アルベク、且斯ル要求ヲ為スモ各国ニ於テハ従来ノ称呼ニ馴レ、之ヲ早急ニ改変スルコト困難ナルベシ、例ヘハ我国ニ於テ仏国大統領ト云フ代リニ「プレジダン、ド、ラ、レピュブリック、フランセーズ」ト云フカ如キハ殆ト不可能ナルベク、又仮ニ斯ク表示スルモ之ヲ理解シ得ルモノハ少カルヘシ、従テ我国トシテ前記ノ如キ要求ヲ為スコトハ実際的ニアラサルノミナラス、外国側ニ於テモ不用意ノ間ニ我カ要求ニ反スル称呼ヲ使用スルコトナキヲ保シ難シ、斯ル場合之ガ単純ナル不注意ニ基クトスルモ、帝国ハ之ヲ以テ帝国ニ対スル侮辱等ト感ジルコトアリ得ベク、従テ不必要ニ帝国ノ国際関係ヲ刺激スルノ素因ヲ自ラ提供スルモノナリトノ懸念ナキニ非ズ

と述べている。

さて昭和九年になると、枢密顧問官の中にも国号及び元首号の改正を主張する者が出てきたので、七月二日、村上恭一枢密院書記官長は外務省の小林亀久雄条約局長代理に、顧問官の主張を考慮してくれと要求した。これを受けて外務省では、七月五日に「条約中ノ英語『ジャパン』及『エムペラー』ニ該当スル邦語ヲ夫々『大日本帝国』及『天皇』トスルノ可否」という未定稿の資料を作成、その中で国号については

「大」ノ字ヲ冠セシムルコトハ理論上排斥スヘキモノニ非スト雖モ、欧洲諸国ハ古来ヨリ又支那ハ清国滅亡以

後使用シタル例ナク、我ノミ「大」ノ字ヲ固執スルハ時代後レノ観アリ

と述べ、元首号については、明治二年正月十日（西暦一八六九年二月二十日）の日独通商条約のドイツ語本文にTenno、邦語に「天皇」とあったが他には同様の例を見ないとし、

「皇帝」ナル語ヲ現在使用シ居ル慣例ノ淵源ニ付テハ左ノ経緯アリタリ
即チ憲法制定直後「天皇」及「皇帝」ノ差別ノ標準不明ナリシニ付、明治二十二年四月二十四日付ヲ以テ外務次官青木周蔵ヨリ枢密院書記官長井上毅ニ照会シタルニ、同年五月八日付ヲ以テ大宝令ニ天皇詔書所称、皇帝華夷所称トアルニ依リ、法文ニハ総テ天皇ノ総称ヲ用ヒラルヘキハ当然ナルモ、外国交際ノ文書ニ於テハ皇帝ノ尊称ヲ用フヘキ趣旨ノ回答アリタリ、右ノ経緯ニ鑑ミ対外関係ニ於テ「天皇」ノ語ヲ用フルハ従来ノ伝統ニ反シ且理由ナキモノト認メラル

と記している。外務省としては飽くまでも従来の慣例通り条約文などには皇帝号を使用した方がよいと考えており、その際の論拠として井上枢密院書記官長の青木外務次官宛回答を持ち出した。

このような外務省の態度に対して、枢密院の原嘉道顧問官が国号元首号両者の改正を強く迫り、外務省としても何らかの対応をせざるを得なくなった。まず国号については昭和十年六月二十七日、日満経済共同委員会設置に関する協定案に関する枢密院審査委員会の席上、原顧問官が外務省に質問、「大日本帝国」という正式な「国号ヲ用ヒザルハ国体明徴ノ趣旨ニ副ハザルモノ」と主張した。そこで同年七月九日、栗山条約局長、村上書記官長が原顧問官を訪問して協議、さらに七月十二日に外務省と法制局と協議し、条約・批准文・信任状には原則として「大日

本帝国」と正式国号を使用するが、条約文中の普通の場所には適宜「日本国」「日満両国」のように略称を用いることもありうるということで決定した。そして宮内省も外務省と歩調を合わせ、同省関係文書にも正式国号を用いることにした。

次に元首号については、昭和十年十月三十一日の「猥褻刊行物ノ流布及取引ノ禁止ノ為ノ国際条約」に関する枢密院審査委員会で、政府側退席後、原顧問官が「我国元首陛下ノ御称呼ニ就キテ」という意見書を提出した。長文の意見書であるが、未だ紹介されたことがないので引用しよう。すなわち

大日本帝国憲法ノ明文ニ依レバ我国元首陛下ノ御称呼ハ「天皇」ト申上ゲ奉ルベキコト一定セリ、然ルニ従前ノ慣行ニ依レバ

条約御批准書、全権御委任状、名誉領事御委任状其ノ他公式令第十三条ニ掲ゲタル文書

勲記

宮内大臣ヨリ外国人（帝国政府ノ傭外国人ヲ除ク）ニ宛テ発セラルル御宴会等ノ御召状

等ニハ「皇帝」ナル御称呼ヲ用ヒラルルヲ例トセリ、外国文ニ於ケル訳語ハ別トシ　我ガ国語ノ公文ニ在リテハ憲法ノ明文ニ従ヒ一切之ヲ「天皇」ト改メラルルコト至当ナリト思料ス

今明治初年以来ノ元首陛下ノ御称呼ニ関スル沿革ヲ概観スルニ、

明治元年正月十日従前ノ条約ニハ「大君」ノ名称ヲ用ヒタルモ自今「天皇」ノ称ヲ以テ之ニ代フベキ旨ヲ仰出サレタリ、果シテ明治元年九月調印ノ日本瑞典那威通商条約及日本西班牙通商条約、明治二年正月調印ノ日本独逸通商条約、同年九月調印ノ日本墺地利通商条約、明治四年七月調印ノ日本布哇通商条約等ニハ孰レモ「天皇」ノ御称呼ヲ用ヒラレタリ、又明治五年五月岩倉遣外使節一行ニ与ヘラレタル御親任状ニモ「天皇」ノ御称

呼ヲ用ヒラレタリ、明治七年七月太政官達第九十八号ヲ以テ締盟各国君主ノ称号ハ原語ニテハ種々アルモ和公文ニハ原語ニ拘ラズ総テ「皇帝」ト称スルヲ定式トスル旨ヲ治定セラレタリ、此ハ専ラ外国ノ君主ニ関スルコトナルニ、其ノ後ノ条約ニハ我国元首陛下ニ「大皇帝」又ハ「皇帝」ナル御称呼ヲ用ヒラレタル例少カラズ、明治六年八月調印ノ日本秘露通商条約、明治八年五月調印ノ樺太千島交換条約、同年八月調印ノ同条約附録、明治十一年六月調印ノ万国郵便聯合条約（御批准書）、同年七月調印ノ日米現存条約改定結約等是レナリ

加之国内法令ニモ「皇帝」ノ御称呼ヲ用ヒラレタル例アリ

明治二十一年勅令第二十四号参軍官制第一条ニ「参軍ハ帝国全軍ノ参謀長ニシテ皇族大中将一名ヲ以テ之ニ任シ直ニ　皇帝陛下ニ隷ス」トアリ、同年勅令第二十七号師団司令部条例第一条ニ「師団長ハ中将ヲ以テ之ニ補シ直ニ　皇帝陛下ニ隷シ（下略）」トアリ

帝国憲法発布ノ当初明治二十二年四月外務省ヨリ枢密院へ左ノ照会アリ

と述べた後、既に本稿で紹介した外務次官青木周蔵から枢密院書記官長井上毅宛の質疑とその回答を引用、続けて

惟フニ此ノ照復ニ於テ古典ニ「皇帝華夷所称」トアルニ基キ、目今法文ニハ総テ天皇ノ尊称ヲ用ヒラルベキモ外国交際ノ文書ハ此ノ限ニ在ラザル旨ヲ示サレタルニ由リ、爾後外国関係ノ文書ニハ「皇帝」ノ御称呼ヲ用ヒラルルコト定例トナリシナルベシ

大宝儀制令ニ「皇帝華夷所称」トアルノ註疏トシテ令義解及令集解ニハ「謂、華華夏也、夷夷狄也、言王者詔誥於華夷、称皇帝、即華夷之所称、亦依此也」トアリ、大宝令新解「窪美昌保著」ニハ「華ハ自国ニシテ夷ハ外国ヲ云フ」ト註シ、「内国及外国ニ対シテハ皇帝ト称ス」ト解ス、標註令義解校本ニハ「王者詔誥於華夷

云々、按スルニ皇帝トハ華夷ヨリ称スル御号ナリ、サレバ即華夷之所称トスルハ当レドモ詔誥於華夷ハ詭ナリ、華夷ニ詔誥シ給フハ天皇ノ字ヲ用ヒ給フ、公式令詔書式皆斯クノ如シ、其ノ義解ハ誤ナリ、此ハ六典ニ華夷之通称天子曰皇帝ノ通称ノ字ヨリ思ヒタガヘタルモノナリ」トアリ、斯クノ如ク諸説区々タリ、加之大宝令中「華夷所称」ト云フニ該当セザル場合ニ「皇帝」ノ称ヲ用ヒタル例アリ（例、儀制令、凡太陽虧、有司預奏、皇帝不レ視レ事、以下数条）、又大宝令中「華夷所称」ト云フニ該当スル場合ニ「天皇」ノ称ヲ用ヒタル例アリ（例、公式令、明神御宇日本天皇詔旨（謂以大事宣於蕃国使之辞）云々咸聞、明神御宇天皇詔旨（謂以次事宣於蕃国使之辞也）云々咸聞）、他ノ古書ニモ同様ノ例アリ（例、続日本紀文武天皇紀慶雲三年十一月癸卯、賜二新羅国王勅書一曰、天皇敬問二新羅国王一）、之ヲ要スルニ古来「皇帝」ナル御称呼ノ用例ハ必ズシモ一定セルニ非ザルガ如シ

既ニ大日本帝国憲法ノ明文ニ依リ「天皇」ノ御称呼ヲ以テ定制トセラレタル今日ニ在リテハ、古例ニ拘泥セズ我ガ国語ノ公文ニハ総テ此ノ御称呼ヲ用ヒ奉ルコト当然ナリ、従テ冒頭ニ掲ゲタル類ノ文書ニ於ケル御称呼ノ従前ノ用例ハ宜シク改メラルベキモノナリト思料ス、尤モ従前ノ用例ハ憲法施行以後既ニ多年ノ慣行タルニ相違ナキモ、正当ノ理由アラバ之ガ改訂ヲ断行スルモ已ムヲ得ザル所ナリ

と主張している。この原顧問官の意見書で興味深いのは、外務省が外交文書に皇帝号を使用する際の論拠としていた井上枢密院書記官長の説に対して異説を出し、必ずしも儀制令の「皇帝華夷所称」が磐石の論拠たりえないことを指摘している点である。原顧問官自身いずれの説が妥当か結論を出していないが、異説が複数あることを知らされただけでも外務省には痛手であった。

昭和十年十一月四日、村上枢密院書記官長が栗山条約局長に原顧問官の右意見書を渡し、そして外務省の意見を求めた。[31] 原顧問官の意見書には他の審査委員も賛意を表したが、当時なお枢密院全体として意見の一致を見たもの

ではなかったので、枢密院としては、外務省においてもこの意見書に異義なきときには更に枢密院全体の意見を決定しようということにしていた。外務省側は本件が頗る重大であることに鑑み慎重に研究を重ね、(32)

本件ハ要スルニ明治初年我政府ガ条約等ニ於テ「天皇」ナル御称呼ヲ用フルコトニ決シ、現ニ一旦之ヲ実行シタルニ拘ラズ、対外関係ニ於テ機微ナル問題ヲ生ジタル結果、対外的ニハ「皇帝」ナル御称呼ヲ用フルコトトナリ、更ニ明治二十二年憲法発布ノ後ニ於テモ外務省ヨリ枢密院側へ照会（青木外務次官ヨリ井上枢密院書記官長宛ニ照会シタルガ同書記官長ハ枢密院議長ノ指揮ヲ受ケテ回答セリ）ノ結果、外国ニ対シテ皇帝ト称ヘラルルハ大宝令ニ拠ルモノナリトノ意見ニ基キ「外国交際ノ文書」ニハ依然皇帝ナル御称呼ヲ用フルコトニ決定シテ今日ニ至レル次第ナルガ、今日ニ於テハ「天皇」ナル御称呼ヲ用フルコトガ対外的ニモ何等不都合ナシト認メラルルノミナラズ、前顕大宝令ニ求メタル論拠ハ必ズシモ不動ノモノトハ認メラレズ、従テ向後「皇帝」ニ代フルニ「天皇」ノ御称呼ヲ用フルモ差支ナカルベシトノ結論ニ到達セリ

との結論を出した。つまり、原顧問官の意見を容れて、さらには時勢も充分考慮して、従来外務省が依拠してきた井上枢密院書記官長の説に見切りをつけたのである。なお「対外的ニモ何等不都合ナシ」とは、清国滅亡と共に天皇号に異義を申し立てる国がなくなったことを指すのであろう。

外務省は法制局とも協議をした上、昭和十一年一月七日、栗山局長より村上書記官長にこの外務省見解を伝え、枢密院全体としての態度を決定するよう求めた。これに対して枢密院の村上書記官長は、一月二十二日、顧問官の間には種々意見があったが、結局、条約等の日本文には「天皇」の称呼を用いるのがよいと意見が一致したと回答してきた。

そこで外務省は、本件の実行方に関して法制局と協議の上、

本件ニ関シ独立ニ閣議ノ決定ヲ求ムルコトナク、前記猥褻刊行物条約及其ノ御批准文案中ノ「皇帝」ヲ「天皇」ト訂正方上奏ノ手続ヲ執ルニ当リ、之ヲ閣議ニ付シテ其ノ決定ヲ経ルコトトセリ

と決定した。なぜ外務省と法制局は本件について独立に閣議決定することを求めず、ただ条約文や批准文中の文字を変えるだけで済まそうとしたのか。そこには、外務省のいわば「逃げ」があったのではなかろうか。すなわち、本件を正式に閣議決定したとすれば、その事実を官報その他で公にしなければならず、もしそうすれば、国体明徴運動盛んなりし当時、本件の徹底が追求されることになるからである。というのは、既に触れたように、外務省としてはあくまでも日本語の文書における天皇号使用のみを考えていたのであって、もし本件を国体明徴運動の一つに取り上げられるとすれば、外国語文書でもTennoとしなければならなくなることが十分に予想され、さような事態になれば、明治初年に実際発生したように、諸外国との問題も生じてくる恐れがあるからである。故に外務省としては、本件が国号表記ほど大きな問題とはなってはいないことを奇貨として、国語表記訂正だけで済まし、しかも国民一般に公にせず、できるだけ穏便に過ごそうとしたのであろう。同年四月に外務省条約局第一課が作成した「我国国号及元首御称呼ニ関スル件」に

外務省ニ於テハ国号及御称呼変更ノ問題ハ……本問題ノ性質上特ニ慎重ナル取扱ヲ要スルノミナラス、本件決定ヲ見ルニ至レル迄ノ枢密院トノ関係モアリ、国体明徴問題ノ喧シキ折柄ニモアリ、特ニ之ヲ公表スルハ面白カラスト認メ、外務省トシテハ充分ノ注意ヲ払ヒ、昭和十一年三月二十日在外公館全部ニ対シ本件決定ノ趣ヲ

通達セル際ニモ「本件改称ノ次第ハ時節柄特ニ之ヲ公表スルカ如キコトヲ為サス条約ノ公布等ニ依リ自然ニ外部ニ知ラルル程度ニ止メ置度」キ旨指示セル次第ナリ

とあることによっても、外務省の本件に対する消極的態度が知られるのである。

ところが宮内省と外務省とで歩調が乱れた。外務省としては、国体明徴問題を考慮して、この問題を公表はせず、三月二十日在外公館全部に通達した際も自然に外部に知られるようにしたいと伝えたほどであった。しかるに、四月十五日発行の宮内省互助会雑誌『互助』が「御親書等記載御称呼変更」なる記事を載せ、これが新聞記者に知れて、宮内省式部職の非公式談話として四月十八日の各紙に掲載された。当日の『東京朝日新聞』には

対外文書の御記載

今後は「日本国天皇」

御称呼御改めらる

御親書をはじめ宮内省から諸外国に発せられる対外関係文書に御記載の御称呼は従来「皇帝」と記し参らせたが、この程この御称呼は「天皇」と称し奉ることに御治定あらせられた、従来は外国関係御文書には君主国たる諸外国皇帝が「皇帝」の御文字を御使用遊ばされるところから「日本国皇帝」と御記載申上げたのを、今後はすべて「日本国天皇」と記し参らす御事となつたのである

従つて外務省関係文書中条約文、条約の御批准文、条約締結その他全権御委任状、公使信任状、公使解任状、領事御委任状、名誉領事御委任状、御認可状、外国大公使信任状及び解任状に対する御答翰等すべて「日本国天皇」と御記載申上げるわけである、もつとも外国文にては適当の訳語がないので外国文、外国語訳文におい

ては従来通りとの由である

とある。そこでやむなく外務省もこれを公表、翌十九日の新聞に掲載された。「条一機密合第五九一号」なる文書に

昭和十一年四月二十四日

外務大臣　有田八郎

我国国号及元首御称呼ニ関スル件

本件ニ就テハ去ル三月二十日附条一機密合第三百七十八号往進ヲ以テ進メタル処、四月十八日ノ新聞紙上ニ宮内省外事課長謹話トシテ従来ノ御称呼タル「皇帝」ニ代リ「天皇」ト称シ奉ルヘキ旨ノ記事掲載セラレタリ、右ハ偶然ノ事実ヨリ、宮内省側カ当省ト聯絡ナク単独ニ発表ノ已ムヲ得サルニ至リタルモノナルカ、右ノ発表アリタル、以上、当省トシテ国際条約等当省関係ノ事項ニ付此ノ上秘密ニ附シ置クハ妥当ナラサルノミナラス、新聞中ニハ国号ノ書方ニ関シ誤リタル報道ヲ伝ヘタルモノアリタルニ付、旁々同日当省ヨリモ左記ノ通公表シ十九日ノ新聞紙ニ掲載セシメタリ

本件ニ付テハ特ニ公表ヲ為ササル旨冒頭往進ヲ以テ申進メタル次第モアルニ付、右為念茲ニ追報ス

記

外務省テハ曩ニ国際条約及大公使御信任状等ニ於テ国号ハ「大日本帝国」トシ、又御称呼ハ「天皇」ト記載シ奉リ、従テ国号御称呼併セテハ「大日本帝国天皇」ト申上クルコトニ決定シ既ニ実行中テアル

とあって、公表に至った事情が記されている。

かくて『帝室制度史』第六巻も、昭和十一年五月十六日の「猥褻刊行物ノ流布及取引ノ禁止ニ為ノ国際条約」（条約文省略）の

天佑ヲ保有シ万世一系ノ帝祚ヲ践メル大日本帝国天皇（御名）此ノ書ヲ見ル有衆ニ宣示ス

朕大正十二年九月十二日「ジュネーヴ」ニ於テ帝国全権委員ガ関係各国全権委員ト共ニ議定シ、且宣言ヲ附シテ署名シ、更ニ昭和十一年二月十四日附ヲ以テ帝国政府ガ帝国全権委員ノ為シタル右宣言ヲ更正スル為宣言スル所アリタル猥褻刊行物ノ流布及取引ノ禁止ノ為ノ国際条約ヲ閲覧点検シ、右帝国政府ノ宣言ニ依リテ更正セラレタル帝国全権委員ノ宣言ヲ存シテ之ヲ嘉納批准ス

神武天皇即位紀元二千五百九十六年昭和十一年二月二十四日東京宮城ニ於テ親ラ名ヲ署シ璽ヲ鈐セシム

御名　御璽

外務大臣　廣田弘毅

なる文章、及び同年十月三日の「労働者職業病補償ニ関スル条約」（千九百三十四年改正）（条約文省略）の

天佑ヲ保有シ万世一系ノ帝祚ヲ践メル大日本帝国天皇（御名）此ノ書ヲ見ル有衆ニ宣示ス

朕昭和九年「ジュネーヴ」ニ於テ開催セラレタル第十八回国際労働総会ノ採択ニ係ル労働者職業病補償ニ関スル条約（千九百三十四年改正）ヲ閲覧点検シ之ヲ嘉納批准ス

神武天皇即位紀元二千五百九十六年昭和十一年四月三十日東京宮城ニ於テ親ラ名ヲ署シ璽ヲ鈐セシム

御名　御璽

外務大臣　有田八郎

なる文章を揚げて、「外国又は外国人に対する用法の改正」としているのである。

ところで外務省は、条約の日本文だけではなく外国語文にもTennoと表記せよと迫られた場合にどう対応しようとしていたのか。先の昭和十一年四月に外務省条約局第一課が作成した「我国国号及元首御称呼ニ関スル件」の「一般外国語ニ於テ御称呼ヲ如何ニ表示スヘキヤノ問題」という項目には、

前記ノ如ク「皇帝」ヲ「天皇」トシタル結果、「天皇」ハ我国ニ固有ナリトノ見地ヨリ一般外国語文ニ於テモ其ノ儘羅馬字ニテ記載スヘシトノ議論生スヘシト予想セラルル処、右ハ左ノ理由ニ依リ国号問題ノ解決ヲ待ツコトトスルコト適当ナルヘシ

（イ）国号及御称呼ノ問題ハ観念上関聯セルモノニシテ、国号問題ノ決定ヲ見サル間ニ元首御称呼ノ方ノミ其儘外国文ニ表示スルハ適当ニ非サルヘシ

（ロ）条約文其ノ他外務省所管ノ文書ニ於テハ「天皇」ノ御称呼ハ必ス国号ト併セ使用セラルル事実ニ鑑ミ、実際問題トシテモ先ツ前掲「日本」カ「ニッポン」ナリヤ「ニホン」ナリヤノ先決問題カ解決セラルルコトヲ要求ス

とある。つまり、Tennoだけを外国語表記しても、NipponかNihonかどちらかに決まらないと、Dainippontei-koku TennoとDainihonteikoku Tennoとのいずれを記載してよいか困るというのである。そして外務省は、「条

一機密第二六一号」で左のような稟請をした。

昭和十一年五月二日

外務大臣　有田八郎

内閣総理大臣　広田弘毅殿

我国国号ニ関スル件

「日本」ノ読方ハ「ニホン」ナリヤ「ニッポン」ナリヤ、此等ノ点外務省ノミニ於テハ決定シ得ザルニ付、政府ニ於テ至急研究決定方然ルベク御取計相成度、理由書相添へ此段及稟請候也

これは、問題解決のための最終判断を内閣に委ねたものであって、明らかに外務省の「逃げ」である。

この外務省からの稟請を受けて内閣がどのような対応をしたのか、今のところ明らかにし得ていないが、そもそも日本を「ニッポン」と発音するか「ニホン」と発音するか、これは国民各自の発音のし易さの問題、すなわち文化の問題であって政治の問題ではなく、内閣で決められるわけがない。私をして言わしむれば、わが国の国号を外国語たる漢字で「日本」と表記したことが問題の発端であって、「日本」を呉音で発音すればNipponに近く、それが次第に発音し易いように促音を略してNihonと発音されるようにもなり、ある場合には漢音風にJippon と発音されることもあった。小学館の『日本国語大辞典』では

「日」は漢音ジツ、呉音ニチ。また、「本」は漢音呉音ともにホン。「日本」は呉音の字音よみとして、まずニッポンと発音されたものが、しだいに促音を発音せず日本的にやわらかなニホンに変わっていき、両方がその

まま使われたものと思われる。なお、ジッポンというよみもあったことは「日葡辞書」にも記されている。

とか、

室町期には国号呼称としてのニホン、ニッポンの両方があったことは、謡曲や「日葡辞書」「ロドリゲス日本大文典」などで明らかである。両形の併存についてはニホンがより和語的な響きをもつのに対してニッポンは強調語形と意識されていたとする見方もある。

とか説明されている。

現代中国語では「日本」を拼音で riben、ウエード式では jihpen と綴るが、ri は巻舌で強く発音すると ji に近く聞こえる。中国の南方では巻舌はあまりせず、福建語では Jippun（ジップン）、上海語では zeh,pen（ザッパン）、広東語では Yat6bun2（ヤップン）、マレー語では Jepun（ジュプン）等々となる。なお、ベトナムでは Nhật Bản（ニャッバン）と発音しているが、これは中世中国語 nzyet-pwun の影響が残っているためであろう。[33]

周知の通り、中国にやってきたマルコ・ポーロは『東方見聞録』で日本国を Cipangu（写本によって Zipangu）と書いたが、これはマレー半島マラッカの音を写したものであるという。そしてこれがヨーロッパに広まって、次第に Japan とか Japon とかと表記されるようになったというが、[34]そうすると、Nippon も Nihon も、はたまた Japan も語源は一つであると言うことになる。[35]

果たして外務省外交史料館の『本邦国号及元首称呼関係一件』には、右有田外務大臣の広田総理大臣宛機密文書の後に、

内閣衆乙第四〇三号

昭和二年二月

内閣総理大臣　若槻礼次郎

外務大臣男爵　幣原喜重郎殿

指令

国号ノ称呼使用ニ関スル請願ノ件請議ノ通

「別紙」

一国ノ国号ヲ外国語ヲ以テ示ス場合ニ如何ナル称呼ヲ使用スヘキヤハ畢竟便宜ノ問題ニシテ、事宜ニ依リ適当ナル称呼ヲ選択スヘク、而モ一般ニ周知セラレタル称呼ヲ使用スルコト寧ロ適当ナル場合多カルヘシ、従テ「ジャポン」又ハ「ジャパン」ナル語ヲ帝国ノ国号トシテ条約ノ原文又ハ外国郵便ノ「スタンプ」等ニ使用スルモ何等帝国ノ不面目又ハ不見識ヲ表ハシ或ハ帝国ノ威信ヲ損スルモノト認ムルヲ得ス、故ニ本件請願ハ之ヲ採択セサルヲ適当ト認ム

という昭和二年二月の文書が綴じられており、更に末尾に昭和十二年三月八日、第七十回帝国議会貴族院に頭山満外五名が、今尚「ジャパン」「ジャポン」が国内外の出版物や海外輸出品に使用されているが、これを早く改めて中外に宣明せられたしと請願している文書があり、同様の請願書が何通も綴じられている。従って政府は、「日本」の発音をどうするかについては何等決定をせず、条約文などを日本語で表記する場合に「大日本帝国」と書くということで一件落着したものとみなし、外国語表記は従来通りとしたもののごとくである。実際、昭和十一年五月十六日の官報第二八〇九号に掲載されている「猥褻刊行物ノ流布及取引ノ禁止ニ為ノ国際条約」を見ても、日本文で

は「大日本帝国天皇」と書かれているが、英文ではHis Majesty the Emperor of Japanであり、仏文ではSa Majeste l'Empereur du Japonとなっていて、従来通りである。外務省条約局編纂の『条約彙纂』でその後の各国との条約文を調べてみたが、やはり外国語表記は従来通りであって、変更はない。

六　おわりに

以上、外務省外交史料館所蔵の史料を利用しながら皇帝号使用の変遷を眺めてきたが、簡単に纏めてみると、
①明治元年に外交文書には天皇号を使用すると決定したけれども、諸外国、特に清国から天皇号使用に難色が示され、明治六年頃から外交文書には皇帝号を使用するようになった。
②明治二十二年二月十一日制定の憲法や皇室典範は伊藤博文の裁定で「天皇」に統一されたが、同年五月八日、枢密院書記館長井上毅が伊藤の指揮を受けつつこれを訂正、外交文書には皇帝号を使用してもよいとした。
③けれども宮内省は、明治二十三年二月に陸軍に対して、右枢密院見解とは違って、皇帝号は国内を通じて使用していると回答した。枢密院と宮内省の見解の相違は、儀制令の「皇帝華夷所称」の解釈の相違に由来する。つまり枢密院は華夏を漢土と理解したのに対して、宮内省はこれをわが国のことと解釈したのである。
④その後は宮内省見解に従って推移したが、昭和初年に国体明徴運動が盛んになるにつれて、尊号を天皇号に統一せよとの声がでてきた。特に昭和十年に原嘉道枢密顧問官が「我国元首陛下ノ御称呼ニ就キテ」と題する意見書を出してから外務省も従来の立場を転換し、昭和十一年四月十八日、翌十九日の新聞に元首号を天皇に統一すると発表した。
⑤しかし天皇号使用は日本語文書においてだけであって、条約などの外国語原文には従来通りEmperor of

Japan と書かれた。

ということになろうか。未だ論じ足りない部分もあるが、冒頭に掲げたいくつかの疑問も解決されたので、これでひとまず筆を擱くことにしたい。

（1）『日本上代史の研究』（岩波書店、昭和四十八年改版第二刷）四七四頁以下。なお吉田孝『日本の誕生』（岩波文庫、一九九七年六月）第六章参照。
（2）坂田精一訳、岩波文庫二〇五頁以下。
（3）日本の主権者の外国語表記については、外務省外交資料館所蔵『本邦国号及元首称呼関係一件』中の「本邦ト諸外国トノ条約中ニ於ケル日本国主権者ノ書方ニ就テ」を参考にした。
（4）『法令全書』及び『法規分類大全』。
（5）兵庫における参与兼外国事務取調係東久世通禧の通告に立ち会ったアーネスト・サトウは、前掲『一外交官の見た明治維新』下巻（一三六頁）でこの時の模様を詳細に描写しているが、早くから京都の朝廷を支持していたイギリスはこれを当然のことと受け止め、一方、なお徳川方を支持していたフランス公使ロッシュが進退に窮している様を如実に描いていて興味深い。
（6）外務省外交資料館所蔵『各国往復国書』「英国之部」の写しによる。
（7）但し、明治二年十月調印墺地利条約書には、日本文の「日本天皇陛下」が、英語正文で His Majesty the Emperor of Japan としてある。
（8）『国史学』第一一九号、昭和五十八年三月。
（9）以上の叙述は、基本的には前掲『本邦国号及元首称呼関係一件』に綴じられている「『天皇』、『皇帝』ナル御称呼ニ関スル資料」（昭和十年十一月、外務省条約局第一課作成）なる資料の「条約其ノ他対外文書ニ於テ『皇帝』ナル御称呼ガ用ヒラルルニ至リタル事情」という項目に依拠した。なお、『大日本外交文書』第二巻第三冊附録三「日本外交文書第二巻事項別索引」事項三「各国君主ノ称号及敬称ニ関スル件」に掲げられている各番号の史料参照。
（10）『法規分類大全』外交門外賓接待の目に、外務省伺（三年月日闕）として「更ニ確定スヘキ件々」があり、そこに「帝王名義ノ事」「勅語　国書類御決定ノ事」「彼国書御覧ノ節ハ御椅子立御国書無之節ハ立御不被為在候事」「於大広間拝龍顔候節是迄公使等拝礼ノ場所畳段有之候ヘトモ自今撤却ノ事」「昇殿上右大臣出会廃止ノ事」「御郭内公使等下車ノ場所ハ是迄通ノ事」「於延遼館賜饌ノ事」等が列挙されている。この伺の月日は不明であるが、六月十七日以前のものであることは間違いない。

(11) 前掲「『天皇』、『皇帝』ナル御称呼ニ関スル資料」には「而シテ茲ニ注意スベキハ外務省トシテハ右二案ノ外第三案トモ云フベキモノヲ用意シタルコト是ナリ、即チ右三条右大臣沢外務卿問答ヲ記シタルモノノ末段ニ『今述ル処ノ外務省ノ論委細書付可被差出様致度』トアリ右『外務省ノ論』ト推定セラルベキ資料ニハ前記二案ニ就キ述ベタル後曰ク」として、この第三案と覚しきものを掲げている。

(12) 同右「『天皇』、『皇帝』ナル御称呼ニ関スル資料」。

(13) 史料引用は『法規分類大全』第二十四巻外交門（3）八頁以下による。なお『大日本外交文書』第三巻六六三頁以下参照。

(14) なお『法規分類大全』外交門によれば、外務省の上申に対して七月二十七日に「上申ノ通第九十八号ヲ以テ相達候事」と指令が出ているが、この指令よりも前の七月二十五日に達が出ているのは何故か、いまなお疑問である。

(15) 『大日本外交文書』第四巻、一二三頁。

(16) 同右二四五頁以下。

(17) 明治六年一月九日に作成された清国皇帝宛国書というのは、明治五年十一月十九日の日附をもつ副島外務卿に対する批准書交換全権委任状であるが、この国書が実際に作成されたのは明治六年一月九日である。そのことは前掲「『天皇』、『皇帝』ナル御称呼ニ関スル資料」に考証せられている。

(18) 但し明治八年日米両国郵便税前払の条約の署名の箇所には「日本天皇陛下」とあるから、すべての外交文書に皇帝号を使用するようになったと断言するわけには行かない。

(19) 家永・松永・江村編『明治前期の憲法構想（増訂第二版）』（一九八七年、福村書店）による。

(20) 国立国会図書館憲政資料室所蔵「伊藤博文関係文書」書類之部二三九、『明治皇室典範』上巻、資料一二など。

(21) 梧陰文庫研究会編『梧陰文庫影印前史』四三五頁以下及び『明治皇室典範』上巻、資料一三参照。

(22) 宮島誠一郎「国憲編纂起源」（『秘書類纂憲資』下巻、原書房、昭和四十五年、四九七頁）。

(23) 『梧陰文庫影印本史』七九頁及び『明治皇室典範』上巻、資料三七参照。

(24) 同右二四三頁。梧陰文庫A四四原文。

(25) 「皇室典範皇族令草案談話要録」（『梧陰文庫影印本史』四九五頁、『明治皇室典範』上巻、資料四五）。

(26) 早稲田大学図書館所蔵『宮中服忌書類』（五味均平旧蔵）所引の「帝室例規類纂」による。

(27) 前掲『本邦国号及元首称呼関係一件』に収録されている。

(28) 前掲「帝室例規類纂」による。

(29) 以下に必要な限りで国号問題についても言及するが、詳細は前掲吉村論文を参照されたい。

(30) この閣議決定の全文は後に掲げる。

(31) 以下の叙述は年月未詳「我国元首御称呼ニ関スル件」(前掲『本邦国号及元首称呼関係一件』所収)による。

(32) 本稿でも大いに参考にした昭和十年十一月外務省条約局第一課作成の「『天皇』、『皇帝』ナル御称呼ニ関スル資料」全三十八頁がこの時の研究成果である。

(33) http://www.answers.com/topic/japan また笹原宏之、トラン・ヴァン・トウー両氏のご教示に与った。

(34) http://dictionary.oed.com/

(35) 本書校正時に、大槻文彦著『復軒雑纂』(慶文堂書店、明治三十五年十月)に「日本『ジャパン』正訛ノ弁」(洋々社談十九号、明治九年八月)なる一文があり、次の記述があることを知った。本文中に組み込む暇がないので、ここに附記しておく。

「日ノ字ハ我国漢音「ジツ」ニシテ、呉音「ニチ」ナリ、支那北方は多ク漢音ニテ「ジ」(jih)ト呼ビ、南方ハ呉音ニテ「ヤット」(yat)ト呼ブ、而シテ本ノ字ハ南北皆「プン」(pun)ナリ、是レ「マルコポーロー」ノ北方ニ「ジパング」ヲ伝へ、葡萄人等ノ南方ニ「ヤパン」ヲ伝ヘシ所以ニテ、後又業半《ヤパン》ノ字ヲ塡ムルニ至レリ、英人称スル所ノ「ジャパン」ノ如キハ上丈欧人ノ呼称ヲ再伝シ、他ノJ《イー》音ハ自国ノJ《ジェー》音ナルヲ以テ読ミシナリ(中略)以上ノ考ニ拠ルトキハ、外人ノ称スル所ハ各異ナリト雖トモ、皆日本ノ字ヲ支那音ヨリ訛伝セルニ起リシ者ナリト(下略)」

あとがき

故瀧川政次郎先生（当時、國學院大學名誉教授）は、筆者が日本法制史の研究を志してお宅に伺った折、「日本の法制度を本当に理解しようとすれば、律令制を十分に研究しておかなければいけない。律令を研究しておけばそれ以前に遡ることも、またそれ以降に下ることも比較的容易である」と述べられた。昭和五十二年三月のことであった。爾来、筆者は瀧川先生及び後継者である小林宏先生（当時、國學院大學法学部教授）、西洋法制史担当の久保正幡先生（当時、國學院大學法学部教授）、東洋法制史担当の島田正郎先生（当時、明治大学法学部教授）のご指導を仰ぎつつ、丸十年、大学院生、非常勤講師として國學院大學で法制史の研究に従事した。

その頃、瀧川先生が主宰されていた律令研究会は、坂本太郎先生（当時、國學院大學文学部教授）を始めとして数多くの古代史研究者を鳩合し、『訳註日本律令』（東京堂出版、昭和五十年以降）編纂の真最中であり、その影響で日本全国に律令学が勃興していた。京都大学の上山春平氏も古代律令制の研究を行なっておられ、『埋もれた巨像―国家論の試み―』（岩波書店、昭和五十二年十月）や『日本の国家像』（日本放送出版協会、昭和五十五年十月）などを発表されていた。

瀧川、坂本両先生は純粋に古代史そのものを究明しようとの立場であったが、上山氏の研究は、国家論の観点から、古代史のみならず、近現代史までも視野に入れたものであった。上山氏は、天皇が古代から現代まで一貫して存続していること、形骸化しながらも奈良・平安時代の太政官制や摂関制が明治初年まで継続していたことを挙げて、「律令制は明治初年まで続いていた」と言われていた。筆者は上山氏の観点に共鳴し、且つ刺激を受けて、明治初期の律令制の実態がどのようなものであったのかを探ってみたいと考え始めた。

そのような時、昭和五十五年九月、國學院大學法学部内に梧陰文庫研究会が結成された。小林先生の推挽によって筆者も参加することになり、山下重一（当時、國學院大學法学部教授）、大石眞（当時、國學院大學法学部専任講師）両先生とともに、井上毅遺文書の研究に没頭することとなった。同研究会での研究が進むにつれて、井上が如何に深く律令の研究をしていたのかがわかった。

それと同時に、久保先生から、都立大学法学部教授であった渕倫彦先生の教えを受けるようにと勧められ、渕研究室に二年間通って、西洋教会法の初歩的な知識を授けてもらった。これによって、井上が理解しようとした西洋近代法の梗概を知ることが出来た。こうして、井上こそは、まさに「律令制から立憲制へ」の結節点に存在した人物であると考えるに至った。本書第四章から第七章までは、この梧陰文庫研究会に於ける研究の産物である。

ところで、井上が活躍する以前、つまり幕末から明治六、七年頃までの立法作業について、従来、相当の研究の蓄積があったが、筆者の関心事である律令制との絡みでこれを研究した文献は寥々たる状況であった。

そこで、平成十三年七月、偶々特別研究期間で佐賀に滞在していた筆者は、梧陰文庫研究会のシンポジウムを佐賀で開催してもらうことにした。井上が官僚としてスタートした時の司法卿が江藤新平であり、江藤の郷里が佐賀であったからである。これを機に、佐賀の幕末維新史を調査してみたところ、江藤の師である枝吉神陽に辿り着いた。神陽が幕末に律令制の研究をし、また副島種臣、江藤新平、大木喬任、大隈重信らを育て上げ、神陽没後は、彼ら門下生たちが明治初年に法制面で活躍したことも徐々に判明した。

筆者は早速、シンポジウム終了後の同年八月、佐賀在住の研究者の協力を仰いで、江藤新平関係文書研究会を組織し、佐賀県立図書館その他に所蔵される江藤関係文書の翻刻作業を開始した。それと併行して、大学院生たちの協力を得て副島種臣研究会も作り、江藤や副島に関する史料収集を開始した。この過程で、本書第一章から第三章までの論文を発表した。

「律令制から立憲制へ」という問題関心の下、筆者が研究すべきテーマはまだ数多く残されているけれども、取り敢えず、右に御芳名を挙げさせていただいた方々、並びに各研究会会員諸氏への中間報告として本書を出版し、これまで蒙った数々の学恩に感謝申上げることにしたい。

なお、本書をこのような形で纏める直接の契機となったのは、平成二十年八月、九州大学大学院法学府で「律令制から立憲制へ」と題して集中講義を行なったことにある。そのような機会を与えていただいた九州大学の植田信廣氏、校正を手伝われた齋藤洋子、星原大輔、白春岩の三氏、さらには快く本書の出版を引き受けていただいた成文堂の相馬隆夫氏にも、この場を借りて御礼申上げる。

平成二十一年八月十日

島　善　高

著者紹介

島　善高（しま・よしたか）

昭和27年佐賀県に生れる。昭和51年早稲田大学法学部卒業。昭和57年國學院大學大学院法学研究科博士課程満期退学。専攻、日本法制史。名城大学助教授を経て、平成３年早稲田大学社会科学部助教授。同７年教授。平成16年より社会科学総合学術院教授。

主要編著書

『近代皇室制度の形成—明治皇室典範のできるまで—』（成文堂、平成６年）
『明治皇室典範』上・下（共編、日本立法資料全集16・17、信山社、平成８・９年）
『松村謙三　資料編』（共編、財団法人櫻田会、平成11年）
『元老院国憲按編纂史料』（編、国書刊行会、平成12年）
『早稲田大学小史』（早稲田大学出版部、平成15年）
『渡邊廉吉日記』（共編、行人社、平成16年）
『副島種臣全集』（編、慧文社、平成16年～）

律令制から立憲制へ

2009年10月１日　初版第１刷発行

著　者　島　善　高
発行者　阿　部　耕　一

〒162-0041　東京都新宿区早稲田鶴巻町514番地
発行所　株式会社　成　文　堂
電話 03(3203)9201(代)　FAX 03(3203)9206
http://www.seibundoh.co.jp

製版・印刷　シナノ印刷　　製本　弘伸製本
☆乱丁・落丁本はおとりかえいたします☆　**検印省略**

ISBN978-4-7923-0463-8 C3032

定価（本体3500円＋税）